中國古代地理總志叢刊

輿地紀勝

二

〔宋〕王象之撰

中華書局

輿地紀勝卷第二十　文選樓影宋鈔本

東陽王象之編　甘泉岑鎔淦長生校刊

江南東路

徽州　歙浦　新安　古歙　黟歙　祁門

州沿革

徽州上　新安郡軍事九域志　禹貢揚州之域寰宇記　吳地斗牛分野漢書地理志||||||粵地牽牛婺女之分野也而丹陽等郡盡吳分也郡在漢爲丹陽都尉治所正當斗十分次爲星紀於辰在丑新安志云此郡爲星紀丑南斗十六度　春秋時屬吳寰宇記輿地廣記並云||||而元和郡縣志以爲春秋時屬越有此不同象之謹案通鑑周顯王三十五年越王無疆伐楚楚人大敗之乘勝盡取吳故地東至浙江今新

安郡在浙江之西觀通鑑盡取吳故地東至浙江一語則新安當屬吳地矣元和志所書非是今從寰宇記及輿地廣記書曰｜｜｜｜吳亡屬越左傳哀公二十二年越滅吳戰國時楚敗越盡取吳故地東至浙江通鑑周顯王三十五年其地又屬楚寰宇記秦定荆江南之地置鄣郡通鑑始皇二十六年王翦悉定荆江南之地又輿地廣記以江甯池歙宣太平廣德六郡爲鄣郡之地漢武帝改故鄣郡爲丹陽郡西漢地理志元封二年改故鄣郡爲丹陽郡郡而元和志云秦屬丹陽郡象之謹按丹陽始置於漢武不應秦已有丹陽郡元和志所書非是今削去之而丹陽都尉分治于歙西漢地理志云歙爲都尉治所黟歙二縣皆屬焉西漢地里志成帝以黟爲廣德國尋廢漢書地理志云鴻嘉二年以黟爲廣德國西漢傳云立雲客爲廣德王三年無子國除平帝元始二年復以故廣德國立倫爲王四年薨居攝元年赤嗣王莽篡位

貶爲公明年廢王莽改黟曰愬虜西漢地理志光武中興復爲黟東漢志東漢末吳孫權分丹陽郡置新都郡晉志又按三國志獻帝建安十三年孫權遣賀齊定黟歙分歙爲始新新定黎陽休陽幷黟歙爲六縣立新安郡晉武平吳改新都爲新安郡晉志宋孝武時始隸東揚州通鑑孝武孝建元年分揚州之會稽東陽新安永嘉臨海五郡爲東揚州沈約宋志揚州下不載新安郡齊梁陳並因之隋平陳置歙州元和郡縣志在開皇九年隋志亦同以漢舊縣爲州名寰宇記治黟新安志煬帝改爲新安郡遷治休甯大業初年又遷治歙義甯中隋土人汪華據地自保唐平汪華置歙州總管管歙衢睦三州以王雄誕爲使此據寰宇記及新安志象之謹按通鑑武德四年初汪華據宣歙等五州至是納土因命爲總管歙宣杭

睦婺饒六州諸軍事歙州刺史與徽宣二州所載汪王事實雖同而與寰宇記不合但宣城志載汪華於武德四年拜宣歙等六州刺史之下又書曰未幾改命四字詳此四字亦必有所謂而書又按唐書杜伏威傳云伏威之將王雄誕與汪華戰華遇伏而敗遂納土然華以四年九月歸唐十一月與雄誕戰敗其地既爲王雄誕所奪故就命雄誕爲三州總管耳然汪王事實載華入朝乃在武德七年與寰宇記所書年月小異當攷改都督府武德六年尋罷貞觀元年改新安郡天寶元年復爲歙州乾元元年或屬浙西節度或隸宣歙觀察新安志五代吳楊氏南唐李氏相繼有之新安志皇朝平江南始復共職貢開寶八年隸江南東路新安志方寇既平詔改爲徽州國朝會要宣和三年詔改歙州爲徽州中興因之今領縣六治歙縣

縣沿革

歙縣 望

倚郭舊唐書志云以縣南有歙浦故名也元和郡縣志云本漢之舊縣輿地廣記云初屬丹陽郡吳孫權使賀齊平山越遂立新都郡歙縣隸焉晉太康元年又改爲新安郡縣仍隸焉新安郡志云梁承聖中分置新甯郡縣亦隸焉陳省新甯郡復併入新安郡元和郡縣志云隋初縣省十一年又置十二年於縣置歙州

休甯縣 望

在州北六十五里元和郡縣志云本秦歙縣地建安中賀齊討山賊分置休甯縣寰宇記云後避孫休諱改名海陽晉武平吳改爲海甯元和郡縣志云開皇九年改爲休甯屬婺州十二年屬歙州寰宇記云天寶九載移於今理

祈門縣 望

在州西一百八十里元和郡縣志云本漢黟縣之南境唐代宗永泰元年草賊方清於此僞置昌門縣以爲守備刺史長孫余緒討平之因其舊城置縣恥其舊號因縣東北有祈山因改爲祈門縣唐書地理志云永泰二年平方清因其壘置縣

婺源縣 望

在州西南二百里寰宇記云本晉休甯縣西南之迴玉鄉唐開元二十四年鄉人洪正叛聚徒於此至二十八年置縣以鎮之然元和郡縣志以爲置於二十六年年月不同象之謹按圖經載古縣記云自開元二十八年庚辰置縣而唐書地里志亦以爲置於二十八年正與寰宇記合寰宇記又云有婺水遶城面故名又云隋文帝廢黟歙併入海甯而屬婺州故爲婺源

績溪縣 望

在州東北六十里唐志云永徽五年析歙縣置北野縣後改績溪又按方輿志云本歙之華陽鎮梁大同元年置爲梁安縣武德中廢至永泰二年旌德賊王萬敵入寇其地賊平置縣以界內乳溪與徽溪相去一里離而復合有如績焉故以爲名然元和郡縣志以爲大曆二年刺史孫全緒奏分歙縣置年月不同又方輿志寰宇記皆言以華陽鎮爲縣而新舊唐書乃云以北野縣改績溪亦不同皆當攷象之謹按蘇子由來爲縣自號其詩爲華陽雜詠則恐是以華陽鎮爲縣不然蘇公豈有無據而云

黟縣 緊

在州西一百五十五里元和郡縣志云本漢舊縣理在黟川因名屬丹陽郡隋平陳省入休甯十一年復置隸宣州十二年改隸歙州按漢書成帝鴻嘉二年以黟爲廣德國立雲客爲王新安志云縣南有墨嶺出墨石縣由此得名說文黟字從黑旁多後錯誤遂寫黝字韋昭音義黟音伊或從幼三字相似蓋寫誤然

風俗形勝

新安好山水卿爲我臥治此郡梁高祖嘗謂徐摛曰新安大好山水任昉諸人並經爲之卿爲我臥治此郡大州尊官陸傪出刺歙州韓愈序送之曰歙大州也刺史尊官也由郎而往者前後相望也歙爲富州同上當今賦出於天下江南居十九宣使之所察｜｜｜｜宰相之所薦聞天子之所選用其不輕而重較然矣新安有佳山水以資勝踐送陸歙州序權載之集郎許宣平得道之所亦爲李白所尋不遇類要城陽山云云今山上有遺跡存隋初歙州治黟後治休甯大業中治休甯之萬歲山又遷治歙義甯中治歙縣之烏聊山舊城爲州新城爲縣宣和三年方臘既平部使者遷其城於溪北民不以爲便乃詔以｜｜｜｜｜｜｜新城卒不爲縣十姓九汪古語新安志云皆汪華之後也山水幽奇任昉爲新安守

行春愛其丨丨丨丨六朝置守多一時之名勝新安志唐宰相爲此者七八新安志實百城之襟帶晏公類要云深渡山在歙縣東一百一十里與睦州分界崇山峻流爽秀尤異欲到州界峰巒掩映狀若雲屏丨丨丨丨丨丨丨溪水甚宜浣紗寰宇記云績溪縣臨溪石在縣北三里方圓二丈其平如砥丨丨丨丨丨數里內婦人悉來浣紗去家既遠遂於石上績而守之每春花始布花柳交映多豔妝麗服紡績於此焉牡丹自洛陽移種新安志云牡丹出於黟往往自洛陽移植其後歲盛中興無洛花喜事者於此買取之歙州地雜甌駱號爲難理呂和叔集博陵崔某狀

景物上

歙浦在歙縣休甯率水會之桴筏所聚也黟山九域志云有許眞君祠續仙傳曰許宣平歙人

也。

徽嶺在績溪縣西北十里王荆公爲江東提刑時有度徽嶺詩云曉度藤溪霜落後夜過翬嶺月明中

婺水寰宇記從婺源西北大廉山下南流九十里至縣遶城過與斜水合南入樂平界

浙江元和郡縣志云自休甯縣界流入歙縣界新安志云水自歙縣來者出黟山自休甯者出率山自績溪者出大鄣山自婺源者出浙山

祈山寰宇記在祈門縣東北一里三面石壁有石室高五丈闊二十丈號青蘿巖有泉號乳泉

岐山在休甯縣西六十里石壁千尺古藤蘿絡花時如錦屏山西北壁有大石橋横亘其兩山其旁爲深澗昔有碧蓮花葉徑尺自澗中流出乾元中有道士龔栖霞絶粒隱此山

黄山在歙縣西北百二十八里漢末有峰三十六水源三十六谿二十四洞十有二巖八舊名黟山天寶末改爲黄山會稽太守陳業遁于此世復相傳黄帝命駕與容成子合丹於此其後又有仙人曹阮之屬故有浮邱容成之峰又有曹溪阮溪

赤嶺在祈門北百二十里祥符經云昔人於嶺下溪爲梁取魚魚不得下遂飛越嶺人復於嶺上設網魚化爲石遇雨則赤故名

石鼓輿地志云

歙縣南有靈山天雨則先聞鼓角之聲

石門寰宇記在歙縣是黃山之一峰兩山勢相逼山之半有大石橫架其上通兩山焉俗謂之||

吳村寰宇記在婺源縣西七十里昔吳王爲越所滅勾踐流其三子而長子鴻處此故名

階坑在歙縣東一百二十里方輿志云即吳廢太子和之地也階迹猶存和死孫休封和子皓爲烏程侯及皓即位追謚和改葬明陵

昉村寰宇記云任昉爲新安守因行春至此愛其雲溪尋幽累日不能返傍有大石往往坐釣其上百姓因名其溪爲昉溪村大中十年刺史盧潘改曰任公村任公溪今有任公寺在泰甯鄉即此

率山寰宇記在休甯東三十里率水出焉山海經云三天子山在率東即此山也郭璞亦云三天子都在歙縣

富州韓愈送陸歙州序曰歙爲||

容嶺寰宇記在休甯縣南有木石糖出樹空石鋪中長吏每遣人就採之梁書云任昉爲新安守以所採處險遠罷焉

靈巖在婺源西北百二十里中有洞靈觀觀之東北曰慶雲洞巖竇皆五色兩崖瀑流之上有眞人鸞鶴雲霞之象芝田靈草羅列左右西曰蓮花洞入百步有大石室廣十

丈有像高丈八尺旁有羽蓋幡幢南曰含虛洞有二重外狹而內平有積雪臺及沉香岑**靈山**寰宇記云在歙縣北二十里山生香草名靈香上有靈壇人射獵有犯之者終無所獲**善山**元和郡縣志在新門南十五里與惡山隔溪對聳祥符經云｜｜神爲王惡山神爲夫人**惡山**見上**苦溪**寰宇記在歙縣雖三峽不方其險也故名曰｜｜**湯泉**寰宇記在歙縣‖北黟山東峰下**蛟灘**黃堆湖在縣西南四十五里湖舊有蛟湖側居人程靈洗夢白衣告爲蛟所困能見助有厚報靈洗射殺蛟後因名｜｜**龍堂**在歙縣祥符院唐刺史李敬方作｜｜天祐九年刺史陶雅號湯院**箬嶺**在歙縣北八十里**跳石**在歙縣西北五十里溪水中夫岸數丈相傳昔有羅腰者膂力絕人常跳過之有足跡云**靄峰**九域志引唐李白詩云｜｜尖似筆是也**釣灘**在黟縣南十八里相傳太白游新安嘗釣於此作詩云磨盡石嶺墨潯陽釣赤魚靄峰尖似筆堪畫不堪書

景物下

黃山樓 自唐以來有｜｜｜北望天都諸峯今爲黃山堂

紫翠樓 在州衙宣和盧守所建

含蓋堂 即州衙正堂累守以正堂不利避弗居至丞相洪公乃敞之以致尊賢之意號｜｜｜

景蘇堂 在績溪舊曰秋風堂後改爲｜｜｜刻蘇子由像并三十六詩於堂中

芙蓉堂 在州治

棣華堂 在倅廳宣和中李彌綸兄弟繼踵故名

松風亭 在歙縣今爲歲寒亭

四寶堂 在郡治以郡出文房四寶爲義新安志云歙州具文房四寶謂紙筆墨硯也其實三耳歙本不出筆蓋出於宣州耳文房四說云紙李王澄心堂爲第一其物出江南池歙二郡今績溪紙乃澄心堂遺物蘇易簡文房四譜云硯四十餘品以青州紅線石爲第一端州斧柯山第二歙州龍尾石第三歐陽則以爲歙硯第一端硯次之李廷珪本姓奚易州人父名超南遷至此造墨南唐賜姓李氏初名廷邦復名廷珪江南故老云昔李後主留意翰墨用澄心堂紙李廷珪墨龍尾硯三者爲天下冠當時貴

之**歲寒亭**在歙縣廳蘇子由在績溪時賦詩發運使蔣之奇爲作賦刻石亭上**浙源山**在婺源北七十里舊有石英鍾乳**浙溪水**寰宇記出浙嶺下至休甯縣西一百一十里漢地理志云浙江水北經黟縣下東入海即此也**臨溪水**在績溪縣詳見風俗形勝門溪水宜浣紗**楊之水**寰宇記在歙縣從績溪東南流至臨溪館入歙縣界**林歷山**元和郡縣志云在黟縣西南一百五十里吳賀齊討山越賊保｜｜｜四面險絕齊使以戈帖山而升出其不意賊有善禁者官軍刀劍不能拔弓弩矢發多還自向齊曰吾聞兵有刄者可禁其無刄者不可禁乃作勁木白梧攻之禁果不行賊遂大敗**樵貴谷**輿地志云黟縣北緣嶺行得｜｜｜昔土人入山行之七日至一斜穴廓然周三十里地甚平沃中有十餘家云是秦時離散人入此避地又按邑圖有潛村者有十餘家不知何許人避難至此入石洞口悉爲松蘿所翳每求鹽米晨出潛處今見數十家同爲一村**富資水**在歙縣出昉源**武陵嶺**在祈門縣西四十里**豐樂水**在歙縣出黃山**朱砂湯**黃山

第四峰下有泉沸如湯出香溪中號丨丨丨元符二年忽水變赤如流丹寺人謂之朱砂發見好事者往往澄其沙以爲藥泉側有祥符寺

白嶽山 寰宇記在休甯西四十里中峰四起絕壁斷崖松蘿森靄嘗有學仙者居之圖經云其東北石壁五綵狀若樓臺在空中勢欲飛動

赤溪水 在祈門縣東四十里

白水寺 在歙縣之甯仁鄉有水玉色里八號丨丨丨今爲普安院

清泉院 在歙縣孝悌鄉舊號玉泉院以方丈前泉爲名

清苓洞 在婺源西八十里南北門相通中有物象如靈巖

烏聊山 元和縣志在歙縣東南二百步上有毛甘故城後漢末賊萬戶毛甘屯於此吳賀齊討平之圖經云隋義甯中遷縣治於此山

黃墩湖 在歙縣西南亦名蛟潭卽程靈洗夢蜃求助之地也

紫金山 在歙縣東三十五里舊名金紫山暮夜見光相紹興章侯取佛語更名紫金

珠溪院 在祈門廣福鄉有唐時謙禪師塔五六十年前遷之身骨宛然

墨嶺山 見下石墨井

石墨井 在黟縣南十六里九域志引方輿志云墨嶺上出石墨土人採之採處成井

石金

山在績溪東北三十里相傳爲甘露大士道場每夕常顯光相大率如五臺廬嶽所見

石照山在績溪縣東五里有石高二丈光可以鑑旁有||院

石門灘寰宇記婺源縣西有|||當溪踊起如雙闕

石橋院在休寧之履仁鄉唐元和中刺史韋綬夢僧來謁曰在郡下之||巖乃爲建寺云

飛布山寰宇記在歙縣詳見主簿山下

披雲峰在歙縣西南二百步山勢峭拔蘇德祥爲亭於峰頂名||亭

梢雲山在休寧西二十餘里舊名郎山天寶中改今名

落星石在歙縣山上數石圓而白號|||

城陽山寰宇記云在歙縣南以居郡之南故號爲|||馬郎許宣平得道之所爲李白所尋不遇之處所亦

甘子嶺在休寧西七十餘里縣無甘子惟此嶺有一株

蓮華洞在婺源入洞百步有大石室廣十丈有像高丈八尺旁有羽蓋幡節之屬皆乳石所成

芙蓉嶺在婺源東七十五里高齋詩話云婺源五嶺高嶮其一曰|||尤爲峻峙吳黠每行縣輒苦之迫替作詩云每度|||愁眉慘不開有命終須過無災不再來

梅源山在婺

源縣西一百二十里山產楊**松蘿山**見九域志又新
梅梁任約爲太守罷不復采安志在休甯縣
東北十三里石**壁**梁書任昉爲新安太守甚
百仭丨丨丨丨交映**桃花米**清廉後歸船中惟有桃花
米二**小桃源**李白詩云黟縣小桃源煙霞百里間地
十石多靈草木人向古衣冠市向晡前散山
經夜後寒**大鄣山**在績溪東六十里郭璞云三天子
見龍城志障山在新安歙縣東祥符經云郎
三天子障山然諸處山惟此山有障名而盧潘又以
爲丹陽郡舊名障郡郡者由此蓋自秦障郡漢丹陽郡
都尉皆治歙**東松菴**在祈門縣西三十五里官道上
由此山也先是地當往來之衝而邸舍遼
遠熙甯間有僧子珣乃爲廬舍數十間以迎勞四方
之來者至則如歸士大夫多爲詩以美之元豐中王
純父汪丞相皆有詩珣誦法**北黟山**在歙縣豐樂水
華經滿二萬過有華生座下出焉浙東西之
山皆此山**鳳凰山**在歙縣北十五里九**翡翠巖**在績
之支脈域志云嘗有鳳來集溪東
北十五里亦謂之郎嶸山兩傍**蒼龍洞**在婺源北十
有石直下數百尺名丨丨丨五里山峻拔

四顧如立壁中有怪石瀑水如簾有慗雲院在其側**白鶴觀**在休甯松溪里**大鏞山**在婺源東百三十里方輿記云堯時洪水谿户有丨丨及水涸甃鱗骨鰭鬣積如山阜**大獒山**在績溪北六十里舊說以爲弨形矯首有犬之像**靈烏山**在休甯西二里嘗有鳳出于此**龍尾山**在婺源東南百里開元中有人見石瑩潤令匠琢爲硯世傳羅文石在此**牛泉山**寰宇記云在黟縣北五十七里相傳舊無水牛以足跑土成池曰丨丨水**魚亭山**寰宇記云在黟縣南三十里每歲西江魚船至祈門登陸水亥待般故名丨丨丨又有丨丨水**雞籠山**在休甯南九十里形如丨丨丨**鹿髀山**寰宇記在休甯西百五十里昔有採藥者遇老人皓白指靈藥示之乃遺丨丨**石龍洞**寰宇記在休甯西百餘里丨丨山上中有石室容數十人復有門兩石對聳有如鑿成**石牛潭**在休甯南十里旁有巨石如牛歲旱塗其背則雨**巖寺鎮**在歙縣西二十五里今出漆器**獨聳山**在休甯西五十里有洞邃深唐乾元間嘗投龍**三天子都山**寰宇

記在績溪縣東南八十里一名玉山山海經云三天子都山在閩海北郭璞注云在新安歙縣東今謂之王山浙江出其邊 **三新婦山**在祈門東北二十里每春雨初晴若彩服豔妝焉 **三靈山**在婺源晉時有三人入修煉後不知所之 **三姑山**寰宇記在黟縣一名吉陽山峰中有瀑布新安記云天將雨此山先有鼓角之聲 **五峰巖**在祈門東北十里昔有韓氏坐禪於此嘗降乳虎 **五城水**寰宇記在休甯縣南三十里傍有｜｜村相對有二大墳昔人有發之鐵厚二尺雷雨晦冥人懼而止 **九沙灘**在歙縣楊之水灘名 **九頓山**寰宇記在歙縣山常風樹木摧拔雖長成合抱而無大枝存則多於南面 **四十七瀨**休甯縣城南東西溪有｜｜｜｜｜ **三十六峰**小華山上有｜｜｜｜ **二十四洞**小華山上有｜｜｜｜ **主簿山**即飛布山在歙縣新安記云昔寇亂縣主簿率百姓保此山獲全因名唐天寶間改名飛布祈門亦有此山名寰宇記云主簿山在祈門縣西北昔有黟縣主簿循鄉到此愛其幽奇遂解印隱居其中終身不返

仙遊山在休甯縣南四十里有石壁削成數百尺闊四十餘丈**道人山**在新門北十五里半壁有巖巖前有池學仙者居之**天王院**在歙縣唐天寶初大石康居等五國寇安西而安西城樓現天王像五國敗退乃敕諸道州府各置｜｜｜而佛寺亦然今有唐世祠部牒目為城北護國｜｜｜｜**漢洞院**在歙縣之仁愛鄉此地初入險阨其中夷廣山上有昔人屯聚遺跡壞垣廢瓦可數百家相傳黃巢亂時民保聚于此其稱漢洞者漢末已嘗保聚故也**周流院**在歙縣永豐鄉岑山上鬱然孤峰溪水環之故寺以為名**戢兵山**寰宇記在黟縣舊名石鼓山唐天寶中改為｜｜｜**問政山**今有觀在歙縣東五里唐有于方外者棄官從太白山道士學術從弟歙州刺史德晦為築室于此故名國初黃台留題詩有云千尋練帶新安水萬仞花屏｜｜｜**興道觀**在歙縣之問政山房道士于方外及聶師道相繼居之紹興中詔以御書黃庭內景經及臨法帖十卷藏于山**報恩寺**在州城之北隅慶曆中作寶塔十三層高三十仞廣十丈其下為屋百餘間治平中賜名普安

塔**興國寺**在歙縣西南寺門踞兩峰間下瞰溪流州西勝處也唐大[歷]時呂渭爲州司馬於寺讀書有呂侍郎祠今民間呼爲水西寺

祥符院在歙縣黃山之天都峰下唐刺史李敬以風疾入浴感白龍而疾瘳乃作龍堂其後刺史陶雅建湯院祥符改今名院有桂石爲魚其聲清越

古迹

梅鋗城在祈門西十五里吳芮之將項羽立諸將爲侯王鋗功多封十萬戶即此地也又祈門縣洞元觀相傳以爲梅鋗故宅鋗女得仙號梅娘又祈門之製錦鄉有悟法寺相傳是梅鋗墓

孔靈村寰宇記在歙縣南二十五里按晉書云孔愉會稽人永康之亂避地入新安山谷中以稼穡讀書爲業其後官至尚書左僕射

顏公山九域志云昔有顏公隱於是山後乘風而去圖經云山上有湖五畝多鯉魚

呂公灘唐志云在歙縣東南十二里本名車輪灘湍悍善覆舟刺史呂重以俸募

工鑿之遂成安流

路公溪 唐地理志云祁門西南十里有閶門灘善覆舟令路旻開斗門以平其險號路公溪後斗門廢咸通中令陳甘節以俸募民穴石因山派渠舟行乃安

張公洞 稽神錄婺源縣有｜｜｜咸通末有洞靈觀鄭道士以繩縋下百餘丈乃至底旁視有光路盡阻水隔岸有屋宇花木樹石宛然仙境有道士使一童子刺一船而至問欲渡否荅曰當還復縋而出明日井中出一石筍塞其口無復入者

殷公井 寰宇記在歙縣南羅城內井底有二穴一通縣北石壁潭一通縣南釜潭

廣德王國 漢成帝鴻嘉二年以黟為｜｜｜｜立洪客為王

廢歸德縣 唐書志云永泰元年盜方清陷歙州州民拒賊保于山險二年賊平因析休甯置歸德縣大歷四年省

廢北野縣 唐永徽五年析歙縣置北野大歷中廢寰宇記在歙縣北三十五里而寰宇記又載休甯縣下不同

隋廢休甯縣 寰宇記在今休甯縣東三十五里南當水口之上

廢海陽縣 寰宇記在休甯縣東十三里萬安山上舊名休陽吳孫休改海陽晉改海甯

廢吳休陽

縣寰宇記休甯縣二里靈烏山上故城基向在

汪華宅在績溪側越國公故宅井在焉今爲忠顯廟

蕭王墓在歙縣南長垓上累土如冢者三二十處號｜｜｜

陶雅墓在歙縣明德鄉

官吏上

漢何比干汝陰何比干自廷尉正與張湯爭事所活以千數後遷丹陽都尉獄無冤濫

吳賀齊齊討黟帥陳僕祖山等二萬戶于林歷山四面壁立齊作鐵戈柝塹爲緣道夜令潛上垂布以援下人人遂大破僕等權拜齊爲新都太守

晉周嵩字仲智汝南人晉元帝引爲參軍及元帝爲晉王嵩上疏諫謂宜先雪大恥由是忤旨出爲新安太守

宋羊欣泰山人爲新安太守在郡四年簡惠著稱文帝復以爲新安太守前後凡十三年樂其山水嘗謂子弟曰人生仕宦至二千石斯可矣及是便懷止足

梁伏元曜平昌安邱人爲永陽令有十五事爲吏民所懷武帝善之徙新

安太守民稅賦之不登者輒以太守田米助之事見南史與陳書所載拜東陽太守有小不同然下文屬縣有始新遂安海甯同爲立生祠則非東陽矣當從南史

任昉 字彥昇樂安人天監六年爲新安太守以清潔著名吏民便之咸以百餘年未之有郡有蜜嶺及楊梅爲太守所採而昉皆罷之視事期年卒於官舍惟有桃花米二十石無以爲殮

徐摛 字士秀東海郯人也武帝寵遇日隆朱异不悅謂所親曰徐叟出入兩宮漸來見逼乃乘間白帝曰摛年老大愛泉石意在一郡自怡帝乃謂摛曰新安大好山水任昉等並經爲之卿爲我臥治此郡乃出爲新安太守

程靈洗 事見人物門

唐王雄誕 曹州人爲杜伏威養子初歙州汪華據黟歙等五郡稱王十餘年雄誕擊之華拒之於新安洞口伏兵斷其歸路華乃請降雄誕以功遷歙州總管

蘇瓌 唐史蘇瓌傳瓌歷朗歙二州刺史偶是時來俊臣貶某州參軍人懼復用多致書請瓌瓌叱其使曰吾忝州牧高下自有體能過待小人乎遂不發書象之謹按來俊臣傳俊臣先貶同州後貶漢州却不曾貶歙州通鑑武后延載元年亦書來俊臣貶同

州而蘇環傳却書環自朗州遷同州史臣既不明書來俊臣貶何州故圖經遂引同州事入歙州耳此事亦載於武陵志往往因史臣不明書曰來俊臣貶同州而漏書同字却書於朗歙二州之下故二郡皆誤書耳要是蘇環雖爲歙朗同三州刺史而來俊臣却只貶同州不曾貶朗歙二州以此觀之思過半矣

蕭復 字履初父尙新昌公主復生戚里以學自力非名士夙儒不與游歷歙池二州刺史後相德宗

劉贊 贊爲歙州刺史野媪將爲虎噬幼女呼號搏虎俱免韓滉奏贊治行加金紫

陸傪 字公佐吳郡人正元中刺歙州韓愈序送之

崔淙 字君濟爲歙州刺史簡其約束明其信誓既去害羣之姧遂甯蹝險之俗

范傳正 以歙州刺史轉湖州刺史白居易掌制詞云黟歙之遺愛尙在吳興之新政方播升車便道足慰人心

馬宿 東陽人從裴度平淮西拜比部郎中元和中韓愈上疏諫佛骨貶潮州刺史宰相疑宿爲愈草疏出宿爲歙州刺史

崔元亮 字晦叔磁州人元和中爲歙州刺史元稹爲制詞郡人馬牛生駒犢官籍蹄噭吏得爲姦元亮悉焚其籍一不問

裴休 字公美河

東人大中初爲刺史按盧肇宣州新興寺碑記稱大中二年休拜宣城則元年在歙

盧肇字子發袁州人狀元登第咸通中爲歙州刺史上海潮賦又容齋四筆唐盧肇爲歙州刺史會客於江亭請目前取事爲酒令尾有樂器之名肇令曰遙望漁舟不闊尺八有姚嚴傑者飲酒一器凭欄嘔噦須臾郎席還令曰凭欄一吐已覺空喉此語載於摭言

呂季重河東人呂諲之兄子以俸錢募軍中壯士鑿車輪灘成安流至今人號呂公灘云

吳陶雅雅以景福二年來守時南鄰錢鏐西備鍾傳而汪武據婺源爲順義軍雅獨以一州之力爲楊氏外蔽蓋嘗西伐鍾傳執汪武南救睦州虜錢鎰攻婺州執洸夏又襲饒信州在郡二十餘年兵革數動雖四鄰不敢加兵而增賦之重至今民力爲之困乏云

國朝

李維以兄流爲相欲避權勢請知歙州至郡起學舍時行鄉射之禮

李度長編云洛陽人嘗知歙州坐事左遷十年不調有中黃門得度歙州所著詩石本傳入禁中太宗見之固問寺相日度今安在即召赴闕尋授虞部員外郎度進賀雨詩上特與繼和令宰相召度至中書宣示之

曹修古

建州人字述古爲監察御史禁中以翡翠爲服玩王
詔市於嶺南修古以重傷物命論罷之出知歙州
琪字君玉成都人知歙州惠愛及人凡東南巨鎮黄
多所更歷所至必有紀詠人皆稱之爲王密學
誥字君謨岳陽人紹聖中知歙州始至謁先聖請歙
尉劉知至升堂講周禮諭父老遣子弟入聽因更
創校舍明年 汪藻乾道九年守鄉郡謝表云惟今日
登第者十人 股肱之郡實平生父母之邦又云
屬縣前驅初靡勞於草檄行朝在望復何待於移關
又執政啟云城郭重來疑千載去家之鶴交遊半在
或一時同
隊之魚

官吏下

令佐

梁庾沙彌嘗爲判官父佩玉宋長沙內史昇明中坐
事誅時沙彌始生及年五歲遂布衣蔬食
終身嫡母劉氏寢疾沙彌晨昏侍側衣不解帶針灸
輒先以身試及亡水漿不入口者累日終喪不食鹽

酪冬不衣纊夏不解縗不出廬戶晝夜號慟所坐薦淚霑爲爛應純孝之選梁武帝以補歙令

唐薛稷 圖經云稷收之孫也爲文學館學士坐法左遷黟縣令寰宇記云薛稷曾爲黟縣尉善畫鶴今時人有畫者蓋薛公之餘風耳有小不同然縣有薛公祠廣德二年立其文可辨者稱其贊賊平而邑里有華苦竊息而山谷謹則非作尉也知

汪武 楊行密時爲縣制置而陶雅爲歙州刺史暴增民賦武不爲屈以故迄武之世縣人賴之

鮮于侁 字子駿閬中人景德中上書言災異移黟縣令又嘗攝婺源縣其治皆爲諸邑最

崔鷗 雍丘人登進士第元符末以日食詔求直言鷗上書辨司馬溫公力抵時相宰相蔡京以邪等定上書者鷗坐廢三十年政和中爲績溪縣靖康初權右正言力病就職請斬蔡京

安定胡公宿 爲通判

簡肅魯公宗道 爲通判

呂大防 京兆人字微仲爲監察御史與呂誨范純仁論歐陽修濮議不當謫知休寧縣

蘇轍 自簽書南京謫監瑞州鹽酒稅元豐八年知績溪縣事新安志云蘇公謫爲令與民相從於社民樂之其後里中社輒以酒肉

饋長吏下及佐史轍後自續溪以校書郎召入京坡詩云似聞績溪老復作東都行

王居正 繫年錄云江都人建炎四年以新徽州教授入對季陵為中書舍人嘗舉自代范宗尹又薦之得召見居正上仁宗十事參以今日所宜行各有論著尋除太常博士

毛㮚 衢人為歙之士曹參軍睦寇攻城官吏皆遁㮚攝州事城陷㮚坐府上賊脅使降不屈罵不絕口嬰刃而死妻孥皆遇害朱晦翁書于江山縣景行堂記

人物

梁程靈洗 侯景之亂靈洗保黟歙以拒景梁元帝授以本郡太守華皎之反遣使招靈洗靈洗斬其使

唐蕭瑀 梁新安王瑀孝明帝之子也九歲而封後入隋歷唐至尚書左僕射太宗嘗宴侍臣詔一坐最貴者先把酒瑀遽引盃上問之對曰臣梁朝天子之子隋朝皇后之弟唐朝宰相天子親

家翁上撫掌極歡而罷

汪華　績溪人大業之亂保據郡境并有宣杭睦饒婺五州帶甲十萬建號吳王凡十餘年唐武德四年納款于唐就拜持節總歙宣杭睦饒婺等六州諸軍事歙州刺史封越國公七年朝京師正觀中卒歸葬于歙土人祠之號爲汪王神國朝封靈濟王廟號忠顯

吳少微　新舊唐書皆稱爲新安人新安志云登進士第長安中爲晉陽尉與武功富嘉謨友善先是天下文章以徐庾爲宗氣調益弱獨少微嘉謨屬詞本經學雄邁高雅時人慕之文體一變稱爲吳富體

許規　許遠之後也祖儒不義朱梁自雍州入江南終身不仕規嘗羇旅宣歙間聞傍舍呻呼就之曰我某郡人也察君長者我且死願以骸骨屬君因指槖中黃金十斤曰以是交長者規許諾竟負其骨千里併黃金置死者家大驚愧之因請獻金如亡兒言爲許君壽規不顧竟去規生子逖後爲與元及楊州守而發運許元即其後也

謝泌　字宗源歙縣人也泌名知人少許可平生薦士曾不過數人後皆至卿相每欲發薦牘泌設几案置章其上望闕再拜曰老臣爲陛下得一人王文正公旦即其所薦也　又

魏瓘　婺源

人唐鄭公之後仁宗時知廣州廣州無城爲築城環之及儂智高爲寇圍廣州五十日不能下

杏道

字湛然性慈孝在滑州日母病思鱖魚方冬市無有往禱于河鑿冰解衣取之得鱖尺餘以饋母疾愈姓本音如乘槎之槎乃鋤加反眞宗與道語及姓氏因謂何不求音之近而雅者稱之乃引春秋會吳于祖以對乃莊加反

呂溱

寶元元年爲狀元

許元

爲丹陽令練湖決水一寸爲漕渠一尺大旱元請借湖水溉民田不待報決之歲乃大豐元長於治財命主權貨元請持輕重之術以足塞下會京師歲漕不給范仲淹薦元爲發運使發千艘浮江而上所過州縣留三月食以次相補未幾京師足食又東軒筆錄云丨丨初爲發運判官每患舟多虛破釘鞠之數蓋陷於木中不可稱盤故得以爲姦一日元至船場命拽新造之舟縱火焚之取其釘鞠拆秤之比所破才十分之一

洪中孚

字思誠徽宗時帥眞定府女眞約夾攻遼中孚曰臣遊邊久熟知遼人情狀昔遼主洪基用其相劉六符之言大鬭燕雲賦役今其國雖弱民心未忘臣恐滅遼之後女眞未易當也會中使譚稹來議中孚曰誰爲此謀國之賊也稹

大不樂竟劾使去

黃葆光黟縣人爲侍御史奏蔡京開僭擬之路謫昭州安置後知處州沒之夕家未有繪像索之民間得百餘本東都事略云葆光爲侍御史會李良嗣除祕丞｜｜上疏論五不可以爲有累國體宣和中以職方員外郎召

盧臣中夷堅癸志云｜｜｜字信仲黟縣人建炎初爲左正言後從車駕南幸敵兵有迫逬龍舟者臣中叱之踏兩舭失腳墜水明日復召左右始奏其事亟使沒人拯之拱立如生賜水銀以殮贈諫議大夫又見歙人羅願所編新安志

朱松字喬年婺源人有子熹號晦翁先生也

汪廷美婺源人孝友純至義居數十年聚族四百口隱德非止一端子姪諸孫有過未嘗形言但訓以自昔興替之家時號汪長者

詹惠明婺源人父坐鬬殺人惠明乞以身代父讞指出血詞旨甚哀奏上詔減其父罪而釋｜｜至是官吏給以得請擁入市無悔色至市曹始宣恩縱之人皆伏其誠

凌唐佐紹興二年初金敵陷南京守臣休甯｜｜｜降之復以爲南京守｜｜密疏劉豫虛實遣人持蠟書歸朝爲人所告豫殺之李橫囚其妻田氏于潁昌府其後李橫

下潁昌田氏訟其事以聞詔贈唐佐徽猷閣待制

程大昌 言行録云休甯人登進士第仕至吏書著禹貢論五十二篇辨江河淮濟漢弱水黑水甚詳又爲雍録地里圖北邊備對六卷

程氏女 夷堅癸志方臘作亂轉寇新安歙人程叔清一女年十七父母謂曰儻爲兵刄所脅奈何女曰脱有不可當以死拒之明日與賊遇賊脅以刄愈益罵賊賊先斷其髻知不可屈碎其尸乃去

仙釋神

方儲 歙縣人後漢時拜洛陽令夜輒還寢室遲明而去不動戶樞嘗遺雙履於牖下母命藏去後死於雨雹遺喪至家母啟視之無尸唯有隻履取前履合之良是

許宣平 歙縣人唐景雲中隱於城陽山絶粒不食負薪入城獨吟曰負薪朝出賣沽酒日西歸借問家何處穿雲入翠微李白入山尋之不

見乃題其菴以歸是冬菴爲火所焚遂不見後百餘年至咸通七年有採樵者見之南山石上

浮邱先生有廟在黃山第十三浮邱峯下峯上有浮邱仙壇嘗有至者見樓臺及自蓮花池左右有鹽米之積卒人取之迷不知處

鄭全福浮梁人好游獵開成中深入窮谷與其徒相失暮有老人導游諸洞及出有鹿引上山自是結茅居之因修鍊爲道士後徙居婺源蓮花洞之石室將遊天井乃爲麻綆轆轤而下中極寬廣徐步桃花谿有老人乘鐵船乃借船還循綆而上已七日矣全福至百歲而卒

聶師道歙縣人號問政先生楊氏召至廣陵以眞元宮處之一旦謂弟子曰我爲仙官所召言訖而逝後有自豫章來者言見之於道

鄭姑蘇子由龍川志略云父死歛棺中不葬姑言父非死也子由爲績溪宰與之論道姑曰君謂道不在我然我身何者非道

邱濬黟縣人因讀易悟損益二卦以此能通數知未來至八十一而逝及殮夜棺空衆謂尸解

瀾大德與唐寺僧性孤高杜荀鶴贈詩云祇恐爲僧心不了爲僧心了總輸僧瀾答詩云如何即是僧心了了得何心是了僧與婺州僧貫休以詩文

往還今精舍往往有瀾所爲碑

寗道者婺源汪氏子也棄妻子祝髮參五祖禪師

應夢羅漢在歙縣太平興國寺唐末寺僧清瀾與婺州僧貫休游休爲畫十六梵僧像相傳國朝嘗取入禁中後感夢歙僧十五六輩求還遂復以賜汪內相詩所謂祇應夢乞歸巖寺要使邦人習氣移

僧清素唐末有｜｜｜自言從五臺山來求安禪之地縣人鄭傳爲於西峰築室百餘間刺史陶雅請於楊氏號上林寶元禪院時光化二年也傳嘗以久旱從師求雨表竹於樓之四隅曰雨於竹外已而果然今錫杖鐵笛戒牒見存

五通廟在婺源縣大觀三年賜廟額宣和五年封通貺通澤通惠通濟侯乾道淳熙累封各八字其告命云江東之地父老相傳謂兄弟之五人振光靈於千載

碑記

興唐寺碑唐呂渭文在歙縣

越國公廟記唐汪台符文在歙縣

問政先

生碑記 吳順義中方訥文在歙縣

歸眞觀碑 江南徐鍇文在歙縣

漢洞院碑 在歙縣新安志云今院有南唐保大中碑

婺源縣古縣記 見新安志本縣沿革下

州縣牌額 容齋續筆徽州之山水清遠素無火災紹熙元年添差通判盧瑢悉以所作隸字換郡下扁榜自譙樓儀門凡亭榭臺觀之類一切趨新郡人謂字多燥筆而於州牌尤爲嚴重私切憂之次年四月火起於郡庫經一日兩夕乃止官舍民廬一空

歙州折絹本末 皇朝類苑五代方鎭割據多於舊賦之外重取於民國初悉皆蠲正稅額一定其間或有重輕未均處隨事均之福歙州稅額太重福州則今以錢二貫五百折絹一疋歙州輸官之絹止重數兩太原府輸賦全除乃以減價糴米補之往往疑福歙折絹太貴太原折米太賤又陳居仁言行錄云歙在五季爲偏方夏稅特重祖宗故輕之他郡輸納率以十二兩惟歙十兩比歲戶部謂不中度却之人以爲擾孝宗欲仍舊貫而慮輸有輕重吏得病民每十二疋特蠲其二

新安志 羅願編

詩

他年一攜手，搖艇入新安。李白 桃花流水杳然去，別有天地非人間。前人 伊昔升絕頂，下窺天目松。前人送溫處士歸黃山 南憶新安郡，千山帶夕陽。斷猿知夜久，秋草助江長。唐詩紀事皇甫曾題劉長卿碧澗別業 野雲如火照行塵，會績溪邊去問津。羅昭諫送人之新安 俗變人難理，江傳水至清。船經危石住，路入亂山行。劉文房送人之歙州 山空葉復落，一逕下新安。風急渡溪晚，雲晴歸寺寒。詩用晦送惟素上人歸新安 新安江自綠，明主待良臣。李嘉祐送人赴歙州 却因賈贄善，來作歙知州。蘇壽易簡長子也，為越州，與通判賈贄善，不叶，移歙州，有詩曰——————————— 黃山向晚盈軒翠，黟水含春繞郡流。喬伍爲歙州倅寄張翰林洎詩。又云：遙想玉堂多暇日，花時誰伴出城遊。

春風吹起籜龍兒，戢戢滿山人不知。朱喬年筍詩　急喚蒼頭斸煙雨，明朝便作碧參差。

幾處樓臺皆枕水，四周城郭半圍山。邱濬贈太守

醜却天下美人面，正得世間男子心。邱濬詩。郡守作宴召之，邱以此詩辭，郡守遂作文字飲謝之。

鳥聲應爲故人好，梨雪欲將春事空。汪彥章

山色總兼溪色好，松聲長作雨聲寒。前人

日邊人去鴈行斷，江上秋高楓葉寒。前人

此老胷中百萬軍，暫勞試手犬羊羣。山頭不復望廷尉，柱下何須用惠文。解帶爲城聊戲劇，賣刀買犢便耕耘。三山勝處開華屋，千載人傳舊

史君前人止戈堂詩千里江山漁笛晚，十年燈火客氊寒。前人千里閩山馹騎飛，天書趣解海邊圍。異軍方逐蒼頭起，元帥徐將白羽揮。翻就鐃歌春舉酒，收還烽火夜開扉。向來萬事關兵氣，都作風光坐上歸。前人古邑猿聲裏，空城只半存。岸移無舊路，沙漲別成村。鼓角喧京口，山江盡汝墳。六朝興廢地，行子一銷魂。張喬寄績溪尉

四六

新安勝地，東越奧區。事跡丹壁翠崖，居多仙室；清泉白石，俯見游鱗。同上追任昉之幽奇，踵薛邕之文雅。洪邁惟

黟歙之名邦，奄溪山之勝踐（同上）惟溪山一隅，號爲偏郡，而農桑萬里，名曰富州（事迹）川浮白水，賴賢帥以承流；地接黃山，仰元侯而作鎭（同上）謂臣不改歲寒，故起之散地；察臣素推月旦，故付以本州（汪藻徽州謝表）矧是富州，咸謂溪山之勝；同茲輔郡，密依日月之光（洪景伯知徽州謝左相啓）五年蓬華之居，僅終載筆；百世枌榆之讓，猥使分符。既彈貢禹之冠，仍衣買臣之繡（中興遺史汪藻到任謝表）

輿地紀勝卷第二

輿地紀勝卷第二十一　文選樓影宋鈔本

東陽王象之編　甘泉岑鎔 詮 長生 校刊

江南東路

信州　上饒 饒江 靈鷲 靈山 龍虎 鉛山 玉溪

州沿革

信州　上　上饒郡軍事九域志　禹貢揚州之域寰宇記　吳地斗之分埜漢書地理志又後漢地理志自斗十一度至婺女七度一名須女日星紀之次總而言之則日斗之分析而言之則日星紀之次　春秋戰國迭爲吳楚之地秦屬九江會稽二郡輿地廣記　漢屬豫章郡之餘汗縣此據元和郡縣志又寰宇記以爲屬豫章郡之鄱陽縣元和志以爲屬餘汗縣然鄱陽在餘干之西不應越餘干而

專屬鄱陽寰宇記非是當從元和志及會稽郡之太末縣此據輿地廣記按會稽諸縣惟太末縣爲衢州與信州相近唐立州之時割衢之常山玉山二縣置信州則當屬太末三國時又分鄱陽郡葛陽縣之地此據元和郡縣志又寰宇記以爲後漢建安十五年孫權置葛陽縣不當直指爲三國也晉宋及隋屬鄱陽東陽二郡地輿廣記陳改葛陽縣爲弋陽縣今州理在弋陽縣東一百里元和郡縣志唐爲衢饒撫建四州之地乾元已前後析饒之弋陽衢之玉山常山及建撫二州之地置信州因江淮轉運使元載之請謂其信可美也隸江西道太平御覽在乾元元年五代爲吳楊氏唐李氏僞地圖經皇朝平江南隸江東路開寶八年今領縣六治上饒

縣沿革

上饒縣 望

倚郭元和郡縣志云本吳所置隋平陳省唐地理志云武德四年復置隸饒州七年省入弋陽乾元元年復置輿地廣記云是年并置信州寰宇記云所謂上饒者以其旁下饒州故也

玉山縣 望

在州東北九十里寰宇記按縣圖云本漢鄱陽縣界之西鄙也以境內有懷玉山故以爲稱元和郡縣志云唐證聖元年分常山須江等縣置乾元元年自衢州割人信州

弋陽縣 望

在州西一百六十里寰宇記云建安十七年孫權置鄱陽縣又置葛陽縣元和郡縣志云後漢分餘汗縣東界立葛陽縣自吳至陳並屬鄱陽郡隋開皇中因失印改爲丨丨丨丨以地有弋水故也乾元元年自饒

州割屬信州輿地廣記云有
寶豐縣慶歷省入弋陽縣

貴溪縣 望

在州西一百九十里寰宇記云本漢豫章郡餘汗縣之地元和郡縣志云唐永泰元年觀察使李勉奏割樂平餘干二縣在貴溪口置因以爲名

鉛山縣 中

在州南八十里上饒志云本建撫二州之地山産銅鉛舊置銅場以籠其利後唐嘗析上饒弋陽五鄉以爲場保大二年升爲縣屬信州國朝會要云開寶八年平江南直隸京師後來隸有汭口鎮

永豐縣 中

在州東南五十里輿地廣記云唐乾元元年析上饒置屬信州唐地理志云乾元元年置永豐縣元和七年省永豐入上饒國朝會要云皇朝熙寧七年以上饒縣永豐鎮升爲縣

風俗形勝

信美所稱爲郡之名見元載奏川源夐遠關防襟帶寰宇記云上元元年江淮運使元載以鄱陽縣｜｜｜｜｜｜｜宜置州制可賜名信州以信美所稱爲郡之名山鬱珍奇鄱陽記云界內之山出銅及鉛鐵者有玉山及懷玉石梁蓋言十道志所謂｜｜｜｜蓋此類也靈山爲州之鎮山城南之山爲南屏上饒志云靈山爲州之鎮山而衆峰森聳天末遠望色深碧岡勢迤邐從北來州宅實枕其趾城南之山延袤周遭號爲南屏譙門又適相值所謂上饒者以其旁下饒州之故也晏公類要旁下饒州寰宇記在饒州之上故曰上饒上饒志地控閩越蹸江淮引二浙隱然實要衝之會韓元吉修子城記福建湖廣江西諸道悉出其塗昔爲左僻今爲通要上饒志風

俗門信安之地犬牙於閩韓元吉陶氏義居記地據江吳閩粵之交元絳題靈鷲寺序地介吳閩麗藉濟衆亭序信之山富於巖岫而嗇於水泉洪芻石井泉記信於江南爲四塞地汪藻示喜後樂二堂記當吳楚閩粵之交爲東南望鎭李尙書彌大玉山法海院記常山至玉山八十里陸道謂之玉山嶺自玉山湖七百有一十里順流謂之高溪李翺之南來錄山川幽麗唐詩紀事李華寄題趙七侍御自餘干溪行經弋陽至上饒丨丨丨丨寄懷於詩篇

景物上

玉山九域志玉溪九域志鉛山寰宇記云在縣西北七里又名桂陽山按舊經云山

出鉛先置信州之時百姓採鉛什而稅一建中時封
禁正元年置永平監其山又出銅及青綠又有寶山
相連寰宇記云在上饒東南七十里**銅山**在上
出銅**鐵山**又名丁溪山舊嘗冶鐵于此饒縣
南四十餘里方輿記云下有天井廣一丈餘有石**錢**
倒墜如蓮花覆蓋天欲雨井中即有白霧上騰
寰宇記云在弋陽縣有石臨水如廪高數丈號曰
倉｜｜戶如六尺牀晉太和中有釣人從戶過石開
其錢**神石**在弋陽縣東南橫出大溪捍截東流縣治
自出賴此無衝潰之患故以神名東壁巖壑奇
秀淵深魚聚西南有洑可以艤舟上有在貴溪
亭可眺山回水長晩碧相照是爲絕景**僊巖**縣南七
十里去龍虎山二里峰巒削立高出雲表巖石嵌空
多爲洞穴房室窗牖牀榻倉廪棺槨雞犬禽鳥之狀
晁太史以爲爲大水時人宅山上所作詩云稽天巨浸
洗南荒上有千峰骨立僵民未降邱塵宅此舉頭天
壁有**靈山**寰宇記云在上饒西北九十餘里絕頂有
囷倉葛仙壇丹竈諸峰七十二上有龍池產水
晶九域志云亦名靈鷲山韓元吉詩云諸峰七十二
磊砢喀可推定知水晶宮闕藏神所司舊經云上有

龍池多珍木奇卉兼出水晶荆公詩靈山［甯］與世爲仇斤斧侵夌自不休氷玉此來聞長價市人無數起相雠

雲洞 在州南二十餘里天欲雨則興雲

月巖 在上饒縣西三十里一名石橋山巖半有穴穿出山背遠望如月故名月巖寰宇記云山中竅穴如虹橋然外窺如盎遠望如月雖天台石橋不足以比朱喬年郎中有詩云鑿透巉巖不記春山腰千古掛氷輪誰知壁破三峰手聊出嬋娟戲路人

石鼓 寰宇記云在貴溪縣西五十里有石如鼓者舊傳記云鼓輙自鳴兵氣之兆也

石堂 寰宇記云在貴溪縣南一百六十里有石堂中可坐數百人云是鬼谷先生石堂

水亭 張祐有題弋陽徐明甫水亭詩

石橋 在弋陽縣南三十里鄱陽記云寶峰有石橋長五十丈廣二丈

石井 在鉛山縣東四里資聖院之後周迴六丈深二三丈許有巖去水二丈三面同把瞰于井上石文隱起錯鏤垂下如蓮花倒生邑產膽水味多澁濁此泉滴冷甘美大旱不竭溉田千餘頃又名玉洞泉

石巖 在玉山縣二十餘里可容數百餘人

沙溪 在玉山縣西三十里有沙溪市

洞巖 在玉山三十餘里林壑掩

峡崀石奇秀俯身下四五尺乃平寛可數十人坐崀上垂乳如纓絡水流出其聲淸壯越溪以往可行數里其傍有尤美軒取醉翁亭記林壑尤美之義爲名汪端明有詩其畧云林巒獻狀環左右煙雲變相隨高低程知縣詩云丨丨天下奇超出滁諸峰

幽巖 在上饒月崀雲洞側

呌石 寰宇記云在上饒縣西九十里舊經載元和侍御史許堯佐過石下名之曰走石嘗敘走石說刊于丨丨之側

響石 在弋陽縣南二十里其廣可容萬人聲傳響答非有穴竅蓋出自然

南巖 寰宇記云在上饒縣十餘里崀傍巨石儼然北向其下寛平可坐千人士女遊賞之處晁補之韓無咎皆有詩晁詩其畧云崖奔木疎瘦谷遠鳥幽怪韓詩云野棠著子梅杏老霜葉尙帶殘花紅涓涓寒溜滴冰雪一酌爲我涼心胸

西湖 在鉛山縣西一里内生芰荷傍多高柳沙嶼曲折景趣瀟灑

蓮鑊 鄱陽記云鄱陽嶺上多窑崀宋元嘉中有人見巖内有三鐵鑊鑊可容百斛中生蓮花他日往尋不知所在

葛陂 按費長房傳丨丨當在汝南而弋陽有此名其說非是李泰伯有詩云長房化去已千年鬼谷紛紛不畏天老鱉若

來爲太守何人殺向丨丨邊

葛溪在弋陽上有葛元冢故曰丨丨荆公爲江東提刑時寄沈鄱陽詩朝渡藤溪溪霜落後按江東地志無藤溪豈誤以葛爲藤乎

徐巖在貴溪縣員外郎徐紹景讀書之所王荆公有贈徐詩云茂林脩竹翠紛紛坐占山阿與水濱笑傲一生雖自樂有司還欲選方聞其地林深水遠澗穴幽邃有巨石平坦突出山側如月攀藤登之可以望遠

章巖在鉛山縣西北四十里高一十餘丈深六丈僧屋嵓下名宣梵院

璩嶺在貴溪縣南八十里或以爲據嶺以閩越偏據時以此爲界按南唐嘗命璩大夫守此有祠堂在嶺西嶺之得名以此謂爲據者非

婦石在上饒縣高五十丈

師溪在弋陽東南百餘里方輿記云昔有隱士居此鄉人遠近皆師之

象山在貴溪縣陸荆門嘗結廬其上與四方從學者講習以山形宛如象遂以丨丨名之

鵝湖在鉛山縣西南十五里鄱陽記云山上有湖多生蓮荷一名荷湖山今以丨丨著按舊經謂昔有龔氏居山傍所蓄鵝逸于山長育成羣復飛而下因謂之丨丨俗傳唐僧大義禪師結庵仙鵝自波而出者妄矣道傍長松參翠

枝榦權奇延袤十餘里大義所種有仁壽院淳熙初年東萊呂公晦庵朱公象山陸公會相會講道此院謂之丨丨之會

鶴山在永豐縣方輿記云下有天井廣二丈有縣石如蓮花覆蓋其水碧色四時不減

膽水在鉛山自昔無之始因饒州布衣張甲獻言可用丨丨浸鐵爲銅紹聖元年始令本州差廂軍興浸其利漸興今淋銅之所二百四槽歲浸銅八萬九千斤

景物下

襲芳齋在郡宅　浮香亭在郡宅　淨芳亭在郡宅　宣化堂在郡宅

中和堂在郡宅　覽悟齋在郡宅　面山堂在郡宅　愛山亭在郡宅

一覽堂在郡宅　兩賢堂在上饒之廣教院祀東萊呂舍人贛川曾文清　三老堂在玉山縣之法海寺畫維摩詰與南禪師李尚書彌大三像　翠微樓在郡治後　歸雲堂

在玉山縣之石僧院汪端明詩云浮雲本無心人心逐雲去更作｜｜｜雲歸竟何處

清風峽 在鉛山縣西北五里嘉祐中劉煇之道於所居之旁得土山洗而出石因以爲名

曉翠軒 在光孝寺

玉光亭 按信州圖經云｜｜｜在玉山縣廳之東不知所自章郇公及王荆公詩碑在焉郇公詩云千層懷玉對軒窗池上新亭號玉光祇此便堪爲吏隱神仙官職水雲鄉荆公詩云傳聞天玉此埋湮千古誰分僞與眞每向小庭風月夜郤疑山水有精神蜀人青陽楷詩云鳴琴賢宰有三長吟得新詞敵夜光好是斷章無以和神仙官職水雲鄉和郇公韻也

靈山閣 在祥符寺晁太史詩云寶剎千尋出天外靈山三面落樽前徐俯詩云遊客乍驚人外境居僧初識面前山

禪月臺 在州水南景德寺景趣甚幽

天柱山 在鉛山縣東二十里

雨石山 在永豐縣東南四十餘里舊經云歲旱禱之多應故名山西有嵓洞有石如螭盤虎跳鶴立鸞翔之狀

聖井山 在貴溪縣南六十里山有三井其二在絶頂人迹罕到下一井泓澄不可測歲旱禱之多應

鬼谷山 在貴

溪縣南八十里道家以爲貴元通眞洞天是鬼谷先生所居之處按史記徐廣注潁川陽城有鬼谷又按晉泰康秦地記扶風池陽縣有鬼谷司馬彪云鬼谷在嵩山虞喜志林云在龍門衆說不同豈嘗居此耶

自鳴山在貴溪縣西七十里書經云上有潮中有藤圍丈餘上干雲霄枝葉四垂天欲雨則水湧有聲故名丨丨丨

弋陽館張祜有題丨丨丨詩詳見詩門丨

永豐溪在永豐縣與上饒江合流又有永豐山在縣西二十里

弋溪水在弋陽東二十里有大石而如鐫爲弋字

貴溪山在貴溪南二十里鬼谷先生學道之處

仙人城在弋陽縣東四十里方輿記云山之峰壁高五十丈形如層城霞駁雲蔚羣仙之室南有屈曲而上絕頂平坦有池水清冷亦名赭石

正女石在貴溪縣西三里東臨大溪方輿記云昔有正女嘗浣于此

紫溪嶺在鉛山縣南四十里高四百丈又有紫溪水

紫谿驛陸游詩云嘉陵棧路吾能說略似黃亭到紫溪紫谿在鉛山縣

烏石山在上饒縣南七十里

黃石山在玉山縣東南三十餘里出黃黕石

懷玉山

在玉山縣北百餘里一名玉斗以山高近於斗故也**擣藥山**在弋陽縣東百餘里上有擣藥石臼傍有井甘美石橋長二十步唐嘗置道士觀于此**積翠巖**寰宇記在貴溪縣西三十里方輿記云每蓄煙靄與五面山相對**待賓山**在弋陽縣又名獅子巖**望姑山**寰宇記云在貴溪縣西南六十里峰巒峭拔下臨深淵**緝女石**在上饒縣西三十餘里舊經云以其類工女之形故名之**纓續石**寰宇記云在上饒縣西九十里孤石圓聳獨在潭中高十餘丈如緝麻纓爲故老相傳云織女失纓流至此而止**石泉洞**在弋陽縣北五十里洞東有小穴泉流滴乳堅凝爲石狀若列屏若掩蔽洞戶者南北六十餘里有房室坐臥之所復有小穴漏明**石城巖**在弋陽縣北六十里其廣可容萬人上有石乳泉可寶或方或長下有仙人跡隱出石面前環衆山可愛**石黃山**寰宇記云在上饒東南三十五里出爍黃石人或採之煉爲丹藥**孔雀院**在水南後有泉名裳泉晁太史有詩**靈鷲山**在永豐縣東三十五里有光相洞其深不可窮有寶積院張忠文公

叔夜稽仲之墓在焉寺之前有廟以祀張公賜額爲旌忠**龍虎山**在貴溪縣西南一百五里方輿記云兩石相峙山峰屹立狀若丨丨乃漢張道陵所居處**象樓山**寰宇記云在貴溪縣西南八十餘里又名石樓山**龜峰山**在弋陽縣南二十餘里山有三十二峰中一峰如龜唐乾甯中僧茂蟾所開**烏嶺山**在弋陽縣東一百餘里**桃花臺**在弋陽縣西二十餘里濱溪而高平相傳昔有道士種桃鍊丹于此南望龜峰屏列于前今有妙香僧寺**桃源院**在弋陽縣有東牟王右史詩云誰道丨丨解迷路與君平步到煙霞**葛溪驛**按信州弋陽縣有葛溪水源出上饒縣靈山又有葛元仙翁冢焉因名葛溪荆公丨丨丨詩缺月昏昏漏未央一燈明滅照秋牀病身最覺風霜早歸夢不知山水長坐感歲時歌慷慨起看天地色淒涼鳴蟬更亂行人耳正抱疏桐葉半黃**瑞峰院**在玉山縣吳炳不知何代人有詩云尖峰峰上寺臺殿倚雲端屏障畫雖易輪蹄來亦難沾衣嵐氣潤洗夢水聲寒寄語參禪子須同四絕看**銅寶山**在鉛山縣西南七里**鍾石灘**在上饒縣

西八十里

羅塘水 在貴溪縣，發源自邵武軍，流百里至中溪渡合流。

水南山 在玉山縣溪南，俗呼大王山，又呼武安山，並溪多石山，巔有浮圖，有超覽亭，山半有半山亭。

軍陽山 在弋陽縣南三十里。舊經云高百餘丈。方輿記云昔有將兵屯於此山之陽，因以名。又嘗爲寶豐鎮。

西際院 在上饒。王右史詩云：有僧眠雪月，無客賞風花。

南屏山 在上饒縣，自廣信門絕浮梁以南皆其地。有峰尖聳，名狼牙尖。其山由東南以來，爲波濤起伏之狀，及州治前則周環拱護，秀潤之氣可挹。下有祥符寺、景德寺、大霞宮、草衣寺、靈山閣及跨鶴臺。

上干溪 舊經云玉山有玉溪。上饒志云丨丨丨所經處，閒與衢之常山接。自信而衢，不可舟行，而閒以陸運者，此而已矣。知縣汪杞嘗欲濬鑿使之通流，以工役不貲而止。

上饒江 寰宇記云：出懷玉山，分流兩道，一東入衢州常山縣入浙江，一西南從玉山縣過合綸溪。

大琛山 在上饒縣。元和中許堯佐爲文敘之，曰：縣有山人見三鐵鑊，可容百斛，中生蓮花。

雙門嶺 寰宇記云在永豐故縣東三十里，雙峰如門，因名。

三峰山 在貴

溪縣西南二里｜｜相逝高三十餘丈東連王表巖西接五面山南北孤絶

五面山在貴溪縣西南方輿記云南一峰屹立削成｜｜欲登峰頂必泛貴溪而入攀蘿葛乃可上

六石山在永豐縣東七十里六峰相連故名｜｜

九子石寰宇記云在弋陽縣水岸間

百丈嶺在貴溪縣北七十里有路自此通饒徽鄱陽記云長沙王屯兵於｜｜｜即此

馨香巖九域志引鄱陽記云許旌陽斬蛟於此巖下

信義港在弋陽縣方輿記云土地良沃人多信義

仁壽院在鉛山縣有江隣幾所作三門記又曾鞏亦有記葉夢得有詩

丫頭巖在弋陽縣西六十里有大山岐首故名

醹口水在貴溪縣出｜｜歷仙巖

太甲山在玉山縣北二十里

王眞巖在貴溪縣南二十里按舊經謂之王表巖謂表因世亂率村閒數十家避於此後有野僧開創林穴棲息其中晁補之有詩云鬼谷西來一丈清三山箕王拱尉高情時平尚欲依王表南斗逍遥畢此生

表巖在貴溪縣南二十里昔有王表於此避亂今有招眞觀存

宋氏水在上饒縣西五十里

舊經云昔有宋氏居此溪側唐天寶勅改今名

古迹

孚惠廟在貴溪之自鳴山世傳以爲石勒之姪及石勒之子拔石勒未嘗至江南惟永興中李龍與勒相失後劉琨送勒母及季龍于葛陂時年十七惟葛陂與弋陽地名相亂意其附會云、

陸鴻漸宅寰宇記在上饒縣東五里

谷隱堂故尚書郎東萊呂丕問所居也丕問在中原時其居名丨丨後居玉山亦名其堂曰丨丨其猶子居仁嘗爲賦詩云容舟不顧生事窘所至有堂名丨丨丨

魚計亭東里趙獻嘗爲元祐館職子慶澤孫渙皆有文總名之曰趙氏四世集獻居鄭州有丨丨丨而獻之子賜以提點坑冶來居于玉山亦作亭名曰丨丨丨自丨丨丨賦

經綸堂在鉛山縣南三十里崇壽院祥符四年龐莊敏公籍侍父格蒞是邑征官寓學此院後爲丞相邦人因舊館爲丨丨丨

故寶豐縣輿地廣記云弋陽縣有｜｜｜｜開寶八年升爲縣景祐二年省康定元年復置慶歷三年省入弋陽縣

鉛山場紹興二年朝議以坑冶所得不償所費悉罷監官以縣令領其事至是江東運副馬承家奏存饒信二州銅場許之二場皆産膽水浸鐵成銅元祐中始置饒州興利場歲額五萬斤紹聖三年又置信州鉛山場歲額三十八萬斤其法以片鐵排膽水槽中數日而出三煉成銅率用鐵二斤四兩而得銅一斤繫年録

唐廣明二年鐘在永豐之金仙院乃唐徐悟於洪州南冶所鑄

唐僧貫休畫十六羅漢在玉山縣之法海寺乃禪月大師貫休所畫筆法精古

仙人石橋晏公類要云在弋陽縣

隱士石室晏公類要云隱士張氏石室在弋陽縣

象山書院在貴溪縣

劉氏義學在玉山縣有朱待制詩

葛元仙翁冢在弋陽縣葛溪神仙傳云｜｜指蝦蟇使節皆應絃節使止乃止荆公詩有蝦蟇能作拔之句

官吏

唐柳渾為永豐令見柳文常會為信州錄參韋應物為作古鼎歌云三年糾一郡獨飲寒泉井江南鑄器多鑄銀罷官無物唯古鼎蕭定蘭陵人為信州刺史大歷中有司條天下牧守課績惟定與常州刺史蕭復濠州刺史張鎰為第一而定又為之冠云魏謩乃諡五世孫武宗即位坐事貶信州刺史陸長源嘗為刺史裴倩嘗歷州刺史其理信州也復其庸亡五千室闢其農耕二萬畝代去之日不書於籍且曰吾以恤隱豈當沽美方餉表理行第一增秩加印綬見權載之集孫成有惠政郡人請立碑頌德優詔褒美轉蘇州刺史胡則與丁晉公謂雅故暨丁有朱崖之行則亦坐累出知信州則屢遣介往遺焉事見范文正所作墓誌滕宗諒明肅時以言得罪知信州在玉山雪上同中岳陽四郡並建學校事見范文正公為作墓誌王愈宣政閒守信州[illegible]方

臘之亂捍禦有功遂復開化常山江山處衢州以錢
故賊不能越信而西侵事見汪彦章所作二堂記
景德三年爲信州通守有朝士送行詩見迴云族
易茂世封吳土宇策高名壓漢賢良李宗諤云文戰
再收功才名李杜同賢良塞漢詔詞學動堯聰楊億
云家廟藏金券京塵弊黑貂新經白虎試初趁紫宸
朝詩入雞林國 龐籍字醇之祥符中侍其父爲鉛山
名題夫子橋 稅官嘗隸業于觀音山之崇壽
院院有經綸堂至今畫像存焉又籍作崇壽
院記云籍魯人也侍父遊宦肄業嘗居是云 章得象
爲玉山令 江休復字鄰幾天聖中與尹師魯蘇子美
有惠政 遊爲信州司法今信州有鄰幾堂
在司 舊爲貴溪主簿紹興間有盜焚貴溪間一舍
法廳 陸均 千餘間而縣簿廳巋然獨存蓋以主簿
丨有善政而盜不忍焚 張根 饒州德興人徽宗時爲
張栻嘗作簿廳記跋云 浙西提舉上言花石事
貶信州監酒稅根乃張燾子 楊億 字大年祖文逸爲
公之父汪藻爲作墓誌銘 玉山令實生大年
孔武仲 嘗爲推官修學記謂武仲元豐 晁補之 紹聖
中爲教授蓋以推官權教授耳 中爲

信州監酒

向子韶言行錄云大觀中向子韶坐李彪言蔡京事追官停任五年以建儲赦復官提點信州太霞宮

范純粹哲宗朝坐元祐黨譴居均州徽宗即位起知信州事略

張絢紹興二年左文林郎玉山縣丞張絢爲宣教郎尋除祕書省正字用劉大中薦也繫年錄

楊察隱居詩話云楊察謫守信州及其去也送行至於境上者十有二人察於餞筵作詩以謝皆用十二故事詩云十二天之數今宵席客盈位如星占野人若月分卿極醉巫峰倒聯吟嶰琯清它年爲舜牧協力濟蒼生

人物

唐陸鴻漸郡國志云羽字鴻漸居吳興號竟陵子居此號東崗子舊經云唐太子文學陸鴻漸居于茶山刺史姚欽多自枉駕又按唐孟東野集亦有題陸鴻漸上饒新開山舍詩圖經云今城北三里

廣教寺有茶數畝相傳鴻漸所種也　**吳武陵** 貴溪人唐史有傳又唐詩紀事云武陵爲韶州刺史尋貶潘州司戶　**葉虞仲** 玉山人通判江州歐陽文忠公常有書與相往來跋玉泉碑陰載虞仲謂吾邦之人有解官而歸遽斥田數十頃者以誇於虞仲虞仲笑曰吾貧甚不能辦也此請以二十槽書當之可乎　**劉煇** 鉛山人字之道登嘉祐四年進士第一人祖母之服以嫡孫承重又買田以贍族人又結廬以處遠方從學之士　**余安行** 居弋陽建中靖國初以言事居自訟後張九成子韶亦有書相與論難　**詹丕遠** 崇甯中爲右正言乞謹天戒且對上言蔡京大臣宜省愆引慝後卒爲惡直者所逐　**鄭驤** 玉山人靖康二年知同州敵將婁宿勃堇入寇驤言同爲關陝門戶乘城固守城陷死之其同州到任表云關陝六七任不掛權臣之誤恩崇觀二十秋靡沾故相之餘潤紹興初金人歸我河南地同州以公之節來上乞立祠賜額愍節廟　**張叔夜** 靖康間將勤王兵入京城爲簽書樞密後死國難衣冠亦葬于永豐縣靈鷲山賜廟額爲旌忠後守臣王自中以張鄭二公合祀立雙廟於玉

山永豐二境之上朱晦翁爲之記又繫年錄云紹興二十三年詔爲張叔夜立廟于信州永豐縣葢錫陽名旌忠叔夜之死也其家葬衣冠于縣境至是乃請建祠焉

向子褰靖康中監太原府倉城陷巷戰死之

錢氏二女紹興間苗傳潰兵過邑下逼於亂投崖而死

張憲道陵之後也紹聖中以絕倫中選方寇作憲慕勇士復衛州金人入寇率兵勤王高宗擢爲江東總管會妖賊王則反攻城陷之父子死焉

申孝子居鉛山紹興六年亂兵襲鉛山欲殺其父世甯號泣代父死賊義而釋之

汪應辰字聖錫本名洋玉山人紹興二年趙鼎爲江西安撫過信州舉人汪洋方志學之歲裁書謁鼎鼎喜遂與俱行紹興五年進士第一賜今名與秦檜忤而無所撓

陳康伯字長卿弋陽人紹興三十一年爲丞相當金亮入寇公屹然不動隆興元年除少保判信州事

韓洙洺州人寓家信州弋陽荆山開客邸乾道間有瓊州黎秀才投宿而行遺小布囊於房店僕持白洙洙曰謹守之黎生行一驛始覺亟回韓店徑趨臥室揭席無所見曰吾不復能言洙曰豈非有遺忘物乎命僕取還封記

如初解視之凡銀四十四兩金五兩又金釵一雙黎奉銀五兩致謝拒不受黎感泣而去明年游士范萬頃題詩壁間曰囊金遺失正茫然逆旅仁心盡付還從此弋陽添故事不教陰德擅燕山

仙釋

費長房 九域志玉溪｜｜｜得道竹杖化龍

張道陵 眉州圖經按太平廣記道陵沛國人漢留侯之六世孫隱於信州龍虎山受道道者四方而至章帝和帝召皆稱疾不起聞蜀多名山因攜家遊之以其地爲二十四化身居北平而妻孫氏居陽平

葛元 寰宇記云葛仙觀在弋陽縣東二十里梁大同中置按鄱陽記云｜｜｜得道弋陽縣北黃石山古壇是也寰宇記云有｜｜冢在葛溪水側又有葛公擣藥山在弋陽縣東十五里有石橋石臼

張守眞 紹興二十七年詔信州上清正一宮道士｜｜｜特封正應先生守眞道陵二十三世孫也繫年錄云

草衣禪師 權載之集云信州南

嵒有清淨宴坐之地而禪師在焉師所由來莫得而詳初州州人析薪者遇之中野其形塊然與草木俱咨於州長乃就延茲地三十年矣州人不知其所以然遂以草衣號焉足不蹈地口不嘗味日無晝夜時無寒暑寂默之境一繩牀而已萬有囂然此身不動古所謂遺物離人而立於獨者禪師得之

佛圖澄弋陽縣眞如寺相傳晉時丨丨丨嘗居之

唐大義禪師在鵝湖寺寺前古松禪師所種也又洪芻石井泉記曰石井院在鉛山縣西八十里相傳大義禪師駐錫於此

碑記

南巖古篆上饒志云在弋陽縣北三十里有石壁鐫古篆二十三字書跡甚美

唐人大篆洪芻山水記云貴溪王表巖有會昌中丨丨丨丨題名

唐元和碑在永豐之寶積院蔣穎叔詩云舊碑聊一讀唯有記元和

草衣寺記在城下南巖有唐權德輿記

南唐欽

道觀記在永豐縣觀舊名玉陽觀有朱翬所爲記乃南唐徐鍇八分書徐鉉篆額今碑在縣治

龍紀中雄石鎮請僧帖在貴溪之資國寺象山陸九淵子靜有跋語辨其眞爲唐龍紀時帖由龍紀之元距紹熙辛亥凡三百有三年云

王荆公信州興造記晉陵張公治信之明年皇祐二年也夏六月乙亥大水水降於是募人城水之所入垣郡府之缺考監軍之室司理之獄營州之西北亢爽之墟以宅屯駐之師除其故營以時教士刺伐坐作之法故所無也作驛曰饒陽宅曰回車築二亭于南門之外左曰仁右曰智山水之所附也梁四十有二舟于兩亭之間以通車徒之道築一亭于州門之左曰宴月言所以屬賓也凡爲城垣九千尺爲屋八以楹數之得五五百五十二自七月甲午卒九月丙戌爲日五十二爲夫一萬一千四百二十五

洪芻遊洞記曲盡二郡山川之景皆洪所身親而足歷者也今附上饒志卷末

唐曹君墓碑容齋五筆云慶元三年上饒尉陳莊發土得唐碑乃婦人爲夫君所作君姓曹名因祖父皆仕于唐高祖之朝惟公三舉不第

居家以禮義自守及卒于長安之道朝廷公卿鄉鄰耆舊無不太息惟子獨不然謂其母曰家有南畝足以養其親室有遺文足以訓其子肖形天地間範圍陰陽內死生聚散特世態耳何憂喜之有哉子姓周氏公之妻室也　上饒志（趙蕃編王自中序）

詩

下詔選郎署傳聲典信州（杜甫送王信州崟北歸）自歎清明在遠鄉桐花覆水葛溪長（權載之清明日次弋陽）家在故林吳楚間冰爲溪水玉爲山更將舊政化鄰邑遙見逋人相逐還（戴叔倫送人之廣信）江行春欲半孤枕弋陽堤雲暗猶飄雪潮寒未應溪飲猨聞棹起飛鳥背船低此路成幽

絶家山羣洛西許用晦春泊弋陽行逢葛溪水不見葛仙人
空抛青竹杖呪作葛陂神施肩吾弋陽訪古溪勢盤迴遶郡
流饒陽春色滿江樓方雄飛贈高員外一葉飄然下弋陽殘
霞昏日樹蒼蒼吳溪漫淬干將劒郡是猿聲斷客腸
張祜題弋陽館地僻山深古上饒土風貧薄道程遥不惟遷
客須悽屑見說居人也寂寥白居易送人貶信州判官鵝湖山下
稻粱肥豘穽雞棲對掩扉桑柘影斜春社散家家扶
得醉人歸張濱上饒多勝景樽酒不應空李宗諤送錢易霜葉
飛梁苑風檣指上饒江山應有助剛恨寄蘭苕楊億送錢
易聞說上饒風物好錢郎詩思奈春何劉均送錢易藉甚

聲名喧魏闕幽奇風物指吳鄉上饒此去逾千里莫惜臨岐酒滿觴王曾送錢易天師蒼翠橫金錫地藏清涼掩竹扉千里白雲隨野步一輪明月上秋衣林逋招皎師鳳闕承丹詔麟符得舊鄉雨中吳岫碧林罅楚梅黃使節江湖外城樓翼軫旁吾知召南樹從此接維桑晏殊送董信州攢青歷歷面山山刺史日坐雲屏間楚人競掘水精璞漢女買作玉佩環梅宛陵送裴虞部知信州使君麾蓋傲煙霞元絳送張承議知信州雲洞看雲坐月巖和月留元來是野老強喚作知州徐俯誰榜鈴齋作面山晦明終日捲簾看賦成夜燭纔消寸牙退朝曦未半竿晁太史郭

外溪流溪溪外山山峰長在白雲間王右史壁間雙記快沉冥山畔譙門水畔亭晁太史橋亭詩風煙古上饒屬邑寄山椒晏殊送鉛山周尉水精製盤盂去聲水瑩產郊甸鳴箏㪺桐梓雕飾雜寶絢有藥化鉛銅方士多伏鍊梅堯臣送弋陽劉宰玉露精神山合沓溪成文字水橫斜元絳詩弋陽縣石上有弋字神石溪頭好明月夜來誰此憑蘭橈前人憶弋陽山骨鑿開蒼瑪瑙雲腴凝貯碧琉璃泉石幽奇天下少祕藏休使俗人知李綱石井大面山中採藥回丫頭巖畔覓詩來喚船野渡逢迎雪攜酒溪頭領略梅陸放翁弋陽作幾年不作月巖游萬里重來已白頭雲外連娟何所似

平羌江上半輪秋陸游幾年家住玉溪頭乘輿時來上釣舟韓元吉玉山無爲院使君談笑兩橋成人向晴虹鏡裏行更闢軒窗待游覽要看山水倍精明前人題橋亭江湖舟楫千帆市煙火人家兩岸聲錢守題橋亭

四六

惟信儃郡自唐分疆唐說齋元相公襟帶之謀得其要領楊刺史經營之力有此規模前人惟上饒之名郡實江左之奧區鄭顧道賀夏守啟陸鴻漸之高標吳武陵之逸韻事迹蓮花生鑊竹杖化龍同上矧楚尾吳頭之地據閩商粵賈之衝沈唐叟賀劉狀元出守信州啟

輿地紀勝卷第二十一

輿地紀勝卷第二十二　文選樓影宋鈔本

東陽王象之編　甘泉岑鎔 淦 長生 校刊

江南東路

池州

池陽　齊山　秋浦　九華

州沿革

池州　上　池陽郡軍事九域志　禹貢揚州之域晏公類要　吳地斗分野後漢志斗十一度至須女七度曰星紀之次晉志南斗十二度至須女七度爲星紀於辰在丑吳分野是謂南紀　春秋及秦漢爲古鄣郡之地晏公類要　漢武改鄣郡爲丹陽郡石城縣隸焉漢書地理志武帝元封二年改鄣郡爲丹陽郡領縣十七石城縣隸焉晏公類要云吳黃武三年封韓當爲石城侯乃置石城縣於此元和郡縣志

云吳於此置石城縣按漢志自武帝改鄣郡之時已有石城縣沈約宋志亦云石城漢舊縣非置於吳也當從漢志及宋志**晉屬宣城郡**晉志武帝太康元年分丹陽郡置宣城郡石城縣隸焉**梁屬南陵郡陳因之**顧野王輿地志**隋平陳廢石城縣入南陵縣**顧野王輿地志及元和志同又隋志云秋浦舊曰石城平陳廢開皇十九年置改名秋浦**尋於廢縣置秋浦縣**顧野王輿地志在開皇十九年**唐置池州**寰宇記云大業末爲汪華所據唐武德四年猷州總管左難當奏於秋浦別置池州領南陵秋浦二縣**尋廢隸宣州**唐書地里志在正觀元年**其後李芃請於秋浦仍舊置州守其要地都督李勉以聞代宗嘉之即以芃爲知州**寰宇記在永泰元年**仍以宣州之秋浦**五代改秋浦爲貴池縣**青陽饒州之至德三縣以隸之復置石埭縣俾四邑以成郡五季**

爲南唐所有皇朝平江南地歸版圖復割銅陵東流二縣來屬中興以來分江東西路爲三帥爲池州路安撫使領建康府太平宣徽饒州廣德軍後以建康府路安撫使兼知池州尋罷復隸江南東路繫年錄云建炎四年五月丙寅以三省言分江東西爲三帥池州路領建康府太平宣徽饒州廣德軍爲安撫使六月丙戌呂頤浩爲建康府路安撫大使兼知池州頤浩將之鎮爲馬進所壅不得前領使事於饒州境上國朝會要云紹興元年以建康府池饒宣徽信撫太平州廣德軍建昌軍爲江南東路今領縣六

縣沿革

治貴池

貴池縣 望

倚郭輿地廣記云本漢石城縣地屬丹陽郡晉以後屬宣城郡隋平陳廢石城入南陵開皇十九年置秋浦縣元和郡縣志云武德四年猷州總管左難當奏於秋浦別置池州以縣爲治州尋廢永泰初李芃請於秋浦置池州元和郡縣志云梁昭明太子以其水魚美故曰貴池晏公類要云吳順義六年改秋浦爲貴池

青陽縣 上

九域志云在州東一百里元和郡縣志云本漢涇縣地寰宇記以本漢臨城縣地不同唐地理志云天寶元年割涇縣南陵秋浦置輿地廣記云以在青山之陽故曰青陽寰宇記云初屬宣州永泰元年隸池州

建德縣 上

在州西一百八十里寰宇記云本鄱陽秋浦二邑地元和郡縣志云唐至德二載刺史宋若思奏置因年

號以爲名唐書志云初屬尋陽乾元隸饒州實宇記云永泰二年來隸吳順義初改爲建德

銅陵縣 上

九域志云在州東北一百四十里本漢南陵縣梅根監十道志云梅根監歲鑄四萬貫南唐保大中爲縣屬昇州皇朝開寶八年屬池州

石埭縣 上

在州東三百一十里元和郡縣志云本漢丹陽郡地寰宇記引吳志云吳大帝黃武二年封韓當爲石城侯遂置石埭場輿地志云梁大同二年置石埭縣隋平陳廢入貴池縣元和郡縣志云唐永泰中李勉奏置於吳所置陵陽縣南五里置縣

東流縣 中下

在州西一百八十里本江州彭澤縣地唐會昌中置東流場南唐保大中升場置縣隸江州國朝太平興

國中隸池州

監司沿革

提舉司

池陽志不載置提舉司始末第云提舉常平茶鹽衙在望京門東舊崇禧觀別無所攷象之謹按中興小曆紹興十五年王鈇言常平一司錢穀斂散宜專使領之乞復置諸路提舉官詔以爲提舉常平茶鹽事恐置司在此時

都統司

池陽志云都統制司在州西北隅不載置司始末象之謹按中興小曆紹興三年詔劉光世爲江東宣撫使置司池州後與韓世忠更訴移司建康而小曆紹興十三年宰執等奏有池州都統制王俊乞將官陞任是時已有都統紹興三十一年王權采石之敗以池州都統制李顯忠代之第不言置司始於何年

風俗形勝

浸之以秋浦鎭之以齊山徐鉉天慶觀記｜｜｜｜｜｜｜｜｜｜北望陵陽竇眞人飛昇之所南瞻孫子費徵君棲隱之鄉依貴池之美據石城之固裴晉公池州刺史廳壁記九峰競秀神采奇異劉禹錫九華山歌序｜｜｜｜｜｜｜｜惜其地偏且遠不爲世所稱故歌以大之半巖爲勝李方元刻有侍巖謂齊山大小泉凡十一而｜｜｜｜有侍爲大同上巖壁之號十五而｜｜｜｜上清爲最同上凡壑之號九而｜｜｜｜潛虬爲奇同上凡洞之號十四而｜｜｜｜翠微特高同上有洞五曰翠微曰寄隱曰子招曰妙峰曰紫微而｜｜｜｜卽唐杜牧九日所登有寺曰延慶唐天祐中建搜奇九十七刺史李方元會昌中磨崖刻有侍巖記其巖洞泉壑搜奇凡九十七處吳中復詩注江山千里襟帶六朝冊車所集財貨所出推爲要會曾會池州門樓記俯瞰大江仰倚崇嶠井邑平曠土風

清和李虛己記清溪南來，九華東引，洪流環繞，沃野彌望。盛約中和堂記民醇氣和，衆貨畢給，雖人物稠夥而有訟不囂，雖賦租浩穰而闤令必集。同上山川風物，清和平曠，有剡縣長沙之想。胡兆秋浦志序曰九華五松齊山清溪秋浦玉鑑之潭水車之嶺成紀白苛之陂太白樂天牧之讀書論文垂釣問宿弄水登高遐躅隱然在人耳目云云梁昭明太子食貴池湖魚而美。元和郡縣志東南以梅根爲治。庾子山

景物上

錦堂在郡圃　寒碧在提舉司　盤隱在州圃　秋浦在提舉司池陽記云北帶郡城南走驛道爲舟楫之路　半巖李元方刻有侍巖謂齊山大小泉凡十一而半巖爲勝巖巖壁之號凡

十五而有侍爲大凡鑿之號九而上清爲最凡洞之號十四而潛虬爲奇有洞五曰｜｜曰寄隱曰子昭曰妙峰曰紫微而翠微特高卽杜牧九日所登者

齊山 在貴池縣南五里按王哲齊山記有十餘峰其高等故曰｜｜或云以齊映得名寰宇記云有九頂山洞卽唐杜牧九日所登杜牧所謂攜壺上翠微是也

九峰 郭祥正追和李白秋浦歌秋浦試北望參天｜｜奇緣何謫仙客名作碧蓮枝

幘山 寰宇記在青陽縣南與九華相接巍峩六峰儼如冠幘因名又名冠幘山

蓋山 在石埭遠望如蓋文選｜｜舒氏伐薪忽坐地牽挽不起其母至但見清泉母曰吾女好音樂絃歌於水上有朱鯉一雙躍而應節

桃源 在建德縣山溪源遠人跡罕到當五代之際衣冠士族避難于此皆獲免焉故號｜｜

梅根 在銅陵縣

蓮峰 在銅陵縣太眞仙人府君廟而廟有明皇太眞像

葉山 在銅陵下有葉公廟

蘭溪 在建德

杉山 在石埭上有鎮國院

蓬山 九域志

杏山 在銅陵舊圖經云昔葛仙翁居此種杏有郭公甫留題

歷山 在東流縣上有舜禹祠宇

石埭 元和

郡縣志在縣西北一百三十里有石如埭焉因以名之 **石牌** 寰宇記云在貴池西自彭澤縣界與石水合有連石入江名丨丨又有大孤石生於江中俗謂羅刹洲舟船上下爲之險難 **石城** 在石埭縣 **秀山** 在貴池縣西十里 **金山** 在銅陵之順安鎮昔有金牛出遊 **寶山** 在銅陵縣 **貴山** 在銅陵縣 **貴池** 元和郡縣志云梁昭明太子以其魚水之美封其水爲丨丨寰宇記云在縣南五十里山下有穴穴有魚似鯢二月出遊八月復入 **清溪** 劉長卿有次秋浦界丨丨館詩東坡有丨丨詞程師孟詩昨夜丨丨明月裏杜牧丨丨詩云弄溪終日到黃昏照數秋來白髮根何物賴君千遍洗筆頭塵土漸無痕 **堯城** 在建德南四百里元和郡縣志云帝堯南循至此城 **舜城** 元和郡縣志云在建德九域志云城中有井號曰舜井今建德縣又有堯廟舜廟及櫟山 **舜井** 見上 **龍湍** 孫逖尋丨丨詩仙穴尋遺跡輕舟愛水鄉溪流一曲盡山路九峰長漁父歌金洞江妃舞翠房遙憐葛仙宅眞氣共微茫

景物下

蕭相樓在州治之北唐大歷中蕭復建後杜牧重建　九華樓池陽記云卽子城東門樓　九峰樓杜牧之有登池州九峰樓詩　衆樂堂在郡圃　中和堂在郡小廳北　清靜寮在郡小廳東　游息亭在郡圃　思政堂在中和堂後曾南豐作記　清心堂在倅廳　佐理堂在倅廳　涵暉堂在齊山延慶寺　見山堂在景德寺　照遠軒郭祥正貴池寺｜｜｜詩碧瓦周遭映佛幢更窮眼界敞軒牕山光半擁初生月天影寬圍不盡江　弄水亭郡有｜｜｜在通遠門外杜牧之有弄水亭詩詳見詩門又郭祥正和倪敦復再題池州｜｜｜我寄江南隱數爲弄水遊讀君弄水篇感槩攀巢由赤脚踏雲雨投竿翫汀洲鷗鳥不見猜飛舞相應馴　如剡亭在倅廳李白詩云山川如剡縣故名　繡衣亭在銅陵臨江　雙蓮堂在提舉司　百問堂永嘉陳氏子剃度得法於雪竇來住景德有百問盛行於世叢

林謂之池陽百問令有丨丨丨。**富覽亭**在銅陵之護法院。**青霄亭**王哲有青霄亭詩。**紫微亭**王哲有丨丨丨詩。**翠微亭**在齊山之巔郭祥正追和李白秋浦歌半空丨丨丨翫月動經宿更待雨中秋林林看銀竹。**翠光亭**在貴池口滕子京有詩云千古江山好樹新翠光亭上一傷春碧波無盡愁無盡畱與今人復後人。**貴池亭**杜牧之詩云勢比凌歊宋武臺分明百里遠帆開蜀江雪浪西江滿強半春寒去却來。**貴池寺**郭祥正題貴池寺詩寺壓孤峰壓貴也幽軒占勝敞雙扉陰生廣野千山出影落空江一鴈歸。**貴池水**元和郡縣志在秋浦西七里。**秋浦水**元和郡縣志在秋浦西八十里。**朝霞洞**在建德縣。**楊葉洲**在貴池形如楊葉。**梅林山**在青陽。**梅根山**在銅陵吳錄地理志云晉立梅塘冶作鐵冶於臨城。**楓林山**在銅陵頂有仙人石出黃土。**鳳凰山**在銅陵往歲出銀今廢已久。**獅子峰**在銅陵之貴山遠望有類丨丨遠望淮南皆在極目。**燕兒峰**在銅陵之馬仁山。**鵲頭山**

紹興二年命沿江岸置烽火臺於池之｜｜｜以爲斥堠繫年錄**鴈汊口**在東流縣有循檢寨**龍泉寺**在青陽唐天寶元年置有龍降跑成一泉乾元二年名｜｜｜**虎林城**在貴池輿地志云吳大帝所築朱異自｜｜襲夏口即其地也寰宇記以爲武林城**馬當山**在東流其山橫枕大江有陸魯望詩銘在焉**馬仁山**在銅陵之仙人峰有望江石以觀江淮之勝下有唐陳商王冲霄讀書堂洗硯石石形如人馬者儼若森衛**臥龍菴**本唐散騎李常侍所居李維陽人江南李氏召之爲相不起因遁居九華山落髮更衣謂之｜｜和尚**東流場**即東流縣也**西峰泉**在石埭之杉山五代時有西峰聖者嘗駐錫於此**冠幘山**在青陽之九華**卓錫泉**在貴池承恩寺**石門山**寰宇記云在建德縣雙壁聳峙望之如門**石門水**在東流**石牌口**開寶七年王師伐江南曹彬入池州先是上遣郝守濬率丁匠自荊南以大艦載巨竹絚并下朗州所造船於采石磯跨江爲浮梁乃先試於｜｜｜既成命陸萬友守之彬等及江南兵戰於銅

陵敗之，獲戰艦二百餘艘，生擒八百餘人。長編云。

水車嶺　郭祥正追和李白秋浦歌：「萬丈ㄧㄧㄧ，還如九疊屏。北風來不斷，六月亦冰生。」

水簾巖　即仲尼巖也，在建德縣。

天門山　在銅陵。又有天門水，亦在銅陵之梵天院閣下石穴中。

仙壇宮　在銅陵，即竇子明燒丹輕舉之所。

穿山洞　滕宗諒有詩曰：「洞戶千年叫不開，白雲無主自徘徊。」

流沙嶺　在石埭縣明覺院之側。

隱山寺　在建德縣，昭明太子書額。

望江石　在銅陵之馬仁山頂，有ㄧㄧㄧ以觀江淮之勝。

待月溪　在貴池縣貴池源。昭明太子食貴池魚美，即此溪。

迎春洞　在建德。

陵陽觀　在石埭之陵陽山。列仙傳云：竇子明於溪釣魚得道，後三年白日昇天。

利國山　在銅陵，以水浸鐵烹銅，泉源雖冬夏不竭。

靈寶泉　在銅陵大明院山下石穴中。昔傳有龍自泉中拏石而出。

古仙洞　在青陽，乃金地藏舊居。中有石牀石座，或溪或田，深入則水聲潺潺。

集仙洞　王晳有ㄧㄧㄧ詩。

寄隱巖　王晳有ㄧㄧㄧ詩。

保眞院　在九華山雙峰後臥雲峰下。

覺源院在貴池有石巖石洞**護法院**在銅陵縣之西隅俯臨大江蔣之奇詩云古寺當江湄歸舟昔嘗往**延慶院**在貴池之齊山巖石雄勝**五溪水**在青陽源出九華會龍池溪曹溪漂溪蘭溪入大江**五松山**在銅陵李太白名曰丨丨丨因作詩以美今丨丨丨有寶雲院及李翰林祠堂郭祥正憶丨丨丨江南富山水忽憶丨丨丨丨梁僧種物奪造物至今千丈凌雲間上有寒蟾吐丨魄凝水雪下有銅陵碧澗傾瀉瀉**九華山**在青陽縣界九域志云舊名九子山輿地志云上有九峰出碧鷄之類劉禹錫云疑是九龍天嬌欲攀天忽逢霹靂一聲化爲石李白詩云秀出九芙蓉**烏石山**元和郡縣志云在貴池西一百四十里**黃菊鄉**在東流縣本彭澤縣之丨丨丨**紫霞洞**在建德縣**白雲洞**在貴池承恩寺**碧雲峰**在青陽唐隱士李化文書堂在焉**白笴陂**李白遊秋浦丨丨丨何處夜行好月明丨丨丨丨山光搖積雪猿影挂寒枝又云白笴夜長嘯爽然溪谷寒魚龍動陂水處處生波瀾**清白泉**在建德縣治山後甘冷清徹雖大旱不涸**青**

紅嶺在石埭

金碧洞在貴池廢林寺杜牧之詩云廢寺碧溪上今爲太平寺又詩云袖拂霜林下石稜潺湲聲斷滿溪冰攜茶臘月遊金碧合有文章病茂陵

玉鏡潭李白秋浦宴詩云清溪｜｜｜溪當大樓南溪水正南奔回作｜｜｜｜

羅刹石在東流縣大江之中嶄巖森白爲舟行艱險其中有洲謂之羅刹洲

唐公巖王晳有｜｜｜詩

董家洞在銅陵洞有上中下三門有清泉自上而下竅可容百人秉燭觀看有房室之象滴乳凝爲筍怪石類人龜魚遊泳其間

葛仙壇在建德畱山絕頂古老云葛仙於此煉丹得道

左史洞在貴池有隱靖先生章再眞一日忽不見經旬得於山之｜｜｜遂得道

仲尼巖在建德故老相傳云仲尼遊行至此巖前有水下垂若簾又名水簾巖

故歙州城在石埭縣輿地志云梁大同間置石埭縣城隋廢世傳爲｜｜｜｜**南太原郡城**在貴池西九十里輿地志云梁大同年置隋開皇九年廢今建德亦有太原城**故太平縣城**九域志有｜｜｜｜｜｜今在石埭縣**古臨城縣**在貴池縣北輿地志云吳赤烏中置隋初廢**秋浦縣城**在貴池隋開皇十九年置永泰中徙今治西南八十里**南陵故城**寰宇記在貴池縣西南一十二里**陵陽縣城**寰宇記在石埭縣東北三里里顧野王輿地記云吳大帝時屬丹陽景帝時改爲古鄣郡晉太康二年置州城時帝杜皇后諱陽遂改爲南陵縣**嵇叔夜書堂**在貴池之普明院**昭明太子釣臺**在貴池之崇教院後枕大江又有基在貴池之秀山**杜荀鶴舊居**世傳在石埭縣之長林驛**金地藏舊居**在青陽之化成寺名古仙洞中有石牀石座或溪或田深深入則水聲潺潺**李翰林祠堂**在銅陵五松山寶雲院太白遊五松山詩云證古絕遺老因名五松山後東坡鄭獬米芾李綱俱有詩**李太**

白釣臺在貴池之興道院 李太白書堂在青陽化成寺之西南地高景勝春深花卉方發錦繡相間松竹森森儼然如畫 宋齊邱隱居在青陽今為廣福寺 宋齊邱增賦南唐以青陽縣賜與宋齊邱齊邱增賦且如上田貴池每畝八勝而青陽一斛九勝七合中田貴池每畝六勝而青陽一斗五勝一合乞議蠲減有旨米減一分稅減二分建安志云黃子游字叔偃浦城人紹興間知池州檢察六邑稅籍唯青陽稅偏重歸覲奏之有旨蠲苗稅二分半租課二分計削稅錢一千七百九十三緡苗米一萬四千一十二碩 漢高獲廟在貴池縣西七十里獲漢人與光武有舊舉孝廉遁居江南之石城邦人祠之 孝娥廟寰宇記在貴池縣東北四十里吳大帝時孝娥父為鐵官冶遇穢鐵不流女憂父刑遂投爐中鐵乃湧溢流注入江娥所躡履浮注於鑪時人號曰聖姑遂立廟 梁昭明太子廟在秋浦門外世稱西郭九郎元祐三年賜廟額文孝今封為英濟忠顯廣利靈佑王有文選閣在殿之東又有墓在貴池之秀山 管公明廟九域志即管輅

故宅今在石埭縣 **木瓜神** 杜牧集有會昌六年祭木瓜神文木瓜山名也文大略云惟神繫雲在襟貯雨在缶覗八如子渴即與之不容凶邪不降疾疫千萬年間使池之人敬而不怠 **永豐監** 長編云至道二年十月詔以池州新鑄錢監爲永豐監先是饒州有永平監兵匠多而銅錫不給知州馬亮請分其工之半別置監于池州詔從之 **唐顧雲墓** 在貴池縣西八十里

官吏

三賢壁記 謂唐刺史韓贄裴度竇潏三賢皆有壁記 **唐蕭復** 字 **韓贄** 字 **裴度** 字 **杜牧** 字 **竇潏** 字 **李芃** 字茂初趙州人李勉觀察江西表爲判官永泰初宣饒劇賊方清西絕江爲亂芃請以秋浦置州扼衿要勉奏以宣之秋浦青陽饒之至德置池州即詔以芃行州事唐書 **孫愿** 唐詩紀事愿唐貞元已後三代爲池陽刺史 **皇**

朝樊若水江南人舉進士不中第□上書言事不報遂謀北歸開寶中詣闕上江南可取之策請造浮橋以濟師遂下池陽命若水權知池州八年正月丙子若水敗江南兵四千人於州界長編云

吳中復嘗爲殿中侍御史裏行彈治宰相梁適罷中復亦出通判虔州未至知池州事略

李虛已爲守母喪明醫者曰浮翳泊睛舌舐千日勿藥自痊虛已舐睛二年遂明

李和甫嘉祐六年登第爲莘縣簿魏國喪除調池州司戶參軍荆公有聞和父補池掾詩

包拯字

呂溱字

滕甫字

錢勰字

袁植字

陳規字

熊本嘗知建德縣荆公送熊伯通詩歲暮欣逢蓋共傾川塗南北豈忘情事經宦路心應達地入家山眼更明江上月華空自照梅邊春信恰相迎闕河不鎖眞消息野客猶能聽治聲池饒接壤故詩云地入家山

王微之嘗爲池州守荆公和微之秋浦望齊山感李太白杜牧之詩尙得使君驅五馬與尋陳迹久裴回

呂頤浩建炎中除建康路安撫大使兼知池州言行錄

劉光世紹興丨年

九月三京招撫處置使｜｜｜還 **魏良臣** 紹興十一年爲吏部侍郎良臣與秦檜里舊一日言於檜曰偶思得一事非晚郊祀如還客之久在遐方者可因赦內徙以召和氣檜曰且管銓曹職事不須胡思亂量乃以良臣知池州繫年錄 **黃子游** 紹興二十三年知池州還論青陽縣苗稅多於諸縣如青陽每畝上等田三斗貴池四升建德四升七合東流六升之類是也青陽舊爲宋齊邱食邑畝納三斗爲食邑之類後來因爲稅額望比附鄰縣裁定得旨詔減苗稅二分半課米二分歲錢千八百緡米萬七千碩繫年錄 **張邵** 中興遺史紹興二十六年七月張邵以待制知池州纔三月即乞休致通判以下勸止之遂奉祠寄居于廣德軍繼而清旦發書辭郡官澡浴易衣朝服而坐氣已絕矣

漢高獲 按范曄後漢書獲字子敬安南新息人遊京師與光武有舊三公爭辟不應遂循江南卒于石城石城人思之共爲立祠

唐費冠卿 唐詩紀事冠卿字子軍池州人登元和二年第母卒既葬而歸嘆曰干祿養親耳得祿而親喪何以祿爲遂隱池州九華山姚少監詩云四海人空老九華君獨居杜荀鶴詩云凡弔先生者多傷荆棘間不知三尺墓高却九華山天地有何外子孫無亦閑當時若徵起未必得身還羅隱詩云蟾桂自歸三徑後鶴書曾降九天來白雲事迹雖然在青瑣光陰竟不迴晝日爲君思曩昔野泉嗚咽路莓苔再詔不起並見常皎詩註

王季文 及第歸隱

顧雲 唐人少與杜荀鶴殷文圭友善同隸業九華名稱籍甚中第後修三朝實錄有文集號昭亭滕子京作雲集序以爲池州人見池陽記

杜荀鶴 唐人有詩名自號九華山人顧雲序其集爲唐風集見池陽記

青陽孝子 何澄粹事親孝後喪親以毁卒當時號青陽孝子見池陽記

元澄君 皮日休移｜｜｜書云行奇操峻拾明天子賢宰相退隱于陵陽踞見青山傲睨白雲得喪不可搖其心榮辱

不能動其志桎梏冠冕泥滓祿位甚善甚美

宋齊邱 南唐李氏嘗以青陽縣爲宋齊邱食邑繫年錄

金地藏 唐詩紀事地藏新羅國王子也隱於池之九華山

劉處士 滕子京寄九華山劉處士詩云秋風千里懷高隱獨負山西水石村注余素愛九華山之西水石尤佳嘗結草于彼翰林王公之記詳焉

仙釋

許旌陽 晏公類要云許旌陽印文在建德縣北斷崖石壁上二三相對圓如馬蹄故老云旌陽嘗逐蛟到此

竇子明 列仙傳云陵陽｜｜｜於溪釣得一白魚剖腹有書數篇教子明燒煉服食之術三年後白龍來迎乘之昇天

太眞仙人府君 有廟在銅陵縣東舊經云開元末有黑雲出其上中有道士

西井仙童二人詔令置道廟而廟像有明皇太眞妃云

峰和尚 池陽集云唐末西峰和尚自五臺山振錫江東初至秋浦嘗駐報恩寺一夕出鐵笛吹之人惡其不遵戒律逐去鐵笛至今存寺中

懷義禪師 州北景德禪寺卽唐懷義禪師道場禪師永嘉陳氏子得法於雪竇住景德有百問盛行於世叢林謂之池陽百問

普願禪師 貴池南泉承恩寺卽唐｜｜｜｜道場有寶塔卓錫泉白雲洞

妙空禪師 貴池和龍山嘉祐禪院唐｜｜｜｜守訥道場訥嗣法於雪峰卯一齋江南李氏三詔不起刺史王繼勳贈之以詩所謂白面山南靈慶院卯齋道者雪峰禪

法章禪師 貴池嵇山普明院唐｜｜｜｜道場也

國清禪師 石埭之杉山鎮國禪院卽｜｜｜｜義安道場唐開元中安有道行累詔不起元宗爲割縣之三鄉租稅以贍僧衆

大廳壁記元和八年齊映爲守日建裴晉公作記于廳壁今不存又韓贄文竇濤文**刻漏記**杜牧文**夫子廟麟臺碑**韋表物文**紫極宮碑**徐鉉文**康濟廟記**在建德徐鍇爲之記**昭惠廟墨敕**昭惠廟在銅陵神姓張名覓嘗仕晉爲晉陽太守唐裴休以墨敕贈游擊將軍又以墨敕封保勝侯及保勝公今三敕俱存**開講詩**集古錄華嶠爲講老子而作咸通九年楊巖刻石立於九華嶠之所居**馬當山銘**陸龜蒙文有云言天下之險者在山曰太行在水曰呂梁合二險之爲一吾又聞乎馬當彼之爲險也屹乎大江之旁怪石憑怒跳波發狂日黯風助摧牙折檣幸而脫死神魂飛揚殊不知堅輪蹄者夷乎太行仗忠信者通乎呂梁使舟檝而行乎馬當合是三險而爲未敵小人方寸之包藏**題元宗御書記**集古錄唐張說題元宗所書碑御製書字并年月記及模勒刻字人姓名說所題者大慧禪師塔碑也侍巖記李方元撰李崈書會昌四年刻杜牧題名者牧爲池州刺史立左史洞之名而題之張祜書會昌五年刻在池州今

同附于後唐孚既侯廟碑容齋四筆云在銅陵縣唐中和二年立池陽前集吳蔚張古序池陽續集崇寧中畢漸序池陽前記政和八年范致明編池陽後記建炎四年張古序秋浦志胡兆序

總池州詩

千千石楠樹萬萬女貞林山山白鷺滿澗澗白猿吟李白歌我愛銅官樂千年未擬還要須回舞袖拂盡五松山前人使君四十四兩佩左銅魚杜牧亭宇清無比溪山畫不如前人弄水亭前溪颭灩翠綃舞綺席草芊芊紫嵐峰伍伍前人題弄水亭小捷風流已俊才便將紅粉作

金臺明年未去池陽郡更乞春時却重來杜牧送人絳幃夜坐窮三史紅旆春行到九華只怕池人留不住別遷征鎭擁高牙唐詩紀事湯文圭贈池州張守詩況是昭明食魚郡不妨閑擲釣璜鈎唐詩紀事前人送衛尚書赴池陽三年未到九華山終日披圖一室間唐詩紀事封敖為池州刺史題西巖寺牛渚南來沙岸長遠吟佳氣望池陽張祜獸繞朱輪酒滿船郡城瀟灑貴池邊九點好山樓上看兩行高柳雨中煙陵陽百姓將何福社舞村歌又一年羅隱寄池守醉凭危檻波千頃愁倚長亭柳萬條清流夾宅千家住會待閑乘一信潮前人池陽今日似漁陽大變荒年作小康江

路靜來通客貨郡城安後絕戎裝前人四時風雨隨旌
騎八面溪山捧郡樓殷文圭送池陽徐守郡樓遐想劉琨嘯相
閣方窺謝傳棊前人李白昔年駐巖壑爲戀幽奇著佳
作僧貫休九子峰前閑未得五溪橋上坐多時冷然閑吟
秋浦月華靜醉臥九峰雲片高樊若水樓邊已失陳鴻
記亭下猶存杜牧詩孫邁子明丹竈封秋蘚太白書堂
鎖暮雲李虛己吳江水碧蠶初浴夢渚風暄鴈少飛晏殊
青山遶郭景多同范文正公蕭史登高石吳公寄隱巖劉定
郡府清閑性又閑樓臺終日水雲間楊振未識貴池好
嘗聞弄水名白鳥鑑中立畫船天上行陳舜俞帝子珍

魚味詩郎詠菊英前人下瞰池陽市青煙弄芬馥大江天上來淮山入幽矚沈遼大江南兮九華西泛秋浦兮亂青溪水渺渺兮山無蹊路重複兮居者迷松千里兮稻千畦蘇子由入郭青松埤堄屯遶城溪水縠皺紋前人河天月暈魚分子槲葉風微鹿養茸黃山谷昨夜清溪明月裏程師孟弄水亭詩｜｜｜｜｜｜想君靈魄未消沉秋浦志小杜池邊暫艤舟老齊山下共尋幽周邠閑行池口江邊路看盡淮南岸上山古詩嶂沒千重霧江涵萬里天湘潭送波浪吳楚會風煙鄭詩難尋荀鶴舊居宅尚有昭明古釣臺蔣之奇

秋浦詩

秋浦長似秋，蕭條使人愁。正西望長安，下見江水流。李白秋浦歌　秋浦猿夜愁，黃山堪白頭。清溪非隴水，翻作斷腸流。欲去不得去，薄遊成久遊。何年是歸日，雨涕下孤舟。前人　秋浦錦駝鳥，人間天上稀。山鷄羞綠水，不敢照毛衣。前人　秋浦多白猿，超騰若飛雲。牽引條上兒，飲弄水中月。前人　愁作秋浦客，強看秋浦花。山川如剡縣，風日似長沙。前人　秋浦千重嶺，水車嶺最奇。前人　君莫向秋浦，猿聲碎客心。前人　羌笛梅花引，吳溪隴水清寒山秋浦月腸斷玉關情前人清溪聞笛千峰夾水向秋浦五松名山當夏寒李白五松山秋浦倚吳江去檝飛青鶻溪山好圖畫洞壑深閨閫杜牧山開明月峽水寫武陵溪地勝人堪隱源深客自迷蕭貫清溪

蕭相樓詩

只思志業輸明主豈爲登臨愛好山楊振紫嵐千嶂寒清溪百里碧公名山水俱芬芳永無極蔣之奇滿城風物來春色萬里江山入酒盃徐璹樓成始覺江山秀人去方知德業尊蘇子由呈滕侍郎盧杞姦邪四海憂相君邦

國自同休分符朝去雲中闕開府南來江上州百尺樓高瞻故國九華山色倚晴眸定知直道傳千古杜牧文章在上頭王肇不見當年兩翰林江天爲我結層陰九華門外柳三丈蕭相樓前松十尋兩翰林爲滕公甫錢公勰也王肇過池陽

齊山詩

江涵秋影鴈初飛與客攜壺上翠微人世難逢開口笑菊花須插滿頭歸杜牧九日齊山登高池陽佳致說齊山公暇邀朋喜暫攀浮世謾同流水急野僧長伴白雲閑

揚緘秋風秋浦斷飛埃路入齊山有梵臺黃菊綻時君始至紫微去後我重來蕭貫白雲深處訪禪扉一簇樓臺鎖翠微董儼千重遠木籠秋浦萬里澄江浸落暉醉恨春深輸杜牧滿頭無菊戴將歸前人當時齊映爲州日從此山因姓得名却自牧之賦詩後每逢秋至菊合情行尋古洞諸峰峭坐看寒溪數曲清夢到亦須塵慮息那堪圖畫入神京吳中復齊山圖直自牧之懷古後適當慧遠送圖來王繹齊山圖東南眞賞有齊山路隔江湖到者難絶筆掃成千仞翠數峰高挂一堂寒林僧舊是雲泉侶刺史今爲侍從官還似東陽重涵碧丹

青寫入雍州看張伯玉齊山圖秋浦南邊絶點埃碧圍煙嶂一屏開當時小杜行吟處重見高陽騎從來金君卿訪古直尋齊守事誦詩還愛紫微才鄭雍謝守風流爲勝事杜郎吟詠屬多才夏竦秋浦澄明郡境清天然巖岫作南屏聞人安道齊山置酒菊花開秋浦聞猿江上哀此地流傳空筆墨昔人埋沒已蒿萊梅堯臣世識池陽慣魚味不知山勝環其郛孫坦岸岸俱垂釣簷簷各見山州侯行樂處十里畫圖間劉定杜子風情春水波至今詩句使人夸不知朽骨猶存否山上年年黃菊花沈遼紫微風韻謫仙身曾此徘徊今幾春李虁秋浦分光來

郡閤清溪送影落征船翠微亭冠煙霞外又遇攜壺太守賢狄咸齊山最是清虛地不信塵埃會染人吳荀山壓清溪蒼崖浸老碧山半古招提高堂儆虛寂陳續攜壺上翠微雅致何今昔誰知一笑間俯仰成陳迹陳續來逢采石連江雪坐見齊山拂檻梅錢顗風流杜太守黃花還引酌蟠屈廊廟才一麾屢飄泊志業竟沉厚文章但糟粕陳迹俯仰間登臨感今昨□□江南有奇山羣山矗如剪昔聞齊刺史置酒升絕巘其人有惠政嘉名自茲遠溫公呈王學士

九華山詩

天河挂綠山，秀出九芙蓉。李白 云山有九峰如蓮花削出故名九華　妙有二分氣，靈山開九華。前人　敬亭之山黃索寞，兀如斷岸無稜角。宣城謝守一首詩，遂使名聲齊五岳。九華山，九華山，身是造化一尤物，焉能藉甚乎人間。劉禹錫　昔年幽賞快疎慵，每喜佳山在邑封。江上重來六七載，雲間略見兩三峰。淩空瘦骨寒如削，照水清光翠且重。却憶謫仙才格俊，解吟秀出九芙蓉。杜牧　只應山色好，來上九華樓。陳舜俞　昔在九江上，遙望九華峰。天河挂綠水，秀出九芙蓉。孔平仲　見說九華峰上寺，日宮猶在下方開其中幽境客難到請爲詩中圖畫來唐詩紀事蕭建寄費冠卿　九華深翠落軒楹迥眺澄江氣象明不遇陰霾孤岫隱正當寒日衆峰呈唐詩紀事盧嗣立望九華山　羣山秀色堆寒空九華一簇青芙蓉誰云九子化爲石聚頭論道扶天公郭祥正　樓上坐見九子峰翠雲赤日光溶溶有時朝昏變疎密八峰和煙一峰出有時風卷天雨晴聚立連連如弟兄唐詩紀事霍總郡樓望九華歌　九華閑望簇青虛氣象羣峰盡不如惆悵南朝掛冠吏無人解向此山居楊鴻望九華山　却是九華山有意列行相送到江邊羅隱別池陽所居　一夜江潭風雨後九華晴望倚天秋重來

此地知何日欲別殷勤更上樓張喬九華樓金榜曉懸生世日玉書潛記上昇時九華山色高千尺未必高於第八枝王希羽贈杜荀鶴第八人及第放榜日是生日官麗春坊地象雷片帆高指貴池開五侯水暖魚鱗去九子山晴鴈序來羅昭諫送人赴秋浦街西無數閑遊處不似九華仙觀中花裏可憐池上景幾重墻壁貯春風張文昌九華觀看花九峰叢翠宿危檻一夜孤光懸冷沙出岸遠暉帆斷續入溪寒影鴈差斜張承吉題九華樓九華崢嶸占南陸蓮花擢本山半腹翠屏橫截萬天懸水落成崖千丈玉王季文九華如劍插雲霓青靄連空望欲迷北載吳門疑地盡南

分楚界覺天低柴夔九朶奇峰撲凸青殷文圭天賦九華名狀別岩嶤勝槩壓諸方蘇易簡將齊華嶽猶多六居並巫山又欠三好是雨餘江上望白雲堆裏潑濃藍潘閬疊石自然成鴈塔九華山有自然石浮圖貯泓依舊作龍塘九華山化成寺有龍女泉並張秉詩一從天上題金籍長向人間作畫屏楊緘宿月鷗鳧立淺沙落花蘆荻露人家天寒夜靜長無物一片清江浸九華丁謂九峰篸碧玉一水剪青綃蔣之奇誰立九華意當年李白銘勢橫斜漢近影落大江青王景芬江邊列岫九芙蓉出沒煙霞晚霽中楊振好峯又是來當面不惜遲遲下馬看梁純要與雲峰近

甯將野客疏（梅堯臣）七八諫省從遺直九子仙峰暫卜居（張河）楚越千萬山雄奇此山兼盤根雖巨壯其末乃脩纖（荆公）

四六

釣魚船畔雖沾袁虎之風弄水亭邊猶隔謝莊之月

（羅隱上池守啓）爰攷唐朝有杜牧把麾之舊其臨秋浦亦齊侯解組之餘（東萊）桑麻六邑有待撫摩介胄三軍併須調護（施師點）名冠星闈舊著握蘭之譽地雄秋浦新聞騎竹之迎（余日華賀池守韓郎中）江右要衝池陽重鎮州扁揭

魯公之筆壁記遺褒令之文山紀齊侯樓標蕭相山川風月具載李翰林之詩鄉校農蠶備形杜紫微之句至於九華之秀出五松之清幽悉經騷人墨客之吟哦足供宴寢凝香之嘯詠余元一賀池守顏郎中剡池陽之奧區乃江表之重地干戈再戢則必佩服包桑之戒兵農雜居則必洽比細柳之屯池守到任謝表

輿地紀勝卷第二十二

輿地紀勝卷第二十三　文選樓影宋鈔本

東陽王象之編　甘泉岑鎔 淦 長生校刊

江南東路

饒州

番陽　鄱江　楚東　吳州　鄱水　餘干

州沿革

饒州上　鄱陽郡軍事九域志　禹貢揚州之域寰宇記　星紀之次後漢郡國志自斗十一度至婺女七度曰｜｜｜｜唐天文志斗牽牛星紀也豫章西濱彭蠡爲星紀之分　牽牛須女之分國史地理志江南東路當天之｜｜｜｜｜｜　已午之間元和郡縣志引鄱陽舊記云在揚州｜｜｜｜　春秋時爲楚境寰宇記又晏公類要云春秋時爲楚東境　史記吳伐楚取番史記在楚昭王十二年　秦爲番

陽縣屬九江郡此據寰宇記又按漢書吳芮傳芮秦時番陽令號曰番君是秦時已有番陽縣矣漢志番陽縣載在豫章郡下而不載於九江郡下蓋漢高帝時始分九江郡置豫章郡則是高帝未分置豫章郡之前當屬九江自高帝分置豫章郡之後當屬豫章漢屬豫章郡西漢地理志東漢揚州刺史劉遵請置鄱陽廬陵郡雷次宗豫章記在靈帝末年吳孫權分豫章置鄱陽郡後漢郡國志云建安十五年孫權分豫章置鄱陽郡按通鑑建安十五年吳孫權以番陽太守步騭爲交州刺史則建安十五年之前已有番陽郡矣歷晉宋齊皆不改梁爲吳州元和郡縣志云梁承聖二年改爲吳州而寰宇記以爲天監中置吳州不同當攷陳省吳州依舊置郡元和郡縣志在大光元年隋平陳改鄱陽郡爲饒州隋志在開皇九年後改鄱陽郡大業初年唐平江南復曰饒州寰宇記云唐武德四年平江左置饒州新圖經以爲

武德

在州東一百六十里寰宇記云本越王勾踐之西界元和郡縣志云漢餘汗縣淮南王書云田于餘汗是也縣因餘汗之水以爲名隋開皇九年去水存干名曰餘干輿地廣記云有餘水流入贛江唐志云武德四年置長城玉亭二縣後省二縣並入餘干

浮梁縣 望

在州東北一百五十里元和郡縣志云唐武德九年析鄱陽東界置新平縣八年廢開元四年刺史韋玢再置改名新昌天寶元年改名浮梁唐志亦同

樂平縣 望

在州東一百八十里元和郡縣志云本漢餘汗縣後漢靈帝於此置樂平縣南臨安江北接平林因曰樂平寰宇記以爲本後漢東安縣輿地廣記以爲本吳樂安縣不同顧野王輿地志以爲陳天嘉元年會省東安縣唐朝復置在常樂水口唐志云唐武德四年置樂平縣屬饒州九年省尋復置樂平縣

德興縣 緊

在州東一百四十里寰宇記云本饒州樂平之地有銀山出銀及銅總章二年邑人鄧遠上列取銀之利上元二年因置場監令百姓任便採取官司什二稅之至僞唐升爲德興縣又按元和郡縣志樂平縣下載銀山在縣東一百四十里每歲出銀十萬兩收稅七千兩至今德興志尙曰銀峯志則唐之銀山卽今之德興也又程迥重建廳事記謂縣舊爲樂平縣之銀峯山唐太宗正觀中權萬紀上言宣饒銀大發帝斥之卽此地也至武后總章二年用鄧遠公議置場榷銀號鄧公場晉天福三年南唐割據始置縣謂之德興
縣

安仁縣 中

在州南一百里陳置安仁縣隋開皇九年廢皇朝開寶八年以餘干縣地置安仁場端拱元年升爲縣寰宇記止有五縣而無安仁縣卻於餘干縣下載安仁故城往往是中間曾經暫廢而九域志及輿地廣記

悉載六縣云

監司沿革

提刑司

國朝太宗時始置諸道轉運及提點刑獄通署在淳化三年

舊置司在建康府後移治饒州新圖經云舊在建康府皇祐三年因安撫司奏請移治饒州通署云皇祐三年十一月乙丑上謂宰臣曰諸路轉運提點刑獄同在一州非所以分部按舉也宜析處之如此則提刑自建康移司鄱陽往往出自仁祖聖意非盡由安撫奏請也東軒筆錄云王安石罷相以會陵觀使居于金陵神宗以呂嘉問爲守王安石提點江東刑獄俾遷提刑治所于金陵按王安石奉祠在熙甯十年則提刑遷治于金陵亦當在十年但筆錄却不言自何所移治于金陵耳

新圖經又云饒去帥漕所治最遠凡十九驛又西控重湖之險山藏水宿之盜時出沒於蒲葦故自建康移治於斯中興置武提刑一員尋罷建炎乾道間曾各置武提刑一員尋罷今有臺治在本州雙排樓之北凡兩廳舊有文武二憲故也題名有王安石范百祿眞易諸公皆曾任此職有平恕軒勁節堂清白堂繹志堂鑑止堂周咨堂

都大提點坑冶司

唐制永平監置在饒州郭下每歲鑄錢七千貫元和郡縣志李煜因唐制於饒州永平監歲鑄錢陸萬貫長編開寶平江南之後因其舊置錢監于鄱陽既而江淮荆浙閩廣之地皆有監以發運使兼提點以張齊賢爲

轉運使歲鑄錢三十萬長編初江南舊用鐵錢於民不便太平興國二年二月壬辰朔轉運使樊若冰請置於昇鄂饒等州大鑄銅錢凡山之出銅者悉禁民採並取以給官鑄諸州官所貯銅錢數盡發以市金帛輕貨上供及博糴麥銅錢既可渡江益以新錢民間錢愈多鐵錢自當不用悉鑄爲農器以給江北流民之歸附者且除銅錢渡江之禁詔從其請民甚便之長編

景祐二年始專置江浙荆廣福建等路都大提點坑冶鑄錢一員以魏兼爲之通略元豐分置虔饒兩司分領其事在饒者領江東淮浙七閩在虔者領江西荆湖二廣合於元祐分於

政和自此分合不常職源自紹興二年八月提點司言江池殘破遠涉大江乞權就虔饒二州併工鼓鑄許之舊制江池饒建四郡歲鑄百三十萬緡江州二十四萬池州三十四萬饒州四十六萬餘建州二十五萬餘共役兵三千八百人其後皆不登此數至是併廣甯監於虔州永豐監於饒州是歲鑄錢纔八萬緡紹興四年罷饒州鑄錢司合行事務權令虔州本司兼管泉司乃合爲一司以韓球提點江淮等路坑冶鑄錢令往措置紹興二十九年給舍議乞以江淮荆浙福建廣南路提點鑄錢公事繫銜依舊於饒贑二

州置司繫年錄淳熙二年併贛州歸饒州而加都大焉自王楫始也遂定合爲一司歲鑄十萬貫臺治在行春橋之東有裕然堂江湖偉觀樓江湖之勝可俯而窺爲毫冶冠絕部郡邑四五百所分提封半臨制莫盛焉洪邁興造記

風俗形勝

舊以堯山爲文以地饒衍加食爲饒徐湛鄱陽記云饒州北有堯山嘗以堯爲號又以地饒衍遂加食爲饒山川蘊物珍奇故名曰饒郡國志物產豐饒通典曰隋置饒州以其物產豐饒瀕江之地饒爲大履番君之故地漸歐越之遺俗餘千有畝鍾之地武林有

千章之材唐劉禹錫荅元微之使君書彭蠡旣豬禹貢揚州東匯澤爲彭蠡禹貢揚州饒爲沃野而鄱有鎔銀擷茗之利唐元積齊照饒州刺史制饒地沃土平飲食豐賤衆士來往湊聚歐陽詢法帖人語有吳楚之音王德璉鄱陽記江之東西冠帶詩書甲於天下江南旣爲天下甲而饒人喜事又甲於江南皇祐中吳孝中作餘干縣學記饒之爲州壤土肥而養生之物多其民家富而戶羨爲父兄者以其子弟之不文爲咎吳孝中作餘干縣學記鄱陽據大江上流其地有金錫絲枲魚稻之饒故其民不迫遽其人喜儒故不俗不鄙彭汝礪誌處士貞侯君墓鄱陽山水東湖最佳處天祐五年毛滂采芹亭記俯仰几席間

無時不與山水接同上東南諸郡饒實繁盛太平興國中范正辭
對事見容
齋四筆方產白金時邑無俊造之民德興縣程迥撰重建廳事
記曰元祐四年銀場廢以至于今耆老云丨丨丨
丨丨丨丨丨自後興計偕登科級者甲於饒之
諸邑名儒鉅公石印發封天下當太平吳志天璽元
相望而出矣年鄱陽言歷
陵山石文理成字凡二十二云楚九州渚吳九州都
楊州土作天子四世治太平始又云石印發封天下
太平歷陵山石文理成字同上有銀山出銀及銅寰宇記云在德
興縣唐總章二年邑人鄧遠列番陽土廣人殷孝廉
上取銀之利詳見德興縣沿革
才茂歲貢大庭忠臣孝子繼踵而出吳芮之遺風難
沒王德璉鄱陽記云昔吳顧雍等論丨丨丨丨丨
丨丨丨丨丨丨丨丨丨丨丨丨丨丨丨丨丨丨丨
丨丨丨丨堯山之民有陶唐之遺風元祐中餘干進士
丨焉都頡作七談其七

曰云云自大江以東歲以士薦于京師者其州十而饒為最環饒之境歲以士薦于州其縣六而德興為最雖其風氣之使然抑亦山川有以相之汪藻修德興縣門樓記產芝之三莖事見芝山門植松百尺事見慶朔堂下

景物上

楚東地名也范文正公守饒日建楚東樓雪溪在安仁縣月巖在樂平其中堂陰陰然有月山巖風穴在浮梁之鳳游巖螺洲寰宇記云在鄱陽縣南亦名鼈洲蠙洲寰宇記云在鄱陽縣西多蚌貞觀中嘗有採珠者龍溪在德興汪藻居之亦曰浮溪盤洲在蠙

洲門外洪丞相別墅也

小隱在朝天門外洪樞密別墅也

野處在盤洲之北洪內翰別墅｜｜二字孝宗御書也

堯山寰宇記云在鄱陽西傳堯時洚水避難者居之

冠山在餘干

晃山在餘干

馬監李徽之朝野僉載云紹興二年置｜｜於饒州以守倅領之擇官田爲牧地復置官提舉尋又罷

虎巖在安仁虎常居之

燕巖在安仁燕巢其中有不如鍾

金井在安仁

鐵山在安仁

銀山在德興

玉巖在安仁縣虎岩之下

石臺在安仁連鰲

瓊圃在鄱陽縣西內有瓊花洪內翰別墅也

芝山洪遵詩注云唐龍朔元年所隱居

閣山寰宇刺史薛振上素山之巔山產芝草三莖刺史薛振因改爲｜｜至乾道庚寅合五百九年

閣山寰宇記云在鄱陽縣南一十里昔宋太守毛祐之宿於山下夢見一人自稱楚王陳涉遂興造樓｜因此爲名

其｜有仙人白子

洪巖在樂平縣東北九十里有天高壇及祠宇云

井巖風巖桐木巖冷水巖而｜｜最著巖有石屋南北相通方四十丈其中雲

干氣泉聲相雜石之如門如堂如帳如象如馬甚多

越漢書貨殖傳譬猶戎狄之與｜｜不相入矣韋昭注今餘干縣越之別名也古謂越餘地曰餘干縣有｜｜亭荆公詩南遊取｜｜

景物下

鄱江樓在南城上唐錢起有陪史君叔｜｜宴鄭中丞詩諸樓觀皆屢更名惟此不改**慶朔堂**在州治范仲淹建洪邁記有仲淹手植九松今盈百尺**思賢堂**王公十朋所作王秬作｜｜｜記云魯郡顏公文正范公皆以精忠大節流滯竹符其流風餘烈民到于今歌舞之**奉親堂**在州治**新民堂**在州治**坐嘯堂**在州治**得心堂**在州治取吳芮得江湖閒民心之義范仲淹名**退思軒**在州治范仲淹建**寓目亭**在小教場**遐觀臺**在子城上**識山堂**在州治望廬山於三百里外最爲楚東勝絕**懷康堂**在倅廳**觀**

魚臺在蠙州門外世傳番居故迹

煮泉亭在餘干山下陸羽嘗汲水煮茶于此

敬愛堂在州學祀名守顏眞卿范仲淹及鄉賢洪皓趙汝愚

逍遙堂在倅廳

高明臺在倅廳

風月堂在倅廳

煙波亭在餘干縣東彌勒院

耕雲軒在倅廳

乘風亭在餘干之羊角山熙甯中建爲一邑絕覽之地天氣清明望見廬山今屬趙忠定家改名吳楚冠冕

清風臺在州治

清風亭在餘干

白雲亭黃魯直次韻吳可權題餘干縣丨丨丨囊誰築孤亭勝日有感遇永懷劉隋州因榜白雲句雲興碧山畱雲散清江去

秋香亭在坑冶司范仲淹有賦

秋水觀在子城上

半隱堂在倅廳

同樂園在州治

三賢堂畢士安范仲淹而下六人呂頤浩凡七人又曰國朝賢守祠

四望亭在郡城上范仲淹建并名王秬有記汪藻詩云縱橫盡得江山勝俯仰方知宇宙寬千里風煙環廣座四時星斗轉危欄王十朋詩云有澤宜觀水無簷不見山鄱君千里國俯仰一亭間

五老亭在芝山之巔始范公

仲淹題芝山詩末句云偶臨百閣望五老夕陽閒寺僧遂作五老亭

九賢堂 吳周魴晉虞博王廙梁陸襄隋柳莊梁支謙唐張廷珪顏眞卿李復李吉甫馬植增爲十一人

聚遠亭 在德興縣中最勝處趙抃蘇軾蔣之奇皆有詩郭祥正詩云晴空風卷浮雲落萬里秋毫瑩寥廓姮娥泛月中夜來樸樸山川銀粉薄天垂斗柄掛簾鉤地接明河浸闌角誰傾世界入氷壺混滉仙春迷海嶽

玉芝堂 在州治

玉雪坡 在州治

綺霞亭 在州城上

綵衣堂 安仁周氏之居也熙甯六年楊傑爲之記曰龍塘周氏五世同時子養其父而遝養其祖之祖父鞠其子而及鞠其孫之孫州閭鄉藂推爲令族縉紳士大夫樂爲歌詠榜其堂曰綵衣傑謂前此百有餘年僭僞未克自尋千戈父不得保其子者有之子不暇給其父者有之剏有五世一時而安居者耶觀周氏綵衣之樂則海宇之升平可知矣

清音堂 在餘干之觀音院與琵琶洲相對

干越亭 在餘千與白雲亭相對李德裕所成楊億詩云前瞰琵琶洲後枕思禪寺林麓森鬱千峯競秀眞天下絕境也權載之詩云蕪城陌上春

風別干越亭邊歲暮逢張祜題詩云扁舟亭下駐煙波十五年遊重此過洲觜露沙人渡淺樹梢藏竹鳥啼多

集仙洞在浮梁彭汝礪爲山記稱山爲東南秀綿亘數百里

招仙觀在安仁縣西四十里慶曆七年王安石有重修｜｜｜記

延賓坊在蕭家巷世傳爲陶侃所居陶侃傳云孝廉范達嘗過侃倉卒無以待其母乃截髮得雙髢以易酒炙樂極飲歡故後世以延賓名之

雲錦水在安仁發源於邵武之光澤又有雲錦驛

玉石臺在安仁縣北三十里唐碑稱玉石雲岫巖巒甚奇

金銀山在樂平

琵琶洲在餘干縣南水中擁沙成洲其狀如｜｜容齋三筆云餘干縣東而越亭有｜｜｜在下紹興中王洋元勃一絕句云塞外風煙能記否天涯淪落自心知眼中風物參差是只欠江州司馬詩皇朝類苑云楊億咸平初罷處州赴闕道經饒州餘干縣登干越亭前瞰琵琶洲後杭州思禪寺林麓森鬱千峯競秀眞天下之絕境古今留題者百餘篇劉長卿云天南愁望絕亭下柳條新落日獨歸鳥孤舟何處人生涯投越嶠世業陷胡塵草色迷征路鶯聲傍逐臣秦臺悲白首楚渚

怨青蘋杳杳鍾陵暮悠悠鄱水春獨醒翻一笑直道不容身得罪風霜苦全生天地仁青山數行淚滄海一窮鱗流落機心盡空憐鷗鳥親

臙脂橋　在州永甯寺東世傳蕭王粧樓之地

汰金洲　寰宇記在樂平縣西十五里

乳泉山　寰宇記在樂平縣北六十七里有石如硯初名石硯西麓出乳泉嘗進御天寶更令名

銀溪水　在德興

石印山　詳見風俗門石印下

石羅崗　在餘干有綵石文理如羅

石虹山　在餘干有橫石跨水文彩若虹其中有石室容數百人旁列石障如屏風篆書為八十三字

石屋山　在浮梁北臨溪樂平亦有丨丨丨如鼓狀

石藏山　在浮梁見九域志徐諶記云有鐘乳十數穴

石城巖　在樂平縣南六十里凡十餘間皆怪石凡一徑縈紆而入其中空洞李常名曰叢玉李伯時寫為圖會肇諸名人皆有詩

石門山　在鄱陽縣北有二石碣立其山夾潤狀如石門

石步山　在鄱陽縣西北有石室及堂殿常有煙靄不可入

車門山　在鄱陽縣北形如兩輪有梅鋗廟

鼓樓山　在浮梁東里人保聚之所也

天井巖 在樂平有洪巖｜｜｜風巖桐木巖而洪巖最著巖在山之腰有石屋南北相通其中雲氣泉石相雜石之如門如堂如帳如象如馬甚多世傳仙跡不一

山谷寺 在潛山郭祥正詩云乃知梁僧挈刀尺來此幽棲聊脫樅槃祖傳衣當第三至今異骨藏斯巖我朝重賜七寶塔舍利感應符至誠誰會磨崖記名姓習之健筆深鐫鑱

大雷崗 鄱陽記云雷義仲字公說所居

小雷崗 在大雷崗側晉雷煥所居之處晉時張華補爲豐城令掘獄屋得寶劒龍泉太阿送一與華以一自佩王璉記云今｜｜｜｜是也

獨角山 在鄱陽西北一百六十里王璉記載有獨角獸居之

雙港水 即鄱江水分爲二流

三龍水 在景德鎮

七星井 在州天慶觀參差如北斗

九眼井 在城永甯寺前世傳蕭王宮故迹

百花洲 在鄱陽縣東

萬石巖 在安仁屹立田中石皆玲瓏

八十四塢 在安仁

懷蛟水 寰宇記在鄱陽縣南江中有蛟五月五日鄉人於此競渡俗號爲｜｜｜又郡人競渡唐刺史張栖貞以人之行莫大於孝標孝經以示訓又名孝

經潭鳳游巖在浮梁圖經載鳳嘗來游有大石室避地者皆居之龍塘山在鄱陽東下有
龍塘源龍窟山在鄱陽縣北山頂有穴馬源山在鄱陽縣北馬蹄山在鄱
陽縣東一名王仙壇在七十二福地之一羊角山寰宇記云在餘干兩峯回曲相向狀如羊角天
寶六年勑改爲餘干山龍沙洲在浮梁龍虎山與信州貴溪之丨丨丨相接鷹
鵠山在樂平縣兩山相對如一鷹鵠鳳凰池在城瀍津坊之西鳳凰嘗見見王璉記又浮梁
縣亦有鳳游山石獅嶺在安仁縣有石似之水龍巖在浮梁鳳游巖之北有水潛行地中
玉馬山寰宇記云在餘干縣山下有白石如馬俗號曰白馬山天寶六年勑改爲玉馬山金
鄡池在寶華寺之東世傳嘗有金鄡魚焉金魚山在景德鎮白鹿山在鄱陽縣東唐
張蒙遊獵逐白鹿於此黃龍山在景德鎮白雲城在餘干唐劉長卿所謂孤城上與白
雲齊者是也洪崖壇在餘干舊傳有洪崖先生居此紫雲山在安仁縣與餘干白雲山

相接祥雲觀在樂平今有白鶴眞人丹井石壇瑞雲巖在浮梁之鳳游巖蓮花峯在浮梁名五花峯以有五峯故曰｜｜｜梅花巖在樂平東有梅數十株故名巖深三十丈南北相通有井有田有竈有澗有池皆石也池之深不可測一山之水皆歸之然未嘗溢芭蕉山在浮梁翠巘插天狀如芭蕉林茱萸寨在安仁縣雲竹莊在州東洪氏別墅也芝山寺能仁院在芝山之下唐龍朔元年刺史蕭振因改重昌今賜名能仁洞靈巖在浮梁縣東有洞四曰慶雲曰蓮花曰含虛曰張公云夕陽嶺在浮梁世傳藍采和久在洞靈巖後忽去橫笛于此歲寒溪在德興宣和間周晃隱居其上應雪木在樂平履常故樞密王剛中第高數丈過冬即花花後必雪陽府山在景德鎮冬無積雪凡物皆早金君卿詩云聞雷已薦鷄鳴筍未雨先嘗雀舌茶以其地暖故也鄱陽湖湖中有鄱陽山故名｜｜｜其湖綿亘數百里亦名彭蠡湖棠陰山徐諶嘗作鄱陽記教化盛行仁惠周洽遂餞客于｜｜｜又云去思遂名徐山

後改｜｜｜｜取召伯之義今有棠陰寨**鄱江水**寰宇記云在鄱陽縣自當縣浮梁餘干樂平等三縣合爲鄱江經過城下入彭蠡湖**吳溪山**寰宇記在樂平縣西山有石室東西七十步有石鼠石人等見在**樂安江**寰宇記在樂平縣圖經郎扶餘水發源徽之婺源掠德興入樂平出鄱陽**樂平山**寰宇記在樂平縣西三十八里鄱陽記云其山有石似墨舊名石墨山天寶六年勅改名｜｜｜｜**餘干山**寰宇記云在餘干縣又有餘干水**餘干谿**劉長卿陪鄭中丞自宣州解印宴餘干後溪林中阮生集浥上謝公題**興利場**長沙志云始饒州張潛得變鐵爲銅之妙使其子甲詣闕獻之朝廷始行其法於鉛山及饒之興利部之涔水皆潛法也**興業水**寰宇記在餘干縣南一百二十里一名安仁港懸水千仞湍走浪激**族亭湖**番陽記云在餘干縣西八十里後漢張遐封族亭侯因此名也**清灣水**隋梁文謙爲太守居官清廉常取水江曲以供食至今號日清灣曲見舊經又名清潔灣**鄔子港**寰宇記在餘干西北二十里水口卽擔石湖也**孝經**

潭寰宇記在鄱陽縣唐刺史張栖眞以人之行莫大於孝標孝經以示訓故名

楊子巖在安仁縣六十里晁公富題云有古松夾道行行漸高殿堂室廬皆在虛竇中兩巖巉峭聲傳谷應自洪巖以往又有燕巖鎖巖白雲巖鹽倉巖釣藤巖馬蔣巖金仙巖羅漢巖觀音巖相去共不過十里

博士山

博士湖在雙港之西舊經載秦時有博士讀書其上故名之

觀音巖在安仁

羅漢巖在安仁

仙人城在安仁臨溪縣崖多大穴中有鐵冶鹽敖倉廩棺槨之屬皆去人數千尺世傳武夷山仙仙人歸葬於此

仙鶴山見仙釋門

仙閣山寰宇記在鄱陽縣有仙人白子高舊趾天寶元年制日古來得道仙跡尚存

新田書院在浮梁縣古樓嶺戶部侍郎李椿年翔有夫子廟

長薌書院在浮梁之景德鎭季齊愈翔有夫子廟屋四十間田二百畝

古迹

古浩州城在鄱陽西北一百三十里武德五年置八年廢

故鄱陽縣寰宇記云故鄱陽縣即吳芮所居之地也在彭蠡湖東鄱水之上圖經在今縣東六十里

廢廣晉縣寰宇記在鄱陽縣北一百五十里武德五年李大亮分鄱陽建立八年併入鄱陽

廢鄡陽縣寰宇記在鄱陽縣北一百二十里鄱陽記云漢高帝六年置宋永初二年廢

廢新平縣寰宇記在浮梁縣東三百二十里開元四年刺史韋玢置今廢

吳闌縣在德興縣南七里世傳吳王嘗馳馬於此又有吳王鑄印堆鳳凰臺走馬堤淬劍池大小花山參政張燾居之亦名吳園

吳芮宅在浮梁有馬迹石有龍泉寺泉出石壁中四時不絕

梅鋗宅在浮梁其山四望絕險

文翁宅在鄱陽縣東

吳芮觀獵城在鄱陽縣西十八里

英布城在鄱陽縣西北一百五十里

游公樓在子城東北維隋刺史元當壁建去廬山三百里參然在望

柳公樓在子城西

北隅梁柳惲爲鄱陽相所剏唐第五琦以爲望歸樓李吉甫改｜｜｜ 姚公樓在南城上唐刺史蕭陵男克濟建 邵父隄唐書志在鄱陽縣東北三里九域志云隄乃唐刺史李復修百姓思其德如邵父故名 鄧公山在德興縣北六里本名銀山因鄧遠爲場改今名 紫極觀唐鐘天寶九載 吳武義二年銅鐘容齋三筆云在浮洲寺 吳順義三年鐘容齋三筆云在安國寺 長沙王廟在城雄武營西吳芮常得江湖間民心至今祠之 吳臣廟在郡城內其廟臣與越王無諸同坐梅鋗配享漢書云臣即吳芮子成王也 靈順廟在德興縣東二百八十步廟記載唐永徽二年張蒙逐白鹿至銀峯失所在有少年指示之獲銀筍里人因即其傍祠焉世號五通廟記云天下之祀此神者實始於鄱陽之區也 吳王墓在樂平縣東吳石山 英布墓在鄱陽縣北二百五十里其鬢文皆作虎像又按西漢英布傳布戰敗度淮走江南布舊與番君婚故長沙哀王使人誘布至番陽番陽人殺布茲鄉注云鄡陽縣之鄉也 梅

銷墓在鄱陽

將軍塚在安仁縣東七十里世傳郭元振所葬開元中元振為饒州司馬道病卒

柳將軍墓在安仁縣唐碑載咸通元年葬

孳生馬監繫年錄云紹興二年十月置丨丨丨丨于饒州命守臣提領括神武諸軍及郡縣牧馬隸之三年七月初置孳生馬監官於饒州置司俸賜視雜監司時益市馬於廣西故先擇牧地鄱陽置司提舉申乞以右朝請大夫郗漸提舉孳生監牧公事又云紹興五年三月庚子罷饒州孳生監鄱陽地高寒非馬所宜其芻粟又皆賦於民人不以為便故罷之

官吏

漢吳芮西漢傳芮為番陽令甚得江湖間民心至今祠之　唐蒙西漢載蒙以鄱陽令將兵開夜郎

吳步騭建安十五年孫權辟為鄱陽太守歲終徙為交州刺史

虞翻為鄱陽太

守本傳注會稽典錄文章之士立言粲盛則鄱陽太守虞翻也**晉虞溥**爲鄱陽內史大修庠序廣招生徒至者七百餘人**王廙**東晉王廙爲鄱陽內史上疏曰臣以壬申歲見用爲鄱陽內史有枯樟更生又徐湛記云廙立學北門內圖孔子及七十二弟子學徒八百餘人**紀瞻**蘇峻反瞻以鄱陽內史與溫嶠等帥舟師赴難見溫嶠傳**庾翼**成帝時爲太守撫和百姓甚得歡心**梁陸襄**爲鄱陽內史郡人鮮于琛作亂攻城襄破之生獲琛人作歌曰鮮于抄後善惡分人無橫死賴陸君在政六年郡中大甯立碑降敕云**柳惲**守鄱陽相聽吏屬得盡三年喪禮立之文教百姓稱焉舊經云郡有柳樓**隋梁文謙**隋煬帝時爲鄱陽太守稱天下最召拜戶部侍郎**唐薛振**龍朔元年爲刺史在郡六年以神明馭下北崗生芝之草郡人爲起芝之亭見楊盈川撰行狀**馬植**爲鄱陽太守築堤曰馬公堤事見唐志**郭元振**開元中爲饒州司馬**顏眞卿**爲饒州刺史乾元二年轉浙西節度使**吳府君丹**白樂天有碑**第五琦**大歷中爲饒州刺史**杜佑**

正元中爲饒州刺史

李吉甫 爲饒州刺史治稱流聞

李德裕 爲餘干令建干越亭

崔適 正元十二年拜鄧州刺史麾蓋將入又換鄱陽權載之集

裴倩 嘗歷饒州刺史權載之集云其爲饒州以廉平頒詔條以慘怛撫傷痍四封愛戴如熱斯濯

范正辭 容齋四筆云｜｜｜太平興國中以饒州多滯訟選知州事至則宿繫皆決遣之胥吏坐淹獄停職者六十三人會詔令科州兵送京有王興者懷土憚行以刃故傷其足正辭斬之興妻上訴太宗召見正辭庭辨其事正辭曰東南諸郡饒實繁盛人心易動苟失控馭則臣無待罪之地矣上壯其敢斷特遷官充江南轉運副使

國朝

范仲淹 景祐中知開封府坐朋黨出知饒州余靖尹洙上書爭之俱坐貶歐陽修貽書高若訥坐讁夷陵令時蔡襄作四賢一不肖之詩又仲淹在饒州興學校明教化一以豈弟民甚德之又容齋隨筆云鄱陽學相傳以爲范文正公作而余襄公饒州學記乃云慶歷五年郡守張君建不同

馬亮 字叔明有治劇才太宗朝自提點三司出知饒州州豪白氏多持吏短長嘗殺人會赦得原益橫甚亮發其姦

而詠之郡中肅然見事畧

蔡冠卿 熙甯五年知饒州漁隱叢話云冠卿知饒州東坡作詩送之畧云憐君獨守廷尉法晚歲却理鄱陽梔莫嗟天驥逐羸羊欲試良玉須猛火蓋言冠卿守法屢與朝廷爭議刑名不進焉也

韓琚 字子温魏公六子調鄱陽尉次年秋賦求應舉郡侯江嗣守素未知名召登郡閣出鴻鴈來賓賦題以試之援筆立成詞致清麗有唐人風江郎薦送江左士人往往書此賦于屏障目曰韓鴻鴈八年登進士乙科仕至司封五雲次舊聞

孔平仲 字毅父元祐中坐黨籍謫英州後徙饒州

劉安節 永嘉志云政和中知饒州民愛戴如父母移知宣州饒人遮留之且曰吾州自范文正公**王安石**為提刑**范百祿**為提刑之後惟劉公而已見事畧

郭僎 開封人待次全州通判攝樂平縣會劇賊張琪犯縣境被執罵不絕口遂遇害時建炎四年也

文翁鄱陽志云｜｜宅在州東一百里寰宇記云其
宅基址具存然西漢傳載文翁乃廬江舒人姑
兩存之 陶侃字士行鄱陽人後徙居于尋陽
今城中有延賓坊即其故居也 唐歐陽詢
本潭州人唐太宗時歷太子率更令有一帖云年二
十餘至鄱陽縣喜其地沃土平衆士往往湊聚僑寓
甚久 戴叔倫潤州人唐爲撫州容管所至稱治德宗嘗
賦中和節詩遣使寵賜後於饒州東湖卜
居三十年刺史馬戴慕其詩爲築隄 彭汝礪鄱陽人
湖上時往訪之有宅今爲薦福寺 言兵不
可以付中人神宗折之汝礪拱立不動何間復言東
都事畧云｜｜居家孝友與人寡合然有志於善平
時與蔡確異趣確被貶又爲之力辨人以此賢之王
荆公贈器資詩云鄱水滔天竟東注氣澤所鍾賢可
慕文章浩渺足波瀾 熊本字伯通鄱陽人擢進士神
行義迢迢有歸處 宗時除知制誥都水監丞
范子淵㸃鐵龍爪疏河文彥博言小臣興利 張介字
欺罔詔本行視坐附會彥博分司南京事畧 士

甫鄱陽人母方胞其父如川蜀不還介爲兒時作詩云應是子規啼不到故令我父未還家聞者皆憐之旣長凡三往涪閬其父始歸就養一時名士皆賦詩以紀其事

彭汝方 字宜老鄱陽人汝礪之弟也宣和初知衢州時方臘反獨守孤城三日城陷罵賊而死

程振 鄱陽人靖康中金人圍城索金銀數不足振與梅執禮等俱遇害後贈端明賜謚節愍

余應求 德興人靖康中上書言事除監察御史而特許論列當時事以六察言事自應求始

汪藻 德興人字彥章登崇甯進士第後登中興翰苑有龍溪集行於世

洪皓 樂平人字彥昇奉使北敵不屈後講和好始還朝兼權直學士院出知鄉郡三子适遵邁皆中詞科繼踵北門邁作謝表云父子相承四上鑾坡之直弟兄在望三陪鳳閣之遊時人榮之以爲忠義之報繫年錄云初秦檜在完顏昌軍中昌圍楚州久不下欲檜草檄諭降有室撚者在軍知狀紹興十三年皓與檜語及敵事因曰憶室撚否别時託寄聲檜色變而罷翌日皓出知饒州

張根 德興人字知常登元豐進士第在元豐則詆新法在建中則言不當棄地著書三百六十卷號

吳園先生子壽中興爲執政

熊彥詩德興人字叔雅本之孫也登宣和進士第靖康初爲太學錄張邦昌僭首乞致仕

張浚字德遠隆興中以前宰相居于餘干時己得祠畏暑未去未幾薨于餘寓所

趙善應字彥遠漢恭憲王元佐七世孫也父不求寓居餘干善應修司馬氏家法合養百口入無間言父母之喪哭泣毀瘠居家於子弟無事程督而躬行之實所漸漬而興起者甚衆陳丞相俊卿爲書其碣曰篤行子汝愚爲國元勳朱熹表其墓云

程氏女樂平人陳忠壯公靈洗五世孫唐乾元中父兄俱爲盜所殺因掠之後女以計得脫告於刺史顏眞卿捕獲磔于市女探心以祭父兄餘黨猶往來一日大會女家女醉以酒悉斬其首刺史裴士淹爲立碣州門

仙釋

張道陵鄱陽志縣東八十里山上有三峯峯有湖春冬不竭衆鳥翔集松木森鬱九域志云有仙

鶴山云｜｜｜曾學道於此

漢張微 安仁縣有張古山在縣東五十步世傳｜｜｜學道於此十餘年仙去楚東錄云張微山有丹爐

周惟簡 長編云道士｜｜｜者鄱陽人隱居洪州西山國主召之館於紫極宮爲給事中與徐鉉同使京師國主令爲奏！｜赴闕以奏上詰責｜｜｜｜乃言臣本居山野非有仕進意李煜强遣臣來耳臣素聞終南山多靈藥他日願得棲隱上許之仍厚賜遣還

伏虎禪師 鄱陽志薦福寺舊爲寶應寺之别院在今州東里禱木嶺時有｜｜｜｜往來其間

西峯神慧禪師 景德鎮禪師嶺南五里寺碑載唐光化中｜｜｜｜｜｜自五臺山至此

無惑師 荆公送僧｜｜歸鄱陽詩晚扶衰憊寄人間應接紛紛秖强顏挂席每諳東匯水採芝多夢舊游山故人獨往今爲樂何日相隨我亦閒歸見江東諸父老爲言飛鳥會知還

丁行者 鄱陽蕭寺有｜｜｜能修無生忍擔水施僧顧況歸命稽首作詩云曹溪第六祖踏碓逾三年伊人自何方長綆趨瑶泉開工行何苦雙瓶胝兩肩蕭寺百餘僧東廚正揚煙獨出逆順境不爲寒暑遷萬法堂空滅無

生因忍全

碑記

饒州刺史碑容齋三筆云饒州良牧自吳至今以政績著者有九賢郡圖立祠以事此外知名者蓋鮮白樂天集有吳府君碑

唐紫極觀鐘銘在城紫極觀天寶九載上官經野文

唐薦福寺莊田記乾興元年僧志全文

唐能仁寺菩薩堂記南唐邊鎬文

唐薦福寺碑冷齋夜話云范文正公守饒有書生獻詩甚工生自言平生未嘗飽時歐陽率更薦福寺碑墨本直千錢文正爲打千本使售京師紙墨已具一夕雷擊碎其碑坡詩一夕雷轟薦福碑蓋謂是也

唐饒娥碑唐柳宗元文云饒姓娥名世漁鄱水娥爲室女女事循整鄉閭式敬寶應中父醉漁溺死求屍不得娥走哭水上三日不食耳鼻流血氣盡伏死明日屍出黿魚鼉蛟浮

死萬數縣旁小民悲感怨號會錢具葬娥于鄱水西橫道上宗元爲之記云 唐魏仲兕饒娥碣在樂平 唐魏惜饒娥碣在樂平 南唐雙溪觀記在安仁乾德二年葉宗呂文 唐自鳴山記在安仁唐咸通十年歐陽證 吳羅漢寺記在安仁偽吳義六年 順羅漢讚同上 玉石寺記在安仁唐逢汝舟 都頡七談容齋五筆云鄱陽素無圖經元祐六年餘干進士｜｜作｜｜｜一篇其敘土風人物云張仁有篇徐濯有說顧雍有論王德璉有記其所引張徐顧王所著今不復存 鄱陽志史定之序 柳將軍墓碑在安仁唐咸通六年 柳子厚與元饒州書見柳文 鄱陽舊志

詩

銀生楚山曲金生鄱溪濱南人棄農業求之多苦辛

白居易詩人乘海上月帆落湖中天李白送弟岠鄱陽司馬吳山對楚岸彭蠡當中州相思定如此有窮盡年愁同上彭蠡將天合同上滁上郡齋離昨日鄱陽農事勸今秋唐賈島曉發漁門戍晴看檐石湖日銜高浪出天入四空無唐竇叔向憶昔鄱陽旅游日曾聽兩關爭搗衣今夜重門舊砧杵當時還見鴈南飛唐陳陶雲開方見日潮盡爐峯出石壁轉棠陰鄱陽寄茅室唐戴叔倫饒陽因富得州名不謂農桑別有營日暖持箱依茗菼天陰把火入銀坑江寒魚動槍旗影山晚雲和鼓角聲太守能兼詩愛靜西樓見月幾篇成唐章孝標送饒州張使君赴任鄱陽勝事

閒難比千里連連是稻畦山寺去時通水路郡圖開處是詩題文苑英華云唐姚合送饒州張使君詩白頭爲郡清秋別山水南行豈覺賒楚老已應思入境吳門從此去移家館依高嶺分樟葉路入重江見葦花唐朱餘慶送張饒州詩天南悠望絕亭上柳條新杳杳鍾陵暮悠悠鄱水春劉文房登干越亭作爲郎復典郡錦帳映朱輪露冕隨龍節停橈得水人李嘉祐送人往饒州帝女淩空下湘岸鄱君隔浦向饒山前人江南賽神卹事天書萬里至旌旆上江飛已向鄱陽近應看吳岫微暮帆何處落湖水背人歸風土無勞問南枝黃葉稀劉文房送人之饒州迴車仍昨日謫去已秋風干

越知何處雲山只向東楚天江色裏田鶴稻花中却見鄱陽吏猶應識舊驄前人送李侍御貶鄱陽四年謫宦滯江城未厭門前鄱水清誰言宰邑化黎庶欲別雲山如弟兄唐詩紀事李嘉祐字從一上元中嘗爲州刺史京城南去鄱陽遠風月悠悠別思勞三領郡符新寄重再登科第舊名高張文昌送人赴饒州樓殿冠崔嵬靈芝之安在哉雲飛過江去花落入城來范仲淹題芝山寺詩三出專城鬢似絲齋中瀟灑過禪師每疎歌酒緣多病不負雲山賴有詩慶朔堂前花自栽便移官去未曾開年年憶著成離恨只托春風管領來范仲淹使君去後堪思處慶朔堂前獨到來桃

李無言爭不怨滿園紅白爲誰開魏兼朝渡藤溪霜落
後夜過翟嶺月明中王安石寄沈鄱陽芝山雲物故如在鄱
水波瀾何似生李彭詩理郡端如理亂絲范公往矣欲
誰師典刑猶在堂中像光豔長存壁上詩王十朋詩雲壑
釀成千嶂雨風蘋吹老一汀秋董穎題南城鄱江詩挾開雲氣
從天末喚得爐峯入坐間似見二林春靄靄殊聞三
疊水潺潺曾極題山堂詩一章奏免烏銜茶惠及饒民幾
萬家遺老至今懷德攻爲余談此屢咨嗟危言遷謫
向江湖放意雲山道豈孤忠信平生心自許吉凶何
卹賦靈烏李深題范文正公祠堂室明室暗兩奚疑方寸長存

不可欺勿謂天高鬼神遠要須先畏自家知王十朋不欺室詩

風吹鷰語落簷間底事驚回夢裏聞說與傍人都未信杖藜攜酒看芝山葉夢得石林詩話云劉季孫以左班殿直監饒州酒稅王荆公爲江東提刑循歷按務見屏間有此詩公大稱賞之問誰所作或以季孫對召之與語嘉嘆升車而去不復問務事既至傳舍郡學生請差官攝州學事公判監酒殿直一郡大驚士貴遂知名云

一隄楊柳月十里芰荷風史定之題鷰福寺詩

鷰福碑前水滿湖芝山攜酒看來無韓滮詩

有客打碑來鷰福無人騎鶴上楊州事見碑記門

外邑詩

江上千峯暮花城百越春唐劉長卿詩越鳥豈知南國遠
江花獨向北人愁劉長卿孤城迢遞楚雲齊萬古荒源
餘水西官舍已空秋草綠女墻猶在夜烏啼平江渺
渺來人遠落日亭亭向客低沙鳥不知陵谷變朝飛
暮去弋陽溪劉文房登餘干古縣城蕪城陌上春風別干越亭
邊歲暮逢驅車又愴南北路反照寒江千萬峯權德輿餘
干別人干越城邊楓葉落楚人書裏寄離騷寒江鸂鶒
思儔侶歲歲臨流刷羽毛包約正答顧況琵琶洲上人行絕
于越亭中客思多月滿秋江山冷落不知誰問夜如
何施肩吾夜宿干越亭琵琶洲遠江村闊迴首征帆淚滿巾唐羅

隱餘水之干越之鄙築基相對琵琶尾琵琶日日有秋聲鴈過洞庭風入葦梅堯臣越國啓封後餘地連吳楚事著因一時留名遂千古王洞詩曩誰築孤亭勝日有感遇永懷劉隨州因牓白雲句黄庭堅百越餘生聚三吳遠接連前人長卿骨已朽延陵得兹亭延平廖明畧大句題軒楹遂令干越俗擅此今古名高詠劉廖句白雲穿石屏琵琶洲無弦我彈君能聽彈罷共一笑白雲歸玉京米芾題詩未有隨州句敢喚阮郎爲老兵洪芻雲來本無心雲去亦無迹要是莫逆交更爲不速客安扶白雲亭青山曲轉抱寒溪層磴攀躋馬道危石

竈未烹鴻漸茗越亭先詫長卿詩更約濤宵來共看琵琶洲畔月明時張綬來景堂江山清絕冠吳頭同上我來鄱君山水州山水入眼常遲留絕境遙瞻雲洞錦清音下瞰琵琶洲千越亭前越風起湖入鄱陽三百里曉來一雨洗新秋身在江東畫圖裏王十朋題餘干清音堂塞外風煙能記否天涯淪落自心知眼中風物參差在只欠江州司馬詩紹興中王洋干越亭琵琶洲松尾颼颼石浪寒胡啼蕃曲轉聲酸人間無此春風手應是江妃夜夜彈姜夔琵琶洲行盡江南最遠山卻尋干越上清灘秋清雲錦溪中過玉石瑰奇一萬般晁補之雲錦溪玉石村夙駕安

仁道行行得自娛荒山圍野潤遠樹出林孤景晦長煙合天寒碧草枯歸心懷遠路極目尙平蕪朱晦翁安仁曉行詩

四六

惟時饒郡昔號奥區黄唐廣谷大川政當吳楚之交會流風善政具存顔范之典刑黄唐坐看五老之奇峯凝香燕寢佇繼九賢之嘉績接武鵷行張澐山川最清接吳楚之秀氣文獻相續有曾范之遺風呂東臨極浦西望古城江嗣宗雲藏英布之居水遶鄱君之國祥符中江

嗣宗記地居澹浦邑帶鄱川唐王德璉饒州記序縣始秦年郡開吳日唐王德璉饒州記序此而爲郡陳優優布政之方必也立朝增蹇蹇匪躬之節皇朝類苑云景祐中范文正公以言事觸宰相守饒州到任謝表歎公至誠許國始終不渝不以進退易其守也鄱水更符俯遂引嫌之請延和賜對進承臨遣之恩曹誼饒州到任謝表番君得江湖之心定酬民望雷令候斗牛之氣乃借鄰光李劉回林饒州惟是餘干控于粵服遠考劉長卿之舊政近師范文正之遺規同上

輿地紀勝卷第二十三

輿地紀勝卷第二十四 文選樓影宋鈔本

東陽王象之編　　甘泉岑鎔淦長生校刊

江南東路

廣德軍　桐川　桐汭　桐源

軍沿革

廣德軍同下州九域志　禹貢揚州之域寰宇記及晏公類要皆云宣州廣德舊宣州則亦宜在楊州之域　吳地斗分野前漢地理志曰今之會稽九江丹陽等郡皆吳分也後漢天文志引星經云玉衡第六星主楊州常以五己日候之辛已日爲丹陽　次爲星紀於辰在丑晉天文志云自南斗十一度至須女七度爲星紀於辰在丑吳越之分屬楊州又云丹陽入斗十六度圖經云今廣德吳地也上應斗宿下連丹陽　春

秋屬吳魯哀公時十五年楚子西伐吳及桐汭杜預注云宣城廣德縣西南有桐水春秋末年越滅吳左傳哀公二十二年越滅吳其地屬越圖經戰國時楚敗越盡取吳故地東至浙江其地又屬楚通鑑周顯王三十五年越王無彊伐楚楚人大敗之乘勝盡取吳故地東至浙江秦王翦悉定荊江南之地通鑑秦始皇二十六年置鄣郡輿地廣記江甯池歙宣太平廣德六郡爲鄣郡之地漢改故鄣郡爲丹陽郡西漢地理志在元封二年故障縣屬焉按西漢地理志丹陽郡領縣十七故鄣預焉漢以爲廣德國封中山靖王勝之後雲客是爲夷王無子國除此據漢書又云後漢分故鄣縣置廣德縣屬丹陽郡此據元和郡縣志然元和郡縣志以爲廣德縣初置於後漢而輿地志以爲置於西晉此却不同象之謹按西漢廣川王傳以

爲平帝元始二年以故廣德國立倫爲王四年莽居攝元年赤嗣王莽篡位貶爲公明年廢晉志武帝太康元年平吳分宣城等十一縣立宣城郡廣德縣亦隸焉而何承天宋志稱廣德漢舊縣與元和郡縣志一同而沈約以爲二漢並無之疑是吳所立按吳志呂蒙領廣德長而吳錄張純領廣德令則廣德在吳已爲縣矣象之又按呂蒙薨於吳王卽位之前則其爲廣德縣之時尙東漢建安之紀元耳則何承天宋志及元和志謂置於東漢亦未爲過漢晉建置始末各有所據今兩存之

晉置廣德縣輿地廣記云晉太康中置廣德縣與元和志宋志亦不同屬宣城郡圖經引晉書云晉武平吳分黟之廣德故國以立宣城郡宋分宣城之廣德吳興之故鄣長城義興之陽羨義鄉五縣地立綏安縣此據寰宇記而元和郡縣志以爲立綏安縣宋志並無此縣名不同齊因之屬宣城郡輿地廣記梁分置石封縣輿地廣記梁末併置大梁郡尋又改爲陳留郡隋平陳

郡廢寰宇記輿地廣記同改石封爲綏安縣屬湖州而省廣德入綏安焉輿地廣記云屬宣州却無年月元和志云仁壽二年屬湖州隋煬移於今理屬宣州元和志在大業二年唐以綏安縣置桃州併置桐陳懷德二縣唐書地理志在武德三年尋廢桐州省桐陳懷德二縣以綏安屬宣州唐書地理志在武德七年更綏安縣爲廣德縣唐書地理志在至德二年五代僞唐改爲廣德制置寰宇記在保大八年皇朝平江南地歸版圖開寶八年尋建爲廣德軍國朝會要太平興國四年置廣德軍屬江東路輿地廣記後以廣德縣之郎步鎭置建平縣以隸焉國朝會要在端拱元年今領縣二治廣德

縣沿革

廣德縣　望

元和郡縣志云後漢分故鄣縣置屬丹陽郡宋爲綏安縣隋仁壽三年屬湖州大業二年移於今理屬宣州至德二年改名廣德與郡志所攷未免有異國朝會要云太平興國四年自宣州來隸爲軍治則是五代南唐雖爲廣德制置而尙隸宣州如今之軍使也

建平縣　望

在軍西北九十里國朝會要云本宣州廣德縣之郎步鎭端拱元年以鎭爲縣來隸寰宇記止領一縣是時尙未置建平縣也

風俗形勝

故鄣之墟曾南豐作廣德軍鼓樓記曰廣德居吳之西疆｜｜｜｜　吳之西疆同上　境大壤沃食貨富饒人有餘力同上　軍治三峯拱其前

溪流枕其後志桐汭業儒登第者相繼于時民醇事簡號爲江東道院志桐汭

景物上

桐汭左傳哀公十五年楚子西子期伐吳及｜｜杜預注曰宣城廣德縣西南有桐水出白石山西北入丹陽湖

靈山在薫風門外七十里泉石甲於一郡有廣瑞禪院及龍王廟葛勝仲嘗賦長短句云法會何曾散此地神光滿丁公潭下百雷霆疑是銀河挽下一齊傾

横山在城外横山五里張土初顯聖於此此是山在廣德羣山之中最爲高峻四望望之其形皆横故曰横山

祠山在軍西五里舊爲横山有廣德張王祠天寶中封爲祠山乂按宣城志顏魯公嘗書横山碑云新室之亂野火燎其祠建武中復立以魯公碑證之蓋其祠嘗立於新室建武之前矣洪興祖云其靈跡自西漢始著觀自西

漢始著之辭則疑非漢人也祠山張王廟有碑載云廟神乃西漢之張安世不知此碑作於何人當攷

荆山在廣德縣東北五十里 **桐水**在軍西北源出白石流入宣城界入丹陽湖 **警亭**在倅廳 **鵶山**在廣德縣其山產茶梅公詢有詩 **汭水**九域志有汭水圖經云以爲桐汭二水非也蓋桐水北流爾尚書五子之歌須于洛汭召誥攷于洛汭孔穎達亦謂水內曰汭 **南湖**去建平縣四十里其水流入丹陽諸湖入蕪湖達大江

景物下

思賢堂在軍學繪文正范公仲淹紫微錢公公輔敷文洪公興祖皆以興學校之功也內翰汪藻作記 **集仙臺**在祠山之絕頂乃張王興迹之地有臺曰集仙乃天聖中郡守梅詢所建 **公燕堂**在倅廳 **靜治堂**在郡治 **夷白堂**在郡治 **靜共堂**在倅廳 **玉溪**

堂在郡圖有古梅一株枝柯盤屈姿態奇古昔嘗圖以獻郡守趙希仁刻之石 翠溪亭在郡圖 清風堂在郡治 清陰堂在郡治 見梅亭在郡治 攀蘿亭在橫山乃天聖中郡守梅詢所建詳見詩門 山光亭在倅廳 秋容亭在郡治 桐川堂在郡圖 清容堂笪揆祖深力學隱居郡守錢公輔築堂名丨丨訓誘郡人之子弟號清容先生 能賦亭在郡治 臨清亭在郡治 倚虛亭在郡治 借景樓郡圖縣圖相連故曰丨丨丨 衆春園在郡圖 圓嶠亭在郡圖 方壺亭在郡圖 江東道院圖經風俗門曰民醇事簡號曰丨丨丨丨 東亭湖在朝陽門外三十里張王興跡之所王先開一池曰浴兵池今呼爲丨丨丨 西城橋在清霜門外 東泉院在廣德縣 南漪湖在建平郎桐水下流 靈山院今名資聖 資聖院唐天祐建 竹山院在廣德縣唐光化中建 荊山洞寰宇記在軍東北五十里圖經云今東泉寺北近有馮家

洞霄地理考之適相似云翟纓亭在郡圃梅花橋在夜光門外梅渚鎮在建平縣東三十五里桐源山在軍南八十里杜預注左傳云廣德縣西南有桐水出白石山西北入丹陽湖也桐汭水元和郡縣志云在廣德縣西五十里春秋楚子期伐吳至于桐汭是也野橋步在郡圃大溪山在建平圖經云郎桐水也大巖山在建平縣山頂有池冬夏不竭俗傳天聖中有巖石君者顯靈於此三峯樓即子城南門也伍牙山在建平縣伍員伐楚還吳經此山因以爲名萬壽院在廣德縣舊名慶雲院俗謂之鎖山寺龍池寺在廣德縣今名海會寺唐會昌中所建鷄林驛在軍北獅子橋在清霜門外白石山九域志一名桐源山青陂塘在建平縣烏坦圩在廣德縣丹井山在軍南十里昔有徐眞人於此燒丹丹井存焉鎖山寺在廣德縣靈祐鄉今爲萬壽院俗謂之丨丨丨掛鼓壇在張王發跡之所寶光寺在建平縣西南三十里梁大同中建奉眞

閣在張王廟聖感寺在城東唐天寶中縣令潘晃捨宅為寺織女橋在郡市談家溪在城後街馮家洞在先春門外七十里又名荊山洞荊軻渡在廣德縣佛子嶺在廣德縣舊傳村民嘗於山中得一石佛因名

古迹

劉相公廟在廣德縣北三十里宋興寺之前俗傳唐劉文靜捨宅為寺初無碑記可攷廣德故城寰宇記云漢為縣之所也范公堂在司理院昔范文正公為廣德司理治獄廉平為亭於廳之東南時時引囚訪問貴得其情後人以范公名之郡守孫覺莘老以詩記其事

官吏

范仲淹五朝言行錄范公仲淹以進士解褐爲廣德軍司理參軍日抱具獄與太守爭是非守盛怒臨之公不爲屈歸必記其往復辨論之語于屏上比去至字無所容貧止一馬鬻馬徒步而歸祠堂記**梅詢**天聖元年爲守**錢公輔**治平中以紫微舍人來守是邦首建黌舍延致鄉老以教導郡人之子弟而又作學論一篇**孫覺**字莘老高郵人嘗爲右正言脩起居注青苗法行覺論其非時言者亦以畿內有追呼抑配之擾神宗令覺行視虛實覺曰臣以言爲職體量非臣事黜知廣德軍熙甯三年事畧**孫傅**熙甯八年爲守**上官均**元和初除監察御史時中書侍郎傅堯俞右丞許將同簽密院韓忠彥論事多同異俱永罷均言堯俞等雖有辨論之失然事皆緣公望令就職務爲協和詔堯俞等就職中丞蘇轍等尙以爲言均因論中丞風憲之長轍當公是公非不當妄言遂乞罷出知廣德軍見事畧**賈易**元祐四年爲守**孫諤**紹聖間出守廣德禮賢下士士尤喜**錢觀復**中興遺史云紹興二十三年十二月[illegible]詠廣德軍居高陸歲上供民輸建平倉

由湖轉江入閘以達行在道路迂回復加歛爲貴費號水脚知軍｜｜｜曰此非難見者何故前政守令皆不經意遂請于朝寄廩于湖之四安鎮距軍城纔五十里民不病勞循運河至北門不過五日費減大半任內歲饑發常平倉提舉官屢仰觀復觀復手書諭邑振廩濟民且曰民命在朝夕吾能不獨任擅發之責乎旱益甚境內田十損八九｜｜｜請于朝願盡捐歲租以活一方從之｜｜｜在宣和間不願結婚於朱勔求美任者

人物

張介 隱居城北紹聖間正言孫諤出守是邦嘗携酒造焉與之酬唱有竹林藏月讀書家之句屢欲薦于朝介力辭不就

湯景仁 熙甯三年中進士第爲政甚清初廣德貢士其數頗鮮公請于朝增之後其子耜建炎初登第孫撝之亦中第云

笪深笪揆 笪深字道源力學隱居郡守錢公輔

築堂名清容訓誘郡人號清容先生至孫揆舉進士升于辟雍與毗陵張汝舟齊名上問近臣舍選得人有以二人對者後於蔡薿榜登科掌教河中府以太博召臥疾不起陳紓以詩悼之曰舍法得才傳黼扆古人馳譽重賢關

何大圭年十八魁南宮後以文章顯云

李彭年爲鎮江府教授以父母沒於兵火感慕不已蔬食終身紹興中郡守洪興祖以事聞于朝旌表門閭

倪濤字巨濟廣德人博學能文有操履舉進士累遷左司朝廷議有事燕雲濤曰景德以來敵不犯邊盟誓不可渝毋輕議以貽後患宰相怒其沮軍事罷監朝城酒稅再謫茶陵造船場有詩文號雲陵集事畧

仙釋神異

徐眞人寰宇記云丹井山在縣南十里昔有徐眞人於此燒丹有丹井存焉

祠山神王據行狀載王姓張本吳興人始於長興縣役陰兵導通流欲抵廣德縣東自長興之荆溪疏鑿聖瀆至廣德界仍於岸側先開一浴兵池今呼東亭湖乃於後村楓樹之側爲掛鼓壇與夫人李氏約每餉至鳴鼓三

通而王即自至不令夫人至開河之所偶烏啄鼓鳴王爲所誤不復再至鼓所夫人遂詣與工之所見王爲大豨驅役陰兵開鑿瀆河王變形不及自此遂不與夫人相見遁於廣德五里西橫山之頂居人思之立廟於山之西南隅今爲祠山而夫人亦立廟於縣東二里爲昭妃廟云又四明圖經載高閭所作張王廟記云張王者武陵龍陽人生於西漢之末東游吳會至苕霅白鶴山居焉久之欲自長興之荆溪鑿河至廣德以通舟楫工役將半俄化爲異物驅役陰兵夫人李氏見而異之遂隱形遁去居民思之即橫山立祠梁天監中旱武帝禱之即獲膏澤或者又云張王廟有碑載云廟神乃西漢之張安世而婺州之石門有張王行廟世皆稱爲張車騎廟以張安世曾爲車騎將軍印證其說似相符合象之謹按西漢傳張安世之父張湯乃長安杜陵人而張王乃吳興人相去萬里不應顯靈於廣德緣張安世之孫名勃在漢世曾封平原侯元帝時爲散騎諫大夫而張王亦名渤但西漢人姓名稍同而渤字有加點水與無點水之異乃强相附會然以杜陵鄉貫與吳興鄉貫別之思過半矣

碑記

顏眞卿橫山廟碑碑載自梁天監五年至唐天寶中以祈禱感應始贈水部員外郎

廣德軍桐汭志郡守趙亮夫序

詩

竹林藏月讀書家正言孫公諤紹聖間出守廣德禮賢下士尤喜賦詠士有張介者隱居城北林亭雅勝公嘗造焉與之酬唱有｜｜｜｜｜｜｜之句

笋槊秧斜入圖畫令人魂夢到家山陳侍郎天麟題廣德縣秀遠亭詩

我有集仙經始在勞君一到爲重修亭在橫山乃天聖中翰林學士梅詢所建後有王渙來守廣德公有詩以送之曰｜｜｜｜｜｜｜｜是山在廣德羣山之中最爲高峻四面望之皆橫

故曰橫山

茶煑鴉山雪滿甌 梅公詢詩在廣德縣南九十里

一川花柳擁雕欄濃綠浮空四面山 李參政留題郡子城三峯樓日上虞李泰定提兵平宣城寇回登此留宿紹興壬子季春五日題｜｜｜｜｜｜｜｜｜｜｜便欲移家來此住不將名姓落人間

蕭蕭獄曹椽有亭名范公歲月益己久父老傳淸風維時狴牢下枉直情畢通太守異趣舍挺然不回從事事爭救之粉屏記其終殆公三年歸字滿無所容官小俸祿薄家居牽窮空賣馬以自給徒行氣彌充後公在朝廷搢紳伏其忠三黜坐正諫流離成老翁我欲繪公像置祠獄官中公名塞天壤文字未易工不若揭以牓因之曉愚蒙後來仰高山相與傳

無窮孫莘老題范公堂詩

四六

大江之右一障甚微行闕之旁九畿莫近事迹顧惟桐汭之邦實固江東之壘事迹眷茲江壘置自皇朝林孝友圻壤接周原之膴士夫傳道院之名林孝友維是桐原實臨江滸張扞封圻密鄰於畿甸形勢遠接於陪京張扞地輕而責重賦寡而費多指日待糧皆尺籍伍符之舊無時致餽當大車駟馬之衝紛罷遣之相仍禀枝持之不暇廣德到任謝表

輿地紀勝卷第二十四

輿地紀勝卷第二十五　文選樓影宋鈔本

東陽王象之編　　甘泉岑鎔淦長生校刊

江南東路

南康軍

星渚　星子　五老

軍沿革

南康軍同下州九域志禹貢荊揚二州之域按禹貢揚州之域曰彭蠡既豬荊州之域曰九江孔殷則廬阜乃荊揚二州之限今軍治前瞰彭蠡後據廬阜乃古揚州之域而謂之吳頭楚尾者也吳地斗分野漢天文志丨丨丨丨丨九江豫章屬焉今郡南境析自豫章北境析自九江則以九江豫章之星度爲密稽之二史寔爲斗分春秋吳楚之地此據晏公類要而輿地廣記以爲春秋時屬楚不同戰國屬楚晏公類要云吳滅楚屬越越衰

還爲楚地秦屬九江郡輿地廣記漢初分置豫章郡又屬豫章郡高帝六年分淮南置豫章郡彭澤鄱陽柴桑海昏皆屬焉晉置尋陽郡晉惠帝永興元年分廬江之尋陽武昌之柴桑置尋陽郡宋齊因之隋末屬九江郡及豫章郡唐屬江州及洪州輿地廣記僞吳以其地立星子鎮晏公類要在天祐四年屬德化縣輿地廣記國朝陞鎮爲縣國朝會要云太平興國三年以江州星子鎮升爲星子縣屬江州太宗時陞南康軍南康志在太平興國七年長編云太平興國七年二月以江州星子縣爲南康軍又割洪之建昌饒之都昌併屬焉寰宇記舊隸江南西路紹興初始隸東路南康志云因郡守逢汝霖之請也今領縣三治星子

縣沿革

星子縣 上

倚郭輿地廣記云本漢彭澤縣地後爲德化之星子鎮境內有落星石石上建落星寺國朝會要云太平興國二年以江州之星子鎮升爲縣七年以縣爲南康軍治

建昌縣 望

在軍西一百二十里西漢地理志豫章郡下有海昏縣顔注云即昌邑王賀所封也按雷次宗豫章記云後漢和帝永元中分海昏立建昌縣晉永嘉二年併海昏於建昌皆屬豫章郡隋志云開皇九年省艾永修豫寧新吳入建昌仍屬洪州晏公類要云隋大業十年移於縣西太史慈古城即今理也唐武德五年於縣置南昌州八年廢以縣隸洪州國朝會要云太平興國七年自洪州來隸

都昌縣

在軍東一百七十五里元和郡縣志云本漢彭澤縣地唐武德五年分置丨丨丨以縣北有都村配以昌

字取嘉名也寰宇記云是年以縣隸洪州州廢屬江州國朝會要云太平興國十年自江州來隸南康志以爲五代時屬饒州太平興國七年自饒州來屬與此不同象之謹按｜｜｜見有唐永崴五年受業寺碑龍紀元年南山寺題鐘乾寧四年流霞觀記皆以爲屬江州｜｜｜是｜｜｜在唐已屬江州也又周顯德七年永安院記亦題爲江州｜｜｜是都昌爲五代亦屬江州也國朝會要云太平興國七年自江州來隸是國初亦屬江州也而圖經以爲自饒州來隸初無所據然輿地廣記亦以爲自江州來屬與國朝會要同當從會要

風俗形勝

南方之俗其在康哉太平興國中太宗皇帝曰｜｜｜｜｜｜｜｜可賜名南康軍

匯澤之郡湯靜記　山有九疊川有九派晏公類要　風土爽塏

山川峙秀豫章記　地當要津寰宇記太平興國三年以｜｜｜｜改鎮爲星子縣

山有三宫晏公類要屏風九疊李太白詩廬山秀出南斗旁｜｜｜｜雲錦張康

廬奇秀甲天下白樂天草堂記云云廬山南國之德鎮梁元帝碑廬

阜之陽江州在廬山之北故曰廬阜之陰南康在廬山之南故曰｜｜｜｜北垂康王

之簾南曳開先之布黃庭堅三峽橋行康廬之秀粹于衆岳

五老之英奇于衆峯李逢吉折桂亭記歸宗據雲水之都要

雲居覽泉石之幽邃余靖銘問舍於五老峯下未嘗一

日忘廬山黃庭堅開先記江南李中主｜｜｜｜｜｜｜｜｜｜｜｜｜｜其西五

峯峭壁隱然在望者爲廬阜其北巍嵐疊疊若來向

者爲蘇山彭圖南致霖亭記廬阜彭蠡實天下絕特之觀王能

甫記洞府之絕境神仙之勝遊眞風觀記廬山之陽有女眞觀千仞落水萬仞

危峯晝夜若風雨盛夏如素秋信云云據彭蠡上游距落星灣是爲古之鄡陽黃庭堅南山記鄡陽今爲都昌縣石室之崖有青牛之谷張固白鶴觀記予昔登九江上石室之崖以瞰青牛蓋天下山川秀拔處也世間不復更有之絕觀文同與可妙明庵記云棲賢石橋不爲混沌氏之所設雖工能之開先瀑布不可量其高遠奔騰傾涌若決星漢此尤爲天下之勝處而世間不復更有之絕觀也天上雲居地下歸宗歸宗乃王羲之宅也土木之盛山南爲冠與雲居山相亞故曰云云玉簡天篆祥符觀記云秦末有武士三人畱此一夕雷電化成二溪溪中盤石上有丨丨丨丨曰神化靈溪金簡標題眞人受旨玉澗潛棲今祥符觀是也金闕玉房潯陽記云廬山有三石梁長數丈廣不盈尺杳然無底吳猛與弟子躡石梁而度見丨丨丨丨地皆五色李白詩云金闕前開二峯長銀河倒掛三石梁天下溪山之秀江國爲最塔廟之嚴廬阜爲勝承天歸宗

寺記七十二福地之數晏公類要云蘇山乃｜｜｜｜｜｜江南山水天下無與爭康廬落星江南無與爭李氏書堂記郡負康廬面彭蠡南康志風俗門夢游廬山陸羽嘗夢游廬山天寶末抵廬山果如夢中所見復欣然曰廬山今非夢矣子由北夷亭詩云千里思山夢中見史虛白騎牛圖吳順義中｜｜｜先生避地星子常乘黃牛往來山水間今尚存｜｜｜陳令舉騎牛歌嘉祐間陳舜俞令舉謫來監市征常陪太博劉凝之乘雙犢往來山中因作騎牛歌十大禪刹廬山｜｜｜｜而山南居其六日歸宗開先萬杉棲賢羅漢慧日是也竹洞花塢仙壇僧舍雞犬鐘梵相聞於青嵐白雲中數百里不絕唐元和十年呂和叔作裴氏海昏集序云海昏有歐山之奇脩江之清陽溪之遂陽泉之靈云云

景物上

道院在郡治　摛齋在郡治　復齋在郡治　月觀在郡治　野航在郡治

西園在郡圃　東臺屯田劉公築于隱居園中今廢　合溪在建昌有温冷二泉發源相去數尺熱泉可以煮雞豚冷泉常若冰雪雙流數丈而合　愛堂祖無擇之守南康作丨丨於棲賢寺以其山水松竹無不可愛　温泉在建昌其水湧沸　潮泉潯陽記曰雞籠山下有水湧出如潮晷刻不差朔望尤大　布水晏公類要云在建昌西南四十里歐山之上其潭周迴三百步噴湧懸流三十餘丈形如曳布　玉淵在棲賢寺門外張孝祥書丨丨二大字　玉潤在城北十里羅漢臺下　珠溪在都昌縣東五里溪章帝時出明月珠大如雞子圍四寸八分　石鏡在金輪峰左右隱見無時　石門廬山記西南有丨丨山其狀似雙闕壁立千仞而瀑布流焉　石堤在軍之南壁以石爲堤橫截洪流內浚二澳可容千艘往來之舟得以善濟　石井晏公類要云在廬山其水

清可以照人古今留題甚多 **廬山** 去城北十五里周武王時有康俗兄弟七人皆有道術結廬於此山中仙去廬在故曰丨丨太史公曰余登廬山韓文送惠師詩淩江望廬嶽浩蕩極逡巡崔崒沒雲表陂陀浸湖淪是時雨初霽懸瀑垂大紳郭祥正詩云秋風入夜透征衣點點漁燈各自歸拔老重來江上泊廬山如舊故人非蘇東坡過丨丨詩云亭亭紫霄峰窈窕白石庵五老數松雪雙溪落天潭注紫霄峰白石庵五老峰雙溪皆廬山事 **歐山** 在建昌古老相傳昔有歐岌先生於此山得道因名 **蘇山** 晏公類要云在都目乃七十二福地之數吳時有道士蘇耽居此南康志云為元辰福地又有丹竈石日靴跡源馬蹄洞尚存 **杏林** 董奉為人療疾不取錢令愈者人植杏五株數年鬱茂成林 **蓮池** 潯陽記云亘伊為江州刺史嘗遣人尋山之奧見有丨丨在廬山之絕頂 **福槽** 潯陽記云亘伊嘗遣人尋山之奧見大湖之側有一丨丨崇山峻嶺極舟楫之所不到也傳云吳猛避難攝船於此追者但見龍負其舟舟人遂委於此 **鸞溪** 在歸宗之東有泉縈同數里出于山澗間曰丨丨

景物下

獨善堂在郡城後山陳公德方所居之堂也黃太史名而書之今其家字畫猶在**重湖閣**在潯陽門外二里延慶院對面楊瀾左蠡極目湖波與天相接蔣之奇詩云宮庭彭蠡接楊瀾浩蕩浮雲六月寒試問風波何似險高僧只管倚欄干**四會亭**在開先寺**四望亭**在郡治**五老亭**在棲賢寺**五老閣**在郡齋舊有五老亭蘇黃門黃太史皆有詩**五柳館**在都昌棲隱寺淵明宅前有五柳淵明嘗著五柳先生傳**衆樂園**在郡治之東**折桂亭**在郡治昔倚五老峰面對大江干島萬漱出沒煙雲波浪間眞奇觀也**愛蓮堂**周濂溪有愛蓮說嘗守是邦後人作｜｜｜于郡圃**遠明閣**在建昌尉廳前揖西山俯瞰脩水盡覽江山之秀元祐中建**直節堂**在郡圃庭有八杉元豐間建蘇黃門為之記後廢郡守朱熹以西廳為之且植八杉

于庭復爲之記云**清輝閣**在落星寺取山水含清輝之句爲星江之絶致**白雲樓**在簡寂觀後前有雙瀑布**淩雲亭**在都昌陶太尉廟唐元和二年縣令李偁建**望雲亭**王荆公題晏使君｜｜｜南康父老傳使君疾呼急索初不聞未會遣汲谷簾水三載秪望香爐雲**漱玉亭**在開先寺東坡有詩曰擘開靑玉峽飛出兩白龍散沫亂飛雪古潭搖靑空餘流滑無聲快寫雙石供其爲佳致可見矣寺又有漱玉橋東坡詩云月出飛橋東**滴翠亭**在萬杉寺水散滴如珠故名今更曰散珠又有龍虎慶嵐四大字**虛白館**在尋眞觀之右正當五老峰之九疊屏之下有雙澗水交流於前面香爐峰旁有獅子峰後有靈龜峰虎嘯崖麻姑崖列於四隅而館處其中別是一壺天也**羨魚亭**在都昌唐元和時令李偁所建**駐鸞亭**在棲賢寺南唐元宗之徙豫章也遊覽久之故有是亭**惠愛堂**在郡治**潺湲亭**張喬伯詩云走月流煙疊樹西晚來愁甚聽猿啼幾時御水聲邊住却夢潺湲宿此溪**漫浪園**劉壯輿之居也壯輿自號漫浪翁故所居

園林悉以是名蘇黃晁張諸公皆爲賦詠

雲錦閣 在郡治對五老峰取李白屏風九疊雲錦張之句尋眞觀亦有此閣

冰玉堂 劉渙隱廬山子恕取蘇轍所謂潔廉不撓冰清玉剛之語名其祠張耒爲記

玉京軒 在落星寺山谷有詩

玉淵亭 在棲賢寺門外澗中白石不以數計如臥羊故曰玉淵張孝祥寫玉淵二字有詩云靈源直上與天通借路來從五老峰試向欄干敲柱杖爲君喚起玉淵龍

松風亭 在承天能仁院後壁間有賢良陳舜俞詩云建昌門外小禪居竹檻松窗靜有餘全近江湖添悵望乍離城市易清虛

桃源洞 在郡圖

芙蓉觀 李翰林詩曰廬山東南五老峰青天削出金芙蓉郡守朱熹名曰金｜｜｜云

李仙亭 在建昌石潭院最得溪山勝處熙寧中李公麟建

羽章館 在城北二十五里尋眞觀廬山記載舊史云漢武帝所築

是是堂 劉屯田之孫壯輿作｜｜｜陳師道爲之記蘇東坡黃太史張文潛晁無咎諸公皆爲賦詩

面面亭 在郡圖

鸞溪泉 在軍西有翔鸞展翼之勢流泉二百餘丈

龍安城 在建昌唐

置南昌州及龍安縣卽此城也**龍安鎮**在星子縣**雞籠山**在屏風山傍有石望之若雞一青一赤山下有湖泉晷刻不差**鳳棲山**在建昌今名同安山有崇勝院**龜穴山**在都昌其山平起狀若靈龜故名**馬尾泉**在開先西瀑布之側其流稍短然亦不下百餘尺也**蛇骨洲**晏公類要云在都昌縣東南十七里按方輿記云晉永嘉中有蛇長三十餘丈斷道以氣吸人被吞噬者蓋百數時吳猛有神術弟子往殺之聚骨成洲有小蛇走脫猛乃云大蛇是蜀精故蛇死而賊杜弢滅矣**行龜峰**在城東三十五里**釣魚臺**在城西落星灣廬山傳云彭祖釣臺上得雙鯉化爲龍沖大而去**鳴鶴峰**在廬山華藏寺後**臥龍庵**在城西北二十里蒼崖四壁怒瀑中瀉大壑淵深凜然可畏有黃石數丈在激浪中視者轉盼若欲蜿蜒飛舞故名臥龍郡守朱熹繪諸葛武侯於庵中且爲之記**龍雲庵**今名永福院望五峰歷歷可數高下爲十餘峰矣中有師子峰狀如刻削雲物隱映尤所肖似又有鷹嘴峰在五老之間也**鳳凰山**在落星寺之西水泛則周

迴浸于滄波之上上有流清庵

獅子峰 在城東三十五里五老峰之東

鴈子橋 在都昌縣唐武德五年李大亮奏割鄱陽西獅子峰之南置都昌縣

黃龍山 去軍城三十里潯陽記云能興雲致雨有黃龍之像故名下有黃龍像

赤烏觀 在建昌縣南四十里今名壽聖觀舊記云晉許旌陽淬劍於此赤烏集焉

白鶴觀 在城西北二十里今名爲承天觀白鶴觀記云廬山峰巒之奇秀巖穴之怪邃泉樹之茂美爲江南第一｜｜｜總奇秀怪邃茂美復爲廬山第一容齋三筆云東坡游廬山｜｜｜觀中人皆閩戶晝寢獨聞棊聲云五老峰前白鶴遺趾長松蔭庭風日清美我時獨遊不逢一士誰歟棊者戶外屨二不聞人聲時聞落子東坡云司空表聖自論其詩得味外味棊聲花院閉幡影石幢高此句最善吾嘗獨游五老峰入｜｜｜松陰滿地不見一人惟聞棊聲然後知此句之工見漁隱叢話集

烏緡湖 在都昌

青牛谷 潯陽記云｜｜｜在五老峰下相傳云老君陽見之所唐楊衡詩云躡雲步入｜｜｜青牛道士畱我宿

紫霄峰 在廬山上有西北塔院峰後有夏禹

石刻**白雲洞**去城四十里洞口有大石如牀山中行人望懸瀑直上數百尺知其出於|||也下有白雲庵**白蓮池**晏公類要在都昌縣西三十步唐元和十二年縣令李稱置亭其側號曰羨魚亭**紫芝田**晏公類要云廬山上有三宮石羊夾道有||||四十頃**黃石巖**晏公類要在星子五老峰瀑布泉上舊經云黃石公遊息之所去開先院五里**黃金山**在都昌舊圖經云有道士煉金丹於此山因以得仙故名**金輪峰**在歸宗寺後澗石上有||||三大字**朱砂峰**在城北三十五里**玉清觀**在建昌西六十五里許旌陽嘗居之**鐵船峰**在廬山詳見仙釋門吳猛許旌陽下**香爐峰**廬山記||||山南山北皆有之其形圓聳常出雲氣故名|||圖經云在城北三十一里文殊臺後**屏風山**在城南北四十里淩霄峰下丹崖紫壁縈繞磅礴若屏障焉故名**宮亭湖**去軍城五里有神能分風擘浪有宮亭廟寰宇記云周武王十五年置**羨門鄉**晏公類要云在建昌縣界按方輿記云仙人羨門子於此得道**谷簾泉**

在景德觀後二十里有水如簾布巖而下者三十餘派陸羽茶經其水爲天下第一錢聞詩詩云今君試看錫川碑天下何泉居第一**禮斗石**在簡寂觀乃陸修靜先生朝斗之地**飜經臺**在都昌有東西||||皆靈運舊游之所**釣磯山**元和郡縣志在都昌晉陶侃微時嘗釣于此後得一梭化爲龍而去**疊石庵**僧德止姓徐騎省之後棄妻子爲僧能詩援筆即成號靑谷道人愛疊石山有詩云疊石峯之顛下瞰揚梅澗平地數畝餘水石光燦爛有靑谷詩集行於世**靈谿觀**晏公類要云在星子縣西齊永明元年道士宋文熙置唐高宗總章二年刺道士劉元祐採藥于此**靈湯院**在城西三十里有靈湯三井冬夏常熱建昌亦有|||**靈溪院**去都昌五十里昔梅福爲南昌尉會隱於此**冷水觀**在建昌其水淸冷故名**香泉院**在城西三十里以流水過董奉之杏林故名**方橋潭**在棲賢寺下陸羽以其水爲第六碑本爲石橋潭**修江寺**在都昌縣北今爲祚聖院南唐時縣令廖凝有題|||詩云五斗徒勞更折腰三年兩鬢爲民焦今朝

解印吟歸去還挈來時舊酒瓢**瀑布水**在開先院之西廬山南瀑布無慮十數皆積雨方見惟此不竭僧貫休詩云小瀑便高三百尺短松多是一千年徐疑詩云古今常如白練飛一條界破青山色李白詩云飛流直下三千尺疑是銀河落九天此即開先之瀑也**石壁山**在都昌有謝康樂舊居所謂石壁精舍是也康樂詩昏旦變氣候山水含清暉清暉能娛人遊子憺忘歸**石照山**去軍城四十里張僧鑒潯陽記云｜｜｜有一圓石依崖明淨照人形影今不知所在**石鏡峰**在歸宗寺金輪峰之側左右有石鏡隱見無時近歲以來人亦間見之下有石鏡溪黃太史書石鏡溪三大字于溪上**石姥宮**晏公類要云在建昌縣按雷次宗豫章記云上遼西五里有｜｜｜昌邑王所建也**上目山**在都昌西北七里今有土目渡**石門山**晏公類要云在建昌縣西南一百三十里有石如門**凌雲峰**在城東十三里五老東南上插空碧下吞江湖飛湍激瀨連接絕壑**凌霄峰**在廬山昭德觀之北巖石玲瓏周迴道左巉巖萬狀喬木干霄前對五老峰如賓客此山之絕致也

有朋眞尼院　落星石輿地廣記云昔有星墜水化爲
依巖而居　石今爲落星寺又有落星灣夏
秋之季湖水方漲則星石泛于波在落星石
瀾之上至隆冬水涸則可以步涉　福星院上今爲法
安院有清暉閣　明月泉郡治之東愛堂前有丨丨丨
玉京軒嵐漪軒　徐師回愛其甘美取以釀酒
至今郡齋日明月　明月珠舊經載伏侯古今注云漢
黃太史嘗爲之銘　章帝元和三年丨丨丨出
豫之海昏大如雞　雲居山在建昌乃歐岌得道之處
子圖四寸八分　或以山嘗出雲故曰丨丨
丨俗謂天上雲居地下歸宗又出茶號安樂茶草茶
中最爲絕品洪芻詩云曲肱聊寄吉祥臥緩帶來嘗
安樂　仙居洞去白鹿洞五里有慧日院並澗行
茶　兩山間岡嶺重複宛若洞府故名　上霄
峰在廬山秦始皇登之謂　一滴泉在鸞溪　雙劍峰晏
其與霄漢相接由是名　橋之前　公
類要云在廬山開先　三梁山詳見金闕　三峽橋在廬
院之南文殊臺後　玉房下　山之
歸宗寺最爲廬山之雄觀蘇子由記曰水行石間聲
如雷電如千乘車行者震掉不能自持雖三峽之險

不迺也楊億記云瀉瀑練於千仞狀雲屏之九疊漁隱叢話東坡云廬山勝絕不可勝談擇其尤者莫如｜｜｜

四望山在都昌今有巡檢寨

五乳峰在城西五峰如乳頭立城上號｜｜｜有香積院在峰下

五老峰在廬山五峰相連論語讖云仲尼曰吾聞堯率舜遊首山觀河洛有五老飛爲流星上入于昴故河洛開有｜｜｜此峰以其峭拔而効其名焉

七星井在建昌縣之上靖觀世傳許旌陽言建昌縣有｜｜｜縣學井預其一焉又有老栢一株旌陽所植

九疊屏在五老峰之側唐李林甫女學道此山山九疊如屏李白詩云屏風九疊雲錦張又云一往屏風疊乘鸞着玉鞭

萬杉院在廬山僧大超植杉萬本仁宗賜御篆金僊寶殿額及揭于殿今有御書四軸及國泰二大字

木瓜巖在廬山白鶴觀之東郎劉和所居

楊梅澗見疊石庵

棠棣里唐郭瑒及如濬父子孝友兄弟同居唐都督吳兢表所居曰｜｜｜也

蓮花峰在廬山張京詩云桃花謾說武陵源誤殺劉郎不得仙爭似｜｜｜下水栽成紅杏上青天

楊柳津在建昌唐

天寶中縣令李**松門山**在都昌南五十里俗呼爲岩守直夾岸栽柳崑山謝靈運詩云攀崖照石鏡牽葉入松門**杏壇庵**去歸宗五里晉董眞君奉居于此治人之疾愈者使植杏五株數年成林其後上昇**折桂庵**在城北二十五里唐相李逢吉舊因李渤學于此**逍遙觀**在建昌

錦繡谷廬山記谷中奇花異草不可殫述三四月間紅紫匝地如被錦繡故以爲名荊公送黃吉父赴官南康詩還家一笑即芳辰好與名山作主人避迓五湖乘興往相邀｜｜｜中春晏公類要云四時百花常發

景德觀在廬山城西四十里稱康王觀事見古迹門楚王谷下**祥符觀**在城西二十里詳見玉簡天篆下

簡寂觀在城西二十三里陸先生修養之地宋大明六年陸修靜置｜｜｜於此今名太虛觀觀後有二瀑布及白雲樓**招隱泉**在開先寺門外橋下茶經第六水也

棲隱觀在城西十五里即昭明太子書堂也**棲賢院**在廬山蘇子由有記云狂峰怪石翔舞於簷上舊置院于尋眞李渤徙置是山南唐保大中制書猶有存者**歸宗寺**在城

西二十五里卽王羲之宅墨池鵝池存焉寺後有金輪上霄二峰水曰鸞溪唐寶歷中有赤眼禪師居之佛刹之盛冠於山南與雲居相若俗謂天上雲居地下歸宗

開先寺在城西十五里李中主所作也初爲書堂其後中主嗣國乃爲僧舍及中主徙豫章嘗彌節於此故榻與畫像存焉寺後有瀑布泉李白詩云飛流直下三千尺謂此也

楞伽院在城北二十五里院有李尚書藏書閣上有蘇東坡枯木鍾閣上有李夫人墨竹

智顯院在建昌東四里李公擇作記

淨隱院在城西十八里亦水石佳處昔劉疑之嘗乘黃犢往來其間

延眞觀在城北四十里舊名昭德觀唐女眞李騰空所栖騰空宰相李林甫之女李白送李女眞歸廬山詩曰羨君相門女學道愛神仙素手掬秋靄羅衣曳紫煙一往屏風疊乘鸞着玉鞭

尋眞觀在城北二十五里道藏經三十六洞天此其一也唐正元中女冠蔡尋眞居此嵩山野錄云唐德宗朝女冠二人修行于廬山李騰空居屏峰疊北蔡尋眞居屏峰疊南是爲□□□僧祖可詩曰此身未是尋眞客慚愧□□□裏人

詠眞洞眞詰

洞天三十六此其一也在尋陽觀後乃唐正元間女冠蔡尋眞所隱之處**文殊臺**其地出白石英名菩薩石**眞殊臺**在建昌乃太常博士顏雲捨宅也**寶陀巖**在白雲庵前石壁上有御駕親至數字隱隱可辨人以爲南唐元宗其近又有聖僧巖馬祖巖羅漢巖般若峰四處**羅漢院**在城北皇朝高麗進羅漢像賜以與之又有法鼓其圍二十有三尺擊之聲動山谷輪藏以石爲柱**主簿山**廬山記丨丨丨有温泉冬夏常如熱沸見白氏六帖**吳章山**在城東四十五里過山郎屬江州**吳猛泉**晏公類要云在建昌縣北五百里按方輿記云人有瘡疾者或飲或洗悉愈是吳猛遊息之處其泉清冷異於餘水泉側有冷水臺**彭蠡湖**在城東南禹貢彭蠡旣瀦又曰東匯澤爲彭蠡漢志武帝浮江自尋陽出樅陽至彭蠡是也又名宫亭湖又名左里湖**鄱陽湖**晏公類要云在都昌東南二十里源出饒州**新開河**在都昌西一里紹聖間邑宰言都昌邊湖風濤不時請開此河以便綱運可避大小磯水之湍急

古迹

龍安縣城在建昌縣南六十里唐高祖時以建昌縣置南昌州併立龍安縣今爲龍安驛**彭澤故縣城**元和郡縣志云在都昌縣北四十五里晉陶潛爲令理此城**左里故城**寰宇記云晉盧循所築也元和郡縣志云在都昌縣西九十五里盧循爲宋祖所敗自蔡州南走還潯陽乃悉力柵斷左里即此地也晏公類要有左里廟在都昌縣西四十里吳淑廟記云南唐張泊過湖感夢後爲建祠宇又有楊瀾湖故南曰楊瀾北曰左里**昌邑王城**豫章職方乘云在建昌縣北六十里漢昌邑王賀廢爲海昏侯此其處也**孫慮城**在建昌吳孫權第三子也黃武七年封慮建昌侯乃築此城**康廬二山**李衛公有望康廬賦序云滄湖口北望丨丨丨丨影入康溪北連青漢江水無際煙水相鮮則丨丨丨乃兩山今總言廬山以其顯者傳**康廬七詠**雜距集云唐江

西帥韋丹與東林僧靈澈唱和韋序云澈公近以｜｜｜｜見寄皆麗絕于文圖七詠則蓮花峰石鏡虎跑泉聽明水白鹿景德觀記云昔秦始皇時洞鐵船康山廟也

楚王谷并吞六國楚王避難此地有康王觀

康王觀同上

齊庾臺九域志云在建昌縣東三里庾肩吾齊永明中置

陳令塘在都昌唐咸通中縣令陳杲所築

王右軍墨池在歸宗晉王羲之宅也故墨池至今尚存

梁太子書堂在城西十五里即昭明太子統也統嘗讀書於此今為棲隱觀

南唐元宗書堂去軍城十五里即今開先院也元宗在藩邸讀書于此其即位後徙都豫章至此院賞戀久之故有烈祖元宗後主之畫像及元宗之舊榻在焉

李白書堂在五老峰下白嘗至此愛其險峭歎曰天下之壯觀也卜築于此今舊基猶存

白鹿洞書堂唐李渤與兄涉偕隱於此山嘗養一白鹿因而名之南唐昇元中建學館以李善道為洞主掌其教授長編云太平興國二年知江州周述言廬山白鹿洞學徒常數千百人乞賜九經使之肄習詔國子給本仍傳送之容齋隨

筆云太平興國五年以江州白鹿洞主明起爲褒信主簿洞在廬山之陽嘗聚生徒數百人李煜有國時割善田數十頃取其租廩給之選太學之通經者俾領洞事日爲諸生講誦於是起建議以其田入官故爵命之白鹿洞由是漸廢晏公類要云咸通五年塑宣聖及十哲之像皇祐中比部郎中孫琛置門館十間郭祥正爲之記其後久廢郡守朱熹復葺治之東萊呂祖謙爲之記既而士子輻湊乃撥田八百餘畝以備給養又建先聖殿繪從祀像焉

陶令醉石 在城西之四十五里淵明所居有大石淵明飲酒常醉坐臥于此故名醉石陳令舉詩曰是非分付千鍾裏日月消磨一醉中郡守朱熹爲作歸去來館於此

李氏山房 在楞伽院李常字公擇少時兄弟讀書於五老峰下白石庵之僧舍因藏書室中東坡嘗爲之作｜｜｜｜｜藏書記又有書李公擇｜｜｜｜｜詩云偶尋流水上崔嵬五老蒼顏一笑開若見謫仙煩寄語康山頭白早歸來

陶威公廟 北廟在都昌北三十里南廟在縣南五里張齊賢以左拾遺過南廟下作記有經牛眠鶴客之鄉覩漁釣龍梭之跡之句釣梭石在祠下石刻尙存

康

君廟按廬山山北有丨丨丨潯陽記漢武帝南遊祠名山問廬君何神博士對曰昔康俗得道於此乃賜號大明公陶母墓在都昌縣西七里石壁精舍之側唐文粹舒元輿書丨丨丨版按陶侃母諶氏侃貧爲縣吏鄱陽孝廉范逵嘗過侃時倉卒無具諶氏乃截髮得雙髲以易酒殽孫史館墓在白鹿洞側即孫晃也李萬卷墓寰宇記在白鹿洞邊或云萬卷即唐之李渤也劉屯田墓在城北二里能仁寺之側吳都官墓都官名舉墓在都昌之長城里南唐時爲彭澤主簿殺曹彬使爲李煜死守後城破主將義而釋之其子中復貴顯歐陽文忠公銘其墓梅聖俞書之

官吏

唐韋應物爲刺史應物游賞於簡寂觀下其詩卒章曰曠歲懷茲賞行春始重尋聊將橫笛吹

一寫山水音　**唐何易于**　唐志云會昌六年何易于攝建昌令築縣西捍水堤二里按唐循吏傳何易于爲利州益昌令刺史崔樸嘗汎舟出益昌索民挽繂易于身引舟樸驚問狀易于曰方春百姓耕且蠶惟令不事可任其勞樸愧疾驅去又榷茶詔下易于曰益昌人不征茶且不可活取詔自焚之觀察使素賢不劾也孫樵爲作傳　**陳可大**　唐志云都昌縣上一里有陳令塘咸通元中令丨丨丨築以阻潦水又南康志云唐咸通中令陳杲築長堤百姓便之時觀察使以政能書課最而邑境有金芝之白雀之瑞　**魯有開**　字元翰宗道之從子也嘗知南康軍時熙甯行新法代還宰相王安石問江南新法如何有開曰法新行未見患其在他日也安石不悅除通判杭州事略　**周頤**　字茂叔春陵人嘗以呂公著薦擢廣東運判移提刑以病求知南康病劇上南康印分司南京茂叔酷愛廬阜買田其旁築室以居號曰濂溪事見東都事略淳熙間郡守朱熹以濂溪周先生嘗守是邦爲建祠於軍學講堂之西配以明道伊川先生左司張栻爲之記　**祖無擇**　爲南康守　**朱熹**　淳熙中爲南康

守新安志公諱熹字元晦登第後爲同安主簿累召不赴淳熙初詔改秩奉祠繼除知南康軍後登法從號晦翁先生

人物　遷客附

盧君　郡國志云周武王時有康俗字居孝兄弟七人皆有道術結廬於此山今廬山尙在故曰廬山漢武帝時封俗爲大明公稱丨丨焉

翟道　潯陽人晉司徒王導辟不就隱于廬山之南祖父子孫四世皆隱時稱尋陽四隱

陶潛　字淵明義熙中爲彭澤令棄官去賦歸去來淵明嘗居廬山栗里籃輿往來醉輒臥大石上因名醉石淵明又嘗著五柳先生傳以其宅前有五柳也

謝靈運　元之孫也襲封康樂公性好山水幽峻必造今廬山與都昌並有繙經臺其遺跡也

李白　字太白賀知章見其文歎曰子謫仙人也白以廬阜水石佳處遂往游焉今五老峰下有白書堂舊基

陸羽　字鴻

漸嘗夢游廬山天寶末游廬山果如夢中所見素嗜茶著茶經叉品第諸水以谷簾爲第一方橋潭爲第
六今三峽橋有陸羽泉 **楊衡** 正元初隱居廬山詩文爲時輩所宗謂廬山自陶謝十八賢之後有
楊符符謂符載也 **楊於陵** 字達夫韓滉以女妻之官至侍御史於陵以婦翁權幸方熾乃卜築
於建昌讀書以山水爲樂 **周續** 字之道鴈門人徙居建昌詣范甯受業入廬山與劉遺民陶淵明號
尋陽三隱 **熊仁贍** 海昏人也丁母憂哀毁廬墓有慈烏來巢大[歷]中旌表門閭淳熙中郡守朱熹
遺祭重立門闕 **李渤** 國朝會要及陳舜俞廬山記載唐正元中與仲兄涉偕隱於此後徙少室元和
初以右拾遺召不拜晚乃就命拜諫議大夫寶[歷]中爲江州刺史乃卽洞刱臺榭環以流水爲一時之勝
史虛白 字畏名北海人也避地廬山韓熙載薦其可用南唐元宗召至便殿醉溺殿上元宗曰眞
處士也賜田遺歸有古溪集晏元獻公爲之序 **鄭元素** 隱居廬山靑牛谷 **楊嶽之** 南唐
烈祖於白鹿洞建學嶽之自浦城往肄業焉本朝太宗時權諫議大夫拜禮部侍郎 **劉渙** 字凝之隱

廬山歐陽文忠公賦廬山高以送之後與陳舜俞乘黃犢往來山中龍眠李伯時畫爲圖時號西澗居士郡守朱熹刱淸淨退庵又刱壯節亭以表之子恕格

劉恕 字道原司馬温公之修資治通鑑也以史事之紛錯者委之王荊公引道原爲三司條例固辭不就因言荊公佐明主宜恢堯舜之道不應以財用爲先終於秘書丞父子並葬於西門之外

劉羲仲 字壯輿渙之孫道原之子也於書無所不讀東坡見而歎曰家範也政和閒欲編遺史蔡京薦之詔人爲編修至京師自宰相以下並不造謁未幾乞致仕歸廬山

陳舜俞 字令舉嘉禾人登制科爲嘉禾令以不奉行青苗謫官居山南與劉凝之乘黃犢往來山閒以六十日盡南北山之勝碑刻詩什莫不畢載有廬山記五卷行於世

陳瓘 字瑩中熙寧閒爲右司諫坐論蔡氏父子最後謫南康寵辱俱忘自號了翁云

蘇庠 字養直丹陽人少作淸江曲東坡見之歎曰若置之太白集中誰疑其非者卜築廬山以琴書自娛屢詔不起

陳圓 字德方星子入應制舉黃太史過南康駐輿尋訪其家賦詩云城中咫尺雲橫棧獨立山前望後山又名其堂曰獨

善

洪文撫 建昌人凡六世義居太宗賜御書義居人三字詔旌表門閭後生男芻字駒父黃太史之甥也郡守朱熹爲重立門闕

李常 字公擇建昌人與兄弟讀書於五老峰下之白雲庵既去藏書萬卷於室中東坡爲作記仕至御史中丞熙寧中論新法公擇有墓在建昌北六十里秦觀行狀黃太史題其墓云

崔閑 字誠老星子人結廬于玉澗兩山之間自謂玉澗道人東坡過之爲書琴操云

五賢堂 淳熙七年郡守朱熹訪古今名士居是邦者得陶靖節劉屯田并子秘丞陳諫議李尚書五人建祠於軍學講堂之東尤袤爲之記

汪大猷 淳熙中知隆興府坐賈和仲討賊敗師罷謫南康軍居住有言公者公笑曰大猷年踰五十若以恩科入官得尉星子不賀我乎客聞歎服言行錄

仙釋

梅福福西漢時人爲南昌尉會隱於都昌之靈溪院吳猛許旌陽許旌陽傳云旌陽與吳猛乘鐵船自金陵還豫章二龍挾船而行戒舟人曰瞑目勿妄視至紫霄峰舟爲茂林戛擊有聲舟人竊視之龍即委去船破櫓折墮于岸下故亘伊爲九江刺史遣人訪廬山靈異岸下猶有敗艑簡寂先生宋陸修靜文帝素敬之召不至明帝設崇虛館通仙堂以待之求歸不許遂化去不知所在謚曰||||以故居爲簡寂觀石門老人唐乾符中劉德至五老峰下入深洞見石門中一老人立門上丹碧煥爛有金篆曰紫元景耀之門老人曰此詠眞洞天也三十六洞天之中第八青牛道士九江錄云昔有道士洪志乘青牛得道於此唐人楊衡詩云隨雲步入青牛谷||||畱我宿可憐夜靜月明中唯有壇邊一枝竹赤眼禪師歸宗寺唐寶歷初僧智常居之始爲禪刹智常之目重瞳子以毒藥自按摩之故兩目俱赤世號||||李渤與常問荅語在傳燈錄洪芻詩云末窮黃石巖但聞赤眼禪青谷道人姓徐氏棄官爲僧號|||||有青谷集詳見壘石庵下

貝葉多經 卽梵僧耶舍所遺也王羲之爲江州刺史有梵僧耶舍尊者來自西土遂捨宅置歸宗寺以居耶舍故有梵書｜｜｜｜存焉

子舜禪師 萍鄉人住南康之棲賢寺知軍歲旦令諸山獻粥諸山喻旨皆置白金粥中舜獨不肯守坐師罪反民服大璡禪師在京師奏之仁宗召見勑下南康取牒還之歸住棲賢事見袁州新志

佛印禪師 禪師嘗結庵於臥龍祠口韓宗古贈之詩云雲居古道場縹緲若化土西有臥龍洞傳聞結庵住曉日射寒巖翠光入窗戶又程師孟謝佛印詩云弟子白雲峰頂掛學人青草渡頭行後住袁州之仰山與東坡往還

南屏謙師 ｜｜東坡云｜妙於茶事聞軾游落星遠來設茶作詩贈之詩云道人曉出南屏山來施點茶三昧手先生有意續茶經會使老謙名不朽

獻上人 孟東野送草書｜｜｜歸廬山詩有云狂僧不爲酒狂筆自通天將書雲霞片直至清明巔

順菩提 洋州志云僧自順興道縣人南游師佛印禪師了元住南康之雲居順爲侍者一日元與東坡游某寺讀某碑順在旁及歸東乃問左右能記憶所讀碑否餘侍者相顧

錯愕順讀誦得十之七東坡大奇之因問何名曰自順東坡曰逆則煩惱順則菩提自一經題品叢林盛稱爲順菩提

碑記

夏禹石刻 在上霄峰石室中世傳夏禹所刻其大如掌文皆隱起僅百餘言亦載於江州

梁簡寂觀碑 梁太子僕射沈璿撰

唐簡寂先生陸君碑 唐寶應中翰林供奉吳筠撰南唐保大中立

簡寂觀碑改修靈寶殿并記 改修靈寶殿并齋記唐御史大夫王路撰

簡寂觀修立石路記 唐掌元帥表奏徐憲撰

楚王谷景德觀記 朝奉郎柳宏撰

唐處士顏君碣 黃太史記海昏縣齋觀智顯寺竹林中所得顏家壟斷碑魯公大字清勁秀發者是也

龍紀道碑 唐永徽四年

南山寺

題鐘唐龍紀元年流霞觀記唐乾寧四年永安縣記後周顯德七年已上四處並在都昌縣靈溪觀碑南唐秘書正字宋渙撰今名祥觀眞風觀碑南唐虞部員外郎韓熙載撰碑陰有當時嬪御姓氏十餘人今名先天觀徐鉉石刻在白雲庵李仁宗嫌諱古書堂記在城西十五里南唐時李古爲江州刺史作記刻于崖下今存報恩院寺額寺在福星門內軍學之西號塔院南唐李後主所書院額其碑尚存慧悟師沖照寫眞讚西華湯悅撰簡寂觀新建石壇記虞部員外郎陳覺撰簡寂觀重建大殿記安西將軍張崇撰陳令舉廬山記五卷碑刻詩什莫不畢載廬山續記紹聖中太守馬玗因訪廬山諸寺創始之跡出陳舜俞令舉廬山記以閱之且謂令舉書止述記者之姓字而不記其所述之文因取碑碣凡令舉所不載者名曰||||

總山南詩

倚天雙劍古今閒，三尺高於四面山。若使火雲燒得動，始應農器滿人間。來鵠題廬山雙劍峯

行腳尋常到寺稀，一枝藜杖一禪衣。開門滿院空秋色，新向廬峯過夏歸。杜牧夢大上人自廬峯回

咫尺愁風雨，康廬不可登。秪疑香霧窟，猶有六朝僧。錢起江行詩

一眼湯泉流向東，浸泥燒草煖無窮。驪山溫水因何事，流入金鋪玉甃中。白居易廬山湯泉

香爐一峯絕頂在寺門前，盡是玲瓏石，時生旦暮煙。徐凝香爐峯

倚石攀蘿歇病身，青筇竹杖白紗巾。他時畫出廬山郭，便是香爐峯上人。白居易上香爐峯

輕煙冒爐峯

飛流灑星灣李德裕　輕帆朝渡彭蠡澤錦纜晚繫松陽門徐俯寄可上人　南康父老傳使君疾呼急索初不聞未曾遣汲谷簾水三載秪望香爐雲雲徐無心靜無滓使君恬靜亦如此王安石題望雲亭　三峽橋邊春見雪落星寺裏暮聞鐘蔡肇送守南康　千山擁廬岳百水會宮亭徐俯　塊視落星石杯觀彭蠡湖洪芻紫霄峰　荒哉秦漢君抗旌上崎嶇一水懷太史公九江觀禹謨同上　壯哉文殊臺俯瞰落星灣雙劍倚天外一柱切雲端未窮黄石巖但逢赤眼禪洪芻登文殊臺　大孤山下兩牛鳴女兒浦口一葦橫已隔雲煙五老面猶夢雷霆三峽聲洪芻泊女兒浦　艤舟星渚

得幽尋問訊先生隱翠岑貂金且換陶潛醉囊錦聊歸白傅吟吳可海獸擘山出彭蠡玉龍銜水下康廬胡致隆星子樓小姑巳嫁彭郎去大姑長隨女兒住韓駒銀山大浪獨孤險比干一片崔嵬心黃□題題大孤石鏡溪邊樹金輪峰上雲李彭石鏡溪玉籤無復蕭梁統像設空餘譚紫霄李彭游棲隱觀湖平可愛西南水石美堪鄰上下鍾同上買山不問錢多少知對廬山第幾峰國朝吳鶚詩簡都昌居士余耀卿遍看廬山羣玉峰蘇子由詩

落星寺詩

落星灣詩附

萬頃波心露一拳不知星落是何年章得象長江萬里來古寺中流起何如天上星汨汨波濤裏范仲淹海日出如鼇島嶼江波生似蜃樓臺槐京彭蠡山名落帝星四環花浪一禪扃講鐘撞破蛟人夢來聽金輪藏裏經槐京今日湖中石當年天上星蔣之奇棄官清潁尾買田落星灣身在菰蒲中名滿天地間黃庭堅拜劉凝之畫像一片樓臺星化石郭祥正巖巖康俗先生廬其下宫亭水所都北辰九關隔雲雨南極一星在江湖黃庭堅落星寺何年星落在滄波萬頃光中一翠螺程師孟題落星寺還知泊星渚瀑布垂天紳僧惠洪崒雲臺殿起崔嵬萬里長江

一酒杯坐見山川吞日月杳無車馬送塵埃荆公落星寺詩

寺在彭蠡湖中北風捲沙過夜窗枕底鯨波撼蓬島箇中郎

是地行仙但使心閒自難老黃庭堅題落星寺玉京軒詩

五老峰及廬山諸寺詩

廬山東南五老峰青天削出金芙蓉九江秀色可攬

結吾將此地巢雲松李白望廬山五老峰解向花間栽碧松門

前不負老人峰已將心事隨身靜認得溪雲第幾重

楊巨源五老峰九星壇下煎茶別五老峰頭覓寺居作得新

詩旋相寄人來請莫達空書張籍送暀師五老高閒不入

城閒軒肯就使君迎坐中莫着閒賓客物外新成六

弟兄蘇子由五老亭月明如晝九江水天靜無雲五老峰黃庭堅五老峰前覓新句筆端應有四時春僧善權五老十年別見之猶眼青石梁驚絕壑千仞拾雷霆僧菩權

萬杉寺詩

栽培萬杉樹延納五峰雲蓮社崧門接陶居柳徑分俞獻可五老峰排連戶色萬杉寒聳入雲株范擁清涼萬杉下蒼翠五峰前同上萬株翠幹根成後一箇閒僧手植初蕭實題萬杉寺

歸宗棲賢開先寺詩 三峽橋玉淵附

廬山何處好勝絕是歸宗張拱來聽歸宗早晚鐘疲勞懶上紫雲峰墨池漫疊溪中石白塔微分嶺上松子由三峽飛梁如臥龍蒼藤碧蔓挂長松煮茗窗前清衆會讀書巖下古人蹤孫直言棲賢寺辟蛇行者應開寺拭眼高僧尚有墳龍帶雨歸三峽水鳥銜花出五峯雲陳舜俞題棲賢寺巨靈擘峽飛梁過仙老排峰坐閣窺李傾遊棲賢寺擘開清玉峽飛出兩白龍我來不忍去月出飛橋東東坡開先寺深行九地底嶮出三峽右長輸不盡溪欲滿無底竇東坡三峽橋日照香爐生紫煙遙看瀑布掛長川

飛流直下三千尺疑是銀河落九天李白望廬山瀑布水西登香爐峰南見瀑布水挂流三千丈噴壑數百里李白虛空落泉千仞直雷奔入江不暫息今古長如白練飛一條解破青山色徐凝廬山瀑布帝遣銀河一派垂古來惟有謫仙詞飛流濺沫知多少不與徐凝洗惡詩東坡廬山詩李徐詩見廬山記千尺老松當大道一條飛瀑落中天陳舜俞題開先寺康廬山水雄三峽又爭長向子諲江聲髯鬚瞿塘口石角參差灩澦前子由三峽橋遙憐李太白吟望瀑布水不知三峽流翠灑虛煙裏郭祥正宿棲賢寺

簡寂觀詩

紫霄峰下陸先生飛出紅塵鶴羽輕斗壇石礙雲三尺丹井泉寒月一泓楊傑陸先生祠堂先生舊隱在廬山幽谷千年竹萬竿偃松拂盡煎茶石苦筍撐開禮斗壇錢聞禮題簡寂觀松接朝天路鐘聞賈客船醮壇秋有月丹水古無泉孫邁簡寂觀作脩水引來雙瀑布長松留住半天風張景脩簡寂觀作瀉從千仞石寄逐九江船迢遞康王谷塵埃陸羽篇何當結茅屋長在水簾前王禹偁谷簾水險句卷起谷簾水真珠萬斛收蒼崖郭祥正康王洞建昌江水縣門前立馬教人喚渡船忍似往年歸蔡渡草風沙雨

渭河邊白樂天

左手作圓右手方世人機敏便可爾一風分送南北舟斟酌鬼神宜用此江津啇語同濟僧他日求我於

宮亭湖詩

宮亭詩山谷

政當爲公乞如願作詩遠寄宮亭湖傳曰錄異

廬陵歐陽明從賈客道經彭澤湖每以船中所有投湖中後忽見一人來召明云是靑洪君明甚怖吏曰無可怖靑洪君感君前後有禮故要君必有重遺君勿取獨求所願耳明旣見靑洪君乃求如願使語明云如願者靑洪君之婢也明將歸如願輒得數十年大富

控五嶺而壓三吳匯岷江而豬彭澤棲賢寺記經牛眠鶴客之鄉覩漁釣龍梭之迹張齊賢陶太尉廟記醉石猶存坐想淵明之高致康廬入詠誰賡六乙之新詩事迹昇星渚之名邦號江東之道院同上眷此康廬瞰茲匯澤同上右軍之故迹彭澤之遺風同上依廬峰之名嶽疊錦垂屏瞰彭蠡之通波練澄星派楊億慧日寺記臨池想見右軍登臺永懷康樂洪芻通商賈於蠻煙瘴霧之外環井邑於山光水色之中俗樸訟稀雖號東南之道院民貧土瘠全資龍斷之商征黃唐南康軍到任謝表

輿地紀勝卷第二十五

輿地紀勝卷第二十六　文選樓影宋鈔本

東陽王象之編　甘泉岑鎔淦長生校刊

江南西路

國朝會要紹興元年以江洪瑞袁虔吉州興國南康臨江南安軍為江南西路四年撥南康軍依舊屬江南東路又國朝會要東路下載四年撥撫州建昌軍依舊隸江南西路

隆興府

豫章　章郡　南昌　洪都　鎮南　豐城　洪井

府沿革

隆興都督府洪州豫章郡鎮南軍節度九域志江南西路安撫使江西諸郡皆屬焉今制禹貢揚州之域寰宇記

星分翼軫此據王勃滕王閣記又漢書云文志江湖牽牛楊州又漢地理志云吳地斗分豫章屬焉又與滕王閣記不同當攷蓋豫章吳楚之交故星分亦難盡拘於一當攷乃春秋戰國時屬楚通典及輿地廣記俱同元和郡縣志云春秋時楚之東境吳之西境不同秦屬九江郡寰宇記漢高帝始置豫章郡漢高帝六年分淮南置豫章郡南昌屬焉應劭漢官儀曰有豫章生於庭中此木嘗中枯晉永嘉中一旦更茂咸以爲中興之祥其後元帝果興與大業焉屬長沙國漢紀高祖五年以長沙豫章象郡桂林南海立番君芮爲長沙王後屬淮南國事見黥布傳又屬吳王濞事見濞傳景帝三年削吳豫章郡王莽改曰九江東漢復爲豫章郡皆屬楊州刺史職方乘晉惠帝於郡理立江州通鑑晉惠帝元康元年秋七月分荊楊十郡爲江州元和郡縣志云晉惠帝元康二年於郡理立江州年月不同而豫章爲刺史治所水經注云

晉惠帝永平中始置江州治武昌而元和郡縣志云晉晉惠帝於豫章郡理立江州元帝時始移鎮武昌晉志亦書云立江州理豫章又桓伊鎮武昌時以江州虚耗上疏欲移州還鎮豫章則江州初立時乃治豫章與水經注不同象之謹按沈約宋書云晉惠帝太康元年初置江州治豫章至成帝咸康六年始移治武昌以沈約宋志參之則水經注所書非是而元和志及晉志所書為當

晉元帝時江州自豫章移理武昌郡

晉書華軼傳書曰永嘉五年軼為江州刺史不受琅琊王教令琅琊王遣周訪等討軼而豫章太守周廣為內應則是時江州刺史尚治豫章又通鑑大興三年譙王承為湘州刺史過武昌王處仲與之宴是時王處仲領江州刺史都督六州駐武昌故譙王之鎮而就見之耳自懷帝永嘉五年至元帝大興三年凡十年則刺史自豫章移鎮武昌之年月雖無所紀載然亦不過在此十年之間王處仲領刺史之日耳元和郡縣志云晉惠帝元康二年於郡理立江州晉元帝時江州自豫章移理武昌郡自後或理湓城或理尋陽或理本州並在湓城近側沈約宋志以為成帝咸康六年

移治武昌年月小有不同宋齊以後並爲豫章郡寰宇記隋平陳罷郡爲洪州寰宇記又星子志云隋文帝以江西乃洪崖所居因名豫章爲洪州元和郡縣志云因洪崖井爲名煬帝時廢州又爲豫章郡寰宇記隋末林士宏蕭銑迭有其地唐書蕭銑傳云時林士宏據江南銑遣將胡蘇兒拔豫章郤不書年月通鑑隋恭帝義寧元年林士宏居南康蕭銑遣其將胡蘇兒襲豫章克之士宏退保餘干則是豫章先屬士宏後屬蕭銑也唐平蕭銑置洪州總管元和郡縣志在武德二年而職方乘以爲唐平蕭銑置洪州總管寰宇記云平林士宏置洪州總管然考之通鑑平蕭銑在四年平林士宏在五年又通鑑武德五年書云豫章賊帥張善安以虔吉等五州來降拜洪州總管則置總管當在武德五年改曰都督府在武德七年分江南西道爲採訪使治所在開元二十二年改爲豫章郡在天寶初復爲洪州在乾元初置洪吉觀

察使（方鎮表在上元元年）陞江南西道節度使（方鎮表在建中四年）復爲江南西道觀察使（職方乘所載而無年月）避代宗諱止稱章郡（在寶應元年事見杜佑通典）加鎮南軍節度（通鑑在咸通七年）南唐國主遷都南昌（東都事略李後主傳職方乘在建隆元年）曰南昌府（職方乘）陞爲南都（通略在太祖建隆二年）後主煜以林仁肇爲南昌留守（通略開寶三年書唐國南都留守林仁肇密陳淮南戍兵少請復江北）國朝平江南爲洪州（在開寶八年）以爲江南西路兵馬鈐轄（太平興國元年）陞爲馬步軍總管府（在大觀二年）升安撫使統十州（宣和三年十州曰洪瑞袁虔吉撫臨江興國南安建昌皆爲屬郡）尋移帥府於江州以朱勝非爲安撫大使兼知江州而洪州守臣止帶兵馬鈐轄（繫年

錄在建炎四年而洪州復爲帥府守臣復帶江西安撫中興遺史云紹興元年八月朱勝非知江州嘗論鎮撫使處置乖方之狀又乞歸江西帥於洪州俄江西帥司復歸洪州湖東南路依舊爲南北路隆興以來以孝宗潛藩升隆興府國朝會要云先是本軍言係孝宗潛藩乞依靜江府例陞爲府額隆興元年十月二十五日陞爲隆興府而職方乘以爲隆興二年守臣郭祚以孝宗潛藩申請下三省議特用紀元之號賜府額曰隆興府今領縣八治南昌新建兩縣

縣沿革

南昌縣　望

倚郭西漢地理志豫章郡領南昌縣元和郡縣志云漢高帝六年置隋平陳改豫章縣寶應元年避代宗

諱改爲鍾陵縣十二月改爲南昌縣
唐志武德五年於此置孫州八年廢

新建縣 望

倚郭寰宇記在州西二里輿地廣記云本朝太平興國六年析南昌縣始置新建縣與南昌分治郭下國朝會要云太平興國四年析南昌縣地置年月不同九域志云太平興國六年置新建縣寰宇記云初置新建縣以林仁肇私第充爲廨宇

奉新縣 望

在府西百二十里職方乘云初高帝平定海內以項籍起江東惡其强盛分徙吳之大族置之他郡遷塗山氏於此因號新吳元和郡縣志後漢靈帝中平中分海昏縣置新吳縣隋開皇九年省入建昌武德五年又置以舊隸楚今新屬吳故曰新吳輿地廣記云五代時改曰奉新縣職方乘在南唐昇元元年

分甯縣 望

在府西四百里職方乘云縣武甯之分也故曰分甯皇朝郡縣志云本艾縣地左傳吳公子慶忌出居于艾是也元和郡縣志上元十六年刺史李巽奏分武甯縣西界置因以名焉職方乘載在正元十五年李巽奏置年月不同舊唐書地理志云分甯正元十六年二月置有上元正元之異象之謹按上元止於二年無十六年唐書李巽傳巽以正元五年始爲江西觀察使奏置分甯當在正元十五年繫年錄云建炎四年六月宣撫司機宜孫偉言知分甯縣陳敏識拒敵有功請除知洪州於張浚浚承制建分甯縣爲義甯軍進敏識二官使守之時敏識已遷官浚蓋未知是日奏至不行

武甯縣 望

在府西北三百六十里寰宇記云古西安縣地後漢建安中孫權分海昏縣立西安縣通典吳立新安晉改豫甯縣職方乘云晉武泰康元年平吳以武帝字西安故改名豫章寰宇記云陳於此置豫甯郡隋平陳併入建昌元和郡縣志云唐長安四年割建昌縣界置武甯縣又云景雲元年改豫甯縣寶應元年以

犯御名遂依
舊爲武甯縣

豐城縣 望

在府南一百五十里通典云本漢南昌縣地後漢建安中吳分置富城縣晉太康元年改爲豐城縣元和郡縣志云本漢南昌縣地晉武帝太康元年移於今縣南四十一里名豐城輿地廣記云宋齊梁陳皆屬豫章郡隋平陳省之開皇十二年復置曰廣豐仁壽初以避煬帝諱因改曰豐城屬洪州唐因之又云雷煥得龍淵太阿於此

進賢縣 輿地廣記不注緊望

在府東一百二十里本南昌縣之東境晉析爲鍾陵縣尋廢唐武德中復立鍾陵縣其後又廢爲進賢鎮國朝會要云崇甯二年分南昌縣四鄉新建二鄉改鎮爲進賢縣

靖安縣 中

在府西北一百六十里本建昌縣地唐廣明中置靖安縣南唐以屬洪州皇朝郡縣志云廣明中置鎮吳乾正二年升爲場唐昇元中改爲縣

監司沿革

轉運司

轉運使始於唐開元二年河南少尹李傑充水陸轉運使尋置副開元十八年以宣州刺史裴耀卿爲江淮轉運使仍以崔希逸蕭炅爲之副國朝因之考之實錄初命知昇州楊克遜兼江南諸州水陸計度轉運使事在開寶九年時兼東西兩路故治不在豫章又命知洪州王明兼江南西路轉運使在太平興國元年時止以郡守兼之故漕臺未有治所自楊緘爲

江西漕始治焉雍熙中廨宇舊在府城東北後經兵火運使張澄復新之題梁在紹興四年後改卜于子城東門外爲東西兩廳東衙有襲香樓正義堂船齋愛民堂懷訓堂西衙有華遠樓志民堂進思堂雙桂堂深明閣北窗漕司花圃日有年堂雲錦堂觀風堂露華堂酴醾閣垂珠菴心遠菴汎綠亭潠香亭

風俗形勝

豫章之俗頗同吳中其君子善居室小人勤耕稼隋志以隆興紀元之號寵其州陞府程叔達序南昌故郡洪都新府滕王閣記星分翼軫地接衡廬同上襟帶江湖控引荆越職方乘屏翰江西帥題名記都督江左余石月序地靈人秀王荆

公詩｜｜｜｜古所藏山川靈秀胡世將大成殿記豫章山川靈秀而深遠山水秀怪黃鼇記豫章｜｜｜形勢雄勝五賢堂記其形勢雄勝洪崖脩水瓊峯石室王欽若玉隆觀碑徙倚洪崖泝沿脩水鍊九籥於瓊峯駐左驂於石室人亡劒去李德裕劒池賦雖｜｜｜｜而故事可悲楚之東境吳之西界元和郡縣志南接五嶺北帶九江雷次宗豫章記咽扼荊淮翼蔽吳越雷次宗豫章記左九江而右洞庭獨孤及控蠻荊而引甌越滕王東閣記南水陸之會章公䇹學記江南臨觀之美韓文公滕王閣記江南多臨觀之美豫章以木氏都陳雷風俗記曰｜｜｜｜｜｜酸棗以棘名邦漢置豫章因水名隋易洪州因山名楊傑門記漢置豫章郡因水名也隋易郡曰洪州因山名也州名從隋鎮名從唐楊傑門記有長江巨湖爲之浸

有靈嶽名山爲之鎭當淮海之襟帶作吳楚荊蜀之把握封敖滕王閣記豫章據吳楚之衝扼甌閩交廣之吭汪彦章石頭驛記南距五嶺北奠九江據百粵之上游爲三楚之重輔范致虛記以黃韓篤厚之化化是吳楚剽經之俗權載之作洪州西山風雨池記大夫李公理江西三年寬仁清靜正德利用云云里閭之間謳誦相聞滕王閣爲第一韓愈作記云江南多登臨之美而｜｜｜｜｜｜｜有瓌偉絕特之稱東南一都會南豐洪州東門記在江湖之間｜｜｜｜｜也上控百越爲一都會杜牧碑朝廷劇鎭江左上遊陳用寬殿記且鍾陵是｜｜｜｜｜｜｜凡十一州五十六縣官吏皆受約束鄭井卿五賢堂記大江之西豫章爲一都會云云謳讀之聲有若齊魯晉書范宣字宣子豫章人也以講誦爲業

譙國戴逵等皆聞風宗仰自遠而至｜｜｜｜｜｜｜｜｜太元中太守范甯亦儒博通綜在郡立鄉校教授常數百人由是並好經學化二范之風也

奥區神皐處處有之豫章記

化二范之風范宣范甯

赤氣見於牛斗之間豫章記

天橫劒氣豐城寶劒之精上徹牛斗雷煥爲令掘地得雙劒日龍泉日太阿送一劒與張華後華誅失劒所在煥卒子華持劒行經延平津忽躍出化爲龍使人没水求之但見兩龍

雲水窟裏魯少師詩曰得官｜｜｜｜｜

弊樟擢秀於祖邑郭璞南郊賦以司馬宣王常爲豫章太守故也

東晉嘗置江州於此晏公類要

晉以爲中興之祥豫章常枯而更茂晉｜｜｜｜｜｜其後元帝興大業於江左

地方千里水陸四通風土爽塏

山川特秀雷次宗豫章記

人多尚黃老清靜之教重於隱遁

蓋洪崖先生徐孺子之遺風雷次宗豫章記

衣冠萃止頗有

文物三朝史志五代亂離干戈擾攘間猶有宋齊邱徐鉉名動中原張商英洪州學記吳頭楚尾職方乘序郡城灌嬰所築雷次宗豫章記江西七郡列邑數十土沃人庶今之奥區財賦孔殷國用所繫茲爲重寄樂天除裴堪江西觀察使制

景物上

東園在東湖上南園在府治之東南舊名桃源洞今有共樂堂小湖山先春亭遐觀亭照綠亭北園在府治之北南楚太史公稱爲｜｜其俗好巧說少信東湖在郡東南周廣五里後漢永平中太守張躬築塘謂之南塘宋景平中太守宋興宗更築小塘唐書地里志云元和三年刺史韋丹開斗門雷次宗豫章記云水清至潔而衆鱗肥美又續職方乘云豫章之｜｜猶錢塘之西湖也雖

不敢與西湖齒然亦一郡之勝也又南豐徐孺子祠堂記云南昌城西有孺子墓小洲上有孺子宅又李侍郎虛已徐樞密俯皆卜築湖上俯自號東湖居士郭祥正洪州絕句東湖入望晚波平蒲葉圓荷各自青不用更尋徐孺宅編茅楮竹一碑亭

西山 在新建西大江之外高二千丈周三百里歷豫章數縣之地寰宇記云又名南昌山九域志云吳王濞鑄錢之所余襄公靖記云｜｜在縣西四十里巖岫四出千峯北來嵐光染空連屬三百里其所經行盡西山之景水經云有天寶洞天楊無爲亦有西山記洪龜父詩云雲中聽雞犬不見有人家野水使官道山雲惹客衣

南山 在分甯縣隔溪跨橋穿石竇而入有蕭寺及龍王祠懸崖峭壁下瞰修水有釣磯王湍石積雪石多黃庭堅題字趙崇緐爲宰日刱亭曰一翠何異爲之記古木蓊蔚軒檻豁然由亭後循崖而上至山巔有冠雲亭正與鳳山對矗四望闊遠周覽一縣之景

名山 在靖安縣西北四十里洪矞祐聖院記曰右鶴嶺而左｜｜｜長溪出嵩

洪崖

洪井 去郡三十里左右石壁飛湍奔注其下曰｜｜洪崖先生得道處故號｜｜

豐

水在豐城縣東南去州一百八十里坯山所出也**脩水**在分寧縣西六十里東南流經縣舊經云丨丨出豫章西北其源自艾城東北流六百三十八里至海昏又東流一百二十里入彭蠡湖以其遠而白達于江故曰脩水又按西漢志豫章艾縣注云丨丨東北至彭澤入湖漢行六百六十里即此水也

渤潭在靖安縣北四十里上有寶峯院號石門山荊公口占示禪師詩去歲別南嶽前年返丨丨

章江源出豫章故名丨丨西漢志云出贛縣

鶴嶺雷次宗豫章記云在鸞岡之西王子喬控鶴所降經過於此方輿記云西山中峯最高頂名曰丨丨

鳳山在分寧多靈草仙藥

鸞岡雷次宗豫章記云丨丨西有鶴嶺

龍井一在州南一在州東病者飲之皆愈

龍沙豫章記云在郡北堆阜逶迤潔白高峻而形似龍舊俗九月九日登高之處

龍珠夷堅丁志云豫章武寧縣復塘村乾道己丑一日白晝雷雨大作數牧童見電光中二龍鬭良久震霆數聲起二龍奔逃墜一物於半空中大如車輪墮田間其光漸微僅若鳧卵大圓明如珠衆童競爭富人余氏易以數十錢映空而視中有

仙女焉府帥吳明可聞而訪之余氏以僞珠塞命**龍石**在分甯縣東二十里苑若龍形**鱘洲**在郡北九十里**蛟穴**在豐城縣**蛟井**九域志云蓋許遜所除蛟龍爲害之所**龍湫**在豐城縣龍門七寶禪寺之西深處有石可以琢硯龍尾石之亞也**劍池**九域志云即雷氏子佩豐城劍躍入水爲龍之處曹績廟記｜｜在豐城縣沃野夷曠遠峯際天有曩時干斗靈異之迹是曰｜｜實縣故址而雷孔章舊治也陰鏗經豐城｜｜詩云清池自湛淡神劍久遷移無復連星氣空餘似月池**鐵柱**許旌陽既斬蛟蜃謂豫章濱水之地百怪叢居吾上昇之後或害人鑄｜｜二一在子城南縻以鐵索繩封鎮蜃穴即｜｜觀也**墨池**在南昌縣洽梅福故宅基中**丹井**在宗華觀之南爲彭眞君舊宅宣和中嘗浚井得石匣開之內有小金合貯二丹郡遣牙校取之牙校竊吞少許自是無病幾百歲而卒**雙井**在分甯西二十里山谷所居之南溪心有二井土人汲以造茶絕勝他處**吳頭****楚尾**職方乘序云世謂豫章之地爲｜｜｜｜**蜀水**出高安縣入豫章江**齊城**在州東二

十里輿地志云吳大帝太元元年立孫奮為齊王都武昌諸葛恪徙奮居此**梅嶺**在西山極崇峻處下有梅仙觀今號陽靈觀舊說梅仙棄南昌尉學道於此**柳山**在武甯縣西四十里峯巒峭拔甲于鄰山遠望如文筆狀為武甯之絕景舊傳柳渾嘗隱於此故號柳山唐史渾傳渾嘗棄官隱武甯山**豫章**丨丨記云在松陽門內高十七丈大四十五圍樹常枯晉永嘉中忽更華茂晉以為中興之祥**土闕**在南昌縣南三里按輿地志云州城南角雙闕吳五鳳二年太守張俊築**石柱**在分甯縣西南二百里郁江口四面如削成柱**石佛**在分甯縣西南十里高丈餘宛如鑴成有禱皆應**義松**在西山翊真觀山谷丨丨記曰西山之松有歲寒之實懷其同氣耶既分矣復合而為一**海昏**呂溫裴氏集序初平節公裴氏某違河洛之患以其族行攀大別浮彭蠡望洞庭迴翔于康溢流盼于丨海昏有歐山之奇脩江之清陽溪之遂陽泉之靈竹洞花塢仙壇僧舍雞犬鍾梵相聞於青嵐白雲中數百里不絕權載之集鍾陵之西曰丨丨丨**湯泉**在奉新縣之九仙院側路傍二泉常熱土人名之曰

湯頭

景物下

滕王閣 在郡城之西唐高祖之子滕王元嬰所建也夾以二亭南曰壓江北曰挹秀自唐至今名士留題甚富王勃記云畫棟朝飛南浦雲珠簾暮捲西山雨其後王緒爲賦王仲舒韓愈皆爲之記韓文新修｜｜｜記愈聞江南多登臨之美｜｜｜獨爲第一有瓌偉絶特之稱及得三王所爲序賦記等壯其文詞三王注王勃字子安爲｜｜｜序王緒爲賦正元元年王仲舒爲連州司戶爲修閣記

孺子亭 在東湖西城上職方乘云塘｜東有三亭曰碧波曰涵虛曰｜｜

南昌樓 在府治

南浦亭 在廣潤門外下瞰南浦往來舟艤于此在唐固已有之王荆公詩云南浦隨花去迴舟路已迷暗香無覓處日落畫橋西

襟帶堂 在府治取襟三江而帶五湖之義

雲錦堂 在漕司

民安堂 黃次山廳壁記紹興間徽猷胡公繼趙丞相後陛辭之日上以使民安業爲訓至則榜淸心省

事民安之語於便坐之堂其後堂成榜曰民安**卷雨樓**魯少卿記乾道間上詔漕臣詢本路之旱

暵奉詔雨卷西江八日而止因以名樓在漕使宅堂之西偏**襲香樓**在漕司宅堂前與卷雨樓

相接前有酴醾架取婆娑先生幽香勿襲人之句**正義堂**在漕司正廳東取理財正辭禁民爲

非曰義之意張安國書額**志民堂**在漕司正廳東**聘君亭**謝邁詩又見徐家有高士他年

重作丨丨丨**思賢亭**魯舍人徐孺子祠堂記晉夏侯嵩於其臺碑傍立丨丨丨至拓跋魏時謂

之聘君亭今亭尚有**盡心堂**在司理廳汪藻爲之記今堂廢碑存**解榻軒**在襟帶堂之東

致爽軒在子城之西**涵虛閣**在東湖之北故國子博士李寅之私第也寅江南名士以

母老致其政浚湖創閣牓曰丨丨楊文公億爲之記晏元獻詩云西對戶庭徐孺宅密聞鐘梵獨孤園

秋屏閣在大梵寺之側面勢殊佳一目盡江山之勝雷詠甚多潘清逸詩云窺魚白鳥明殘照抱

石幽雲點半青**物華樓**舊在東湖之西城上取物華天寶之句以命名王荆公詩云千里名城楚

上游江山多在｜｜｜｜楊無爲詩云章郡｜｜｜｜上景江湖城閣畫圖間神仙已古遺蹤在牛斗從今勝氣還

愛蓮亭在南昌縣治邑令趙崇憲刱以濂溪先生嘗宰是邑故以愛蓮名之有南軒先生書愛蓮說在焉

雙桂堂在漕司正廳東前有雙桂

五賢堂在州治之西祠梅福子眞陳蕃仲舉徐稺孺子晉范甯武子唐韋丹文明

雲漢亭在民安堂之後

風月臺在子城上

湖山堂在宅堂之西

精忠堂趙子湎記紹興間大丞相李公來鎭此邦有詔寵之曰精忠許國誠節表時名其堂曰精忠

簡易堂在府治便廳之西

靜勝亭在府治子城下府帥李壽朋刱前有射圃

觀德亭府帥李壽朋於東湖書院側闢地爲射圃立亭名觀德取射以觀德之義

清逸樓郭祥正寄題洪州潘延之家園｜｜｜詩南昌城中潘令宅｜｜｜高二千丈斜飛四角河漢廳密排萬瓦鴛鴦碧樓中至樂無人知掃盡寰區利名迹

環波亭在東湖下有釣磯洪邁有記

列岫亭在光孝寺之北前對西山取謝元暉詩窗中列遠岫之意

幽谷亭在靖

安縣近歲得舊碑于榛莽間有□□□詩往往皆前朝名士所作曾南豐詩云行盡車馬塵豁見水石㝠又云誰爲千家縣正在清華間袁陟有詩

吸江樓在上藍院

平湖閣在東湖

景德院在城北舊名天宮寺有金銅像一軀熙甯初奉三朝御書閣於本院

天寶洞在新建縣西八十里西山最勝處也道經所載第八洞天也楊無爲詩云天寶洞中如不到西山元似不曾來有天寶觀在天寶洞之下又云是三十二福地之數

雲堂院在新建縣界唐禪月大師貫休隱居所也本朝元豐中建閣以奉休所寫十六羅漢楊無爲詩云羅漢十六軸江僧寄此山畫稱天下絕人自定中還潘清逢詩云擬將十幅綃繪出雲堂景

雲溪院在新建縣西二十里國朝遯翁袁陟嘗與曾南豐王荆公來遊樂其山水之勝後於其旁卜居洪玉父詩云水竹依山住煙霞並舍分秋添中夜雨冷浸一溪雲今爲　西山勝慶

雲峯院在分甯極西慶歷中曾南豐爲之記

雲巖院在分甯縣東二百步紹聖間僧悟新主禪席爲轉輪蓮華藏山谷作記蓋其幼年肆業之所元祐間法清結草菴於古木

間名頤菴山　**風雨山**雷次宗豫章記云在南昌山高谷爲作記水湍激着樹木因霏散遠灑如風雨數里中通　**風雨池**雷次宗豫章記云在州西北洪崖先生井七十里有洪井北有｜｜｜在西山最高頂又　**日月湖**在進賢北十五里又有石名梅福種蓮池人灘古讖云｜｜｜明良將出石人灘　**冷暖水**在分甯縣西百八十里黃龍山合狀元生下｜｜二泉同出相去數尺

眞一觀在新建縣西三十里有唐明皇書額四字墨蹟存焉　**雙林院**在靖安縣北五里蝍公權書額揭于門洪諫議有詩云幽谷雙林寺荒乘得遠尋銀鈎遺墨在箏諫想賢深徐東湖詩云夜雨急還急客愁深復深　**雙井茶**黃庭堅送雙井茶與東坡詩云爲公喚起黃州夢獨載扁舟泛五湖歐公詩西江水清江石老石上生茶如鳳爪爲草茶第一出日注上　**七星井**在府城之北石板穴之七藪俗因號七星井　**百丈山**在奉新縣峯巒盤峻郎大雄山也　**百花洲**在東湖之北

萬柳隄在東湖　**南昌山**寰宇記云在南昌縣西三十五里乃吳王濞鑄錢之所時夜有

光遥望如火以爲銅之精光梁書志豫章有銅山**南陽嶺**在新建縣北七十里上有石竈自然生成**東津山**在分寧縣南二百二十里吳猛居之古壇尚存**香爐峯**在進賢縣東四十里其狀如爐時雨將作煙霧滃然上有許旌陽祠**香城寺**陳陶題豫章西山丨丨丨小地巖宮禮竺皇旃檀樓閣半天香祇園樹老梵聲小雪嶺花香燈影長霄漢落泉供月界蓬壺靈鳥侍雲房云云**劒池驛**權德輿題豐城丨丨丨詩龍劒昔未發泥沙相晦藏向非張茂先孰辨斗牛光神物不自遠聖賢亦彷徨我行豐城野慷慨心內傷**寶峯院**在靖安縣北石門山唐正元中馬祖趺跏入滅得舍利藏於茲山權德輿爲之記唐宋詩篇不可勝載裴休李商老徐東湖洪玉父余襄公皆有詩**玉隆觀**在新建界舊名遊帷觀初許旌陽學道於丹陽黃堂營以五色錦帷施於黃堂及旌陽上昇錦帷飛還故宅俄復昇天晉故立遊帷觀唐有道士胡惠超有道術能役鬼神其祈觀也以夜與工至曉則止今正殿雄麗非人工所能後牓有遊帷之觀四字乃徐鉉所書國朝祥符中改賜玉隆觀額楊無爲詩云四

十口升金闕去半千年後王函開觀有逍遙閣擬仙樓及丹霞館

鐵柱宮郎延眞宮也舊名丨丨丨政和賜今額道書靈驗記云鐵柱晉許眞君所鑄

金鍾湖丨丨丨在天寶洞上故老云天師既入長安武后尊崇之師還山武后賜以金鍾玉磬天師既去遺金鍾玉磬于湖中至今名丨丨丨

金只石在天寶洞之上施肩吾舊物也楊無爲詩云丹砂書頑石黃金橫一尺人世較短長仙家愛平直

石人灘在進賢縣北十五里古讖云丨丨丨合狀元生

石姥山九域志

石潭院在分甯縣東六十里唐時僧栖蟾有詩後改作禪濟院

石頭驛韓文次丨丨丨寄王十中丞閣老注元和十四年六月以中書舍人王仲舒爲洪州刺史按水經注贛水西岸有盤石謂之石頭在豫章郡北又浮溪集石頭驛記云自豫章絕江而西有山屹然並江而出日石頭渚者世以爲殷洪喬投書之地

石門山在靖安縣北四十里權載之集海昏南鄙亦有石門山又權巽詩云茲山甲天下葱翠自開闔石磴緣空青嶄嵤眩金碧

松門山寰宇記云山上有石鏡光明照人謝靈運

詩攀崖照石鏡牽葉入松門

芭蕉源在江之南五十里施肩吾石室也其峯絕高

桃源山在靖安仙靈勝概宛如武陵故曰桃源焉山中有鶴嶺雲山葛仙山仙姑壇桃源菴九洞及洗碑洞

伏龍山楊傑作許旌陽淩雲觀詩千古｜｜｜

盤龍院在新建縣西三十里寺藏唐光化中勑牒尾有崔嗣陸扆裴樞王溥書字或云寺即唐時僧齊己書堂

黃龍院在分甯縣西一百四十里駙馬都尉王詵嘗參禪于此山谷詩云山行十日雨沾衣幕阜峯前對落暉野水自添田水滿晴鳩却喚雨鳩歸

青龍山在幕阜之東黃龍山下有興化院

龍安山在分甯縣有兜率寺唐咸通中惠日禪師創

投龍洞在奉新縣之華林山本浮邱公遊息之地號浮邱石室至唐明皇投龍于此遂號｜｜｜昭宗時費瑄避寇于此得明皇所投金簡玉環簡有鏤文八十字表聞于朝尋復投洞中其簡重四斤十二兩蓋開元制度也

翔鸞洞在淩雲觀

鎭蛟石在奉新之延眞觀土人相傳云許吳二眞君逐蛟入穴以巨石書符鎭之有石碣尚存

陽烏橋在奉新縣

東三十里嘗有羣烏栖集故名

野狐巖 在奉新大雄山百丈山之後昔懷誨禪師開堂有老人聽說法日墮落此山今有年矣明日有老狐斃於崖下老人不復至

飲馬池 在靖安縣葛仙山煉丹壇之側蓋葛仙之遺跡也

馬跑泉 在城北薦福院馬跑地出泉至今清冷號爲聖水

雞鳴山 在分甯西高二千丈每聞丨丨因以得名

雞冠石 在西山巖頂之西有石如丨丨故名

象牙潭 在郡南八十里晉鍾離眞君故宅在其上號丹凌觀徐鉉書額

龍霧洲 在豐城縣東北六十里洲在橋林

龍門山 在奉新縣南一百里

龍興院 在府城寺有林仁肇鍾及鐵普賢像高丈餘

龍潭寺 在武甯縣之東有小軒魯直名曰廣心墨蹟尚存

龍山觀 在新建縣之西南六十里天寶洞之西南也舊名五龍洞胡天師惠超嘗按五龍之地立祠爲祈禱之所惠超道貌出塵時謁之胡長仙能興雲雨驅役鬼神明皇聞其名使召至京師乞還山乃御製詩以送之

龍王廟 在新建縣北一百六十里吳城山東坡之北歸艤舟祠下忽得古石砮矢於岸側旋失之禱

於神許雷廟中復獲焉因爲之記

鹿源山 在分寧縣西八里源上有九峯昔有仙人乘白鹿出入其間故名

鶴源水 在分寧縣東北一十里嘗有羣鶴飲集故曰鶴源

鳳凰山 在奉新縣東九十里諸山之南晉昇平中鳳凰將九雛見于此因以得名分寧縣主山亦名丨丨丨

投書渚 在江西石頭渡晉殷羡去郡有人寄書百餘函行次石頭以書投水中曰沉者自沉浮者自浮洪喬不爲致書郵故號丨丨丨丨

磨劍池 在分寧縣東隔水一里旌陽觀後舊傳許旌陽於此磨劍因以著名蔣之奇詩云聞說旌陽舊築壇故浮脩水一來看至今丨丨丨丨猶在冷浸一天星斗寒

垂珠菴 在漕司露華堂之後其旁植橘取柳子厚何人摘實見垂珠之義

擔石湖 寰宇記云在州東北二百六十里其湖中有兩石有孔如人穿擔狀古老云壯士擔此兩石置湖中因以爲名

幕阜山 輿地廣記云在武寧縣晏公類要云在分寧縣寰宇記亦在分寧縣昔太史慈嘗置營幕於此山

宮亭湖 寰宇記云在州北三百四十里有宮亭神能分風上下劉刪詩云迴流乘派水舉帆逐分

風秦少游宿于湖邊夢神女遺之以詩日聞道文章妙天下廬山對面可無言

彭蠡湖去進賢縣一百二十里接南康饒州及本府三州之境一彌茫浩渺與天無際余襄公靖有詩

吳城山在郡北一百八十里岸臨大江昔吳許二君斬蛟處也

魯溪洞去武畱縣八十里幽邃嵌空有樓臺宮闕之狀峭壁瓌奇龕像交列有眞仙古佛之容儀雖絕世工巧追琢不能及

藏溪橋在奉新縣二十里許遜斬蛟之所其蛟入穴遜以片石書篆文鎮穴口令見在

登高山在奉新縣之北百餘步其巘坦然舊爲射圃下視民居千甍隱然

幽谷山在靖安縣北五里山有瀑布與幽谷亭相對權巽寄邑令詩曰嵯峨｜｜｜寂寞彭澤令絕境空自奇高標岌相映

大雄山卽吳猛修道之所勢出羣山因以爲名輿地廣記云在奉新縣

大安山在府城有古鐵香爐高六尺識云赤烏元年造

中宮院在府城宋齊邱捨宅爲之院今有齊邱畫像又有鍾傳鑄菩薩銅像

上藍院在府城唐大歷中馬祖道一禪師嘗建道場于此號江西馬祖龐居士寺有鍾重二萬二千斤祥符詔取

其鐘赴玉淸昭應宮別鑄以給本院今院爲府城叢林第一

上塔寺 在新建鍾傳微時有高僧令超識之及貴置上藍寺以居超超又置是院以葬焉

華林山 昔浮邱公隱居之南峯一名浮邱與地廣記云在奉新縣吳猛於此山立壇

行林院 在奉新縣後有巨樟二枝葉扶疎廣數畝昔有縣吏欲伐其木者寺有老僧抱木而泣吏願先就戮吏不忍以故得全

毛竹山 脩水志云在分甯縣南一百二十里其山多毛竹因以得名治平圖經無丨丨；治平間有余奭者以家財鑿徑通奉新道數百里

洪崖山 在新建縣西三十里洪崖先生有詩三首云去歲無田種今春乏酒材從教花鳥笑伴醉臥樓臺入市非求利過朝不爲名有時陪俗物相伴笑營營下調無人采高心又被嗔不知時俗意教我若爲人寰宇記云南昌亦名丨丨丨有鸞崗鶴嶺及簫史峯

翠巖院 在南昌一名北巖元祐以來有僧可眞擇宗以禪學爲叢林唱相繼居法席其徒自遠方至者幾千人寺藏李後主所畫羅漢及南唐經文與韓熙載徐鉉碑文並存實爲豫章之甲刹洪駒父詩云非關風雨畱連我要作山間十日

嵒

清水巖在分甯縣東北二十里南巖有石室乃巖之佳處北巖上多蘭蕙黃山谷序云丨丨丨號爲天下勝處巖前平衍可坐千人山谷亦有詩

鳴水洞在分甯縣黃龍山之東水行石間其高數十丈聲如雷霆韓駒詩云末流垂半山十里見沸白得非拖天紳常恐浮地脉

始豐山寰宇記在豐城南七十里即神仙三十七福地之一也上有興元觀徐鉉作記云

孝感泉在豐城西南八十里聖乘院紹與初少卿曹戩嘗寓居於此戩之母喜茗飲寺初無井戩乃齋戒虔祝即寺之堂下斸地爲井纔尺餘泉忽湧溢且曰丨丨丨

福巖院在新建縣西三十里唐天祐末亮座主嘗講經於此羣鹿來聽院患無水鹿爲跑泉

翊眞觀在新建縣界川原秀鬱相望數里之間最爲勝處鄭子通記云豫章江西一都會西山爲之蔽繇晉以來十二眞君冲昇于此故祠宇爲多此其一也

棲眞觀在西山天寶洞下觀有唐大后時萬天師銅像猶存

宗華觀在城西利涉門裏亦名彭眞觀圖經云彭眞君舊宅也隱士許堅題彭眞觀詩云千載功成蓋豫章石壇猶在鎭仙坊檻中丹井水

常靜門外紅塵人自忙　**建德觀**在南昌縣西通仙坊乃南嶽魏夫人煉丹之處觀有玉皇天尊金銅像一軀　**應聖宮**在西山之洪崖井百步而近　**佑聖院**在靖安聖容菩薩道場也徐東湖有詩云青于霄外山千丈碧入林間水一條　**報恩院**在城北唐名報國院職方乘云報國有鐵文殊獅子像高數丈及有獨孤司封鐘銘又云有鐘重一萬二千斤光啟四年鑄其上鐫南平王官爵　**鎮國院**在城北院中有南唐林仁肇畫像　**薦福院**在南昌縣敷佑廟側院有鐘傳所鑄銅鐘又有雙泉堂謂馬跑泉乃沙泉也洪龜父詩云曲徑因山轉精廬到地成樓從雲表見人在日邊行　**演法院**在南昌本漢灌嬰故宅也後捨宅爲院　**凌虛觀**在南昌縣南舊傳浮邱先生嘗隱于此　**凌雲觀**在新建縣憑高架危景物四出凡戶牖之內皆可見山室廬之奧皆可聞泉潘清逸詩蕭峯頂上與雲齊一派溪流直下飛擊破寒冰千萬片涌林幽響動晴暉又跨澗爲橋牓曰濯纓凡西山之美一目可盡　**浮雲觀**在奉新之華林山有浮邱石室及李八百洞　**武陽**

水輿地廣記云在南昌縣

巖陽山在武寧縣東南四十里巖陽尊者嘗結菴其中菴側有石如鑊舊傳尊者豢龍于此

旌陽觀在分寧縣東一里旌陽山唐李質詩云古木愁撐月危峯欲墮江自吟空向夕誰謂倒秋釭唐大中時李質投宿于觀夢有神告以當爲土地主已而登科後二十年果爲江西觀察使

崇勝院在分寧縣東南六十里白石尊者道場也蔣之奇詩云到門先見如絲瀑恰似淵明醉石旁

興化院在分寧西一百四十里山谷爲之記

兜率院在分寧縣西九十里徐忠愍公禧爲之記

法昌院在分寧縣南二十五里舊有倚遇禪師伏虎於此今有伏虎亭在寺

靈精觀在武寧縣之東十里世傳爲丁令威故居縣東又有丁仙觀

廣福觀在新建西山之南三十里故老云許旌陽上昇其斬蛟神劒藏於山後石室中

崇因寺在進賢縣西北五十里晏殊舉神童時過之有詩題于壁云捲簾山色眼前有入夜濤聲枕上聞

定香寺在進賢縣東一百一十里鄔子寨之側汪內翰藻過之畱詩云一川窈窕水雲國百家世世封樵漁

浴仙

池在子城東南舊傳有仙女七人浴于此因名

抱子石在分甯縣東二十五里狀如八形迴然獨立上無草木苔蘚

鄔子寨在進賢縣東北一百二十里徐師川嘗有鄔子値風雨詩云重湖浪四起支川舟不行急雨夜臥聽顚風晝眠驚

相公石在新建縣西六十里石室嵌空可容數人鄉人傳云宋齊邱訪陳陶嘗憇於此至今名相公堂

度支步在郡城外西臨江晉度支校尉立府之處水經云贑水西北徑丨丨丨是也

道人山在豐城縣馬祖禪師嘗駐錫焉今聖乘院是也

湖山千里　水天一色漕使史彌悆剏二亭於北沙門外面江亭名以此

東湖書院漕使趙崇憲剏今添倅衙乃其舊址其後漕使滕强恕以逼近市塵請于朝遷之東湖晏家山上養士二十人

古迹

灌嬰城輿地廣記云郡城漢灌嬰所築昌邑城在州北一百三十里雷次宗豫章記云昌邑王賀封海昏侯就國築城於此今舟楫經從建昌界上有所謂昌邑山太史城在奉新縣西四十里後漢末太史慈創置椒邱城在州北一百八十里豫章記云刺史華歆所築劉繇城寰宇記在南昌揚州刺史劉繇所築今人號｜｜｜孫慮城在南昌縣孫權第二子築在艾城寰宇記在分甯縣後漢書劉陵豫章艾縣人即此地古豐城按豫章記雷煥見赤氣於斗牛之間謂寶物之精掘縣獄基得龍泉太阿劒西平故城寰宇記在分甯縣西二百九十里隋省後漢書鄧通西平人即此地也故分甯有通宅西安故城寰宇記在分甯縣西二十里按古今志云漢建安中置隋開皇初廢堯王壇在奉新縣北六十里俗呼爲｜｜｜秦人洞在江之西四十里齊源嶺之側潘清逸詩云列國戰爭如蟻聚羣雄分據似兒嬉桃源洞口無多遠借問秦人知不知梅福宅在州東北三里今爲報恩觀屬南昌謝尚宅今城北太安寺也晉

隆安二年鎮西將軍謝尚施宅爲之

孺子宅即孺子亭也寰宇記云孺子少有高節追美梅福之德乃於梅福宅東立宅輿地志云陳蕃爲立孺子臺曾南豐即其地剏祠堂水經贛水歷白社西有孺子墓又彭汝礪詩云于今未見如公比嘆息陳蕃榻亦空又杜牧豫章中丞詩云滕王閣上柘枝鼓徐孺亭西鐵軸船

太史慈廟容齋續筆云孫權代策使太史慈爲建昌都尉遂委以南方之事督治海昏至卒時纔四十二葬于新吳今洪府奉新縣也邑人立廟敬事乾道中封靈惠侯予在西掖常制其詞云神丞赴孔融雅謂青州之烈士晚從孫策遂爲吳國之信臣

何無忌廟在州南五十里晉義熙六年無忌討盧循與徐道覆相遇握節破害而詞色不撓後人傷之立廟

濂溪先生祠在州學講堂西偏與太史祠相對教授黃灝立也以濂溪嘗宰南昌故祠之侑以二程先生晦菴朱熹爲之記

陳處士園南唐陳陶也隱居東湖南岸間闢小園植花竹種蔬茹日自灌溉

黃氏園林在東湖之東唐劉威詩云偶向東湖更向東數聲雜大翠微中遙知楊柳是門處似隔芙蓉無

路通**分寧藏書閣**黃庭堅記士不可一日而無學民不可一日而無教至於興學聚書則學萬室之邑以爲非職之憂何哉**華林讀書堂**淳化中朝之名士皆有詩王禹偁爲序南昌胡氏一門守義四世不析其別業華林山齋聚書萬卷大設廚廩以延生徒其林泉乃豫章之甲也張齊賢詩云一百年來煙爨同衣冠江左慕家風兒孫歌舞詩書內鄉黨優游禮遜中**謝公井**在南昌縣東山景福院謝靈運著老子等經于井側**潘公園**本宋齊邱園在衣錦坊歸翰林學士潘修眞築清逸樓疊石爲山導水爲沼號一郡之勝名潘公園徐師川有登清逸樓詩**豫章臺**在龍沙

明皇銅像在城東開元寺**景德寺鐘**寺在城北其鐘重一萬二千斤光啟四年鑄其上鐫南平王官爵又有天祐甲子銅鑄丈六金像**澹臺滅明墓**在湖之東北總持寺紹聖中高述題篆嗚呼有魯澹臺子羽之墓帥程大昌於墓側建友教堂**徐孺子墓**按水經贛水歷白社西有孺子墓**吳王墓**在豐城縣東四十里幽冥錄云吳大帝之祖也**林仁肇墓**

在郡城之東出琉璃門十里　**徐鉉墓**　在新建縣蘇黃門哀其墓云鉉當太祖之際奮其區區之忠以身請覲寄首領於斧鉞之下覬幸萬一以延國主朝夕之命當時安知骸骨尙歸葬於鸞崗　**昌邑墓**　在昌邑城內昌邑家人葬其處也今有墳二百許　**晉亘伊墓**　在州南門外十六里有石辟邪一在道側土人謂之石馬

官吏上

熊遠雷次宗胡藩沈季詮楊相如蜚其英李勉魏少遊裴冑沈傳師周墀爲之帥李泌甄濟崔祐甫權德輿杜牧贊其治　獨孤及記云由陽朔而來千有二百餘年其間名帥才大夫賢君子有云云　梅之抗論陳之自任徐之潔矩范之名儒韋之循

吏又云梅之抗論陳之自任徐之潔矩范之名儒韋之循吏端可師表百世直言若梅子眞南昌尉禮賢若陳仲舉豫章太守有道若徐孺子處士興學若范武子晉太守遺愛若韋文明張壞五賢堂記元公韋公韋丹銘云元公求賢深於明允而發理之道優韋公擇才本於中和而鎮靜之風勝自韋丹迄于今十有八使崔祐甫使院記洪州刺史自韋丹以迄于今十有八使由杜鴻漸而下五十九人獨孤及豫章冠蓋盛集記由杜鴻漸而下五十九人及韋元輔會鄰郡凡處八座者一歷中司者三尚書司轄者口建隼旗者九冠獬豸者十一其載筆掖垣曳裾庭寺分曹環衛典校蓬閣者印纍纍綬若若肩駕於宇下翼如也守有三張崔祐甫頌昔張庭珪牧此州甚得人譽張九齡文之逮張休又有裕焉故邦人丨丨丨丨之目文美三王元和中王仲舒復修滕王閣韓愈作記稱王勃游閣序王緒賦今中丞修閣記以爲三王而賦記獨亡矣漢梅福西漢

傳云福爲南昌尉後去官是時成帝委任王鳳京兆尹王章以譏刺鳳坐死福上書云方今君命犯而主威奪上不納

劉寵 東漢循吏傳寵爲豫章太守後遷會稽

陳蕃 爲豫章太守不接賓客惟禮徐孺子特設一榻孺子去則懸之海錄碎事云陳蕃爲豫章太守至便問徐孺子所在欲先訪之

欒巴 爲豫章太守俗多淫祀巴乃悉毀房祀翦除姦巫

雷煥 晉張華因斗牛間有紫氣問雷煥煥以爲寶劍之精使爲豐城令掘獄得石函雷煥曰龍泉太阿以一遺華畱一自佩華卒失劍令卒子持劍往延平入水化爲龍去見曹績劍池記

范甯 章公弼學記丨丨之於豫章有功於學校自漢至晉嘯數百年間獨得一范甯而已大設庠序遠近至者數千人資給一出私祿

張九齡 開元十五年嘗牧洪州見本集出爲冀州刺史以母不肯去鄉里故表換洪州都督

齊映 正元八年爲江西觀察使置義倉積粟三十萬斛

沈傳師 爲江西觀察使吏不敢欺其僚佐如杜牧李敏中輩極當時之選

李勉 自河南尹徙江西觀察使杜詩有豫章太守高帝孫之句指丨丨也蓋鄭惠王元懿

生安德郡公琳琳生擇言言生勉見漁隱叢話

殷羨 字洪喬爲豫章太守都下士夫因其致書者百餘函行次石頭皆投水中曰沉音自沉浮者自浮殷洪喬不爲致書郵其資性介立如此

韋丹 韓文云元和初拜洪州刺史江南西道觀察使既至始教民爲瓦屋民無火憂明年築堤扞江長十二里疏爲斗門以走潦水灌陂塘田萬二千頃爲民去害興利元微之有詩又大中三年杜牧作韋公遺愛碑曰洪始有居水火是苦一日除去人人始歌舞又云元和中興之盛言理人之功丨丨第一

韋宙 呂忠彥僉聽記云丨丨父子繼守豫章又職方乘云唐韋丹及子宙皆爲江西觀察使政尙簡易南方以爲世官

王仲舒 仲舒觀察江南西道八州之人前所不便及有願欲而不得者公至之日皆罷行之大者驛聞小者立變春施秋殺陽開陰閉令修於戶庭數月之間而人自得於湖山千里之外又退之滕王閣記云太原王公從事此邦今三十年而來爲邦伯

張休 崔祐甫作張公遺愛頌云唐丨丨爲洪州都督一之日二之日三之日纔三日而政成州人愛之如父母

李諮 臨江志云丨丨字仲詢新喻人

以樞密直學士知暨與府政平訟理人以況唐韋丹曰前韋後李

宦吏下

國朝王明以祕書監知州事時王師入豫章明不戮一人人甚德之至圖其像於上精廬以祠之**馬亮**以給事中知**章德象**以屯田員外郎知後拜相**李虛己**以給事中知鄉郡**夏竦**以戶部侍郎知州事舊俗右鬼尚巫公索其部中凡得千九百餘家俾皆就田業詔從之竦刻諸石今碑在孺子堂竦之爲此舉有益於治故附見焉**唐肅**以工部郎中知州事初艤舟南康徘徊不進或問其故答曰職田以四月爲限今遽之任得無邀利之譏乎逾月乃上**程師孟**以光祿少卿爲守州瀕江歲積薪捍堤皆出於民公至疊石易薪以紓其力民甚便之**趙槩**東都事略云嘗知州事城西南隅當大江之衝水歲爲民患槩建爲石隄二百丈明年夏水大至度與城半侍

惟以全至令賴之　**唐介**　仁宗朝知諫院論陳升之除樞密惟交結中人進不以道凡九奏卒罷升之介亦出知洪州事略　**呂開**　熙寧四年以著作佐郎知奉新縣　**曾鞏**　以集賢校理知會歲人疫資其衣食責醫候視全活甚衆修孺子祠堂　**孔武仲**　東都事略云字當父知洪州言太中大夫以上知州者杖以下公坐止劾官屬獄成聽大理約法庶幾刑不逮貴近以全朝廷體貌之意遂著爲令　**張商英**　以朝請知因旱歲開東湖以泄水民無渰浸之患興學校修徐孺子及徐鉉祠堂自爲之記　**沈紳**　溫公送沈寺丞紳知南昌縣詩長江湛湛帶楓林古木寒雲縣寺深老吏不能容狡猾細民無復有冤侵洪崖丹井聞猶在徐孺衡門說可尋　**張牧**　溫公送祕校丨丨知分寧詩百里大夫官不輕莫嗟頒上髮垂星人生穀祿偏宜晚世路艱難莫厭經數曲秋江瀠縣白幾峯霽色入簾青于公向日多陰德已有鵷鷺在帝庭　**張子憲**　溫公送張少卿學士知洪州詩袨服屯千騎連檣閱萬艘劍鋒衝夜氣閣影動秋濤　**周頤**　字茂叔號濂溪先生道學之懿二程嘗受學焉初任爲分寧簿

縣有疑獄久不決先生至一訊立辨邑人驚詫曰老吏不如也後知南昌邑人見其來咸曰是能辨分甯獄者吾屬得所訴矣山谷爲之作濂溪詩南昌有祠堂朱熹爲之記

蕭從字從義新喻人元祐宰分甯爲治不擾民懷愛之黃山谷爲名其堂曰民肥曰求瘼曰靖共作三堂銘碑

韓駒字子蒼陵陽人也宣和間出宰分甯政修民悅訟簡庭空日以吟詠爲樂所賦詩篇尤多今縣治有三亭曰醒心問春遨月皆子蒼所建

余靖字安道曲江人知新建縣事略

劉韐五朝言行錄云元祐九年第進士調豐城尉公之尉也歲飢多盜旁邑宰以捕殺希賞公曰此飢民救死耳率豪右出穀賑恤之存活者甚衆盜亦戢

周積爲靖安縣令建炎六年敵騎犯邑積誅之發兵拒守邑賴以全

陳敏識南軒跋陳分甯傳云建炎中北敵蹂踐及于江右牧守之臣望風逃避以延旦夕之命者相屬也獨分甯宰陳敏識以區區一邑抗義不出斬敵使期與民守卒全其境又徐夢莘北盟錄云孫儵奏劄時有旨陞分甯縣爲義甯軍治分甯遷公二秩就知軍事及有義甯保境之碑尚存不知軍廢於何時象之竊詳史傳起

徽陳公之節義舊矣象之出宰分甯相望百年而陳公之英風遺烈今猶未泯揭爲廟貌祠於邑庠濂溪山谷二先生之側扁其堂曰三賢爲文以記之

李光

紹興元年知洪州光與劉光世有違言光世請避上曰朝廷方賴光世爲上流屏翰然光區區論數事意亦可佳乃徙光江西繫年錄

趙鼎

言行錄云紹興三年除知洪州公在洪二年戢吏愛民盜賊屏息一方賴之召還除參政

李綱

紹興五年起知洪州兼江南安撫制置大使言行錄

邵成章

中興遺史云建炎三年夏四月初邵成章以上書論黃潛善汪伯彥誤國謫居吉州上思其忠召之諸內侍忌其忠直譖之曰邵九百來陛下無歡矣乃使止于洪州居又十一月金人犯洪州時內侍邵成章居于洪州金人召之曰知公忠正能事大金則富貴可以長享矣成章堅不從金人逼之以威屢欲殺之亦不從遂釋之曰忠臣難得吾不忍殺復遺之金帛

漢何陽字仲予南昌人少事沛國桓榮門徒嘗四百餘人陽爲高第拜郎中守開陽門候光武微行夜還陽閉門不納上常歎曰赳赳武夫公侯干城陽之謂也**徐穉**字孺子南昌人陳蕃在郡惟設一榻禮之蘇黃門過豫章詩云平湖十頃照華屋獨畫孺子遺陳公二人皆合配社稷胡不相對祠堂中又山谷詩云白屋可能無孺子黃堂不是欠陳蕃古人冷淡今人笑湖水年年到舊痕潘清逸詩云躬耕昔日全高節榻下何人繼此心**吳胡勃**豫章人爲郡功曹嘉禾二年太守黃翊爲人所誣勃懷斧詣闕乞代翊罪朝廷嘉之後爲廬江太守吳亡入晉懸車不仕**宋雷次宗**南昌人隱廬山事惠遠**梁王綜**梁起居注云王綜南昌人爲魯郡太守嘗役家僕於所部職田中耕得銀二萬五千斤郎表送官不以入私**唐烈女謝小娥**唐書烈女傳謝小娥豫章人嫁歷陽段居正居正與小娥同作賈江湖並爲盜所殺小娥赴江以免丐食至上元夢父及夫告所殺主名占曰殺若父者

必中蘭若夫必申春歲餘得蘭于江州春于獨樹浦小娥詭服爲男子託傭蘭家見服用故在益知所夢不疑出入二朞它日蘭醲酒會羣盜蘭與春皆醉斬蘭首因大呼捕盜鄉人踰牆擒春獲其黨數十皆抵死還豫章人爭聘之不許祝髮爲比邱尼

陳陶 南唐處士陳陶隱西山操行清潔時嚴譔牧豫章欲撓之遣小妾蓮花往侍焉陶殊不顧妾乃獻詩求去曰蓮花爲號玉爲腮珍重尚書遣妾來處士不生巫峽夢虛勞雲雨下陽臺陶答云近來詩思清於水老去風情薄似雲已向昇天得門戶錦衾深愧卓文君見麗情集

王季友 杜甫可嘆詩云丈夫正色動引經豐城客子王季友羣書萬卷常暗誦孝經一通看在手豫章太守高帝孫李勉引爲賓客敬頻久元結篋中集載季友數詩殊高古

陳恕 東都事略云恕字仲言南昌人少爲小吏折節讀書王明知洪州見而歎曰奇士也以吏幹聞召入爲三司判官累遷爲鹽鐵使太祖深器之曰眞鹽鐵使也太宗朝又爲鹽鐵使貨財流通公用足而民富實

陳執中 東都事略執中字昭譽恕之子也眞宗不豫執中上書言太子天下本不可不早定仁宗朝兩

入相執中當國人不敢干以私四方問遺無及門者**李虛己**太平興國三年進士第**曾鞏**字子固居貧約時寓居西山是時王荆公亦待次衣錦坊與潘清逸家相近故潘得與王曾王二公遊**袁陟**字世弼南昌人抗之子也少有才名與王荆公蘇東坡曾南豐相善年十七作詩爲時所稱登第宰常塗邑人郭祥正能詩莫知名陟薦之梅聖俞自爾有聲祥正嘗曰教載汲引袁之力也**趙庶明**字吉甫新建人寶元間詔求直言庶明上書言趙元昊必叛朝廷以其狂斥建州未幾果叛遷校書郎告詞云當羌虆之未萌謂邊防之宜謹後知惠州罷歸乃卜築於孺子臺側盡湖山之勝**黃廱**瞻之曾孫注之姪也舉進士第爲京兆府法曹將謁府吏告廱曰法曹庭參拜庭下例也既進謁賓吏傳聲廱不肯俯解冠裳於庭而歸終身不仕**黃亞夫**分甯人山谷之父也嘗題詩曰漁家無鄉縣滿船載稚乳公私鞭笞急醉眠聽秋雨此詩嘗刻石於廬山之圜通寺側後兵火埋于泥中先君守九江遣人淘取得之今在圜通寺**黃庭堅**字魯直其先婺之金華人事見六一居士黃夢升墓誌六世祖贍知

分甯縣因家焉騰生玘玘生元吉元吉生中理中理生湜湜生庶庶生庭堅是爲山谷先生幼警悟讀書五行俱下蘇公軾見其詩絕嘆以爲世無此作久矣蘇公嘗薦公自代曰瓌偉之文妙絕當世孝友之行追配古人紹聖初坐責授涪州別駕黔州安置又移戎州後又坐責宜州卒于宜州又山谷作黃和叔墓碣云黃氏自婺州來者諱瞻以策干江南李氏不用爲著作郎知分甯縣遂爲縣人

徐禧 字德占豫章人故居來蘇有羨魚亭元豐中王師大舉伐夏城永樂會賊傾國而至城陷禧死之子俯呂惠卿作忠愍公墓記云禧家洪之分甯數世矣其先婺州金華人不知其所以徙

徐俯 字師川與郡守陳瓘爲忘年友爲司門郎中會金人立張邦昌集百官議皆以疾書名俯不書而出山谷先生蓋俯之母韓國夫人從弟也又繫年錄云建炎初張邦昌之立司門郎中丨丨獨不拜持王時雍大呼號慟掛冠而去俯時居城中買一婢子名之曰昌奴遇朝士至卽呼前驅使之

潘淳 字子眞清逸居士與嗣之孫也師事山谷先生故作詩尤極其工與徐公俯洪公芻諸公常爲七友自稱谷口小隱

洪師民 南昌

人師民娶黄氏山谷之女弟也生三子長曰朋字龜父次曰芻字駒父山谷素稱其才嘗曰甥之文學他日當大成及爲諫議大夫有職方乘及老圃集傳於世幼曰炎字玉父高宗中興召爲中書舍人時方倥傯除命塡委炎操筆立成未嘗屬藁

胡仲容嘗爲光祿寺丞家居聚族八百人有詔旌表義門直孺其裔也靖康時提義兵入援戰不利爲敵所執久之得歸欽宗慰撫之曰孤城圍閉天下兵至者獨卿與張叔夜耳

潘興嗣字延之叔祐之後居豫章城南與王介甫曾子固友善初調德化縣尉許城初拜江州州守居同郡興嗣往見城以刺史自踞坐不爲禮興嗣徑去懷刺而歸不之見足不造請六十餘年手不釋書徜徉山水間嘗曰我淸世之逸民也固自號淸逸居士熙甯以瑞州推官起不赴士大夫高其風

仙釋

梅福 福嘆曰生爲我酷仕爲我梏形爲我辱智爲我毒於是棄南昌尉去妻子入洪崖山得道爲神仙有梅仙觀梅仙壇在豐城縣北岸或云梅子眞昇仙之地皇朝元豐五年封壽春眞人制云丨丨在漢之際數以孤遠極言天下之事其志壯哉晚而家居讀書養性卒於遺俗高蹈世傳爲仙今大江之西實存廟像用錫茲號光靈不泯其服朕恩又紹興二年加封吏隱制云洪州豐城縣丨丨神仙觀壽春眞人正諫不用高名獨存憫漢室之不綱去吳門而莫返既嚴祠館亦錫封名洪龜父詩云炎靈失其御四海無安稅嗚呼梅南昌脫屣元始歲黃太史詩云吳門不作南昌尉上疏歸來朝市空楊無爲詩云漢代變名遊越國道家遺像並蕭公

葛仙壇 寰宇記在南昌縣北三十里

葛仙山 在靖安縣西北四十里葛仙所居也仙本楚人漢末隱于此或云卽葛稚川也壇之側有葛仙菴今爲華藏院漢末太史慈爲建昌尉追盜至此皆與葛遇

李八百 有丨丨洞在奉新縣之華林山中峯之下有洞唐會昌中有逸人龔氏入室中獲六丁祈雨訣咸通五年道丨朱元整於洞中獲石函內有經二卷潘

淸逸詩云八百仙來不記年劍池丹井尚依然又云竹簡漆書何處覓神符白雪更誰傳

劉眞君

徐騎省鉉作昭德觀碑云攷方志觀乃西晉邑人丨丨丨之故居也眞君名道成仕至刺史辭祿還家勤行不息以永嘉二年擧族上升

施肩吾

隱西山先是西山得道從許旌陽者十二人肩吾既仙去作詩云若數西山得道者連余卽是十三人有書堂在西山天寶洞

吳眞人

晉吳猛晉書藝術傳云猛豫章西安人邑人丁義授以神方因還洪州江波甚急猛不假舟楫畫水而渡觀者異之今有吳眞人宅在武甯

劉道眞

在靖安縣西一里棲霞觀乃東晉女冠劉道眞得道之所職方乘已載其大略而本縣圖經以爲周靈王之甥王子晉之外妹也至東晉時已五六百歲白日沖天而去有鄭安靖爲記今猶存

甘眞人

靖安縣西北甘仙觀本丨丨丨故宅也眞人好黃老之道師事許旌陽旌陽與文祕訣悉命掌之其昇仙邑人卽其居爲甘仙觀

王喬壇

方輿記云西山中峯最高頂名鶴嶺卽王子喬之遺壇在嶺側

洪崖先生

職方乘洪崖先生傳見隋唐間姓張氏名氳晉州神

山縣人自號洪崖子至唐元宗時嘗召見於湛露殿唐藝文志有唐張說洪崖先生張氳傳一卷又雲谷雜記云洪崖先生有二其一三皇時伶倫得仙者號洪崖神仙傳有洪崖先生郭璞詩左揖浮邱袂右拍洪崖肩此古之洪崖也其一唐有張氳者亦號洪崖先生按本傳隱姑射山開元十六年洪州大疫氳至施藥病者立愈

許眞君 眞君名遜南昌人太康元年爲蜀旌陽令師事女眞諶母永嘉末海昏大蛇斷道遂仗劍斬之蛇即死因冶鐵爲柱以鎮江國自是隱居逍遙山甯康二年四十二口與雞犬皆乘雲而上

應聖宮 在南昌縣西四十四里鸞岡西北洪崖先生舊宅之伏龍岡頂唐肅宗朝以山有異氣立宮以鎮之今觀中有洪崖先生像今名紫清宮

十二眞君宅 寰宇記云許陳施周時眞君在南昌遊帷觀鍾在丹陵觀彭在宗華觀黃在祈仙觀甘在豐城飛仙觀曾在正陽觀時在遊帷觀吳在分甯吳仙觀

干大妻 許旌陽之從者與妻俱隱西山其妻有詩云出入仙家不記春豈知人世有寒溫家兒只在西山裏除却白雲誰到門

麻姑觀 在進賢縣南周時輿記云麻姑名山

有三一在宣城是爲冲昇之地一在盱江是爲得道之地一在豫章進賢是爲經遊之地

季勝 江淮異人錄書生丨丨嘗遊洪州西山與處士盧齊輩雪夜共飲坐中一人偶言雪勢如此固不可出門勝曰欲有何詣吾當往之曰吾有書在星子可爲取之乎勝曰可乃出門去飲未散攜書至星子距西山凡三百里事見孔氏六帖

干大 皇朝類苑洪州山有異人干大出入山中相傳許旌陽家田夫也爲地仙干大有詩云自從明府升仙後出入塵寰直至今不是藏名混時浴賣柴沽酒貴安心

盱母 太平廣記云豫章人其子名烈聞同郡吳猛許遜道化宣亍居洪崖山藥壇烈與母結茅於遜宅旁母嘗採花牙以獻許君從許君昇天今壇井存焉世號爲盱母井焉集仙傳

僧惠洪 字覺範韓子蒼云余宰分甯洪覺範從高安來館之雲巖寺寺僧三百各持一幅紙求詩於覺範覺範斯須立就余曰詩當少加思豈若是容易乎覺範笑曰取快吾意而已

懷海禪師 傳燈錄云洪州百丈山丨丨丨丨所出以居處巖巒峻極故號之百丈也東坡詩云叢林眞百丈

僧修演 大中祥符間有僧修演者

參東山寺道謙禪師言下頓悟作頌云未悟之日要參禪一見石門便坦然蒙師指箇眞消息方知鹽鹹醋是酸

白石道者 洪巖資福院在新建白石道者道場也眞宗嘗召至京師欲留之懇來還山去之日御製歌詩四軸以寵其行其三日高人本自心無着朝市山林景一同

嚴陽尊者 明心寺在武甯縣治之西唐天祐間嚴陽尊者善信居明心寺杖錫求遊踞坐蟠石常有二虎一蛇循繞左右既沒建塔于寺中淳化中啟其塔髮垂至踵指甲過臂

碑記

唐豫章冠蓋盛集記 獨孤及撰 **舊石柱記** 嚴謨記 **新石柱記** 來某撰 **韋公遺愛碑** 杜牧撰在觀音院 **滕王閣記** 王勃撰 **延慶寺碑** 寺在府城徐騎省嘗爲寺碑 **李衞公劒池賦** 在豐城縣西北寶氣亭 **李司空廟碑** 在豐城縣去縣二十五里長豐鄉司空姓李諱承鼐李神福之長子也戰沒于此因廟食

焉南唐徐鉉爲立碑以紀其事寶峯院記在靖安縣北石門山之寶峯院權德輿爲之記唐商翺爲塔銘總持寺碑容齋三筆云隆興府城內｜｜｜有一碑乃乾符三年牒又一紙乃中和五年牒棲霞觀記在靖安載劉懿眞登仙事鄭安靖爲之記今碑尚存天宮寺金銅釋伽像記在城之景德院光啟二年記崇勝院古碑在新建縣洪井北二十里廣化院碑院在洪井上之翠巖韓熙載徐鉉爲之立碑龍沙章江院碑在城北南唐清泉禪師居之保大四年順化韓熙載作碑文開元寺藏經寺在城東藏經皆唐經生所書梅仙觀碑在新建西北三十里今名陽靈觀昔梅子眞既以仙去嘗於山上築壇以朝斗後人立觀以奉之唐末羅隱嘗爲梅先生碑法正禪師碑在奉新之大智院以元和十四年歸寂柳公權爲之碑歲久多殘缺今猶存有二三百字可讀寶雲寺碑在奉新縣東百五十步有鐵鑄菩薩五十二軀唐保大六年祕書郎陳用寬爲之記今碑具在昭德觀碑

徐鉉作重建觀碑在奉新之昭德觀今碑尚存西山風雨池記正元三年唐權德輿撰故洪州開元寺石門道一禪師塔銘權載之撰後漢澄君徐君碣銘張九齡撰北海李公放生池碑同上宋海陵王墓碑慶歷中洪州江岸摧得謝朓撰并書宋海陵王墓銘石朓文固奇而書亦有法類鍾繇書石入沈括家十餘年後爲夏元昭匿之今不知所在江西使院小史記集古錄云唐崔祐甫撰陸蔚之書開元二十二年始分江南十七州爲西道宣州至于此凡十八使此碑以長慶三年立文宣王廟碑唐齊抗文權載之集云豫章舊志一卷晉會稽太守熊默撰豫章事實雷次宗撰見於崇文總目豫章古今誌同上見隋書經籍志豫章記三卷南唐涂廙撰洪州圖經李宗諤編新建圖經余襄公撰職方乘洪芻編續職方乘李大異編

總隆興詩

細雨滕王閣，春風孺子亭。胡致隆 江南遠地接甌閩，薛道衡 分組首南甸。江淹別劉豫章 受讞命封疆，逢君牧豫章。於焉審虞芮，復爾共舟航。張九齡酬洪州江上見贈監察御史翊詩 江南佳麗地，山水舊難名。孟浩然 龍沙豫章北，九日挂帆過。風俗因時見，湖山發興多。孟浩然九日龍沙 布令滕王閣，裁詩郢客樓。許用晦酬鄭常侍赴鎮 南昌城郭枕江煙，漳水悠悠浪拍天。芳草綠遮仙子宅，落花紅襯賈人船。唐韋莊南昌晚眺 龍沙多道里，流水自相親。李嘉祐送人赴洪州 憑高試迴首，一望豫章城。人猶戀德泣，馬亦別羣鳴。韓昌黎次石頭驛 城樓

枕南浦，日夕顧西山。丹井今猶在，洪崖久不還。張曲江
惟帝憂南紀，搜賢與大藩。梅仙調步驟，庾樓拂櫜鞬。杜牧送中丞姊夫儔鎮江西
洪崖嶺上秋月明，野客枕底章江清。蓬壺宮闕不可夢，一一入樓歸鴈聲。陳陶鍾陵秋夜
漢江遠弔西江水，羊祜韋丹盡有詩。李義山
孺亭滕閣少躑躅，三度南遊一事無。雲歸洪井枝柯斂，水下漳江氣色麄。羅隱鍾陵見人
寂寂陰溪水漱苔，塵中將得苦吟來。東峯道士如相問，縣尉而今不姓梅。曹松亂後入洪州西山
玉節駐江西。韓駒上漕使中郎
豐獄劍飛雲氣盡，吳州仙去敢言輕。潘清逸
牛斗氣沈龍已化，置芻人去榻猶懸。類苑云章明州詩

南昌爲郡好樓閣枕江湄地暖春生早山寒日下遲訟庭唯鶴立吟樹獨僧期安得通官政煙霞共一司陳堯佐寄洪州楊太博

下榻亭臺徐孺子遊帷宮觀許旌陽李建茗泛綠雲收北苑稻炊紅玉取西山魏兼詩

逸少池邊有一邱西山南浦慣曾遊幾年歸去終無樂聞說章江郎淚流王荆公

千里名城楚上游王荆公

穴劒龍藏匣池仙羽作裳前人

分野遺荆俗經綸屬漢疆蒲輪徐孺子錦幄許旌陽前人

宅臨商羕投書渚門擁維摩問病人夏英公竦詩

洪崖丹井聞猶在徐孺衡門說可尋甯復淹畱如寶劒更令牛斗氣沉沉司馬温公送沈紳赴南昌

劒芒衝

夜氣閣影動秋濤司馬温公地接洪崖府溪通劒水濱張景先梅仙觀詩江涵帝子翬飛閣山際眞君鶴馭天呂夷簡詩類苑桃葉橫波人共醉劒光牛斗獄常空類苑楊洪州天形包舊楚水影動全吳陶弼寄洪州唐秀才採藥路從洪井出買書船自孺亭過孫何題華林胡氏讀書堂許卿松老神仙遠葛井丹成日月長袁抗詩滕王閣上煙波遠孺子亭中花竹深何佾吳頭楚尾祇咫尺斗盛牛明直古今魯少師南樓百雉城頭難却月五雲峯頂欲乘風魯少師白屋可能無孺子黃堂不是欠陳蕃黃庭堅湖邊喬木幽人宅樓外長江帝子洲向郎中惟洪一都會控帶荆與甌向郎中壓江

揖翠鎮庚方一帶藍光屬豫章袁抗春風欲下陳蕃榻曉月猶憑帝子樓王珪帆似馬來思杜預劍爲龍去憶張華楊傑憑高覽章貢登樓見吳楚帆遠行盡山江長流入霧徐師川清逸樓南昌襦袴歌將洽西掖絲綸演未遲燕肅詩居占梅仙里崔暨典刑尚可窺前輩賴有徐洪在豫章謝逸豫章富人物歷數煩僂指豈惟洪崖仙亦有徐孺子張叔夜江右星臺著巨賢趙季孫

滕王閣詩

滕王高閣臨江渚佩玉鳴鸞罷歌舞畫棟朝飛南浦

雲珠簾暮捲西山雨閣中帝子今何在檻外長江空自流王勃詩滕王閣中綺席開柘枝蠻鼓殷晴雷垂樓萬幕連雲合破浪千帆陣馬來未掘雙龍牛斗氣高懸一榻棟梁材連巴控越知何有珠翠沉檀處處堆杜牧詩滕閣丹青倚章江碧玉奔杜牧詩幽懷念煙水長恨隔龍沙今日滕王閣分明見落霞錢起江行初路人指點滕王閣看送忠州白使君白居易滕王閣上唱伊州二十年前向此遊半是半非君莫問西山長在水長流唐詩紀事云李彙征詩當檻曉雲生鶴嶺拂堦殘雨下龍沙夏竦白浪翻江無已時陳蕃徐孺去何之愁來徑上滕

山川詩

王閣反覆文公一片碑（王荆公）滕王平昔好追遊高閣依然枕碧流勝地幾經興廢事夕陽偏照古今愁城中樹密千家市天際人歸一葉舟極目煙波吟不盡西山重疊亂雲浮（王平甫）驕王應笑滕狂客亦憐勃（蘇子由）身在鳴鑾帝子樓（向郎中）基址舊元嬰（董元德）雄豪何止壓南州天下臨觀應第一（蔣之奇）樓閣一時誇帝子江山千古屬詩人（葉左相）此樓此景他州無山川形勝吞三吳（楊傑）眼看孤鶩雲中沒坐見長江檻外來（潘淸逸）

大雄眞跡枕危巒古梵層樓峻萬般日月每從肩上過山河長在掌中觀仙華不問三春秀靈境無時六月寒更有上方人罕到暮鐘朝磬碧雲端唐宣宗　清塵播喬岫遠藹被脩淵江淹　日賞城西岑孟浩然　白楊秋月苦早落豫章山李白　淸霜羣木落盡見西山秋詩僧祖可　分明記得還家夢徐孺宅前湖水東唐人來鵬詩唐末類集　西山橫身映吳甸意將萬里傾衡霍崔正言　東浦秋濤漲西山暮雨餘鄭戩　近聞東湖上可見西山頭梅堯臣　歸去豫章泉石好王禹偁　東湖多勝賞石中立　雲分西嶺三秋雨蘋割東湖一曲風洪諫議　南浦隨花去迴川路已迷暗

香無覓處日落畫橋西王荆公南浦亭憶念西山玉隆友王欽
若山氣高凌霽湖光照碧秋司馬温公題大安寺洪州太白方
積翠倚穹蒼萬古遮新月半江無夕陽唐宋詩話載詩僧詩南
國松楸舊東湖水石涼盛度詩泛舟清川渚遙望高山
陰陸機豫章行攀崖照石鏡牽葉入松門謝靈運入彭蠡湖口前瞻
疊嶂千重阻却帶驚湍萬里流薛道衡西山影裏識君
面碧照章江瞭子眸謝逸秋波下南浦曉氣望西山謝絳
東湖富泉石王瀆南昌別墅湖光闊鄭立湖風渡彭蠡山
月宿吳城徐樞密宿吳城山江擁龍沙起天籠鶴嶺低洪駒父大
梵院洪府西山最景奇韓駒龍沙依舊抱城流洪芻好在龍

沙黃俄入鸞江碧洪朋只有西山似故人汪內翰詩相逢百里還相見只有西山似故人章江之水抱城流李彭鶴嶺鸞岡空勝地龍沙烏塔盡荒墟徐師川

外邑詩

靖安院裏新蓑下醉笑狂吟氣最麤莫問別來多少苦低頭看取白髭鬚白居易逢熊孺登西安瀟洒我嘗遊多自脩川泛小舟民本豐饒矜氣節士多儒雅出公侯梅山晚翠屏當戶茶井香芽雪滿甌預想絃歌富閑暇白雲深倚鳳凰樓孔平仲送分寧郭知縣明叔鳳凰山畔永思

堂山谷先生有舊鄉脩水年年流不盡斯文長與日爭光徐得之雙井堂西接洞庭開曉楚東傾彭蠡涙晴吳黃大臨題雙井蜀道稱天險南州號地靈山腰生雨露屋角走雷霆揮扇雲生岫開窗月傍檐明朝一回首毛竹插天青無名氏毛竹山詩見脩水志

四六

天開翼軫之疆地扼江湖之固新書翼軫洪州分野江有章江湖有彭蠡

落霞與孤鶩齊飛秋水共長天一色王勃滕王閣大宴序睠茲嶺蜀之衝上當牛斗之分吳頭楚尾近帶於江湖越

北燕南實控於塞徼卷雨樓上梁文千秋歌舞之地百城節制之雄佩玉鳴鸞誇當年之帝子騰蛟起鳳詫前日之詞宗范致虛滕王閣記章水環流銅山聳峙王欽若玉隆觀碑葛洪丹井宛若連疇梅福古壇於焉接壤王欽若玉隆觀碑嘉蔬精稻擅味於八方金鐵篠簜資給於四境豫章記梅福去官空餘故沼陳蕃下榻尚有餘風新書梅福爲南昌尉去官種蓮後棄妻子入洪崖山陳蕃爲郡每徐穉來即下榻去即懸之今徐孺子亭在焉揚雄鐵柱之鄉稅駕劍池之廟徐鉉劍池頌洪督府實江湖襟帶之地滕王閣爲東南壯觀之樓余石月序洪都督大府實三江五湖｜｜｜｜｜｜｜｜｜｜｜登臨｜｜｜層臺聳翠飛閣流丹滕于閣記漁舟唱晚

響窮彭蠡之濱鴈陣驚寒聲斷衡陽之浦同上睢園綠竹氣凌彭澤之罇鄴水朱華光照臨川之筆四美具二難并望長安於日下指吳會於雲間同上分翼軫接衡廬益壯于藩之勢履星辰運樞極佇諧爰立之求余日華賀隆興施帥侍郎眷是眞主之潛龍允爲大臣之歇馬騷人社下足白鷗野水之盟帝子樓前餘孤鶩落霞之興八洲遺愛炳炳如存一榻高風言言未泯余日華賀太平曾侍郎移帥江西啟鍾陵重鎮可以委之樂天集除裴堪江西觀察使制令修於庭戶數月之間而人自得於湖山千里之外王仲舒觀察江南西道八州人前所不便及所願欲而不得者公至之日皆罷行之大者驛聞小者立變春施秋殺

陽開陰
閉云

輿地紀勝卷第二十六

東陽王象之編 甘泉岑鎔淦長生校刊

江南西路

瑞州

高安 八疊 建城 飛山 鍾口 斜口 黃蘗

州沿革

瑞州 上 高安郡 紹興十三年賜郡名高安 漢書地理志豫章郡吳地斗分野 蜀江志云或稱爲斗牛分野按春秋末越滅吳而有之則豫章本非越地而牛女分野當在二廣而非豫章域故舊經惟以漢志爲正山谷江西道院賦曰勾吳之區維斗所直 在禹貢爲揚州之域春秋屬吳戰國屬楚 山谷江西道院賦曰勾吳之區維斗所直半入於楚終蝕於越 秦屬九江郡漢爲豫章郡之建城縣

輿地廣記云自唐以前地理與洪州同三國南朝及隋並屬豫章郡圖經

唐即縣地置靖州武德五年隸洪州總管又以隱太子諱改建城曰高安又改靖州為米州武德十年以有米山之故是年又改為筠州以土產篁竹故名八年廢筠州及四縣併入高安終唐之世以縣屬洪州五代南唐復置筠州保大十年割洪之上高萬載清江高安四縣來屬而治高安皇朝平江南割清江隸臨江萬載隸袁州開寶中隸江南西道圖經在開寶八年詔分高安上高二縣地置新昌縣太平興國中郡守莊綽乞以附郭縣名其郡得旨賜名高安郡國朝會要在紹興十二年今領縣三治高安寶慶初以州名犯今御諱改為瑞州

縣沿革

高安縣 上

倚郭雷次宗豫章記云漢高帝六年置建成縣宋書地理志云中平中析建成分置上蔡縣以上蔡人分徙於此吳孫權又置陽樂宜豐二縣晉武太康元年改上蔡爲望蔡陽樂爲康樂今按郡城門尙有上蔡宜豐康樂三名俗傳古邊三縣路也隋開皇廢三縣入建成唐改曰高安避隱太子諱也舊經云以其地極高平有盤石自然之固故名南唐置筠州爲郭下縣皇朝因之

上高縣 望

在州西南九十里本古上蔡縣輿地志云漢靈帝時分建城置上蔡縣以汝南上蔡人分徙於此因以名之晉改曰望蔡唐武德中併入高安唐僖宗時鍾傳始建高安鎭舊經云南唐元宗保大十年壬子歲分

高安六鄉置縣

新昌縣　望

在州西一百二十里孫權時爲宜豐縣隋廢國朝會要云太平興國七年勑割高安上高二縣於古宜豐縣鹽步鎮立｜｜｜又繫年錄云建瑞州之蕭溪鎮爲縣割高安縣之兩鄉以隸之年月小有不同

風俗形勝

郡負鳳山面錦水蜀江志　江西道院山谷作｜｜｜｜賦序謂江西之俗士大夫多秀而文其細民險而健以終訟爲能名曰珥筆高安南康廬陵宜春四郡並蒙惡聲高安守柳子儀作｜｜｜｜以雪高安之恥山谷爲之賦　大江之西其地僻絕曾鞏州學記　吏民朴野蘇轍聖祖殿記　郡居溪山之間四方舟車之所不

由其人耕稼漁獵其利粳稻竹箭梗柟茶楮其民無事（蘇轍聖壽院法堂記）有泰伯虞仲孝子之風故處士有巖穴之雍容有屈原宋玉枚乘之筆故文章有江山之秀發越吳楚之君好勇故其民樂鬬而輕死江漢之俗多禨鬼故其民尊巫而淫祀（黃庭堅江西道院賦）宋練易餘慶之行義任濤沈吏部之詩歌同叔之早慧凝之之勇退道原之博識鴻文高節光華簡策照映萬世（蜀江志）

郡圃崎嶇高下斷崖深壑宛若洞府澄江遠岫層出聚見於樽俎間一覽而盡溪山之美則他郡所無也（蜀江志）

景物上

東軒 新志云在貢院元豐中欒城居之有種蘭詩曰蘭生幽谷無人識客種丨丨為我香東坡自黃移汝取道訪欒城留丨丨十日有詩

西軒 新志云在大愚寺欒城有詩

西嶺 在新昌縣之東北六十里嶺居西方望東山兀起蹲伏若拜舞狀亦曰拜龍山

北嶺 在新昌縣東北七十里其嶺截出雲外如屏嶂巒峯相倚紫翠萬疊陰晴異色中有飛瀑三四穴誠為奇觀

羊山 寰宇記宋永初山川記云高安縣西有丨丨山上有燃石

龍崗 豫章記云在州西一里

鳳池 新志云在司戶廳之前

滌水 新志云吳虎臣漫錄載荆州記丨丨出豫章康樂縣其間烏程鄉有酒官取水為酒極美與湘東酃湖水同世稱酃滌酒

錦江 丨丨亭在水南大街東下瞰蜀水因以名焉蜀江志新志云錦水在蜀江門外與蜀水事同崔鶠婆娑集有錦溪詩

蜀水 漢書地理志丨丨源出縣內小界山

耆老傳云仙人許遜爲蜀旌陽令有奇術晉末人皆疫癘多往蜀詣遜請救遜輿器水投於上流疫者飲之無不愈也邑人敬其神異故以｜｜爲名蘇欒城有乘小舟出高安詩堤上今有蜀江觀在蜀江門外即此地也

濯湖在新昌縣東門外昔許旌陽濯衣其中至今水清澈不受垢汙土人名爲眞君濯衣湖

熱泉宋永初山水記云艾縣有｜泉如湯以生物投之即爛｜

燃石廣記高安縣出｜｜色黃白而疎理以水灌之則熱著鼎其上足以熟物元康中雷煥入洛以示張華華曰此謂｜｜於是始識其名今蜀江志載高安縣有石炭嶺

火石在高安縣北其石色黑碎之若炭然

金石在上高縣學之前深潭中二石相疊合而分之謂之｜｜

丹井又名玉井在郡圃乃李仙煉丹之井俗傳李仙鑿七井井法極星今州治教授廳井是也

竹庵新志云在郡治

蒙山在上高縣南三十五里周回一百四十里峭壁橫險厥材千尋常有雲靄蒙蔽故以爲名

荷山豫章記云仙人王子喬常駕白象遊此山九域志云山中多紅蓮寰宇記云在高安北三十里山有神靈能興雲雨

米山豫章

記云生禾香茂爲米精美見九域志**囷庵**新志云太守毛維聽所葺欒城有詩**末山**在上高縣西六十里亦名九峰山以其山有九峰突兀亘天出於雲表因以ㄧㄧ名之言其居天末也**劍池**在州後圖乃李仙磨劍之池中有白蓮山谷所謂製ㄧㄧ之荅藟以爲裳者是也**琴嶺**在高安縣南二十里荷山之前形如苯上有仙人足跡及井**聖井**在上高縣法忍寺前半山之間寺每以汲水爲病一日許眞君經遊拔劍插地爲井水泉湧出**謝山**方輿記云卽謝仙君上昇之處見九域志寰宇記云奇峰怪石丹竈履跡猶在其上**敖嶺**方輿記云敖眞君得道之處見九域志又寰宇記云在高安縣北三里敖眞人煉丹之跡猶在**偃松**陸游高安州宅三詠有ㄧㄧ詩云巨松偃翠蓋閱世巋獨存頗疑古仙翁藏丹在其根或是結靈藥百尺有伏黿終隨風雷化不死何足言

高安堂在郡治蜀春堂在郡治無訟堂在郡治新志云後有堂曰山房欒城行詩又有毛維瞻詩二十首疑香堂在郡治覽輝亭在郡治秀春亭在郡治凌雲閣新志云在郡治無訟堂之上披霧亭在郡治松風亭在郡治

浮雲山在高安乃唐張惠感沖舉之地浮雲觀孫志諒高安人於元秀峰栩室修行時人見其上常有雲氣飄飄因號丨丨丨元宗時兩赴闕肅宗召不赴蛻于丨丨丨瑞芝亭在上高縣山谷有記翠樾亭在郡治亦名半山蘇欒城有詩翠微亭在郡治滑臺之上碧落堂在鳳凰山最高頂升其堂郡之井邑皆見荷山列翠於其前居民煙火出沒于其下眞偉觀也見蜀江志皇華館新志云郎今之行衙元豐中蘇欒城謫居本州常假以居公摘中與賈守游中宮僧舍詩云東鄰脩竹野僧家亂柳枯桑一逕斜逐客慣曾迂短策使君何事駐高牙明秀堂在州東下瞰蜀江明恕堂在高安縣塵外亭在高安縣倪思書額沈樞有詩二絶二蘇

堂在城南酒稅務之右祠東坡欒城後又祠黃山谷米元章曰四賢

二遷亭在郡治

二賢堂在州學以祀鄉先生劉道原吳一翁

披仙亭新志云欒城有詩

館仙亭在郡治

懷仙閣在郡治

思賢堂在酒務以祀欒城蘇公

棲眞亭在郡治新志云有郡丞孫大雅記鍾離仙人飛墨草字

棲霞觀在高安縣荷山王子喬所游之地東晉時置三皇觀後廢唐武德初室中聞鐘磬之音有慶雲之瑞開元中復置觀山巔有王子喬丁令威遺壇

飛霞山在高安縣西七十里吳眞君煉丹之處南半峰有一塘塘中有石臺豫章記云吳眞君每齋醮于此山常有鶴數百棲息旬日復去多彩霞覆山上

飛仙觀在高安縣新豐鄉舊曰玉仙許旌陽所游及丁王二仙修煉之地有丹井存

迷仙洞在州後圖郎李八百洞也閉塞不可入紹興壬申太守羅薦建屋其傍曰｜｜｜欒城有詩

祈仙觀寰宇記云晉元康六年道士黃眞君上昇之〻宅

崇元觀在高安縣調露鄉之白鶴山下梁太清二年置按觀記晉丁義眞君女秀英煉丹之

地吳釆鸞嘗就學焉今右圖猶有丹井秀英仙去葬衣冠於觀北至今呼丁仙姑塔今觀右半里有石硤噴雪如廬山玉淵

昇元觀在高安縣來賢鄉舊傳其地有許旌陽經遊仙迹壇嘗生瑞竹一竿政和八年勑取竹入京

資壽院在新昌縣天寶鄉逍遙山按欒城集聰禪師塔碑云逍遙師日僖唐肅宗少子出家事忠國師居逍遙賜田甚廣本朝紹興中寺廢至今有帝子眞身塔猶存

淨覺院在新昌縣西北百十里廣賢鄉五峯山其額唐柳公權書距黃蘗山二十里環寺皆奇峯拔傳燈錄常觀禪師駐錫之地舊有蘇文定公夫人史氏印施楞嚴經標指要義十卷每卷末有文定親書佛弟子史氏印施周益公跋記後併刻于石

務農溪在高安東三十里其水自新建流出高安入蜀江

慈光洞在上高西四十里緣梯而下然後有門入昔兵戈之時民逃于此壁間題云唐乾符二年黃巢作亂在此逃避

香爐峯在上高縣九峯山相對形如丨丨

禮架嶺在高安縣西北六十里嶺峻多石洞深且闊兵火間士民多避寇於洞寇亦不能害有石筍高七八丈號挿天石

度

門院在新昌縣北三十里舊曰石門有樞密聶山讀書堂**石臺山**在新昌縣南二十里中有清涼禪院東坡欒城嘗游焉有詩贈長老問公**玉井亭**在郡治舊名方沼**玉晨觀**在高安縣東七里晉黃仁覽胡斗煉丹淬劍之地俗呼黃仙觀元豐中蘇欒城與太守毛維瞻來游有白鶴翻飛終不返黃冠憔悴只躬耕之句**白雲山**在高安縣西北七十里下有超果寺丨東西有澗皆有瀑布水柳州教授孫伯瀘有記謂之小麻姑**黃蘗山**在新昌縣西一百里廣賢鄉一名鷲峰山舊傳昔一僧自西土來謂此山似吾佛國靈鷲山故以名唐宣宗微時以武宗忌之遯跡為僧游方至黃蘗與黃蘗禪師同行觀瀑布黃蘗得一聯句云千巖萬壑不辭勞遠看方知出處高宣宗續之曰溪澗豈能留得住終歸大海作波濤出庚溪詩話**金雞嶺**在上高西南五十里俗傳常有丨丨出因以名之**黃鳳嶺**在上高縣西九十里俗傳昔有鳳集于此其色黃因以名之**白象石**在高安縣西南四十里荷山豫章記云昔王子喬駕丨丨來遊象化為石因以名之**鳳凰山**蜀江志曰

州衙在｜｜｜麓新志云唐武德時應智頊作守鳳凰集于此山

蛟蜃穴新志云在州西欒城有詩

龍化山在州西上蔡門外有開善禪院

龍珠嶺在高安縣西北三十五里

雞鳴峰在高安唐道士張惠感天寶中丹成功滿有神人降于壇曰翌日雞鳴當飛昇矣今人呼其山爲｜｜｜

鸞臺院在上高西四十里有小鐵鐘云大吳乾正五年鑄

鳳嶺山方輿記云在上高縣西七里唐靖州應刺史李邑人歸附百姓康[審]數年之中鳳凰見山

鸞峰山九域志有｜｜｜蜀江志云亦名黃蘗山在新昌縣西一百里上人六有異僧自西北來見此山曰甚似吾國中靈鷲山因以名之

大愚山新志云在州東行春門外有眞如寺慶元中太府寺丞呂祖儉上書忤權臣安置本州寓寺中因號大愚叟又冷齋夜話云余還自宋崖館于高安｜｜｜

雞籠嶺在高安縣南三十里其形如籠因以名之

小洞山新志云在州西北有清居寺欒城與太守毛維瞻會於此探菊有詩

小雲居資教院在高安縣來賢鄉一名｜｜｜蘇欒城有次韻王適游｜｜｜詩又紹

聖間以門下侍郎再謫瑞雨中游｜｜｜有詩

三聖嶺　在洞山金剛嶺之東昔雪峰欽山巖頭三僧庵居于此嶺悉有異迹因名焉

四溪洞　在上高縣西八十里棲眞院之側洞前一石佛洞深數里後有孔穴可出

五龍崗　蜀江志云州衙在鳳凰山後按｜｜｜前臨蜀水郎明眞人學道之所

五峰山　在新昌縣西一百里東有歸雲積翠二峰西有折桂峰羅漢峰中有佛巖峰凡五

五色泉　在新昌縣淨惠院側土人謂之乳泉取而酌之五色光瑩

八疊山　方輿記云在高安縣西北三百二十里以盤曲之數名寰宇記亦同蜀江志新昌縣北八十里有八疊嶺

八疊川　輿地廣記云在上高縣

八行科　曹滑政和五年何㮚榜進士出身姚旦政和八年嘉王榜上舍出身

九峰山　在上高西五十里其峰有九奇秀峻聳因以名之蔣之奇題詩云緣澗攀崖入翠霞寺僧猶記舊鍾家芙蓉秀出天河外我欲名爲小九華

十以齋　在郡治

萬松山　見金剛嶺下

多寶峰　在上高縣蒙山之下

貫珠泉　在上高縣又名普潤泉自石竇出復經行

地中謂之丨丨丨**煉丹井**新志云在郡治後李八百故迹欒城有詩**磨劍池**新志云在郡治後圖李八百故迹欒城有詩**鍾口江**在高安縣南三十七里豫章記云昔有人於此水濱獲古鍾九乳形制奇甚時人相傳以此水出鍾故名之**斜口水**輿地廣記云在上高縣**華陽水**在高安縣西南一百里流入蜀江**若耶溪**在新昌縣一名鹽溪自分甯縣界發源出零江入上高東流入蜀江**蒙山洞**在上高縣南三十里有上下兩洞上洞不可遊歷玉沼當戶下洞可遊其廣函丈其深不可究中有石佛石僧石獅子坐羅漢坐之類又有石立巖間上下無所附謂之無根石**洞山院**在新昌縣太平鄉西南五十里有太宗仁宗所賜碑本御書飛白草字及經傳等六十卷并鍾傳鐵釜經文有楊行密銅鍾元豐間蘇欒城有與洞山文長老詩又有雪中洞山黃蘗二禪師相訪詩**逍遙山**新志云在州西唐元和七年以元陽觀從焉今爲妙陽宮又新志載丨丨丨在州城西北舊曰元陽觀天寶中賜額在五龍崗李明香故宅元和移今所南唐改紫極宮本朝大觀

改妙眞宮新昌縣亦有丨丨丨在縣北古二十里**蓬萊嶺**在上高縣西北七十里**翰苑**

臺在新昌蜀江志云鹽臺一名丨丨丨**相公堆**在新昌縣晏元獻公舊宅**仙姑洲**在上高西六十里昔有仙女經遊于此每水漲此洲隨水而長**仙人石**在新昌石上有仙人足迹因以名之**仙聖洞**在上高西五十里洞中石佛石鍾等宛類蒙山洞**羅漢石**在上高縣之水南聖槃寺之側江畔**金剛嶺**在洞山山中記云昔第十代祖智慧禪師栽松於此嶺每栽一本誦金剛經一卷因以名焉亦曰萬松山**觀音泉**在上高縣九峰山之下**飛仙廟**新志云在州治東南即射香眞人祠也

古跡

陶淵明書堂在新昌縣延禧觀之七里山又有淵明洗墨池在書堂前有墳墓猶存延禧觀

有淵明祠又有淵明故里在義釣鄉晉陶氏有田園在焉至今居人皆陶氏按古圖經載淵明家宜豐縣東二十里後起爲州祭酒徙家柴桑暮年復歸故里因以名鄉焉

劉凝之讀書堂在高安縣宣政鄉靈山院知縣范擇能立祠于法堂之右併其子道原壯輿塑像祀之扁曰冰玉堂

康樂故城新志云在州西一百九十里謝靈運繙經石及登山之路猶存寰宇記云在高安縣東北四里宋武帝二年封臨州內史謝靈運爲康樂侯兢第即其地也其城外周迴山水謝公無不遊宴有書臺石硯猶在

許眞君栢集仙觀在高安縣西南四十五里有｜｜｜｜手植古｜三株丹井在焉

鄧敖洞在上高西四十里故老相傳昔｜｜二眞人於此修煉因以名之

劉仙洞在高安縣南三十里均山其洞門穴甚多貫穿

唐沈彬墓九域志

唐天復二年銅鐘在今萬載清泉院唐天復二年徐乾壽捨地建寺并鑄鐘

官吏

陳承昭穎川人昇元中築羅城濬溝洫於縣治創虛窻疊閣遂廡深庭見南唐殷觀新建關城碑王顔南唐時爲高安令伐楚納四十城降八九萬兵李璟特置此州以寵之保大十年到任張亢皇祐九年到任毛維瞻元豐三年到任與蘇欒城唱和余襄公靖嘗謫監本州酒稅在職二年今集中所載詩文高安縣記洞山傳法記皆公居郡時所作也呂鎭公呂吉用父鎭國公嘗爲新昌尉鎭國公嘗題詩惠照院云到此未逾月沿封十往還路危頻駐馬力勸怯登山親老雜辭祿時平可養閒自憐清節苦誰爲達天顔今尉廳石刻尚存丞相生於新昌廨舍爲蘇轍文定公初謫高安在元豐元年再謫在紹聖元年其後紹興九年太守鮑貽遜爲思賢堂畫其像以祠之又東坡自黃移汝時子由爲此州酒稅道過高安爲子由畱十日遊行眞如謁照公長老畱詩十韻崔鷗字德符陽翟人舉進士再調本州推官徽宗以日食詔求直言鷗上書極論章子厚姦邪徽宗覽而善之

以爲相州教授見事略

鄭滋建炎元年責授祕書少監分司南京本州居住李綱之罷行營使也滋當其請詞頗肆醜詆故有是命二年復徽猷閣待制以言者論滋爲李綱所惡謫非其罪也繫年錄

范同紹興十一年責授祕書少監本州居住同始贊和議爲秦檜所引及在政府或自奏事檜忌之故也繫年錄

人物

晉黄輔字萬石建城安仁鄉人有高行事親以孝聞州郡舉孝廉晉穆帝時仕至御史清直有節操時晉政不綱權臣擅命賢者見幾遠遁輔之子仁覽仕青州從事非其志父子褰裳歸西山從許旌陽遊傳稱仁覽得道昇仙

隋應智頊建城調露鄉人賦性剛毅遭難不懼隋大業開蕭銑林士宏攻掠江南應於華林山置雲棚城召義兵保靖一方武德五年歸唐高祖以爲靖州刺史功德及民民

愛之如父母唐廖洪康樂鄉人唐大中九年父母亡捧土為墳結草廬居號慟屢絕髮以不沐如璮廉使京兆上其事勑旌表門閭宋練高安人唐孝友傳序高安宋練數世同居天子旌表門閭賜束帛鄧璠袁州圖經云璠高安人元和中權知袁州興崇學校有古循吏之風詔令再任任濤高安人數舉不第而工於詩季騭廉察江西特免郡役有援例訟者騭判曰江西境內為詩得及濤者卽與免役濤詩清婉多佳如露團沙鶴起人臥釣舟流至今傳誦事見摭言曹渭姚旦八行科蔡經國詞學兼茂科晏庭俊陳化成陳友直熊能軍謀宏遠科黃子淳明法新科姚振恩榜狀元李思元唐賢良科盧肇唐狀元又見袁州沈彬字子文高安人嘗夢著錦衣貼月而飛識者知其當以才名驚世嘗賦夢仙謠云玉殿大開從容入金桃爛熟沒人偷鳳驚寶扇頻翻翅龍怯金鞭或轉頭又憶仙謠云日月漸長雙鳳睡桑田欲變六鼇愁又觀山水圖詩云須知手筆安排定不怕山河整頓難吳先主授以祕書郎有湘江詩云數家

魚網疏煙外一岸殘陽細雨中

易延慶 上高人以德行稱見唐允功二賢堂記按國史孝友傳延慶仕至大理寺丞居父喪有玉芝十八莖産於墓側又産紫芝一本好事者繪爲圖徐鉉爲之賦

晏殊 祖墉唐咸通中卒官江西始著籍于高安祖父客游臨川故殊生撫州

劉渙 字凝之高安人進士及第爲潁上令棄官家于廬山之陽歐陽永叔爲廬山高以美之黃魯直亦贈詩云棄官清潁尾買田落星灣身在菰蒲中名滿天地間其爲諸賢稱慕如此子恕公後立祠于學

劉恕 字道原讀書過目即成誦前代史傳私記雜說無所不覽溫公奏其修書嘗曰光之得道原猶瞽者之得相也其倚重之如此王安石與恕有舊欲引見修三司條例辭以不習金穀又條陳所更法令不合衆心者宜復其舊安石怒遂與之絕

劉羲仲 字壯與有父祖遺風仕至修史檢討嘗褰裳去蔡京曰吾但知有天子不知有權臣既忤蔡京不復仕卒於廬山有祠在鈞山故居

趙師民 上高人及子彥若相紹爲內相有仁宗神宗兩朝宸章藏于家

唐允功 高安人號曰書廚丞相趙鼎嘗書潛心居士四字以

贈紹興中侍郎趙子瀟郡守會遜俱以賢良薦之不果上

仙釋

道士許遜 東晉大甯之間與其徒十二人散居山中能以術救人疾苦民尊而化之至今道士比他州爲多婦人孺子亦喜爲道士服壽聖院法堂記

六祖馬祖 唐僧六祖以佛法再傳馬祖而興於江南於是高安有五道場而客僧接迹蜀江志有

李八百 神仙傳云蜀人歷夏商周世見之時人計其年八百歲然華林實錄言明香眞人乃丨丨丨之妹高安稱蜀水八百蜀人之說必有因焉見蜀江志新志云有丨丨丨洞在郡治後圖五龍崗蘇欒城有詩

明香眞人 蜀江志云李八百之妹也初修道于華林元秀峰後於峰南六十里五龍崗設壇醮道成沖舉唐天寶中卽其地爲元陽觀

梅福眞人 字子眞於此有宅今爲靈虛觀亦呼梅仙觀舊有記云眞人故家於此近山上

之山名曰尉山以眞人嘗爲南昌尉此山卽其家山也然按漢書福九江壽春人有小不同

黃仁覽 字紫庭許遜以女妻之遜少學於豫章吳猛盡傳其道仁覽遂學於遜後同父母家屬同許遜昇天政和二年封沖道眞人新志有筋竹廟在高安縣東北十五里之東岡風俗記云廟去｜｜｜故居祥符觀一里紫庭爲青州從事時嚚家不行每夕取青竹杖噀水化龍乘歸置杖於此曉又乘去旣仙鄉人立祠置杖所

劉仙翁 不知其名今新豐之均山洞前居民姓劉自言其子孫本朝元祐間有劉渙恕爲時名臣郎其後也

敖眞君 按方輿記上高縣北五里有敖嶺乃眞君得道飛昇之所

高安狂人趙吉 兩目皆翳自言生一百二十七年矣元豐三年蘇轍謫居高安生來見日吾知君好道而不得要陽不降陰不升故肉多而浮面赤而瘡教轍挽水以溉百體經旬諸疾皆去又嘗往黃州見東坡後尸解于興國軍

滕甫 甫嘗苦風眩有道人贈藥方名雲遇丹服之立愈因謂左右曰此藥名甚怪豈非得高安乎果除高安已拜命不復至郡旋被識擢偏歷清要事見麗元英文昌雜

錄

大愚禪師 高安人少遊方得法於廬山歸宗禪師還庵於大愚灘頭因號｜｜｜｜｜｜

俱胝和尚 開善禪院在上蔡門外｜｜｜｜自婺州金華游方抵此結庵按傳燈錄俱胝和尚參天龍和尚一指頭禪一指示之俱胝大悟將卒謂衆日吾得天龍一指頭禪一生用不盡言竟而寂葬于望仙門外今婺州金華俱胝寺見有｜｜｜｜眞身與此不同｜

寶覺圓明大師德洪 一名惠洪字覺範新昌人姓彭氏禪學造詣釋注金剛楞嚴經博通儒書能文尤工於詩名動京輦與陳了翁黃山谷游山谷贈以詩稱其韻勝不減秦少游氣爽絕類徐師川韓子蒼宰分甯惠洪從高安來館之雲巖寺寺僧三百各持一幅紙求詩於惠洪斯須立就有甘露集林間錄冷齋夜話天厨禁臠行于世張無盡陳了翁鄒志完諸公評其詩文以爲晉唐以來詩僧之冠韓駒子蒼誌其墓

問長老 新昌報恩院治平中改日清涼禪院有東坡欒城贈｜｜｜詩問嘗手寫蓮華經字如黑蟻臥不就席者二十年故坡詩有誰信吾師非不睡睡蛇已死得安眠欒城有滿團布衲一繩牀心地虛明睡亦忘之句

惠欽 顏曾

公戒壇記云｜｜徐孺子之後削髮於高安之龍崗寺開元末北遊京師名動輦轂祿山亂南歸洪之西山

良价禪師

高安洞山｜｜｜｜問雲巖和尙百年後忽有人問還邈得師眞如何祇對雲巖曰但向伊道卽這箇是師良久雲巖曰承當這箇事大須審細師猶涉疑後因過水覩影大悟前旨

戒禪師

冷齋夜話云蘇子由責高安時雲庵居洞山有聽禪師蜀人居聖壽寺一夕雲庵夢同子由出迓五祖｜｜｜聽亦夢同迎｜｜｜｜俄東坡書至曰已至奉新旦夕可相見子游攜兩衲候於城南逮山寺東坡至坐定理夢事以語坡曰軾八九歲時時夢身是僧往來陝右叉先妣方娠夢一僧來託宿瘠而眇雲庵驚曰戒陝右人也失一目暮年棄五祖來高安終於大愚逆數蓋五十年東坡時年四十九矣後與雲庵書其略曰戒和尙不識人嫌強顏復出亦可笑矣

碑記

唐淨居寺碑寺在上高縣西四十五里舊曰龍居隋
開皇九年置唐正觀三年廢大歷三年
復寺有碑施肩吾中和二年石刻唐二賢廟在高安
文太和時進士縣謂露鄉應智項
幸南容之祠有莆田黃滔｜｜｜｜｜｜記廟立於
正觀初元和時敕南容修之寶歷景午里人併祀南
容李德裕爲袁州普濟院碑院在上高北十里武泉
長史爲書祠額山南唐保大中僧義從
再築有同五代楊溥浮橋記在州西五龍廟下載僞
光中記吳楊溥乾正二年浮橋
記云南唐新建筠州碑在鳳凰山之碧落堂碑南豐
云乃南唐保大十年立
曾鞏學記在州學東坡書大愚石臺山詩在本山欒城書
郡圖八詠在郡圖山谷書道院賦在州治蜀江志學職雷公編
高安志郡博士幸元龍編瑞州志序周徐

詩

歸時不怕江波晚新有虹橋水上橫欒城飛橋日出萬

人來前人一樽花下夜忘歸燈火尋春畏春晚前人陪太守毛

維瞻夜游北園北園春草徑微微前人朝來賣酒江南市日暮

歸爲江北人前人微官終日守糟缸風雨淒淒夜渡江

前人遍入僧房花照眼細看芳草蝶隨行前人但須匹馬

看幽勝攜取青樽到處開前人與王適於太平寺觀花東郊大愚

山自古薝蔔林前人遊大愚山錦水入市河朱紫滿城多市

與錦水通瑞州出三公錦水市河連瑞州出狀元古讖

詩 按牘稀疎意自閒欒城郡庭十日無斷決前人白首爲

郎舍清朝剖使符一麾榮父子千里接江湖懷安軍志載李

大臨送張職方出守高安送君守筠郡走筆報筠人老大偏諳事清廉不負民懷安軍志蘇老泉送張職方筠陽舊是朝天路六十來年行信州楊萬里詩國家都大梁瑞當孔道故萬里詩云南國一麾守知公安此行家山雖萬里子舍只鄰城驛問中宵至風謠連畛聲定應持課最同命到天京懷安軍志載范蜀公送張職方出守職方名正其子公紀亦守衡州實爲鄰郡故詩云子舍只鄰城

四六

郡城幽邃介居吳楚之鄉臺府深嚴逈取江湖之勝崔正言州治新堂上梁文惟瑞爲州夙號江西之道院貫蜀之水亢爲錦里之主人李劉回瑞州施守

輿地紀勝卷第二十七

輿地紀勝卷第二十八 文選樓影宋鈔本

東陽王象之編　甘泉岑鎔銓長生校刊

江南西路

袁州 宜春　袁江　康樂　安成　宜陽　袁山　仰山　鍾山

州沿革

袁州 上　宜春郡軍事九域志 禹貢揚州之域晏公類要 天官星紀爲斗分前漢地理志云吳地斗分野豫章屬焉 春秋時爲吳地寰宇記舊圖經以爲春秋時爲百越之地不同當攷 戰國屬楚宜春志 本秦九江郡地在漢爲宜春縣屬豫章郡漢高帝六年分九江置豫章郡今按漢志豫章郡所統十八縣宜春預焉 後漢因之宜春志 吳立安成郡領宜春等

六縣吳志又沈約宋志云孫皓寶鼎二年分豫章廬陵長沙立安成郡領宜陽縣晉武平吳因之至惠帝時屬江州元和郡縣志云晉元帝以來屬江州而寰宇記亦云晉元帝過江分桂陽武昌安成三郡置江州通鑑晉惠帝元康元年已分荆州之十郡置江州與此不同當從通鑑又沈約宋志亦云晉惠帝元康元年以安成等十郡置江州孝武改宜春縣爲宜陽縣避太后諱也寰宇記云晉太康元年平吳改宜春爲宜陽避太后諱也象之謹按晉改春爲陽非在晉武平吳之時乃孝武時也沈約宋書於富陽縣下書富陽本曰富春晉文簡鄭太后諱春孝武改曰富陽於安成郡之宜陽縣下亦書曰本名宜春晉孝武改名則改春爲陽當在孝武時非武帝平吳之時特二君之謚皆有武字而孝武紀元亦有太元寧康二號字皆相近故後人誤以孝武爲武帝以太元寧康合爲太康耳今依沈約宋志書於孝武之時宋齊梁陳因之輿地廣記隋平陳廢安成郡置袁州因袁山以爲名元和郡縣

志及寰宇記並在開皇十一年煬帝改宜春郡大業初年隋末林士洪蕭銑迭有其地唐平蕭銑復置袁州元和郡縣志云武德五年討平蕭銑置袁州後屬江南西道開元二十一年改宜春郡天寶元年復為袁州乾元元年五代楊氏李氏竊據其地宜春志皇朝平江南地歸版圖九朝通畧開寶八年王師平江南得州十九袁居其一舊領宜春萍鄉割萬載自今瑞州來屬開寶八年又立分宜縣在雍熙元年

今領縣四治宜春

縣沿革

宜春縣 望

附郭寰宇記云本漢舊縣漢高帝六年灌嬰定江南於此築城漢武帝封長沙定王子成爲宜春侯晉以太后諱春改爲宜陽隋復爲宜春縣縣側有暖泉從地湧出夏冷冬温瑩媚如春飲之宜人故曰宜春縣自唐迄今爲州治

分宜縣 望

在州東八十里舊爲宜春之安仁鎮國朝會要云雍熙元年分宜春縣地置分宜縣宜春志云以其地分自宜春故曰分宜

萍鄉縣 望

在州西一百四十里元和郡縣志云本漢宜春縣地吴寶鼎二年分立萍鄉先隷吉州開皇十一年屬袁州以地多生萍草因以爲名又寰宇記以爲楚昭王渡江得萍實於此與元和志所紀不同當攷沈約宋志亦曰萍鄉侯相吴立

萬載縣 緊

在州北八十里寰宇記云本高安縣地吳順義元年分高安進城康樂高侯等四鄉置萬載場唐保大十年陞高安縣爲州遂陞萬載場爲縣以屬焉國朝會要云開寶八年自本州割隸袁州宣和三年改名建城紹興元年依舊

風俗形勝

士力學而知廉恥民樂耕而好儉嗇太守阮閱作無訟堂賦山水秀麗鍾於詞人寰宇記云又有宜陽集以載其姓名西有盧氏弋林東有彭氏釣渚盧肇記自唐有舉場登科實繁江南諸郡俱不及之晏公類要縣出美酒隨歲舉上貢刺史親付計吏晉道地記事見寰宇記無訟名堂阮閱舊聞袁人好訟來守是邦詞牒不盈百因

以無訟名堂用雪袁人之謗云宜春醇酎王烈之記云｜｜｜隨歲入貢又吳錄云宜春有美酒士大夫秀而文細民險而徤黃庭堅學記以袁爲冠見學記下連出狀元會昌三年盧肇爲狀元會昌五年易重爲狀元蕭定治最第一柳渾理行高第朝廷嘉之類要儒風之盛甲於江西人物載在信史在漢則有陳重在唐則有盧肇黃頗諸公相繼而出張九成袁州學記州小地狹賦稅及時人安吏循閭里無事韓昌黎文集

景物上

一覽在郡齋景韓堂之後長春在郡齋留春在倅廳問月在郡齋先月

在萍鄉縣治

宿雲 在倅廳

月村 在萍鄉縣治

雲山 在郡治

日涉 在宜春縣

瀲源 在郡齋祖無擇立

隱齋 在郡治南軒張公栻命名

廉堂 在東湖

遜堂 在東湖太守祖無擇有記

梅軒 在錄事廳

菊坡 在郡圃

東湖 在州東城外三十步郡守祖無擇於湖上建亭榭爲遊觀之所有樂遜廉堂遜堂休亭銷暑風亭月臺采香閣采珠閣南軒爲書東湖扁榜

南水 在州南仰山之前

西池 在州城外西唐乾元中刺史鄭審開池上有故城潭木瓜島薔薇州柳堤釣磯

西陂 在州西南十里唐元和中刺史李將順決陂水入城以通航船時人謂之李渠

袁山 在州東北五里周回二十里昔有高士袁京居之故號袁山州之得名蓋本諸此

謝山 在萬載縣北七十里因謝康樂封邑得名又云謝眞君昇仙之地

盧石 在州東城外因狀元盧肇石奇秀可愛後建｜｜堂

李渠 唐志云州西南十里有李渠引仰山水入城刺史李將順鑿

昌山 寰宇記云在州東六十里舊名傷山後改曰昌山顧野王輿地記云晉永嘉四年羅子魯於山

峽堰斷爲陂從此灌田四百頃**仰山**在州南八十里周回一千里高聳萬仞不可登陟只可仰觀以此得名有寺曰太平興國禪院及二王廟胡致隆題仰山詩云山下清泉迸石流山前松竹自家秋猿吟古寺偏深處雲集諸峯最上頭一老有靈飛崒堵二神無語鎖寒湫諸天更在藤蘿外欲到峯前恨末由**震山**在州東十里前有巨石有彭證君釣臺**響石**在州南三里獅子嶺後聲傳響答故名響**聖岡**在萍鄉東有聖岡廟即晉甘卓廟袁及作記衆山迤邐望之蒼翠曰聖岡**靈泉**即宜春泉在縣西四里李景夏丨丨記云泉宜作酒**夢水**在州東八十里寰宇記云鍾儀欲於此村置立縣夜乞夢果符所祝及瘠因名其水**秀水**在州北門外即袁江故城北北門曰秀江門山**風洞**在分宜木石參錯清風出焉**雷塘**在州東北七里方三頃昌黎集有雷塘禱雨文柳集亦有之**乳洞**寰宇記宜春有石穿山今乳洞是也**米沙**在州東九十里鍾山有水噴白沙如米以候歲豐**弋林**在震山巖**釣渚**在震山巖盧肇記西有盧氏弋林東有彭氏釣渚**鵰山**在州東二

景物下

十里鵰多集其上故名**鸞溪**在州北六十里**獺徑**在州南八十里有龍潭乃仰山神之本居禱雨無不應**龍江**在萬載縣北縣中有龍方市謂此也**五臺**宜春化成仙女湖罡釣臺二**峽**牛欄昌山鍾山**銀山**在萬載西十五里有禪定院**鐘山**在州東九十里裴子野宋畧云永嘉元年因水有大鐘從山流出驗其名是秦時樂器因以爲名**甘泉**在州北十五里有丨丨院**温泉**州圖云去州南三十里有丨丨以生鷄卵投之卽熟水中猶有魚焉**寒泉**在萍鄉東二十里溉田甚廣**石室**宜春記云郡有丨丨山數室相連素壁若雪萬象森羅於其所**石筍**在萬載縣北二十里南唐鍾傳宅前石峯聳立人以爲鍾令公丨丨**石鍋**在萬載縣南七十里巨石中有泉天欲雨則雲氣自水中起如炊煙故名

景韓堂在郡齋祖無擇立　敬簡堂在郡齋　勤順堂在郡齋　平易堂在宜春縣　風月樓在郡齋　雙桂堂在倅廳　雙清堂在倅廳　四益堂在郡齋郡守張杓刻魏公所書四益銘於其中　多勝樓在郡齋　不欺堂在宜春縣　無訟堂太守陳閣有記　無倦堂在宜春縣　節正堂在郡齋　浩然堂在郡齋祖無擇立　浮香樓在浩然堂之西　慶豐堂在郡齋　清心堂在郡齋　澄源閣在郡齋今廢　難禪閣在司理廳黃庭堅有記　愛民堂在分宜縣　潺潺閣在仰山廟右廡下自溪前引水遶廟潺潺之聲不絕留題者甚衆　昭昭堂在宜春丞廨閔公實有記　嘯月亭在木平山興化院　棲霞閣在城內高眞觀王冀公題刻猶存　翠靄軒在化城巖取李衞公賦中語積杉松之||　綠陰亭在倅廳後又新喻縣王冀公布衣時作記今猶存　三友堂在倅廳　萬景亭在宜春臺上今慈濟院佛殿是其遺址　集

雲峯在州南八十里歲旱人望其峯雲勢濃盛雨卽至有二龍號叔季爲神甚靈

需宴亭唐房相作詳見碑記下

徐仙亭夷堅志云袁州萍鄉縣興教寺後有｜｜｜古老相傳初有徐君居此地每日見一黃犬往來頗異之訪其主無能知者遂誘而烹食之蓋黃精也因是仙去後人於故基築亭爲一邑之勝處壁間留題詩詞數百千篇唯卓世清和東坡卜筭子一闋最可稱云流水一灣西晚坐孤亭靜不見高人跨鶴歸風竹搖淸影往古與來今休用重重省十里梅花雪正晴月挂遙山冷

蟠龍寺在宜春之｜｜山寺四面皆山壁湍瀑飛瀉寺前有龍門閣平揖雲峯蓋勝境也今爲恭成皇后功德院

盤龍山在州南五十里自大路至山頂凡三十六曲今爲永慶禪院

望鳳山在州西北七十里中有一峯遠觀似鳳故名

臥龍洲在州宅北有益州塘塘中二島名曰｜｜｜

馬鞍山在州東十里有證君釣臺其山形似馬鞍故謂之｜｜｜

羊角峯在州東十里雙聳如｜｜｜故名

鷄籠山在州東二十里以形似故名

魚袋山在州西北五里

龍鱗木在萍鄉縣東本檀香木客有用錢六十緡市其木將伐之其木夜生龍鱗不敢伐今猶存

龍鳴寺在萍鄉縣西南寺額郎宋之問書有回鸞返鵲之文

龍姥廟在州治東六十里

龍成巖在萬載縣西九十里巖深九房有石如列仙者以百數有石鐘扣之如鐘聲有石硯巖溜注之墨橫硯上筆在硯傍皆石也

鳳凰臺在州北七十里

獅子嶺在州南一里草木鬱茂形如丨丨故名之

白鶴嶺在分宜西唐順宗賜爲觀名曰丨丨今又名仙溪觀

黃龍潭在萍鄉縣東百二十里有葛仙壇壇側有丨丨丨

金龜石在萬載縣西當道傍其形如龜故名

金鷄山在萬載縣北有巨石在山下遇衣丨丨現故名

石屋山在州西北三十餘里洞深百餘丈有石柱石鍾石鼓叩擊有聲

石乳洞在州東三十里有石觀音石亭石井石田石盤石鍾石鼓之類不一

玉溪洞在州東城外半里

銀山洞在萬載縣西十五里可容數百人避寇者多居之又宜春有裏大洞及下石陂洞皆容千餘人靖康中避寇者多居之

鍾山峽在分

宜縣東十里其水即宜春江也曾有漁人垂釣得一
金鎖引之數百尺又得一鐘如鐸形漁人舉之有聲
如霹靂天地晝晦山川震動有一山摧漁人皆沉于
水或曰此秦驅山鐸也事見范子長皇朝郡縣志
白塔山在萬載東南三里有紫極宮在州治之東唐
明貞院及白將軍墓明皇題名｜｜
｜今爲紫蓋山在萬載縣舊傳昔謝仙嘗紫微觀在
天慶觀遊此紫雲蓋之因名焉萬
載縣西三十里奉湯周二仙香火失其錦繡谷在州
名字世傳西晉之亂二仙棄官隱於此東城
外玉溪洞中水晶巖在萬載鳴玉池在州治之西唐
有衆花處縣北刺史張公翃今
改曰疏泉又卓劒泉在萬載縣西門外昔謝仙小仰
有｜｜亭過此以劒刺地而泉湧出
山在州南三十里晉鄧表修五峯寺黃魯直送密老
煉飛昇之所今號鄧表峯住五峯詩我行
高安過萍鄉七十二渡遶羊腸水邊林下逢衲子東
西南北古道場五峯秀出雲雨上中有寶坊如側掌
去與青山作主人六君子在州宅西軒宣和中因齋
不負法昌老禪將前生竹六根不疏不密若

鴈序然太守趙資道以｜｜｜名之有碑記

九房石在楊岐山下傍有玉女殿內有九房相映如屏風

九曲水在州城南五里有｜｜縈回二十里

百丈山有宜春縣界下有民姓章以孝義聞數世同爨後遇二銀人託宿得白金千斤因致富

萬勝崗在州東五里九國志云吳柴再用嘗討劉景崇陣於崗南大敗之

泉江水在萍鄉縣東三十里有泉出江中故名｜｜有絲花菜可食黃庭堅詩云絲絲花出泉村

桃源洞在分宜之上樂里石室虛曠有石鐘石磬扣之有聲直此一室天窗虛明石帆至地攀躋而上所見愈奇

太平山在州南七十里山有三峯有興化禪寺

楊岐山在萍鄉縣北七十里世傳楊朱泣岐之所有玉女殿石中出五色氣謂之玉女拔衣殿有石房九所相映如屏風山下有普通院及隋煬帝壇

羅漢巖在萍鄉縣北六十里

羅漢松在萍鄉縣寶積寺寺後有二聖堂有山谷手植｜｜｜士夫多有題詠

尊者竹宜春崇勝院法堂後有新竹出乎其類初目爲竹狀元郡相吳儲以爲非雅邑丞請更名竹尊者

相臣

禾大觀四年仰山太平院園中產穀一本兩莖七穗張商英進瑞禾圖高躅作大雅十三章曰彼脩者木相臣報上也相臣得異禾 **仙人房** 萍鄉有石室六七丈有房九所｜｜所居之房 **望夫石** 在分宜縣西十里地名｜｜堰舊傳有婦於此望夫不至化爲石晉人有詩望夫子古堰化石一眞身 **仙女臺** 在分宜縣南五里昔有牧羊者登山遇兩仙童對奕 **玉女堆** 輿地志云在萍鄉有山名｜｜天將雨有五色雲氣故名｜｜｜ **玉女殿** 在楊岐山下傍有｜｜｜廣六七丈直入可五間 **石姥山** 在萍鄉縣其形如姥故以名之 **玉女峯** 在萍鄉縣東顧野王輿地志云天若雨即有五色雲氣湧出石間熙甯中王觀有詩 **毛仙山** 在萍鄉縣東五里方輿記云昔人行過此山逢一人偏體有毛言詞聰智異於凡人故名 **仙人石** 在萬載縣仙遊巖有石形如道士服居人謂之｜｜｜ **仙遊巖** 在萬載縣西十五里有石鐘扣之淸越又有石如道士狀稱爲仙人石 **仙女嶺** 在州西三十五里地名淸歷即恭成皇后所居 **康樂水** 在萬載縣東北

去縣三十里自謝山源出南流郎康樂侯謝靈運嘗遊之水

宜春水 寰宇記云出縣西四里其水甘美堪作酒晉道地記云縣有美酒隨歲舉上貢刺史親付計吏

羅霄山 寰宇記引王孚安成記云萍鄉之｜｜｜澤水所出傍出石乳天旱以木長三四丈投井中卽雨井溢浮木出而止

洪陽洞 寰宇記按神仙傳洪陽先生所居洞府洞門去地高四十丈峻險巉巖寒泉清冽杉檜千尋亦縣之勝境也今按宜春志在州西十五里有石室七十二間有石仙佛像之類及晉宋人留題

仰山寺 世傳二神捐地與小釋御築菴之所今有貝多葉梵書佛牙舍利藏焉寺爲江右名刹古松夾道飛瀑湍激似非人境堂殿多黃庭堅書額

興教院 在萍鄉縣後有徐仙亭士大夫多題詠

興化寺 在本平山寺有飼龍亭嘯月亭景物清絕不減仰山

保安院 在南門外二里有浮圖七級郡守阮閎作記

明教院 在宜春舊井水煎之成鹽今塞

開元寺 在郡北寺有唐光啓三年洪州刺史鍾傳所鑄鐘

通元觀 在萍鄉晉三眞人修煉之所詳見仙釋門

靈應觀 在萬

載謝仙飛昇之所也見仙釋門

妙淨寺 在宜春縣東五里前有泉石後有石潭館皇祐中郡守韓綜嘗爲院記

逍遥觀 在萬載縣東二十里黃庭堅詩云衝雨萬載道中得逍遥觀遂託宿戲題逍遥近道邊憩息慰憊懣

雲峯洞 在萬載縣西九十里洞內有石鐘石磬仙佛之狀多不可計

盧簫洞 在縣東一百二十里洞之中有一壇曰葛仙壇洞之側有潭曰黃龍

古跡

古城 寰宇記云在萬載縣東北四里宋武帝封臨川內史謝靈運爲康樂侯以侯就第卽此地也其城周迴謝公無日不宴遊有書堂石硯存焉

萍鄉古城 寰宇記在縣東四十里又號爲甘卓壘

甘卓嶺 在萍鄉縣方輿記云晉甘卓領兵於縣東王鑒傳云建名將於安成連甘卓之壘卽此也又有聖崗廟卽甘卓廟也

康樂城 在萬載縣晉武帝更今名卽謝靈運封侯國也又有謝山

康樂水

燕王寨在萬載縣湯周山上鐵搶石壇迄今猶存每亢旱民舞雩其下登時雨至

楚王臺在萍鄉縣北舊經云即楚王渡江獲萍實處又云今萍鄉縣西北有楚昭王廟及香水渡即其處也然寰宇記以爲袁州春秋時屬吳舊經以爲屬越然昭王在春秋末年已於此獲萍實又似屬楚三者俱不同當攷

韓公廟在州治東三十步唐韓文公自潮陽移刺袁州本朝皇祐中太守祖無擇築室

李衛公祠在化成巖公爲本州長史日寓居於此皇祐中郡守韓綜嘗記其事刻石祠之巖上

祖無擇祠在州學無擇治袁有美政邦人祠之于學

仰山廟在州南廟居東北六十里古老相傳昔有邑人徐潘舟至大孤山見一人稱蕭大分一人稱蕭陸云居宜春仰山石橋與同載而歸至浦東告別而去期後至石橋相尋後潘見二龍於此會昌三年大洪水移廟於文明鄉去郡三十里與建巖祠迄今盛焉今廟額曰孚惠黃庭堅書

謝靈運讀書堂在萬載縣東北四里

鄭谷讀書堂在仰山東莊昔鄭都官谷退居于此

盧肇讀書堂書堂山在宜春

之西南三十里唐盧肇嘗讀書于此又有讀書堂在分宜縣東十里以狀元名

盧肇故居 今為宜春縣學有洗硯池在秀水之北乃盧肇狀元洗硯之所產龜小而綠毛昔有數龜遊池上未幾與計偕者多高薦

李德裕讀書巖 在州西北五里開化院後因為祠有亭名仰山軒曰倚巖曰翠靄亭曰振鷺後又創亭曰仰高曰容安史記日覽勝曰潄石曰嵌空皆在化成巖上

定王冢 漢長沙王子成封宜陽侯卒葬于州東南一里

官吏 封建遷客附

晉謝元 封康樂侯 **謝靈運** 襲封康樂侯 **謝宣遠** 為太守 **唐房綰** 字次律河南人天寶五載為宜春太守首立學官建文宣王廟于州改栁郡治李華撰房公德銘曰昔撫宜春列邦是式栁宗元為之碑廣德末為袁州刺史陰云理我袁人不勝其懷 **閻瑜** 當兵革之後專務德

招集叛亡四民復業**柳渾**大歷間拜袁州刺史酌古良牧之政宜於今者奉而行之渾舊名載後改名渾**鄧璠**高安志云璠瑞州之高安人也元和中權知袁州興崇學校有古循吏之風詔令再任

李將順元和中爲袁州刺史決水入城以通舟楫郡人利之目曰李渠**韓愈**字退之元和十四年貶潮州刺史後改刺袁州袁人以男女爲隸過期不贖則没入之愈爲計傭得贖所没歸之父母者七百三十一人因與約禁其爲隸奏乞以在袁日免傭之政推之天下尋著于令又唐詩紀事丨丨量移袁州刺史有詩云北望詎令隨塞鴈南遷纔免葬江魚

李嘉祐謝克家記嘉祐文集云上元中嘗爲台州刺史大歷間又刺袁州**蕭定**嘗爲袁潤等州刺史大歷中差天下刺史治最定與常州蕭復濠州張鎰爲第一而劭桑稼均賦稅集徠游口在鎰復右唐書

崔倕建中初德宗謂大臣求可當良二千石者遂以倕權爲袁州刺史朞月有成詔書顯揚就加眞秩見劉禹錫集**李德裕**太和八年爲袁州長史德裕在袁日禮進士盧肇後爲狀頭**南唐劉仁贍**爲袁州刺史儉於身

裕於民居官可紀一新州治

皇朝祖無擇皇祐中知袁州招李泰伯入學講說建韓文公祠修鄭都官墓為韓文公立廟碑

鄒浩常州人以言事貶復官監袁州酒稅有謝表見文集中

阮閎建炎元年知袁州作無訟堂記

張希顏景德間宰萍鄉時有殿直范延貴押兵過金陵張詠為守問曰天使沿路曾見好官員否延貴曰袁州萍鄉知縣張希顏好官員也詠曰何以知其好答曰延貴昨過萍鄉境驛傳橋道皆修葺野無惰農肆無賭博市易不喧夜宿邸中更鼓分明知其為好知縣也詠曰天使亦好官員也詠乃薦于朝

王琪有江南十詠

曹伯玉荊公有寄袁州丨丨丨使君詩宜春城郭繞樓臺想見登臨把一杯濕濕嶺雲生竹箘冥冥江雨熟楊梅政成定入邦人詠詩就還隨驛使回

王覿哲宗朝為司諫極言章子厚之黨四人朋邪害正由是子厚罷又論小人欲陷君子必以朋黨名之所當謹察為諫議論右丞胡宗愈之過紹聖初貶袁州居住再貶澧州事畧

陳瓘字瑩中南劍人徽宗朝為右司員外郎以書抵曾布論日錄及國用事布怒罷知泰州尋除名編管

袁州移廉郴事畧 **張栻** 嘗自左司員外知袁州言行録 **王師亶** 郡志云袁州月樁歲額八萬八千餘貫紹興末年先君子爲宜春簿嘗作文誌月樁之苦今減二萬五千餘貫自先君子啟之

人物

黃綰廖洪以孝行著楊鴻袁福以義門顯彭雲鄭谷進退合道盧肇黃頗文章著名 宜春志序 **漢陳重雷義** 漢獨行傳載陳重宜春人少與同郡雷義爲友俱以孝廉爲郎義黜重亦以病免鄉里人爲之語曰膠漆自謂堅不如雷與陳 **黃頗** 宜春人師韓退之爲古文 **盧肇** 字子發宜春人李德裕爲宜春長史嘉肇文行異禮之及肇薦送而德裕爲太尉曰喜今榜已得狀元矣已而果中第一肇詩云嗅道是龍君不信果然奪得錦標歸後爲集賢學士又摭言云肇初赴舉先達問袁州出舉人耶答曰亦有也沅江鼈甲九肋者稀 **彭伉** 唐詩紀事伉宜春人既登第伉妻族有湛賁者猶爲郡吏伉妻即湛姨也妻族賀伉

坐皆名士伉居客右而貢飯於後鬬其妻責之曰男子不能自强貴感其言力學一舉擢第正元十二年第三人伉力郊遊聞之失聲墜驢袁人謔曰湛郎及第｜｜落驢至今袁州之西有落驢橋 鄭谷字守愚史之子也七歲能吟詩司空圖見而奇之光啟中中進士第谷工於詩與僧齊己俱有詩名齊己吟早梅詩曰前村昨夜數枝開谷曰數枝非早也未若一枝齊已不覺下拜自是乃呼爲一字師 沈彬字子文宜春人唐末離亂隱雲陽山與浮圖虛中齊已俱有詩名 宋齊邱萬載人爲南唐相 王毅宜春人登南唐進士第作玉枝曲當時狎客盡尸素直諫犯顏無一人又云君臣猶在醉鄉中一面已無陳日月 李奇字子正宜春人性慷慨不事產業悉以產業分兄弟及卒有族人以詩哭之云祖來產業分兄弟身後詩書遺子孫 李觀史傳諸書過目即成誦登第爲括蒼倅題詩直廳有有自知不是公侯貴夜夜江山入夢來之句 高漸萍鄉人登熙寧進士第後上書乞正元祐元符二后君妾之位後坐黨籍刻姓名於黨碑 李師愈分宜人登政和第再調貴池丞未上即隱于家

榜其堂曰見一

黃嘉 萍鄉人靖康中與陳東同伏闕上書

知浹 繫年錄云汾州人知書通春秋左氏傳好直言岳飛以賓客待之飛初下吏浹上書聲其冤秦檜怒併送理寺獄成浹坐杖流袁州

仙釋

晉三眞人 三眞人者易退楊慧陳珗也三人相與結廬于九疑山鍊丹閱二十九年丹成以永嘉九年凌雲仙去後人置九疑觀以祟奉之今名上眞觀在萍鄉

謝仲初 萬載人修煉於閤皂山得道而歸過縣西見其無水拔劍刺地涌泉甘絜過江無舟以竹渡之後登謝山冉冉飛去故名其嶺曰上昇嶺

回公 在城浴室院嘉祐中有野士自稱｜｜至浴院以墨一餅贈僧爲寓客取去乃黃金也他日回復至僧白其事與僧同出寺門不知所在

羅昇 宜春人以屠狗爲生一日李子明遣人受道於昇後忽徧辭親戚奄然而逝後數日客有見其貨藥於瀏陽市者蓋尸解也

無盱畦道

人邵武人得道挾術行於市其述懷詩云落魄塵寰觸處然深藏妙用散神仙筆端間作龍蛇走壺裏常挑日月圓紹興末年

唐子正從者 子正桂州人往來宜春有一從者以其行疾恐其竄去遂遣歸自全州一千餘里日午已到袁州雷書驛吏以呈唐云大抵有心求富貴到頭無分學神仙

小釋迦 仰山智通大師諱圓寂有神通妙用至仰山忽有二白衣曰弟子山神也願捨此與和尚居止有異僧乘空而來作禮師前日特來東上禮文殊却遇｜｜｜遂出西天貝多葉梵書示師作禮而去今書葉猶存

佛印禪師 了元初住雲居移仰山師臨行寫一偈暗語云清簡出世已而果然佛印嘗與東坡往來問禪

希祖禪師 住仰山參學者不遠千里而來師平日重擇交遊惟張無盡陳了翁相與莫逆

詩僧虛中 宜春人唐末遊湖湘與齊己輩爲詩友司空圖有言懷詩云十年華嶽峯前住只得虛中一首詩

德一禪師 宜春人宣和五年入京師時旱師一日陞座祈雨雨果大降後至臨安祈雨亦果霈然

會禪師 宜春人有道行住楊岐山

中有措大巖有大蛇常入寺盤旋於師之**仰山禪師**側師乃爲授戒或遣去則不敢頃刻留張喬贈丨丨丨丨仰山因久住天下仰山名井邑身雖到林泉性本清野雲看處盡江月定時明髮鬢曾相識今來隔幾生

惠寂禪師

傳燈錄仰山丨丨丨丨嘗謂香巖曰汝只得如來禪未得祖師禪也坡詩云未知仰山禪

碑記

唐劉禹錫碑 萍鄉楊岐山廣利禪院唐開元中廣利禪師塔劉禹錫作碑銘尚存

唐黃頗文宣王廟記 頗宜春人爲文與盧肇相上下所著書千餘篇獨郡庠文宣王廟記存

袁州學記 皇祐中祖無擇營建州學李泰伯爲之記章友直篆柳淇書出號爲三絕碑熙豐閒館學第天下學記以袁爲冠

上眞觀記 在分宜南唐徐鉉爲之記

乘廣禪師碑

集古錄唐劉禹錫撰并書劉申錫篆額碑以元和二年立在袁州 **唐相國房公銘之陰** 柳子厚文有云唐之大臣以姓配公最著曰房公相元宗肅宗其理袁人袁人不勝其懷李華銘公之德刺史王涯爲刻石 **舊宜春志** 童宗說編 **宜春新志** 郡守滕强恕序

詩

莫以宜春遠江山多勝遊 韓文公 水與荆巫接山通鄢郢長 唐劉長卿送弟至袁州 秀水東奔彭蠡浪萍川西注洞庭波 唐袁皓過萍川題梵林寺 一尺詔書天上降二千石祿世間榮 唐彭瞻賀袁州鄧使君 宜陽出守新恩至 劉長卿送柳史君赴袁州 月明行路聞猿斷花暗山城見吏稀 前人 袁山大小雙螺並秀

水東西一帶橫古詩州有大袁山小袁山故里仙才若相問一春攀折兩重枝唐易重登第內庭再考復中選寄宜春弟姪君歸爲說龍門事雷雨初生電遶身唐楊鄴登第後送人歸宜春百尺古松松下寺寶幡珠蓋晝珊珊閑庭甘露幾回落青石綠苔猶未乾唐易偲題龍興寺山秀雲成葉江湍浪作花本朝陳兵書題化成巖天窗通月影地穴透江津晉胡徽題洪陽洞春漬苔紋沿石塔月含松韻雜琴聲王欽若題棲霞閣風送江聲穿郡郭日推雲影下峯巒劉孚隆題宜春臺爲憐綠葉四時在不可朱欄一日無王雲題此君軒雪霜難與挫高節風月自然生好音前人題竹聲亭江抱羅村蟠玉帶地開石井湧銀濤張景

修題鈐祠廟脩篁萬箇玉生煙芳木千名花欲語向潘北野長語
只今頭上半儒冠誰肯公庭弄舌端試問毛錐將底
用奪標他日萬人看汪應辰序云宜春土俗愿朴虛蒙珥筆之名因傳氏求詩作數
語爲邦人洗之小亭高古占城闉地迥全無一點塵時有行
雲自來去晚來施雨欲留人本朝王孝先題通雲亭一派泠泠
繞檻淸塵襟洗滌自涼生夜深如夢才驚破疑是半
天風雨聲本朝婁乾曜題潺潺閣濕濕嶺雲生竹菌冥冥江雨
熟楊梅王荊公送袁州史君曹伯玉詩山臨睥睨常多雨夜接瀟湘
畏及秋李嘉祐宜春郡齋愁坐京華不管三千里客淚如今一
萬雙若箇最爲相憶處靑風黃竹入袁江前人袁江口憶友人

怨抱霜枝向月啼數聲淸遶郡城低那堪日夜有雲雨便似巫山與建溪崔江宜春郡城聞猿

四六

州小地狹賦稅及時民安吏循閭里無事韓愈袁州謝表　水流五色見玉女之披衣輿地志云萍鄉有山名玉女臺大將雨卽有五色雲氣湧出石閒居人謂之玉女披衣　石列九房卽仙人之築室記室新書云縣有石室六七大閒房九所云仙人所居房　接衡湘之奧壤有韓柳之遺風事迹　宜春古郡江右奧區同上　事簡民醇山明水秀同上

輿地紀勝卷第二十八

輿地紀勝卷第二十九 文選樓影鈔宋本

東陽王象之編　甘泉岑鎔 淦 長生 校刊

江南西路

撫州

臨川 臨汝 金溪
靈秀 峩峯 石廩

州沿革

撫州 上 臨川郡軍事 九域志九 禹貢揚州之境 元和郡縣志 於天文爲星紀之分野 臨川志引漢地理志云豫章吳地斗分野亦爲星紀辰在丑晉天文志云豫章入斗十度臨川屬豫章則爲斗分野明矣 春秋時爲吳境 寰宇記晏公類要及皇朝郡縣志並以爲屬吳而輿地廣記則以爲春秋爲百越之地大抵袁吉虔撫四州之地諸書皆以爲屬吳惟輿地廣記則端以爲百越之地他亦無所考據郤於虔州下引吳起相楚悼王南平百越於

是屬楚然考之地里虔吉二州包地綿遠與廣爲鄰介嶺表以立郡指以爲越尚或可據至若袁撫二州皆內地也不應例指以爲百越之地故袁州新編圖經於百越之地及越星分皆削而不取云越滅吳左傳哀公二十三年其地屬越越既滅吳地當屬楚戰國時楚敗越其地屬楚輿地廣記以爲戰國屬楚他書皆無所指定然通鑑周顯王三十五年楚敗越盡取吳故地則其地亦當屬楚秦併天下屬九江郡在漢爲豫章郡之南城縣地漢高帝六年分九江置豫章郡今按漢志豫章郡所統十八縣南城預焉後漢和帝分南城北境爲臨汝縣寰宇記續漢書郡國志云臨汝屬豫章寰宇記三國時吳主孫亮分豫章之東郡南城今屬建昌軍臨汝今屬撫州二縣置臨川郡沈約宋志載在太平二年自晉以來諸縣廢置不一東晉又於境內立巴山郡陳

封文帝爲臨川王隋平陳罷郡爲州時總管楊武通奉使安撫卽以撫州爲名因廢巴山郡爲崇仁縣屬撫州又改臨汝爲臨川縣（並在開皇九年）煬帝改撫州爲臨川郡（大業三年）唐平林士洪復置撫州領臨川南城邵武宜黃崇仁永城東興將樂八縣（寰宇記在武德五年）尋省東興永城將樂三縣又割邵武屬建州（寰宇記在武德七年）又省宜黃縣（武德八年）隸江南西路（開元二十二年）改臨川郡（天寶元年）復爲撫州（乾元元年）五代僞吳升爲昭武軍節度（順義元年）南唐李氏因之又割南城縣置建武軍（盱江志載在開寶二年）國朝平江南降爲軍州事（國朝會要云僞吳爲昭武軍節度開寶八年降爲軍州事）中興

以來隸江南西路繫年錄云紹興四年七月詔撫州建昌軍依舊隸江南西路今

領縣五治臨川

縣沿革

臨川縣

倚郭本漢豫章郡南昌縣地元和郡縣志云後漢和帝永元八年析南城縣爲臨汝縣屬豫章郡寰宇記云吳孫亮太平二年置臨川郡以臨汝縣爲郡治於郡南更置西平縣晉改爲西豐梁分臨川北境置定川縣隋平陳改臨川郡爲撫州改臨汝縣曰臨川又省西豐定川二縣入焉臨川志云隋唐或更爲郡爲州而皆治此邑皇朝因之

崇仁縣 望

在州西一百九里元和郡縣志云本後漢臨汝縣地吳孫亮太平二年分臨汝爲新建縣屬臨川郡梁普通三年改爲巴山縣輿地廣記云梁置巴山郡以縣隸焉隋平陳巴山郡縣俱廢置崇仁縣屬撫州唐志云武德五年析置

宜黃縣八年省

宜黃縣 望

在州南一百五十里臨川志云本後漢臨汝縣地吳孫亮太平二年分置宜黃縣屬臨川郡然寰宇記於宜黃縣沿革則以梁大同二年立宜黃縣於撫州沿革則以爲吳太平二年以南城臨汝二縣置臨川郡而增置宜黃等八縣則是宜黃非置於梁武矣沈約宋志云宜黃縣吳立也寰宇記州縣沿革所引不同今從沈約宋志又云隋平陳廢宜黃縣併入崇仁縣故隋志臨川郡下無宜黃縣唐武德五年復置隸撫州八年省乾德六年李煜置宜黃場後復爲縣國朝會要云開寶元年以宜黃場置宜黃縣年月似不同然乾德止於五年即改開寶是乾德六年即開寶元年也李煜是時雖未賓服而已用國家正朔故耳

金谿縣 緊

在州東一百二十里寰宇記云本臨川縣上幕鎮其山崗出銀鑛嘗爲銀監周顯德五年析臨川及餘干縣地立金谿場國朝會要云淳化五年改場爲縣舊傳上幕嶺東有小谿水色如金縣之取名以此

樂安縣

在州西二百四十里紹興十九年江西諸司奏以崇仁包數縣之地疆土濶遠山嶺重複盜賊出没請析崇仁永豐之地於二邑之間創置一縣朝廷從之國朝會要云紹興十九年割本州崇仁吉州吉水兩縣地於詹墟建縣名爲樂安俾民樂業安居也與縣沿革小有不同繫年録云紹興十九年正月乙未置撫州樂安縣割崇仁吉水四鄉隷之

監司沿革

提舉茶鹽常平司

象之謹按常平始於熙寧茶鹽始於宣和中興建炎以來併歸提刑司紹興四年茶鹽司依舊中興小歷紹興十五年王鈇言常平一司錢穀斂散宜專使領之乞復置諸路提舉官詔以爲提舉常平茶鹽事恐置司在此時今臺治在城中不言置司始於何年

風俗形勝

潁汝水以爲城江西||||||謝康樂集序云臨川在臨川俗同豫章隋志與兩粵七閩犬牙其疆獨孤及撫州新亭記麾震揖巽朝

辛附癸前臨川志云中和五年刺史危全諷始遷今治扆震揖巽朝辛附癸壯溪山複疊之勢而無舊治卑偏之陋撫非通道故貴人蓄賈之遊不至多良田故水旱螟蝗之菑少其民樂於耕桑以自足故牛馬之牧於山谷者不收五穀之積於郊野者不垣曾鞏擬峴臺記地大人庶冠冕一路而人物盛多亦異他邦周益公進士題辭曰此邦非特——若晏元獻之進賢好善王文公之文學行誼曾南豐之主盟斯文汪公革以奇才冠南省陳公燾以板援遜大魁皆後來所當思齊者其俗風流儒雅樂讀書而好文詞堂溪先生謂臨川在江西瀕汝水以爲城而靈谷銅陵諸峯環列如屏障四顧可揖昔有王右軍謝康樂顏魯公爲之太守故其俗風流儒雅喜事而尚氣有晏元獻王文公之爲鄉人故其人樂讀書而好文詞五峯三市臨川志云臨川城中有——五峯或

謂郎青雲嶺逍遥嶺鹽步嶺蕭家嶺與夫慶嶺而五 分竹南州 梁簡文帝與蕭臨川書應||||剖符千里 靈谷銅陵諸峯環列如屏障四顧可挹 見上堂溪先生文 地參閩蠶人本輕清 權載之集

景物上

思軒 臨汝志云軒在撫州倅治倅林燧所立荆公寄題||詩名郎此地昔徘徊天誘艮孫接踵來萬物尚歌餘澤在一軒還向舊堂開所謂名郎指燧之祖水部也水部當太宗時嘗通判此州下云艮孫則指燧 **恭軒** 陳軾字君式居於撫州黃土橋荆公有陳君式大夫||詩曾子固亦爲賦詩東坡名其園日中隱堂曰老圃公詩云||靜對此堂深新斸檀欒一畝陰膝下往來前日事眼前封殖去年心陳手植綠竹一叢於所居側四時葱倩後其子開一軒對之命曰恭舒王曾公足弟來歸里閈必游息

賞玩而去

射亭在金谿縣飲歸之亭也曾南豐嘗作記云金谿尉注君爲尉之三月斥其四垣爲丨丨既成教士於其間而名之曰飲歸之亭荊公詩因射築兹亭序賢仍閱兵庶民觀禮教羣寇避威聲

柘岡在臨川荊公送黃吉父將赴南康官歸金谿詩丨丨西路白雲深想子東歸得重尋亦見舊時紅躑躅爲言春至每傷心公雖徙居金陵而念鄉里每切又詩丨丨西路花如雪回首春風最可憐又荊公送吳彥珍詩丨丨定有辛夷發亦見東風使我知吳所居在丨丨

梅嶺寰宇記在南豐縣西南一百三十五里與虔州虔化縣分界有丨丨水出焉

譚山寰宇記在南豐縣西南百二十里其山出箭簳

靈谷王荊公丨丨詩序曰吾州之東南有丨丨者江南之名山也龍蛇之神虎豹翬翟之文章楩柟豫章竹箭之材皆自山出而神林鬼冢魑魅之穴與夫仙人釋子詼譎之觀咸付託焉至其淑靈和氣盤礴委積於天地之間萬物之所不能得者乃屬之於人

墨龍韓子蒼龍記云丨丨在大成殿前池中忽時水黑有物出鳴蜥謂之丨丨此物每見上之試于有司者得人必多卒以此爲驗咸平間御

史黃公符詩云往往吐烏雲依依如皂蓋

墨池王羲之爲臨川內史有丨丨羲之學書池上池水盡黑其地今爲州學南豐會輩有丨丨記

石廩類要云在臨川縣東三十九里狀似倉廩可容千斛荀伯子臨川記曰廩口開則歲儉閉則年豐見九域志

石鼓方輿記云在宜黃水邊形如鼓故名

杯山寰宇記在崇仁縣西南一百四十里以山頂如盂杯故名

朱井在王右軍故宅

金峯撫州朱井有荆公題字云皇祐庚寅自臨川始錢塘過宿此嘉祐戊辰自鄱陽歸臨川再宿朱井詩云十年再宿丨丨下身出飄然豈自知山谷有靈還笑我紛紛南北欲何爲集中無此詩見李石林注

金山慶歷四年臨川金場內獲自然丨丨子一坐重二十五斤八兩郡守王周上之有詔褒美今刻石在郡齋

玉田有丨丨觀在崇仁縣即晉蕭子雲種玉之地

鹹池陳司法黃法𣯀崇仁縣人侯景亂法𣯀助高祖有功故老相傳云法𣯀有奇術常欲變置鹽池於家山下今水味獨鹹於他水

溫湯郡國志云銅山下有溫泉常沸湧可煮魚肉寰宇記在臨川縣西三十二里

沸湖南去崇仁縣四

十里乃杜光庭煉丹之所舊常沸而龍居其下今不復沸矣紹興中山頂夜有光次日鋤之得古瓦器上有｜｜二字

汝水　晏公類要云在臨川縣東北六里自石門通流三百里入洪州界有湍瀨三十五所

巴水　在崇仁寰宇記云源出巴山浴流合寶塘水

盱水　寰宇記自南豐縣西南源出南當山南流經縣至南城入州

軍山　會文昭公｜｜廟碑｜｜南豐之望也考於圖記其高十有九里餘二百步其上四峯崛起望之蒼然其旁飛瀑一瀉千尺其下龍穴投以鐵石雨輒隨霔其產竹箭材章利及比壤縣固多山而茲山傑出見於百里之外宜其其為此邦之望也

驪塘　荆公送鄧監簿南歸詩云不見｜｜路茫然四十春鄧臨川人名鑄

西津　在州之西去城五里荆公次韻十四叔賜詩留別窮冬追路出｜｜得侍茫然兩見春

清風閣 臨汝志云在臨川荊公清風閣詩飛甍孤起下州牆勝勢崢嶸壓四方遠引江山來控帶平看鷹隼去飛翔高蟬感耳何妨靜赤日焦心不廢涼況是使君無一事日陪賓從此傾觴

擬峴臺 裴使君材嘉祐間守臨川築臺名曰擬峴以形擬峴山也荊公詩云君作新臺擬峴山羊公千載得追攀歌鍾隱地登臨處花木移春指顧間城似大隄來宛宛溪如清漢落潺潺時平不比征吳日緩帶尤宜向此閒

見山閣 在通判廳王荊公見山閣記通判撫州太常博士施侯爲閣於其舍之西偏既成與客升以飲而爲之名曰見山閣

籊龍軒 在正覺寺下荊公題正覺相上人籊龍軒詩云風玉蕭蕭數畝秋籊龍名爲道人畱不須乞米供高士但與開軒作勝遊此地七賢誰笑傲何時六逸自賡酬侵尋衰境心無着尚有家風似子猷又詩云北軒名字繆平子愛此吾能爲賦詩山雨江風一披拂籊龍還自有吟時

金石臺 古讖云金石臺分丞相出文昌堰合狀元生

忠孝堂 在郡治繪王太傅祥顏魯公像于中

魯公堂 顏眞卿爲撫州刺史故祠之

釣郡有王祥抑冰池故也

鼇亭在樂安丨丨溪上　茱萸亭在王羲之故宅九日遊賞之處也　峩峯山在臨川晏公類要云在臨川縣西四十七里謝靈運有詩本名銅山唐天寶中改今名近年以來參預李公壁作書院於其上以所攜書萬餘卷藏焉以惠後學　靈秀山金谿縣有靈秀山及金谿水　金谿水在金谿縣　金華山在樂安縣西北三十里平地卓起石峯高數千仞形如覆瓠上有華蓋三仙壇宇履之若有聲　金柅園臨川郡有金柅晏元獻公詩云臨川樓上柅園中十五年前此會同一曲清歌滿樽酒人生何處不相逢　玉笥山在崇仁縣大歷四年顏魯公記　玉清觀九域志云本名景雲祥符元年改今名　金窟山在金谿縣東前有丨丨又有仙人麻鞋迹宛然而存　寶蓋山在崇仁縣號江南絕頂形如寶蓋故號寶蓋寰宇記云上有浮邱先生壇王郭二眞人昇仙之地顏魯公爲之記　寶唐水輿地廣記在崇仁縣　寶應寺在臨川縣北四里本謝靈運翻經臺唐大歷四年有觀察使魏少遊奏置刺史顏眞卿立碑　銅斗山曾文昭公銅斗

院記云在金谿縣南二十里山能出雲雨弭苗害爲一州七縣之望

銅斗院 曾文昭公記云院無圖記有識於佛像者曰唐麟德二年歲在乙丑距今四百二十有七年矣然則其興蓋高宗之世抑猶在其前歟其經始者曰獎禪師至宋雍熙二年僧守淩居之再傳而至僧承及院初陋於是侈而大之

翠雲山 在金谿縣有瀑布治平中儒士胡采發榛荊而出之有躍馬泉試茗泉鳴玉亭皆見於王文公詩詠

綠雲橋 在臨川縣六里

白華巖 在金谿郎山巖也巖主是寶月禪師熙豐間人居巖之絕頂持戒誦經猛獸循伏客至則遣去又能以慧眼知人善惡事李生無咎慕師之風棄儒從之荊公送李生白華巖修道詩云白華巖主是金仙假此山僧學道禪珍重此行吾不及爲傳消息結因緣

烏石崗 烏石崗距臨川三十里荊公烏塘詩烏塘渺渺漲平堤堤上行人各有攜試問春風何處好辛夷如雪柘崗西又詩云烏石崗頭躑躅紅東江柳色漲春風

祥符觀 王荊公大中祥符觀新修九曜閣記臨川之城中東有大丘左溪水水南出而北并于江城之東以溪爲隍吾廬當丘山

自北折而東百步爲祥符觀觀岸溪水東南之不奄乎人家者可望也

英巨山 寰宇記云在臨川縣荀伯子臨川記云巖內有石人坐盤石上人體有塵穢則興風潤則致雨晴日遍體清涼如玉瑩淨

靈谷山 寰宇記在臨川縣東三十里山中有石靈像因以爲名按荀伯子臨川記曰縣巖半岫有瀑飛流分於木末映日望之如掣練

靈運池 山頂有池舊傳云謝靈運爲臨川太守日遊於此此據圖經臨汝志附見臨川縣恐圖經以割隸而言也

上幕嶺 蓋金谿水之所自出在本縣

文昌堰 舊經云上直文昌星故得名又傳地識以堰名爲大魁之占郡庠在水之西與堰相對因立文昌堂及軒以揖之右丞相張公詩有星文占地讖巽水直江流之句

臨川水 晏公類要云臨川水在臨川縣東九十里一出定川流十里與汝水合流本名定水天寶勅改今名

臨川山 在崇仁縣南六十里舊名巴山天寶六年勅改今名

臥氷池 在郡城東王祥乃琅琊人世傳沂水歲寒氷厚獨祥臥處闕而不合臨川舊亦有氷泮之異谿是疑信相傳豈祥避地廬江遂成遺跡耶賢者所至有益

於風教如此張右丞詩云雖履猶堪貴前賢況可師**試茗泉**在州之金谿翠雲院荊公｜｜｜詩此泉地何偏陸羽曾未閱坻沙光散射寶乳甘潛洩靈山不可見嘉草何由啜但有夢中人相隨掬明月

豐材山寰宇記在崇仁縣西一百九十里本名麻山天寶六年勑改爲｜｜｜荀伯子臨川記云登之者望廬嶽彭蠡皆在其下**虎頭洲**在臨川縣治平中郡人李權夢張樂送至洲上俄登科授慶州司理　蓋虎頭之應**羊脚石**在城內尼寺其石形如｜｜光瑩異常唐末危全諷遣人斸觀石熱如火逼人　不可近舊有壁記**鼇頭石**在樂安縣治之前山麓皆石骨下瞰溪流有靈鼇赴海之狀故名**象眼山**在樂安縣治之東山形起伏如象蓋縣之主山也**鳳臺山**在宜黃縣北門外五十步上有三仙祠祈禱尤應**躍馬泉**在樂安縣翠雲院飛流濺瀑中有二石如｜｜王　文公有詩**西甯水**寰宇記在崇仁縣西南一百七十里源出仙蓋鄉流入汝水**崇仁山**輿地廣記在崇仁縣四十一里寰宇記云舊名羅山天寶六年改｜｜｜**宜黃水**寰宇

記在宜黃縣東南二百六十里源出黃土嶺合章水至西津與汝水同流

佛跡寺 類要在臨川縣東二十里晉有釋迦像遺跡於此唐天寶九年號｜｜｜

望仙山 在臨川縣北九十里高四里周回二十里絕頂上建立壇宇世傳王郭二真人望華蓋浮邱仙之處因以名之

招仙觀 王荊公｜｜｜記云在安仁郭西四十里祥符中嘗廢四五年而道士全自明以醫游其邑邑之疾病者賴以治而皆憂其去人相與言州出材力因廢基築宮而畱之全與其從者一人爲畱而觀復興

閤皁山 山形如閤其色如皁以是得名陶弼詩云萬仞天然閬閤形陰陽不似衆山青一區海上神仙宅數曲人間水墨屏華表鶴歸春谷響玉京龍起夜潭腥可憐張葛無人繼三級高壇拂杳冥

𥗽崙仙遊觀 在樂安縣乃吳自宜真人上昇之地餘丹十七粒瘞于楓下環山數十里紫雲紛郁覆冪累日

鮑公水 ｜｜｜在臨川未詳鮑公何人荊公詩村南｜｜山山北｜｜｜高穴迢遠源泠泠落山背

雷公山 寰宇記在臨川縣南六十里山上有祠守州縣四時致祭

百丈嶺 寰宇記在南豐

縣西南八十里高百丈南劒州將樂分界**江南絶頂**華蓋山在崇仁縣形如華蓋又號｜｜｜｜

古迹

巴陵府即巴山故城或謂嘗爲折衝府故俗猶呼曰｜｜｜**廢巴陵縣**寰宇記在崇仁縣西南一十三里隋大業九年置十四年廢**廢新建縣**寰宇記在崇仁縣西南九十里吳太平二年置隋開皇九年併入崇仁縣**廢安浦縣**在崇仁縣西南二百六十里吳太平二年置開皇九年併入崇仁**廢西甯縣**在崇仁縣南六十三里吳太平二年置隋開皇九年併入崇仁

峩峯書堂李石林謫臨川嘗營｜｜｜｜李注荆公閒居遺興慘慘秋陰綠樹昏荒城高處閉柴門之句有云此必未去臨川時作公年尚少也公故居在一城之最高處與余｜｜｜｜相近**軍山廟**曾文昭公｜｜｜碑云舊傳吳芮嘗攻南粤駐軍此山其將梅鋗祭焉禮成若有士騎麾甲之

狀彌覆其上因號軍山邦人祀之蓋自此始唐開元中復見靈跡迺大建祠宇承事益虔後其廟屢徙今其盱水之陽者南唐昇元三年之遺址也祈禳輒應元符三年詔下封神爲嘉惠侯廟曰靈感｜｜｜

謝康樂祠在郡治**顔魯公祠**在郡圃張拭爲記**王文公祠**在城內文公坊本文公舊宅也陸九淵作記**康樂翻經臺**在郡城寶應寺宋書云謝靈運爲臨川內史於此翻大涅槃經顔魯公爲之記又荆公詩云內史文章祇廢臺**王右軍故宅**在臨川縣東三里荀伯子臨川記云義之嘗爲臨川內史置宅於郡城東高坡名曰新城旁臨迴溪特據層阜其地爽塏山川如畫**右軍墨池**｜｜｜｜在臨川學宮荆公送劉和甫奉使江南詩爲我聊尋逸少池公鄉里故云爲我**王荆公故宅**在鹽步門即公所居今有荆公祠堂荆公過山即事詩鹽步庭闈眼欲穿**杯山三聖**有廟在樂安縣**陶侃母墓**晏公類要按雷次宗豫章記云侃母諶氏新淦人墓在臨川南五十里抱村岡侃至孝母葬感仙人來弔化爲雙鶴而去今臨江軍新淦

亦有墓未詳孰是

官吏

王羲之為臨川內史今有墨池故宅猶存後人於其處立茱萸亭重九遊賞之處謝靈運為臨川內史有翻經臺何昌寓南齊丨丨武帝永明元年為臨川內史不妄交遊通和汎愛郡政清白士君子多稱美之殷鈞梁殷鈞為內史體羸多疾閉閣臥治而百姓安之盜奔出境唐杜佑丨丨丨丨為刺史為政洪易不尚纖察掌計治民物便而濟撫人鑱石以攄盛烈戴叔倫叔倫為刺史作均水法耕餉歲廣權載之集云其阜人成化也則撫人飫三年之惠張鎰為司戶見事迹李承唐丨丨為刺史課績連最以廉正稱見舊史本傳國朝李先守撫州人稱為照天燭臨川志逖遠丨丨丨丨守撫州薄租緩刑邦人祠之謝邁集有記王仲山丨丨丨丨建

炎中守撫州政先慈惠修城　蘇緘仁宗朝進祕書丞
訓兵給事李公以政績聞　知崇仁縣崇仁江
西大邑也民喜講田訟有數十年不決者公尋其根
株及造質劑之歲月一斷以法未半歲庭無畱訟邑
人赴州及遮部使者　劉子翼紹興六年知撫州||
畱公再任清源集　|除直祕閣候終更日
令再任以中書言其治郡有
方賑濟宣力故也繫年錄

人物

樂史　宜黃人母夢異人令吞五色珠而生史史仕江
南歸朝舉進士嘗編寰宇記二百卷子黃目舉
進士仕至給事中有四子自作詩云老夫兩度穿楊
葉稚子三人折桂枝惟有黃裳年尙幼嫦娥已約後
年期及有慈　瑞州志殊祖墉唐咸通中官江西
竹詩在世　晏殊始著籍于高安祖父客遊臨川故
殊生撫州七歲善屬文人目之爲神童眞宗召見賜
出身爲館職仁宗時爲相謚元獻如范仲淹孔道輔

歐陽修等皆出其門富弼楊察皆其壻也又撰類要一書行於世

曾致堯字正臣南豐人舉進士眞宗欲以銀夏五州賜李繼遷致堯謂不可弓繼遷得五州後果叛

曾鞏字子固致堯之孫也游太學歐陽修見其文而奇之自是名聞天下舉進士其徒滄州也過闕神宗召見勞問甚寵遂留判三班院上疏論皇祐治平景德用財之數與夫三班冗官之費神宗嘉納之

王安石臨川人神宗朝爲相封荊國公諡曰文

王安國字平甫安石之弟也神宗即位近臣薦其才行再授教授西京國子監召對神宗問安石秉政外議如何對曰但恨聚斂太急知人不明爾神宗默然久之仕止祕閣校理初呂惠卿詔事安石｜｜惡之一日安石與惠卿論新法于其第｜｜好吹笛安石曰宜放鄭聲｜｜曰願兄遠佞人惠卿深銜之乃因鄭俠獄陷｜｜坐非毀其兄放歸田里又東軒筆錄云熙甯中高麗人使至京語知開封府元絳曰聞內翰與｜｜相善本國欲得其歌詩願內翰訪求之元自往見平甫求其題詠方大雪平甫以詩戲元畧曰豈意詩仙來鳳沼爲傳賈客過雞林卽其事也

謝逸臨川人黃

庭堅語及江南文士每嘆賞焉後弟薖薖字幼槃爲時人愛重　鄧考甫臨川人元符末應詔上書言新法必亂天下坐貶高安年八十餘而卒紹興二年贈直龍圖閣後三年官其曾孫一人　聶昌臨川人本名山欽宗謂山有周昌抗節之義改名昌拜同知樞密院奉使割地至絳州見殺　歐陽徹崇仁人建炎初與陳東伏闕上封事詆用事大臣誣以他事殺之紹興四年贈朝奉郎祕閣修撰　李遘字泰伯臨川人以文學名於時嘗應賢良六題偶不記其一乃自嘆曰吾於書無所不讀必孟子注疏也已而果然　許訢繫年錄云紹興中訢以論事忤秦檜屏居臨川舉人陸九齡年尚少一見折行輩與語九齡金谿人初入郡學時場屋無道程氏學者九齡從故編得其說獨委心焉因結茅舍旁講習不怠如此者十餘年　陸九齡金谿人登乾道四年進士第授興國軍教授又調全州學官未赴而卒先生屬纊之夕與其昆弟語猶以天下學術人材爲念所謂仁以爲己任死而後已者朱晦翁文集

仙釋

巴山四仙 日梅福欒巴鄧葉二仙俱南城人隱此山今巴山在崇仁縣

周仙王 在臨川東舊圖經云有周仙王者俗傳王與夫人共約夫人一夕織百縑仙王一夕開百井夫人至四更百縑已就效雞鳴羣雞皆鳴王井得九十九遂已其井泉出長流鄉人立丨丨丨祠

魏夫人 在臨川縣西北六里二百步神仙內傳夫人姓魏名華存任城人也晉司徒舒之女少讀老莊年二十四父母抑而嫁之歸太保掾劉文文卒夫人避俗江南遂止臨川西立壇修道成帝咸和九年夫人託劒化形而去刺史顏眞卿撰仙壇碑備詳其事

黃華姑 在臨川縣南四十里按閒史有花姑姓黃氏名令微臨川人也慕道出家於井山修行八十餘顏色如處子時人號曰花姑開元九年尸解刺史顏眞卿撰仙壇碑具載其事

化鶴仙 陶侃母死客弔之及送出門化鶴飛去

宏律師 師諱上宏姓饒氏臨川南城人始發出家心從舅氏剃落壯從南岳大圓大師具戒隸于本州景雲寺與匡山法眞天台靈裕

荆門法裔暨輿果神湊建昌惠進交遊與姜相國公輔太師顏眞卿暨本道廉使楊君憑韋君丹友善婆娑男女由我得度者萬五千七十二人

碑記

東方朔畫像贊 臨川志云晉夏侯湛作初碑在德州天寶十三年平原太守顏眞卿作大字勸之他石今碑在宜黃富民家凡爲石六丈高一丈五尺

謝康樂翻經臺記 顏魯公爲之今碑已經再刻

杜佑志思碑 在城東三十步大曆十三年建刑部侍郎包吉文時佑爲刺史

張景倩清德碑 在州城東三十步大曆五年建顏眞卿文并書篆額時景倩爲刺史

戴叔倫遺愛碑 在州城東三十步正元四年建時叔倫爲刺史

魏夫人仙壇碑 晏公類要云在壇側唐大曆四年立顏眞卿文

元子哲遺愛碑 在崇仁縣南五

步大[歷]五年準尚書考功符建立刺史顏眞卿文今存見晏公類要

顏魯公寶蓋山記在崇仁縣

律蔵院戒壇記集古錄唐顏眞卿撰并書院壇皆僧智融所立在州之寶應寺

唐撫州景雲寺故律大德上[宏]和尚石塔碑銘白樂天撰

詩

南州實炎德桂木陵寒山銅陵映碧澗石磴瀉紅泉謝靈運入華子岡

求理由來許便宜漢朝龔遂不爲疵如今謗起飜成累唯有新人子細知戴叔倫荅陸太祝

鶴髮州民擁使車人人自說受恩初如今天下無寃氣乞爲邦人雪謗書權德輿得撫州報戴員外無事

投却長竿捲却絲手攜籠

笠獻新詩臨川太守清如鏡不是漁人下釣時唐詩紀事蔡京邕州遷撫州郡有汝水爲放生池不許漁罟忽一人乘小舟垂釣蔡遣吏捕之釣者乃作此詩京覽詩召之已去卒不言姓字石頭城下春潮滿金柅園中綠柳繁徐鉉古郡饒風光名園號金柅咸平中黃符詩翠幕管絃三市曉畫堂煙雨五峯秋曾開詩臨川有三市五峯詳見前三市五峯下

四六

羲之宅靈運臺事迹金陵芳譽元獻清風同上王逸少之鑿池戴叔倫之均水同上總楚越之名都浸章汝之清流徐鉉撫州永安院記

輿地紀勝卷第二十九

輿地紀勝卷第三十　文選樓影宋鈔本

東陽王象之編　甘泉岑鎔淦長生校刊

江南西路

江州　尋陽　九江　定江　彭澤　湓浦　湓城　敷淺　湖口

州沿革

江州尋陽郡沈約宋志云晉惠帝太康元年置江州治豫章晉志云永興二年置尋陽郡

定江軍節度禹貢荊楊二州之境此據通典又元和郡縣志云彭蠡既豬此楊州境也九江孔殷此荊州境也晏公類要云彭蠡以東爲揚州之域九江以西爲荊州之域斗牛之分司馬遷天官書班固天文志槩言以斗牛爲江湖楊州之分晉天文志九江入斗一度

春秋時爲吳之西境楚之東境吳滅更爲楚地此據元和

郡縣志及寰宇記秦屬廬江郡漢屬淮南國此據元和郡縣志三國吳分尋陽隸武昌郡吳志在黃初中晉惠帝時割荊楊之十郡置江州因江水以爲名圖經引晉地理志在惠帝元康元年元和郡縣志及寰宇記在武帝太康十年年月不同攷之通鑑惠帝元康元年秋七月分荊揚十郡爲江州當以通鑑爲證然晉初置江州乃治豫章非湓口也按武昌志年表云晉惠帝初置江州乃治豫章至元帝建武元年移治武昌自王處仲始也至晉孝武之太元九年江州始移治潯陽云又分尋陽柴桑二縣置尋陽郡屬江州治蘭城在永興元年廬山記曰郡本大江之北尋水之陽因名尋陽今蘄州之蘭城卽尋陽之故址在江北咸和九年溫嶠移於湓城之南始治江南乂廬山記云梁太清二年蕭大心因侯景之亂欲依險固乃移於湓口城卽今城也歷宋齊梁陳與州並理頗爲重鎭寰宇記陳理潯陽元和郡縣志隋平陳

置江州總管移理湓城尋罷江州爲九江郡元和郡縣志在大業三年唐平林士宏復置江州元和郡縣志在武德四年元宗置十道採訪使隸江南西道開元中改尋陽郡天寶元年復爲江州乾元元年五代時南唐李氏有其地爲奉化軍節度通鑑後唐均王龍德元年吳以江州爲奉化軍以徐知誥領節度使國朝會要云江州僞唐奉化軍節度開寶八年降軍事州本朝平江南開寶八年十一月軍校胡則據江州不下曹翰攻拔之歸于版圖此據熊克通略云曹翰攻之自八年十二月至九年夏五月而城始下又徐度國紀載胡則嘗爲壽州裨將從劉仁贍守城歷年盡知備城方略驅迫丁壯日夜守禦會則病篤翰以巨石敗其樓櫓薪焚東門城陷衆猶巷鬭北兵多死則側臥床上翰擒而斬之此事尋陽志不載降爲軍州事國朝會要在開寶八年分隸江南東道天禧

四年升爲望郡國朝會要在大觀元年升爲定江軍節度建炎三年隸江南西道圖經不載隸江南西道年月謹按隆興續職方乘載宣和三年詔洪州爲安撫使統洪瑞袁虔吉撫臨江興國南安建昌十郡皆爲屬郡未統江州也至建炎四年以江東西併以鄂岳分置三帥于時鄂州路統七州江州路統八州建康路統七州以朱勝非爲安撫大使兼知江州而洪州守臣止帶江州路兵馬鈐轄至紹興初復以江東西爲兩路却不言割江州還江東路自此遂長爲江西屬郡以此攷之則江州之隸江西當在建炎四年分三帥之後又國朝會要云紹興元年以建康池饒宣徽信撫太平廣德建昌爲江南東路以江洪瑞袁虔吉興國南康臨江南安爲江南西路撥撫州建昌軍依舊隸西路撥南康軍依舊隸東路

今領縣五太平興國三年以星子鎮置縣以東流縣隸池州乚年以星子都昌二縣隸南康軍今見領縣五

縣沿革

治德化

德化縣 望

倚郭元和郡縣志云本漢尋陽舊縣屬廬江郡隋平陳改爲彭蠡縣大業二年改爲湓城縣唐武德五年改爲尋陽縣寰宇記云僞唐改爲德化縣本朝因之范子長皇朝郡縣志云舊在江北温嶠移於此仍爲郡宋齊梁陳皆爲郡治

德安縣 緊

在州西南一百二十里寰宇記云本蒲塘楚之東鄙漢爲豫章郡之歷陵縣漢志於歷陵縣下注以爲敷淺原晉志云吳置鄱陽郡統歷陵等六縣後省寰宇記云唐於敷淺原之南爲蒲塘場僞吳順義七年昇爲德安縣屬江州

瑞昌縣 中

在州西一百二十里晏公類要云本吳赤烏場地按吳志孫權時有赤烏見於此故名地蓋柴桑之舊域

也寰宇記云唐武德初地屬潯陽西偏建中四年以其地僻遠因立爲場潯陽志云以其地有茗菽之利也僞唐昇元三年改爲瑞昌縣本朝因之

湖口縣 中

在州東北六十里舊屬江州德化縣寰宇記云本湖口戍是南朝舊鎮上據大鍾傍臨大江中廢唐武德中李大亮以要津之衝復置鎮僞唐保大中升爲縣本朝因之

彭澤縣 中

在州東一百八十里元和郡縣志及寰宇記並云本漢舊縣屬豫章郡隋地理志及通典曰梁置太原郡領彭澤等縣元和郡縣志云隋平陳郡縣並廢而置龍城縣屬江州開皇十八年又改爲彭澤縣唐武德中於此置浩州八年州廢縣屬江州至本朝因之類要云自漢以來舊號積石

監司軍帥沿革

安撫司

建炎四年分江東西爲三帥江州路領洪撫信興國南康臨江建昌爲安撫使六月除朱勝非爲江州路安撫大使兼知江州紹興元年正月勝非領使事於新喻縣二月邵友犯臨江軍勝非以兵少自新喻南去聚兵於吉州九月中書言江州地勢僻陋矢 祖宗分道置帥之意詔江西帥臣復還洪州舊治

發運司

在子城內州治之東乾道庚寅史公正志被命爲使置司于江州爲治所是年五月二十七日到十二月二十四日罷次年奏

發運司結局遂廢

都統司

在州城內南隅繫年錄云紹興三十年五月乙酉初置江州駐劄御前諸軍都統制一員以殿前及步軍司兵各三千人馬軍司及新招兵各二千人隸之圖經云紹興三十一年郡守王公秬剏州學易舊學

以爲都統制司自初置司除戚方次苗定復更相交代次王明皇甫倜其大軍分駐城内外又有舟師瀕湖而屯云

風俗形勝

秦皇漢武並登廬山以望九江也類要太史公東遊登廬山而遐觀南眺三湖北望九江東西肆目若陟天庭廬山記云太史公東遊登廬山而遐觀云云陸通五嶺北導長江遠行岷漢亦一都會晉地道記據三江之口水陸十數路舟車所聚實爲衝會呂誨奏劄據江湖之口三巴二廣沿泝上下仰給於此可謂舟車衝要之地同上其鎮莫重於江西表裏論其險又過於江甯呂誨奏劄｜｜｜｜｜｜｜復在上流險要

必爭之地表裏論用武控守之地呂誨云巴蜀正當其所眞用武控守之地

湓江帶其右廬阜居其前廣圖監奏督護要津寰宇記云三國之時此地爲督護要津

南面廬山北背九江左挾彭蠡圖經背岷流

面彭蠡蟠根所據亘數百里伏滔序彈壓九泒襟帶上

流太平寰宇記歷齊梁陳郡與州並理彈壓九泒襟帶上流頗爲重鎭縈以三湖帶以

九江宋賦支江西之鎭莫重尋陽江淮表裏論江西之鎭莫重尋陽而訂蘄實尋陽之表也

廬山南國之德鎭梁元帝碑吳地之首寰宇記彭澤縣下云境爲吳地之首

自晉以來頗爲重鎭寰宇記中流襟帶常爲重

鎭晉咸康江州移潯陽云云又通典亦云九江爲中流之寄徐騎省集行杜昌業江州制㫖以中流之寄九江爲重控五嶺之衝要鎭百蠻之驛騷

古尋陽在大江之

北今尋陽在大江之南見雜志山在尋陽之左郡在大江之陰同上棲賢記因神仙之廬以名山山海經因越廬君俗兄弟七人寓洞庭山故名廬山因江水之名而置州晉地理志引三江之流引三江之流而據其會出三天子都山海經云廬山出三天子都三天子障同上彭澤州之西門周訪曰彭澤州之西門江州國之南藩或問王悅曰江州國之南藩要害之地九江一水而名之曰九江晁氏志如太湖一湖而名之曰五湖昭餘祁一澤而名之曰九澤山亞五岳江比四瀆東林寺記九山如帶邱阜成垤石門記三宮勝跡九泒靈巖東林記荊楊之境介古荊楊二州之境吳楚之疆吳楚之疆候在熒惑石門雙闕廬山記云西有石門其前似雙闕壁立千仞而瀑布流焉疊嶂九層崇巖萬仞郡國志廬山記

灌嬰築盆口城十道四蕃志在漢高帝六年山有三宮寰宇記云上宮居巖表人不能及晉吳猛會於此樹下見一老翁以玉盃承甘露漿與猛次宮隔一谷呼爲左右帳峰下宮在彭蠡湖際其山有紫芝四十畝嘗有二仙童守之廬山自陶謝洎十八賢已還儒風綿綿相續不絕正元初有符載楊衡輩隱焉亦爲文人白樂天廬山山水甲天下山之南則簡寂棲賢開先歸宗山之北則太平圓通東西二林尋眞觀記左康廬右江湖土高氣清富有佳境樂天集九江上流要害之地繫年錄云楊存中言九江上流要害之地請置都統制以廣屯備江州剏軍自此始郡南樓山北樓水溢亭月百花亭風篁石巖瀑布廬宮源潭洞東西二林寺泉石松雪苟有志於吏隱者舍

此何求焉白樂天集黿殼沒狀元出大江中有洲名｜｜讖云云清涼之國陳舜俞圓通行一心願住清涼之國誰能知從來聞說曹溪路只今踏斷廬山西高人閑士蟬聯不絕余靖崇勝寺記大江之南號爲山水奇勝廬阜又諸方之最東晉以來云云

景物上

庾樓在州治後洪芻記曰其下又爲水亭月榭涼廳燠室山澗石池號北林院言可以分東西二林之勝湓亭唐白居易江州司馬廳壁記載其名又有八川十五夜湓亭望月詩鈴齋在州治設廳後高齋在州治新樓白樂天崔使君｜｜詩云憂人何處可銷憂碧甃紅欄湓水頭從此潯陽風月夜崔公樓替庾公樓北亭樂天北亭詩廬宮山下州湓浦沙邊宅宅北倚高岡迢迢數千尺茅亭居上頭豁達門四闢江風萬里來吹我涼淅淅廬山在德化縣高三千餘丈周回二

百餘里其山九疊川亦九派疊嶂九層崇巖萬仞周武王時康俗兄弟七人皆有道術結廬於此仙去空廬尙存故曰廬山蘇東坡曰僕初入廬山山谷奇秀平生所未見殆應接之不暇其後作詩云不識廬山眞面目只緣身在此山中

三隱 周續之劉遺民陶潛爲潯陽｜｜

三宮 張僧鑒記廬山東南有｜｜所謂天子都也上宮有三石梁長十餘丈中宮下宮

九江 類要云按尙書注云江於此分爲九道圖經云在德化一烏江二蚌江三烏白江四嘉靡江五畎江六源江七廩江八隄江九箘江

天池 一名羅漢池在廬山頂嘗有天燈錦雲佛現之異

涙井 孫權鑿於灌嬰城以爲已瑞溢江有風水輒動因號曰涙井上有北樓下臨湓江今爲一郡之勝

香谷 晉慧永別立茅室於嶺上每欲禪思輒往居焉所居嘗有香馥之氣因號｜｜

龍溪 在德化縣南四十里

龍窟 在廬山之梵｜｜山下祥符圖經云雲蒸卽雨

龍泉 在德化縣大中祥符觀北五里初慧遠至廬山結菴地無流泉師以杖刺地應時泉湧浸爲溪流旣而歲旱遠師誦龍王經于池上俄有龍起上天雨乃大足故號｜｜

虎溪在德化東林寺晉慧遠法師送客過此虎輒號鳴故名曰｜｜

晉輦廬山記云東林寺有｜｜備虬龍之飾舊號亘帝輦貫休詩云亘元舊輦殘雲濕今人題詠謂安帝輦按晉大亨二年亘元篡位遷帝於潯陽及義師起元亦犇潯陽旌旗輿服猶備帝者之仗迫安帝西上畱輦東林舊稱亘輦蓋有由也亘安音相近後人不察而改之耳

晉杉在凝寂塔旁圍二十七尺遠公以晉義熙十二年卒葬此山蓋當時所植云

柴桑昔孫權擁兵柴桑以觀成敗即此

蓮池晉謝靈運負才傲物一見慧遠肅然心服鑿東西二池種白蓮求入淨社而師止之

杏林廬山記云漢董奉為人治病愈者令栽杏五株數年之中蔚然成林南康軍亦載杏林

栗里在縣西南｜｜源舊隱基址猶存有陶公醉石然山南亦有之二事重出姑兩存之

瑞香廬山記瑞香東林寺為盛今遍天下蓋出此山訥師頌曰山中瑞朵一朝出天下香名獨見知

白蓮東林記謝靈運鑿二池紅白蓮花光華殊特其白花四方有之寶由茲始

瀑布類要云出高峰上流三百許丈徐凝題詩云瀑泉｜｜千丈直雷犇

入江無暫息今古長如白練飛一條界破青山色

浩山 九域志云高三百四十丈寰宇記云在彭澤縣北臨太湖颿波浩蕩相傳爲丨丨浩水出焉

石門 惠遠記石門前似雙門壁立千仞而瀑布流焉謝靈運有望丨丨詩

石鏡 四蕃志山東有一圓石明淨照人如鏡

石盆 廬山記云在丨丨菴側盆非鏡石所成盆中清泉雖旱不竭

盆口　盆水　盆江 晉志及四蕃志作盆字隋唐志作湓字不同又白樂天詩云湖山處處好最愛湓水頭湓水從東來一泒入江流

盆城 晉成帝移江州治丨丨丨又韓文除官赴闕至江州寄鄂岳李大夫詩丨丨丨去鄂渚風便一日耳注盆水今在江州

盆浦 在德化縣西一里按郡國志云有人此處洗銅盆忽水暴漲乃失盆遂投水取之即見一龍卿盆奪之而出故曰盆水又云水出青盆山呼爲盆水

瀼溪 在瑞昌唐元結銘并序序云乾元戊戌浪生元結始浪家丨丨之濱

濂溪 周濂溪隱居得名詳見古跡門濂溪書院下黃魯直濂溪詩序云春陵周茂叔中年乞身老於湓城有水發源於蓮花峰下潔清紺寒下合於湓江茂叔樂之築屋於其

上名曰丨丨以此溪之水

湯泉　白樂天題廬山山下湯泉詩一眼湯泉流向東淩泥燒草煖無功驪山

溫　廬山記陶淵明所居栗里有大石淵明自放以水因何事流入金鋪玉甃中山

醉石　酒因名丨丨

神泉　張湨雲谷雜記云皇甫紹興中賜隱於廬山高宗名其履所居日清虛菴光宗在東宮日嘗問履山中所乏曰山中無闕但去水差遠汲取頗勞光宗因大書神泉二字遺之云持歸隨意鑿一泉履歸乃於菴之側穿一小井方施畚鍤而泉已湧深纔三二尺味甘冽尤宜瀹茗奎畫今刻之泉上

三楚　史記貨殖傳自淮北沛陳汝南南郡此西楚也彭城以東東海吳廣陵此東楚也衡山九江江南豫章是南楚也又孟康注漢書曰舊名江陵為南楚吳為東楚彭城為西楚阮嗣宗詩丨丨多秀士李昭翰注曰丨丨謂楚文王都郢昭王都鄀考烈王都壽春荆公詩地大蟠丨丨張舜民詩云帆開丨丨蒼茫外

三賢堂在州治後圃靖節先生陶潛狄梁公仁傑白居易　四望亭在州治後圃子城上

五老亭在南門外以其見丨丨峰故名　五柳館按太平寰宇記云在棲隱寺側即五柳先生之舊宅今廢　百花亭在都統司梁刺史邵陵王綸建梁元帝詩極目纔千里何由望楚津落花灑行路垂柳拂砌塵　高遠亭在子城內東南隅有名公詩甚多王十朋有詩刻存焉　舒嘯堂在庾樓之下　清燕堂在州治便廳之後郡守錢公稔建錢塘吳說書額　煙水亭在南門外李渤甘棠兩湖上長堤之間　愛日堂在州治內便廳之右　齊雲樓在州治東北子城上皇祐至和間建立　飛雲洞在太平興國宮後　倚天閣在都統司宅堂後對雙劍峯張公孝祥命名取長劍倚天外之意　晒雲閣在太平興國宮東　宿雲堂在天慶觀唐紫極宮之舊地取李白詩白雲南山來就我簷下宿　白蓮亭在縣南三十五里按廬山記云昔謝靈運一見慧遠法師肅然心服乃即寺翻涅槃經因鑿池爲臺植白蓮池中名其臺曰翻經此

亭即其故地

白雲亭在德化縣北望湓江盤石可坐數人鳴泉過其下此山北最佳之地

紫煙樓在州治正寢後

瓊芝軒在天慶觀蘇東坡黃太史皆有詩

琵琶亭在西門外面大江白居易爲江州司馬夜送客湓浦口聞鄰舟琵琶聲遇商婦爲琵琶行之地故名其亭

攬秀亭取李白詩九江秀色故攬結故名｜｜｜郭祥正畱題西林寺｜｜｜詩云行瞻香爐峯未出二林口一區廣地如席平誰作新亭名攬秀

疊翠亭在倅廳其下爲白居易宅然無詞以紀此止有北亭詩

漪嵐堂在德化縣治西偏政和間縣令河南吳公怡建丞相洪公作記

魯望亭在彭澤縣馬當山黃庭堅有四詩以紀之

清輝樓劉禹錫登清輝樓詩云潯陽江色潮添滿彭蠡秋聲鴈送來南望廬山千萬仞共誇新出棟梁材集中逸前四句

思白堂楊允作新記乃宣和間則此堂｜｜之號久矣

思賢堂在瑞昌雙溪通道之傍元祐中縣令朱楚材建因唐元次山立

虎渡亭在北門外取宋均爲守｜｜｜之義

蒲塘驛在德安縣唐宋之問韋應物皆有蒲

塘驛【雙玉澗】在德化縣南三十五里按廬山記云過詩白居易草堂半山有二泉出石間名曰｜｜晏公類要太平興國宮圖載於天池｜｜【三苗國】路側廬山記云在上化成寺之【五松橋】寰宇記云在山之澗北晉惠遠法師與上殷仲堪談易於此其下泉湧號曰聰明泉【五老峰】在廬山之東南康軍亦載｜｜｜【小孤山】在彭澤縣北九十里今屬舒州宿松縣界劉丞相沆詩云擎天有八柱此一柱仍存石聳千尋勢波流四面痕江湖中作鎮風浪裏蟠根平地安然者饒他五嶽尊歐公云江南有大小孤山江側有彭郎磯云彭郎者小姑壻也余嘗過｜｜｜廟像乃一婦人而敕額爲聖母豈止俚俗之謬哉【大孤山】在德化縣東南與都昌分界顧況詩｜｜盡小孤出月照洞庭歸客船按郡國志彭蠡湖周回四百五十里內有石高數十丈大禹刻其石而紀功焉【大林寺】樂天遊｜｜｜記云山高地深時節絕晚初到恍若別造一世界者因成絕句云人間四月芳菲盡山寺桃花始盛開長恨春歸無覓處不知轉入此中來且曰此地實康廬間第一境

晉武帝太和十年建唐號太平興龍寺最爲

東林寺 廬山之古刹寺有遠公袈裟梁武帝鉢囊謝靈運翻經貝葉五六片潯陽志云東林寺自唐開元以來迄于保大顯德間文士碑志遊人歌詠題名班班猶在自淳熙己酉回祿之後往往不存白樂天集云｜｜｜即鴈門遠大師舊道場有甘露壇白蓮池在焉李白廬山｜｜｜｜夜懷詩云我尋青蓮宇獨往謝城闕霜淸東林鍾水白虎溪月

西林寺 晉太和二年建水石之美亦東林之亞白樂天詩云木落天晴山翠開愛山騎馬入山來心知不及柴桑令一宿西林却復回

南湖隄 長慶三年江州刺史李君濬之截南陂築隄三千五百尺高若千尺以通四鄉之路蓄水爲湖人得其贏見李習之集

太平宮 在德化縣南三十里按錄異記云唐開元中元宗夢一僊人謁曰我九天採訪使者循糾人間預於廬山西北置下一宮俄有神降于庭帝勑江州脩奉果有基迹太平興國二年賜名太平興國觀宣和間改爲宮繫年錄云紹興二十八年名太平興國宮新建本命殿曰申殿

開元觀 在子城東二里本晉昭隱觀內有元宗金銅御容

祥

符觀太乙丨丨丨在德化縣南二十五里卽董奉植杏之處董奉上昇之所唐天寶初爲置太乙宮祥符改今名沼中有游魚尤爲蕃狎

清虛菴在德化縣南三十里清虛皇甫眞人坦之隱居乾道九年御書丨丨丨丨額以賜之

圓通寺在德化縣南五十里山北之大刹也寺於紹熙癸丑甲寅間悉爲煨燼不數年鼎新勝於其舊

敷淺原在德安縣禹貢過九江至于丨丨丨孔安國注一名博陽山或曰非山孔注直以爲山異矣德安又有博陽水卽寰宇記所謂敷淺水也

聽明泉寰宇記云在五松橋山之澗北昔惠遠法師與殷仲堪席澗談易於此而其下泉湧號丨丨丨

天子障在獅子峯下

使者廟在州南三十里卽太平興國宮也

主簿山按十道四蕃志云在五郎祠南下有溫泉天將雨有雲冠峯

史君山在德安縣西北四十里高二百丈接建昌縣界唐李渤爲江州刺史置書堂讀書於山因以爲名

佛影臺遠公康山集云佛影在西方那伽阿羅國南古仙人石室中以晉義熙十八年因罽賓禪師南國律學道士共立此臺李邕詩云影圖面西來

影圖謂佛影影也後**佛手巖**｜｜｜內有巖洞三間居大巖腹有白石脈宛如龍乃建寺以奉之狀頭角尾鬛俱全**文殊臺**廬山記云在擲筆峯間會昌毀寺東林寺二僧藏文其長盡巖之廣殊瑞像于此**龍泉菴**在德化縣南二十一里九域志太守桓伊爲遠法師造**龍門山**在德化縣西南五十里與落桅山相對如門瑞昌所出盆水自此二山間過至大江**虎跑泉**在德化縣南三十五里東林寺內東偏**虎溪橋**遠大師送客不過此橋東林寺西有遠大師塔前進士相里宗題詩云古墓石稜稜寒光曉景凝空悲虎溪月不見應門僧**獅子峯**太平興國宮圖載於三澗峯西九江錄云通隱橋南有｜｜｜上有三蘭若基**馬當山**在古彭澤縣北一百二十里其山橫枕大江山象馬形舟船艱阻乃立廟陸笠澤記曰言天下之險者在山曰太行在水曰呂梁合二險而爲一吾又聞乎馬當**羊腸嶺**在瑞昌縣西一十五里**峨眉洲**在彭澤縣東**鶴問湖**在德化縣西四十二里按郡國志陶侃微時喪母忽有二客來疑而追之變兩白鶴沖天

而去因名
鶴問湖
雞籠山在德化縣西按十道四蕃志云山
有石雞冠距如生有道士李鎮在
此山居常玩之雞一旦自毀乃
曰雞既如此吾其死矣果然
香象崗廬山記云在
書堂源前
白馬江晏公類要云九江一名丨
丨丨按潯陽記去州五里
歇馬臺舊圖經云
始皇至廬
山歇馬
於此
垂魚洞在彭澤縣西南五十里按潯陽記云
洞中有小溪西南流入小巴水有石
如魚形垂在洞中有石橋石碁局石乳洞
門高數丈人或尋之終莫能究其深遠
飛魚逕在
德
化縣西二里按潯陽記云晉義熙中吳隸爲魚塞於
雲湖乃有大魚化爲人語隸云晚有大魚攻塞切勿
殺隸許之須臾有大魚至羣魚從之隸同侶不知殺
大魚其夕風雨暝晦魚悉飛上木問因號爲丨丨丨
甘棠湖在德化縣南三十步按唐書地理志長慶二
年春刺史李渤築堤長七百步以利行旅而
爲此湖張洪靖思而美
之故名甘棠李翺爲銘
梧桐嶺在瑞昌縣東
南四十里
桑落洲在德化縣
東十五里
柴桑山在德化縣西南九十里寰宇記云
丨丨丨在德化近栗里原陶潛此

中人栗里原在廬山南當澗有陶公醉石周景式廬山記柴桑彭澤之郊古三苗國舊屬廬江地

楊葉洲 寰宇記云洲西半屬彭澤縣東北三百一十一里以東屬池州秋浦縣界洲上多楊柳又云是一洲狀如楊葉

蓮花峯 在山北州南直望如芙蓉今州有蓮花門又云在廬山第三嶺重巘絕崖間有石室乃董奉所居舊號｜｜｜

石榴峯 太平興國宮圖載於山之東觀禹峯側

鐵船峯 太平興國宮圖載西山錄云吳猛駕鐵船於此

石柱峯 太平興國宮圖載於廬山山記云過新婦嶺三里有南北二｜｜｜垂瀑注其前

石鼓山 寰宇記在德安縣西北四十里按潯陽記每天陰聞鼓聲山海經云長石之山有鼓鳴焉即此類

石門澗 太平寰宇記云在山西兩崖對聳形如門闕當雙石之間垂流數丈有一石可坐二十許人白樂天遊｜｜｜詩石門無舊徑披榛訪遺跡時逢山水秋清輝如古昔嘗聞慧遠輩題詩此巖壁雲覆莓苔封蒼然無處覓

石鐘山 在湖口鄽元謂下臨深潭微風鼓浪水石相搏響若洪鐘李渤謂扣而聆之南音涵湖北音清越抱上響騰餘韻徐

歌蘇東坡親泛舟至其下以謂酈元所見殆金闕巖與予同而言之不詳若渤之說予尤疑之李白詩云金闕前開一峯長其巖正對天子障**玉清觀**在瑞昌縣西四十里舊經云蘇耽王喬赤松子並於此修道後置觀觀中有南唐碑**玉華洞**在瑞昌縣東二十五里按尋陽新舊錄云清虛丨丨丨千形萬狀不可殫記**寶林寺**在德化縣東南六十里晉謝靈運唐白居易皆有詩**寶巖寺**在德化縣東二十里僞吳時有僧號道者勤身耕斸以待四方爲山中之表倡**玉壺洞**在彭澤縣南六十里今廢**淨土院**在德安縣南三十里有南唐鐵羅漢五百身**香爐峯**在山西北宋鮑昭唐李白有詩孟浩然所謂艤舟尋陽郭始見丨丨丨是也**谷簾水**在德安縣東北十里發自廬山陸鴻漸茶經嘗第其水爲天下第一**臙脂港**在彭澤縣北**錦繡谷**寰宇記云四季芳妍百花如丨丨十道四蕃志云乃遠公種藥之處**擲筆峯**廬山記云其峯下臨大寗聳峯巉嶭不可名狀昔慧遠法師製涅槃經疏于此疏成故以名其峯**翻經臺**九域志云

謝靈運｜｜｜今在東林寺

黃金山 按潯陽記云｜｜｜｜上有楠樹一年東邊榮西邊枯一年西邊榮東邊枯年年常然張華所謂交遜木

黃石巖 樂天集云白雲期詩作於｜｜｜｜下

黃花鄉 皮日休集彭澤縣鄉曰｜｜

紫霄峯 十道四蕃志載云香爐峯有此峯山南亦載之

紫極宮 去州二里今天慶觀乃其舊宮唐塑老君像及元宗金銅御容存焉李白嘗賦潯陽｜｜｜｜詩東坡交韻

清盆山 在瑞昌縣西七十里高三百四十丈周迴三十里正盆水水源也

赤顏山 在瑞昌縣一百二十里相傳云赤松子嘗遊此山故名其山與玉華洞王喬山相連

甘泉水 寰宇記云在德化縣南其水甘味飮訖猶有餘香其山亦曰｜｜山

宮亭湖 元和郡縣志云在德化縣東南九十里十道四蕃志云｜｜｜神能分風上下

湓浦水 青盆山石井狀如盆水流其內呼爲盆水至州西併流入大江

彭蠡湖 在德化縣東四十里大合江漢細納章貢實爲水之都會湖心有大孤山高數十丈今西屬德化南屬南康東北屬湖口一湖隸三境焉

彭浪磯 在彭

澤東北一十里即彭郎山也　定心石在天池院南下山一里視空闊萬里　遺愛寺白樂天｜｜｜詩弄石臨溪坐尋花遶寺行時時聞鳥語處處是泉聲　望夫山在德安縣西北一十五里高一百丈按方輿記云夫行役未回其妻登山而望每登山輒以藤箱盛土積日累功漸益高峻故以名焉　吳章山在德化縣東過此即是南康軍界　詠眞洞天在五老峯下石門之中唐劉德本曾至遇一老人曰此｜｜｜也　虎溪福地在東林寺前係七十二福地之數

廬山福地在德化縣南三十里亦係七十二福地之數

古迹

郭默城元和郡縣志晉咸和四年後將軍郭默殺平南劉胤叛於此城陶侃討默築以攻之默乃以布囊盛米為壘以應陶今稱云陶公壘　懷玉城孟懷玉義熙八年還治尋陽所築今故州在今

城之西一十五里**浩州城**在彭澤縣唐李大亮武德中於此置浩州八年州廢移縣入此城偽唐復遷於江夌**巢湖故城**元和郡縣志云在德化縣東四十二里按楚有二巢在廬江六縣其南巢桀所放處蓋此地也**柴桑故城**元和郡縣志云在德化縣西南二十里又郡志云桑落洲在德化縣東北二十五里**半洲故城**元和郡縣志云在德化縣西九十里**尋陽縣城**尋陽志在德化縣唐武德五年置八年廢**古太原郡**類要在彭澤縣東北五十里顧野王輿地記云梁武帝置陳亡廢**廢天水縣**類要在彭澤縣東五十里顧野王輿地記云梁武帝置陳亡廢**廢龍城縣**類要在彭澤縣西二里**廢和城縣**類要在彭澤縣東北二百二十里顧野王輿地記云江左置隋平陳併入彭澤縣**廢晉陽縣**類要在彭澤縣東北一百九十四里梁武帝立**廢樂城縣**類要在彭澤縣南三十九里唐武德中併入彭澤**楚城縣**尋陽志在德化縣武德五年置八年省**上甲縣**尋陽志云晉元帝置義熙中省入彭澤**九**

江縣尋陽志云晉元帝置後省入尋陽**盆城縣**尋陽志云隋改柴桑爲盆城唐武德五年置八年廢**廣晉縣**尋陽志云唐武德五年置八年廢**檀道濟故壘**劉禹錫經||||詩云萬里長城壞荒雲野草秋秣陵多士女猶唱白符鳩史云當時人歌曰可憐白符鳩向殺檀江州**康廬山**周景式廬山記曰康俗周威王時人生而神靈廬于此山世稱廬君故山取號焉蘇東坡約李公擇飲詩先生生長康廬山山中讀書二十年**康王洞**郭祥正||||呈同遊訥禪師詩云||||口無塵埃青山嶄巖水遶迴飛橋百尺渡天險下聽谷響如奔雷**白家池**白居易草堂前開一池養魚種荷詩云已破山中客呼作||||**澎浪磯**同安志載江州有|||語轉爲彭郎磯遂有小姑嫁彭郎之語前人有詩云倚天巉絕玉浮圖肯謂彭郎嫁小姑又云舟中賈客漫語爾小姑前年嫁彭郎蓋所以正其訛謬也又宋景文言大小孤山以孤獨爲字有廟在江壖乃爲婦人狀貌陳龍圖簡夫爲許曰山稱獨孤字廟塑女郎形過客雖知誤行人但乞靈時稱佳句**董奉館**

在德化縣南三十里廬山記云廬山第三嶺後漢｜｜｜于巖下 **陶潛宅** 在德化縣西南九十里柴桑里今即其故居爲靖節先生祠堂 **王喬山** 在瑞昌縣九域志云仙人王喬曾遊於此 **康王廟** 在廬山西康王谷口 **十八賢臺** 在東林寺新羅巖之東二里十八臺謂蓮社慧遠法師以下十八人 **五賢祠堂** 在德安郡守李潤湯沂王秬李邦獻李若川以五公奏請減德安積年逋稅邑人德之爲立｜｜｜｜ **狄梁公祠** 在彭澤縣紹興七年名唐相梁國公狄仁傑廟曰顯正廟繫年錄 **陳氏祠堂** 在德化縣普照寺陳尚書恕嘗遊此寺其子升之秉政請立祠 **謝氏山居** 錢昌武記謝景先嘉祐中始遊康廬登上霄峯中得墟谷乃董奉升仙之地因卜居焉廬山之勝道宮佛宇連比以占之得此地千百年不爲人奪豈神物有所惜以俟得人而後授邪 **元玄山祠堂** 在瑞昌縣前縣令吳審禮立於瀼溪之傍 **遺愛草堂** 鄭侍御｜｜｜｜韋應物詩居士近依僧青山結茅屋疎松映嵐晩春池含苔綠 **白公草堂** 在德化縣元和中白

居易建此堂於香爐峯北往來遊處焉自有記後改建於東林寺樂天集草堂即事云香爐峯北面遺愛寺西偏其下無人居終日空風煙時有沈冥子姓白字樂天傲然意自足箕踞於其間舍此欲焉往人間多險艱

白居易宅 ———爲司馬時所居有湖大江之勝

白居易祠 在湓江門內唐時以諫官言事宰相嫌其出位左遷江州司馬徐鉉爲撰祠堂記

濂溪祠堂 先生姓周諱頤立祠在州學以明道先生伊川先生配

濂溪書院 在州南五里濂溪先生道州人也按道州志先生所居名濂溪及先生隱居廬山有水經所居之前亦以濂溪名之後百餘年象之先君子守九江爲建拙堂及愛蓮堂於祠之側又其後象之季足觀之爲德化宰新造祠宇書院講堂爲屋數十間効白鹿書院例招致名儒以爲堂長諸縣舉秀民以爲生員仍置田租以贍之至今不廢

祖將軍廟 歐陽詹集云魯國顏公頊爲湖州牧州產碑材石公載石還次江州蛟奔螭引直至湖心則茂林峭石勢環氣勝有神祠曰祖將軍廟公捐金建亭名曰祖亭公製文勒碑以紀其事

弔九江驛

碑材文 歐陽詹撰序云斯碑之材昔太師魯國顏忠肅公所建祖亭之碑也後典州史於州之九江驛有脩坯之勞狀其末續乃取斯碑刻公之述寘九江驛之碑焉痛哉斯碑出祖亭入九已之述今為九江驛之碑焉痛哉斯碑出祖亭入九江驛失魯公文得人之文削魯公之札翰題人之札翰亡魯公之用就人之用可悲之甚者故弔之五

百鐵羅漢像 開寶九年曹翰既拔江州因請載廬山東林寺｜｜｜｜｜｜歸至潁川新造佛舍遂調發巨艦十餘艘盡載金帛置鐵像於其上時號為押綱羅漢長編

柳耆墓 按窮怪錄曰梁山祖繹承聖二年三月十日司徒主簿柳耆字子延卒子褒葬於九江三年因大雨冢壞褒移葬換棺見父棺中目開心有暖氣良久乃為褒曰我生已一歲無因汝知九江神知我橫死遣地神以乳飼我故不死今雨壞我冢亦九江神之所為也扶去更生三十年乃卒

鄭善果墓 唐鄭善果為江州刺史薨于官葬德安縣因家焉後人因訛為鄭子眞非也

周濂溪墓 在德化縣之清泉社

劉道原墓 在德化縣之東龍泉寺

官吏

自兩漢來守此邦者皆儒林文苑之士按祥符圖經所録者多賢節忠良之人賢牧題名序自本始以來歷年雖二千有餘由戴聖而下賢牧止一十有四人賢牧序晉又有庾翼亘沖劉牢之何無忌孟懷玉宋則有檀道濟臧質王元謨梁則有江革陳則有吳明徹在唐則有韋應物錢徽李渤本朝有呂誨彭汝礪朱勝非皆賢牧也並見題名

漢王嘉鴻嘉中爲九江太守治甚有聲後爲丞相

馬宮爲九江太守後爲大司徒封侯

後漢宋均遷九江太守虎多爲民患均敕屬縣務退姦貪思進忠善可一去檻穽除削課制虎乃渡江而去其後蝗至界者輒散去

晉周訪以平寇有功爲尋陽太守加鼓吹曲

蓋**陶侃**晉元帝太興初領江州刺史勤於吏職筆翰如流**應詹**元帝時爲江州刺史**溫嶠**咸和初爲刺史甚有惠政**庾亮**字元規領江荊豫刺史**王羲之**字逸少庾亮薦丨丨丨淸貴有鑒裁遷江州刺史**褚裒**字季野康帝時爲刺史在官淸約雖居方伯嘗使家僮採樵**陶潛**晉丨丨字元亮爲彭澤令公田悉令吏種秫曰吾常得醉於酒足矣郡遣督郵至吏請束帶見之歎曰安能爲五斗米折腰向鄉里小兒郎解印綬去職賦歸去來詞在官八十餘日**宋炳**晉人宋武帝之在荊州召炳爲主簿不起竟入廬山雅好山水往輒忘歸圖書於室曰吾老矣名山不可再覩惟臥以遊之**張詮**晉人庾悅以其家貧以尋陽令祿之笑曰古人不以容膝爲安屈吾志亦何榮乎竟入廬山**狄仁傑**唐天授中丨丨丨丨爲來俊臣所誣貶彭澤令在官五年生祠記云武氏革唐爲周公至邑塑高宗聖像修眞觀朔望朝拜歲久不雨奏免本縣一歲租賦則天從之又縱因如期而還邑人感之爲立生祠**白居易**元和中貶江州詩云可憐白司馬老大在湓城**李渤**唐志

云渤穆宗長慶二年爲刺史築堤號李渤湖又名甘棠湖

曹翰 太祖征江南以翰爲先鋒金陵平江州軍校胡德據城拒命翰卒兵討之凡五月而陷

呂誨 東都事畧云仁宗朝爲殿中侍御史論陳升之之爲樞副交結中人以進章十八上卒與升之俱罷誨知江州

劉述 東都事畧云吳興人爲侍御史劉琦錢顗極論王安石安石怒貶琦顗監當述獨謂朝廷不當貶言事官貶知江州

趙士䆟 建炎中趙士䆟爲本州鈐轄李成圍城誓以死守城陷賊義之用爲安撫使公罵賊而死

張所 建炎元年所按視陵寢還疏言還京城有五利又條上兩河利害復言黃潛善等姦邪不可用責所鳳州團練副使江州安置繫年錄

朱勝非 建炎四年知江州紹興元年以大觀文充江西安撫大使兼知江州五月爲德安舒蘄光漢陽等郡宣撫使十月謫居江州言行錄

李若谷 容齋續筆丨丨丨罷參政或曰胡不效楊原仲之泣李河北人有直氣笑曰使打殺我亦撰眼淚不出秦檜聞而大怒遂有江州居住之命

人物

廬君郡國志云周武王時有康俗兄弟七人皆有道術結廬於山今廬尙存故曰廬山漢武帝時封俗爲大明公稱｜｜焉

陶侃字士衡尋陽人也漁于雷澤夢生八翅飛至天門不得入後爲八州都督

周訪字士達尋陽人少有明畧爲縣功曹薦拔陶侃爲主簿知有公輔之器相與結友

周撫訪之子也自桓温未平蜀之前遙領益州刺史平蜀之後父子世守益州在官前後四紀有墓碑在巫山

陶潛類要云柴桑人嘗著五柳先生傳以自況

雷次宗晉人不就召辟立節東林與遠公同社

周續之號爲通隱

潯陽三隱晉時周續之劉遺民陶潛俱不應召命謂之｜｜｜｜

殷仲堪晉惠遠同脩淨土之社與師於松下談易

劉遺民晉義熙間｜｜｜｜結廬西林不從辟召遠公社賢推爲上客

謝靈運嵩仲靈記曰｜｜｜｜欲入社而遠公拒之靈運

日是子思亂將不令終盧循反而遠公與之執手言笑謂遠知人則何暗於循謂不知人則何獨明於靈運

唐元結 唐朝｜｜字次山居瑞昌瀼溪之上自號曰瀼溪浪士其詩曰尤愛一溪水而能存瀼名

李白 唐李白浮遊四方安祿山叛轉側康廬宿松間

史虛白 本北海人卜居潯陽往來廬阜韓熙載薦之南唐主召至便殿醉溺階側賜田遺歸又賦隱士詩云風雨揭却屋全家醉不知時唐主新割江北聞之變色

周頤 字茂叔酷愛廬阜買田築室退居濂溪之上人稱濂溪先生程明道曰吾再見周茂叔吟風翫月而歸得吾與點也之意伊川亦曰吾再見周茂叔論道遂厭科舉之習其推尊如此黃魯直序云茂叔人品甚高胷中灑落如光風霽月好讀書雅志林壑

二李 天聖中李受爲太子少保丐歸廬山治平中詔王珪司馬光呂公著等十人餞飲于資善堂命賦詩送之李東之去自經筵上已命珪等賦詩朝士榮之以｜｜比漢二疏

夏竦 字子喬德安人其父與契丹戰沒竦以死事恩補官應制舉起復知制誥奉使契丹竦辭不行其表有父殁王事身丁母憂義不戴天難下穹廬之

拜禮當枕塊忍聞夷樂之聲 **王韶** 嘉祐二年進士第後以開湟河功拜樞密副使子厚以復鄯湟拜武勝軍節度 **周紫芝** 字少隱號竹坡先生本宣人也以詩名陳天麟序其文曰梅聖俞以詩鳴慶歷嘉祐間後百餘年復得竹坡先生繼其聲又云雖聖俞當避路在山谷後山派中亦受小宗晚居九江而江山之勝益爲助 **義門陳氏** 在德安縣西數陽鄉僞唐旌表門閭太宗見其家法曰天下有此人家眞良家也又曰陳早一家孝友恭儉長幼千餘口世守家法嘗置書堂於别墅號陳氏書堂五代時同居者七家皆蠲復征役旌表門閭其尤著者陳氏也其家有犬百餘一犬不至羣犬皆不食至嘉祐時以歲歉乏食知縣邢其姓者因訟勒其析居是時老幼見監分官來皆慟哭 **陳兢** 長編云淳化元年江州言德安縣民丨丨十四世同居老幼千二百餘口常苦食不足令歲貸官米二千石

仙釋

康俗先生 按漢郡國志盧江郡尋陽縣劉昭注引釋居其下受道於仙人時謂所止爲仙人之盧又引豫章舊志曰｜｜｜｜字君平夏商之苗裔又建康實錄曰隆安六年桓元遺書於康山惠遠法師然則康山者盧山也

蘇耽王喬赤松子 三人並於瑞昌縣廣福玉隆觀得道

董眞君 德化縣南二十五里有太乙觀乃｜｜｜修行之地又新橋有｜｜｜煉丹井

九天採訪應元保運眞君 廟在太平興國宮甚靈異唐開元中建本朝宣和中改賜爲宮

皇甫眞人 諱坦結茅盧山撥雲峯下紹興中詔賜名漬虛菴

金門羽客 道士譚紫霄號｜｜｜｜立棲隱觀後加正一先生

黃風子 太平宮道士也語默不常自號｜｜｜｜太平宮火皆預言之後尸解去

蓮社十八賢 晉大元中慧遠法師與慧永禪師及慧持曇順曇常道昺道生慧叡道敬曇詵白衣張野宗炳劉遺民張詮周續之雷次宗佛䭾禪師耶舍禪師十八人同修淨土之法因號｜｜｜｜｜然遠公招陶潛入社終不能致謝靈運

求入社遠公不許

文殊瑞像 晉陶侃得於海濱及移督江州迎以自隨爲風濤所溺至遠公捌寺禱於水上其像復出

慧遠法師 晉武帝時大興佛寺于潯陽住東林號圓悟大師

慧永禪師 晉太和中住西林號覺寂大師與陶潛謝靈運往來

慧持禪師 遠師之弟也與遠同事道安法師既而辭遠師入蜀遠師苦留不可嘆曰人生愛聚獨汝樂離何也持曰若滯情愛聚者本不應出家今既割愛求道以西方爲期耳於是悵然而別

伏虎禪師 慧永所居室中嘗有一虎人畏之則驅上山人去復還帖伏如此

辟蛇行者 慧遠法師居山山多蛇蟲山神嘗侍公行善驅蛇故號||||

持遠二難 程俱十八賢贊慧持兄遠是謂二難

普濟大師 竺道生入廬山七年以求其志後入虎邱山學徒數百人復還廬山銷影巖岫謚||||

大德大師 與顏眞卿盧羣楊於陵爲參禪之侶

景元師 劉禹錫送廬山僧景元東歸詩云東林寺裏一沙彌心愛當時才子詩山下偶隨流水出秋來却赴白雲期

方及師 劉禹錫集云九

江僧方及既出家依莊山一時中頗屬詩以攄思願不出山者十年嘗登最高峯四望天海冲然有遠遊之志由是耳得必目探之意行紹興四年詔廬必身隨之雲遊鳥仚無迹而遠**慧海**山東林寺僧慧遠題號佛心禪師繫年錄

碑記

夏禹石刻郡國志云在上霄峯石刻中世傳夏禹所刻其大如掌文皆隱起僅百餘言亦載於南康軍

慧遠法師碑銘集古錄宋謝靈運撰張野序東晉末居于盧山東林碑有盧山

隋廬山西林道場碑集古錄渤海公撰以大業十三年立在廬山西林寺**唐辯**

石鍾山記在州治唐太和元年李渤記

太平觀使者靈廟記在本觀唐開元二十年李泚撰

使者靈驗記在太平觀開元二十年

張靈官記在太平觀

南唐徐鉉撰祥符觀眞人廟記保大二年南嶽朱陵道士倪少通撰東林寺碑集古錄云唐李邕撰并書開元十九年立在東林復東林寺碑集古錄云唐崔黯撰柳公權書以大中十一年立在東林佛馱舍利碑集古錄云唐李提撰明乾節書述東林興立本末在東林大孤山賦集古錄云唐李德裕撰周墀篆書會昌五年刻李德裕有記同刻在廬山東林寺東林寺碑銘寺有晉唐以來碑刻及諸塔銘慶元己酉經回祿之禍間有存者西林寺道場碑在本寺隋大業十三年歐陽詢撰唐顏眞卿題名在道場碑文之上唐西林齊明和尚碑在本寺大和六年唐大中題名在道場碑文之陰唐江州刺史裴行諷作記在明和尚碑陰大中十四年唐興果寺湊公塔元和十二年白居易撰碑唐宏和尚石墳元和十年白居易撰碑唐韋應物蒲塘驛詩在德安縣驛中玉淸觀碑在瑞

昌縣本觀僞唐甲戌立陶狄碑在彭澤縣南門唐景龍中馬澤撰江州司馬廳
記元和十三年七月八日白樂天撰江州南湖隄銘李翺撰顏魯公祖
亭碑事見祖將軍廟下唐狄梁公碑在彭澤縣唐皮日休撰錢雍書潯陽志
曹訓序

總江州詩

春晚綠野秀巖高白雲屯攀巖照石鏡牽葉入松門
三江事多往九派理空存謝靈運湖口作淚生溢浦千層雪
雲起爐峯一炷煙唐來明詩見宣城志廬阜香爐出溢城粉堞
明鴈飛彭蠡暮鴉噪大雷晴劉禹錫林對東西寺山分

大小孤東林西林寺在廬山北大姑小姑在廬山南彭蠡湖中廬峯蓮刻削溢浦帶縈紆蓮花峯在廬山上溢水在江城南九派吞青草潯陽江九派南通青草洞庭湖孤城覆綠蕪南方城壁多以草覆並白樂天詩乘潮發溢口帶雪別廬山白居易赴忠州作樓閣宜賓客江山入好詩前人江回望見雙華表知是潯陽西郭門猶去孤城三四里水煙沙雨欲黃昏前人望江州潯陽欲到思無窮庾亮樓南溢浦東樹木彫疎山雨後人家低濕水煙中前人初到江州大江寒見底康山青倚天深夜溢浦月平旦爐峯煙清輝與靈氣日夕供文篇因高偶成句俯仰愧山川前人題潯陽樓溢水遠橫簾幙外廬山晴落酒杯中李白覽秀

亭

浪動灌嬰井潯陽江上風李白浪井　聞道巴山裏春船正好行都將百年興一望九江城杜甫建隼出潯陽整駕遊山川嶔崎石門狀杳靄香爐煙韋應物湓城分楚塞廬岳對江州曉飯臨孤嶼春帆入亂流雙津相望處月白庾公樓鄭谷送客　野泉當撥落汀鷺入僧飛寺去東林近多應隔宿歸前人潯陽姚宰廳作　兩年謫宦在江西舉目雲山要自迷今日始知風土異潯陽南去鷓鴣啼李嘉祐題前溪館　楓林緣楚塞水驛到湓城前人送人往江南　江逢九派人將別猿到三聲月為秋不知相見更何日此夜少年堪白頭熊孺登送別湓城　前登香爐峯却指湓城郡

大江北朝海崇岳南作鎮張祐登香爐峯會吟廬岳上月動九江波賈浪仙送厲宗上人揭來彭蠡澤載經敷淺原張子壽循屬縣登高安南樓欲識九回陽斷處潯陽流水九條分元微之送致用江城寒背日湓水暮連天劉文房送人歸西江九派潯陽郡分司馬平安否惠遠東林住得無湓浦曾聞似衣帶廬明似畫圖秋光連瀑布晴翠辨香爐權載之送孔江州江州峯見說勝香爐唐詩紀事楊巨源寄江州白司馬康山暖遠壑灌壘屬中流城花飛照水江月上明樓張正乙讀書廬山中作郡廬山下平湖浸山脚雲峯對虛榭蘇東坡錦水雪敵三楚合滄溟潮上九江迴吳耕詩潯陽江上陶彭澤

五株楊柳青山宅元和之中白司馬送客江頭明月下當時盡作廬山客林下題詩石上眠蔡肇李白尋仙持玉杖庾公對月踞胡床張舜民樓上康廬紫翠環檻前湓浦轉清灣帆開三楚蒼茫外路入雙林窅靄間前人山爲康仙傳舊姓溪因廉士得新名願持一勺去南海直使貪泉千古清楊傑無爲集濂溪詩廬山排闥參差見湓水縈城屈曲來洪芻

庾樓詩

獨憑朱檻立凌晨山色初明水色新竹霧曉籠衡嶺

月蘋風暖送過江春子城陰處猶殘雪衙鼓聲前未有塵三百年來庾樓上曾經多少望鄉人白樂天每登高處長相憶何況茲樓屬庾家前人潯陽欲到思無窮庾亮樓南湓口東前人歲時銷旅貌風景觸鄉愁牢落江湖意新年上庾樓前人春遊慧遠寺秋上庾公樓貧賤亦有樂樂在身自由前人從此潯陽風月夜崔公樓替庾公樓前人題崔使君新樓江州樓上月明中從事同登眺遠空玉樹忽埋千載後有誰重此繼清風孫元晏

琵琶亭詩

潯陽江頭夜送客楓葉荻花秋索索主人下馬客在船舉酒欲飲無管絃忽聞水上琵琶聲主人忘歸客不發移船相近邀相見添酒回燈重開宴千呼萬喚始出來猶抱琵琶半遮面我聞琵琶已嘆息又聞斯語重喞喞同是天涯淪落人相逢何必曾相識莫辭更坐彈一曲爲君飜作琵琶行坐中泣下誰最多江州司馬青衫濕白樂天琵琶行花臉雲鬟坐玉樓十三弦裏一時愁憑君向道休彈去白盡江州司馬頭白居易聽妓人箏江州去日聽箏夜白髮新生不願聞如今總是頭成雪彈到天明亦任君前人聽夜箏有感四年司馬滯江邊

几杖茅堂自說閑倘使金鑾不遷謫知君未暇愛廬山呂次儒讀白司馬江州詩香山居士頭欲白秋風吹作溢城客眼看世事等虛空雲夢胷中無一物舉觴獨醉天爲家詩成萬象遭梳爬不管時人皆欲殺夜深江上聽琵琶我來後公三百年潯陽至今無管絃長安不見遺音寂依舊康廬翠插天洪邁容齋三筆云予過九江維舟琵琶亭下賦此詩

夜泊潯陽宿酒樓琵琶亭畔荻花秋雲沉鳥沒事已往月白風淸江自流皇朝類苑王安國題琵琶亭

移船商婦顏空老送客監州鬢已華命薄才高共流落沾衣應不爲琵琶博陵崔吉父題琵琶亭

總廬山詩

雙闕出雲峙三宮入煙沉攀崖猶昔鏡種杏非舊林張九齡廬山秀出南斗旁屏風九疊雲錦張影落明湖青黛光金闕前開二峯長李白廬山東南五老峯青天削出金芙蓉九江秀色可攬結吾將此地巢雲松李白白雲南山來就我簷下宿四十九年非一往不可復前人紫極宮感秋一水雲際飛數峯湖心出張九齡開帆入天鏡直向彭湖東石鏡挂遥月香爐滅彩虹李白下潯陽巫山不見廬山遠松林蘭若秋風晚香爐峯色隱晴湖種杏仙家近白榆杜甫先路爐峯置蘭若徐飛錫杖出

風塵前人潯陽江色潮添滿彭蠡秋聲鴈引來南望廬山千萬仞共誇新出棟梁才劉禹錫青輝館見君五老峯益悔居城市山北與山南往來從此始白居易溪亭紫霄峯下草堂仙千載空遺石磬懸竹房影占中庭月松檻聲聞半壁泉張祁洵寂觀廬山如高士可望不可親程回俱首潯陽三百里雲中猶自見廬山章峴廬山俯長江秀色磨青天陳瓘此生勿飲廬山水他日徒參雪竇禪東坡我夢扁舟浮震澤雪浪浮江千頃白覺來滿眼是廬山倚天無數開青壁東坡先夢作詩後復賦此雪堂居士醉方熟玉澗山人冷不眠又玉澗十年一枕廬山夢送盡行人

又郴別知君訪古不憚勞高士儻逢陶靖節又廬山作青山若無素偃蹇不相親要識廬山面他年是故人前人

自昔憶清賞初遊杳靄間如今不是夢眞箇是廬山入廬山山谷秀奇平生所未見殆應接不暇遂不欲作詩已而山中僧皆云蘇子瞻來矣不覺作一二絕

橫看成嶺側成峯到處看山了不同不識廬山眞面目只緣身在此山中東坡與總遊西林作且日廬山詩盡於此矣

我家岷蜀最高峯夢裏猶驚翠掃空五嶺莫愁千嶂外九華今在一壺中天池水落層層見玉女窗明處處通念我仇池太孤絕百金歸買小玲瓏東坡云湖口李正臣蓄異石九峯玲瓏宛轉若窗櫺然欲以百金買之與仇池石爲偶方南遷未暇名之曰壺中九華且以詩識之後八年

復過石爲人取去復作詩以自解尤物已隨清夢斷眞形猶在畫圖中東坡同上何時握手香爐峯下看寒泉濯臥龍黃太史詩底事康廬住忘迴其如幽致勝天台僧閑吟倚六朝樹客思晚行三徑苔僧修睦桃花謾說武陵源誤教劉郎不得仙爭似蓮花峯下客栽成紅杏上青天張景題董眞人高峯隔半天長崖斷千里雞鳴清澗中猿笑白雲裏瑤波逐空開霞石觸峯起王喬望石門作隨雲步入青牛谷青牛道士留我宿可憐夜久月明中唯有壇邊一枝竹楊衡宿青牛谷江南到處佳山水廬阜丹霞是勝遊寇準廬山詩江南到處佳山水廬阜丹霞是勝遊獨抱古琴攜竹杖若逢絕境莫歸休廬山高哉幾

千仞兮根盤幾百里巖然屹立乎長江長江西來走其下是爲揚瀾左蠡兮洪濤巨浪日夕相舂撞歐陽修廬山高千巖萬壑響松檜懸崖巨石飛流淙同上吾聞廬山久欲往世俗拘八月到湓口停帆望香爐香爐雲靄間杳靄疑有無信哉奇且秀不與灊霍俱今思尚髣髴恨不傳畫圖羡子識所止雙林結歸廬歐陽脩送曇隸歸山廬山之西形勝聚石龍噴水銀潢注峯巒約勒萬馬回杉松自作千兵護陳舜俞圓通行湖口西江外廬山已目前五老竃行地香爐自供天晁補之憶廬山南康南麓江州北五百僧房綴竇脾盡是廬山佳絶處不知何處合

題詩前人官程正迫西風急未是廬山岢足人前人兩山分破吟難盡一水飛來畫不如紅杏成壇今髣髴白蓮結社謾躊躇汪藻陶公醉石今猶在康樂經臺尙宛然爐峯頂上雲飄練戒日壇中露灑煙耶舍塔中遺梵夾遠公堂內列諸賢頭陀石破莓苔裏擲筆峯遭薜荔纏鴈塔霧籠煙冪冪虎跑泉水冷濺濺董生嶺上栽香杳櫓斷源頭架鐵船灣底早聞星墜落古壇猶見鶴盤旋石梁斜亘深深聳龍泊淸潭黯黯泉錦綉谷中花爛熳康王洞裏水潺湲青牛道士空留竈白鹿山人已得僊簡寂觀中煎玉液盧源宮裏採珠

蠙登山齒履思行日漉酒紗巾憶醉年五色彩虹縈御輦六鐶金錫叩靈泉使者杳廟中雷隱軫辟虵洞裏月嬋娟香谷先來多忍草佛巖本自絶腥羶石門澗險吞元氣虎蹲峯高壓大川瀑布長垂千丈雪紫霄直拔萬重巔九江波動翻銀漢五老霞生簇錦箋僧可祖盧山詩

廬山瀑布詩

日照香爐生紫煙遙看瀑布挂長川飛流直下三千尺疑是銀河落九天李白銀河倒挂三石梁香爐瀑布

遥相望前人溪澗豈能留得住終歸大海作波濤唐宣宗瀑布
潯陽却到知何日此地今無舊使君長憶窮冬宿
廬岳瀑泉冰折共僧聞僧清塞感長孫郎中今古長如白練飛
一條界破青山色徐凝瀑布香爐初上日瀑布噴成虹孟浩然
半山傾瀑溜數郡見廬峯唐詩紀事僧無可若到江州二
林寺遍遊應未出雲霞廬山瀑布三千仞畫破青霄
始落斜曹松送僧入廬山瀑泉響夜磬乳管添春竇司馬光廬山作
廬山秀出南斗傍銀河倒掛三石梁陳舜俞舊句飛流直
下三千尺風吹銀漢落人間郭祥正望廬山

東西林蓮社詩白公所居草堂附

心知不及柴桑令一宿西林便却回白居易西林寺何以洗我耳屋頭落飛泉何以淨我眼砌下生白蓮居易草堂謫辭魏闕鵷鸞隔老入廬山麋鹿鄰飽時畫出廬山障便是香爐峯上人居易香爐峯正聽山鳥向陽眠黃紙除書落枕前爲感君恩須暫起爐峯不擬住多年居易行年四十五兩鬢半蒼蒼淸瘦詩成癖粗豪酒放狂老來尤委命安處卽爲鄉或擬廬山下來春結草堂白居易身出草堂心不出廬山未要動移文白居易三間茅屋向山開一帶山泉遶舍回山色水聲莫惆悵三年

官滿卻歸來（居易別草堂）聲來枕上千年鶴影落盃中五老峯（居易溪居）藹省花時錦帳下廬山雨夜草菴中（白居易宿草堂寄同列）便住雙林寺仍開一草堂香爐峯隱隱之字水茫茫春拋紅藥圃夏憶白蓮塘（白居易憶廬山）遺愛寺鐘欹枕聽香爐峯雪撥雲看康廬便是逃名地司馬仍爲送老官（白居易草堂）卜地初心在此身水能生月即離塵如今再結林中社可羨當年會裏人（李涉游西林寺）仲月景氣佳東林一登歷中有故人詩淒涼在高壁（韋應物寄人）晉朝危亂有遺賢陶謝宗雷總學禪釋殿夜深神運木社堂秋後玉成蓮泉噴繡谷長時雨雲擁香爐

白晝煙王韶東林寺草堂舊集三千首蓮社遺蹤七百年

前卓堂寄東林雅意存北闕山北東西寺高人永遠師何年陶靖節溪上送行遲東坡東西二林寺晉代衣冠復誰在虎溪長有白蓮風洪芻東林寺鹿石曉寒雲漠漠虎溪春淺水潺潺張固東林寺翻經靈運推不去愛酒淵明挽不來無復種蓮人作社空餘寫影佛成臺洪芻

陶靖節祠堂詩

嗚呼陶淵明棄業爲晉臣自以公相後每懷宗國屯題詩庚子歲自爲羲皇人手持山海經頭戴漉酒巾

顏眞卿栗里今來訪故宅森若君在前不慕樽有酒不慕琴無弦柴桑古村落栗里舊山川不見籬下菊但餘爐中煙白居易訪陶公舊宅高興那言去路長非君不解愛潯陽有時猿鳥來公署到處煙霞是道鄉釣艇滿江魚賤茶紙窰連嶽楮多桑陶潛舊約依稀在好繼高蹤結草堂杜荀鶴送友人宰潯陽英傑那堪屈下僚便栽門柳事蕭條鳳凰不共雞爭食莫怪先生懶折腰胡曾彭澤麟臺朝士辭書府鳳闕禪宗出帝京歸到雙林親慧遠行過五柳訪淵明裴休陶令歸去來田家酒應熟李白陶令醉多招不得謝公心亂入無方僧齊己鶴愛孤松雲愛

山宦情微祿免相關栽成五柳吟歸去漉酒巾邊伴菊閑汪澧彭澤道出古柴桑淵明祠有堂春逢楊柳綠秋及菊花黃有酒尊居右無絃琴在床清名百世下廬岳共存亡李亨靖節祠潯陽欲歸田彭澤先解綬有琴何必絃無詩不言酒秋黃籬下菊春綠門前柳楊傑陶靖節祠康廬應在望復憶柴桑翁醉來臥磐石悶默天地通不入惠遠社自彈無絃桐郭祥正懷陶淵明摩挲道旁醉石定是天邊酒星洪芻地僻柴桑古人亡松菊存不如彭澤吏歸去有田園毛達題靖節祠堂

四六

泉流寶蓋遙憶湓城峯號香爐依然廬岳（文苑英華徐陵使魏求還書）天池繡谷仙聖之所翺翔瑞象金容光相之所發見（呂惠卿東林記）影搖匯澤根醮湓江既曰洞天亦稱德鎮（西林經藏銘）雨過長空積翠出數州之外春來平陸凝煙當雙劒之前（西林經藏銘）樂天浩歌之地淵明醉臥之鄉（事迹）彭蠡千尋之水可以濯纓康廬萬仞之山堪窮勝趣（同上）控五嶺之要衝鎮百蠻之驛路（徐騎省集杜昌業江州制）赤松山畔曾聞叱石之羊王喬嶺前昔現飛鳧之履（德安縣玉清觀碑舊經云昔蘇耽王喬赤松子並於此觀修道後置觀此碑之文乃作於南唐之甲戌

鄉鄉白鶴有傳公得道之巖境接赤烏有施君住宅之址同上惟今潯陽密連淮甸粵從南渡風聲雖異於昔聞槩以西江民俗頗安於無事余日華知江州謝宰執啟矧今湓浦爲古名邦在東晉則視荆豫以分權至紹興則連舒蘄而授節控西江之要地宿南渡之重師余日華謝侍從臺諫惟湓口柴桑之爲郡兼康廬彭蠡之奧區勢接淮瀆地居楚會千騆烏合萬騎蜂屯温太眞之節槩如存庾元規之風流故在余日華到任謝程帥樞密地接衡廬而星分翼軫暫俾于藩令修戶庭而人樂湖山已聞報政余日華通江西安撫程同卿啟湓浦控咽喉廬山眞面目中甫湓城

爲郡據大江爲中流宿勁兵爲重鎭繫年錄紹興五年向子諲知江州制

廬山在前九江在左出門是滄浪水舉頭見香爐峯白居易答戶部崔侍郎書廬山在前九江在左出門是滄浪水舉頭見香爐峯東西二林時時一往至於瀑水怪石桂風杉月平生所愛者盡在其中

輿地紀勝卷第三十

輿地紀勝卷第三十一　文選樓影宋鈔本

東陽王象之編　甘泉岑鎔淦長生校刊

江南西路

吉州　廬陵　安城　廬水　龍鬚　吉陽　吉水

州沿革　吉州廬陵志乃周益公編類比之他郡圖志頗爲精詳故沿革多採之本郡志

吉州　上　廬陵郡軍事九域志　禹貢荊揚二州之域西漢地理志廬陵屬豫章郡而豫章隸揚州安城縣屬長沙國而長沙隸荊州則吉州界于荊揚之間兼荊揚吳楚之分野爲星紀鶉尾及斗牛女翼軫之次隋志以揚州爲星紀分野而唐志則兼鶉尾而言按州跨豫章長沙二郡之境晉天文志豫章入斗十度長沙入軫十六度通典云揚州管斗吳之分野兼得楚及南越之交蓋是時唐已併安成郡入吉州故杜佑之

言云耳　春秋屬吳　寰宇記云春秋屬吳而輿地廣記以爲春秋時屬百越不同當攷　戰國屬楚　寰宇記　秦屬九江長沙郡　廬陵志云廬陵安平屬九江安成屬長沙　漢屬豫章郡及長沙國　西漢地理志云豫章郡下有廬陵安平二縣長沙國下有安成縣注云廬水東至廬陵河　東漢靈帝末揚州刺史劉遵上書請置鄱陽廬陵二郡　雷次宗豫章記　獻帝時置廬陵郡　元和郡縣志獻帝初平二年分豫章於此置廬陵郡宋書及後漢志並在興平元年而寰宇記及輿地廣記並云興平元年孫策分置廬陵郡象之謹按通鑑興平元年孫策方見袁術請父兵時年十七不應孫策方請父兵便能分建州郡也而雷次宗豫章記以爲靈帝末揚州刺史劉遵上書請置廬陵鄱陽二郡至獻帝初平二年分豫章立廬陵郡未幾丹陽僮芝擅郡自稱被詔爲太守故通鑑建安三年書云僮芝擅廬陵又通鑑建安五年孫策分豫章爲廬陵郡以孫輔爲廬陵太守會僮芝病輔遂進取廬陵通鑑所書與雷次宗豫

章記年月雖不相應然僮芝擅命之初已有廬陵郡則郡非置於孫策矣當從元和志在初平二年吳孫權分廬陵立南部都尉嘉禾五年孫皓分豫章廬陵長沙三郡七邑置安成郡治安成見吳志又沈約宋志云寶鼎二年立安成郡通典於安福縣下書曰吳置安城郡在此隋廢郡改爲安福縣晉平吳以廬陵郡隸揚州安成郡隸荊州晉志又改廬陵南部置南康郡晉志云在太康二年今屬贛州又割隸江州晉志惠帝元康元年有司奏荊揚二州疆土曠遠統理尤難於是割廬陵安成等十郡隸江州宋齊梁陳皆因之輿地廣記隋平陳改廬陵郡爲吉州元和郡縣志云在開皇中復爲廬陵郡大業中唐爲吉州通鑑武德五年孫章賊帥張善安以虔吉等五州來降拜洪州總管隸江南西道在開元中改爲廬陵郡天寶元年復爲吉州乾元元年已上並見新舊

唐志吳楊氏南唐李氏繼有其地國朝平江南地入職方開寶八年隸江南西道今領縣八治廬陵

縣沿革

廬陵縣　望

倚郭本西漢舊縣名屬豫章郡寰宇記云和帝分新淦立石陽縣屬豫章縣帝割隸廬陵宋志云初平二年即廬陵置郡舊唐志云晉改廬陵曰西昌郡治在焉元和郡縣志云本漢石陽縣晉太康中移郡理於此隋改爲州又改石陽縣爲廬陵又廢永豐高昌縣入焉舊唐書云唐永淳元年郡徙今治縣亦偕徙南唐割水東十一鄉爲吉水縣

吉水縣　望

在州東北四十里舊吉陽石陽縣地漢屬廬陵郡隋改爲吉州二縣廢入廬陵南唐保大八年割水東十一鄉置吉水縣寰宇記云隋大業末置吉水縣九域志及國朝會要皆以爲在太平興國九年三朝志以爲雍熙元年新廬陵志云按隋唐書志並無吉水縣而縣之薦福寺有乾正二年銅鐘款識云廬陵縣吉水場則保大以前吉水未爲縣也通鑑周廣順二年書曰吉水人歐陽廣拜本縣令是歲實保大十年在置縣之後二歲則是不待雍熙而已置吉水縣第恐廢而復置耳

安福縣 望

在州西一百二十里元和郡縣志云本西漢安平安成二縣安平隸豫章郡安成屬長沙國通典云吳置安成郡在此隋併郡爲安福縣又併安福縣爲安成縣屬吉州開皇十八年又改曰安復武德五年改曰安福唐武德七年以縣置穎州又廢州復爲縣屬吉州

太和縣 望

在州南八十里本漢廬陵縣治後漢改曰西昌隋併永新廣興入焉開皇十一年改曰太和唐志云武德五年置南平州并置永新廣興東昌三縣八年州廢省永新廣興東昌入太和國朝割縣增置萬安縣

龍泉縣 望

在州之南二百四十里本西漢廬陵縣地吳立爲新興縣晉曰遂興隋併入太和唐因之吳楊氏割置龍泉場周顯德七年陞爲縣國朝會要云宣和三年改曰泉江紹興元年復名龍泉

永新縣 望在州南二百里

本漢廬陵縣地吳即地立永新縣寶鼎二年置安城郡以縣屬焉隋併入太和唐武德復立｜｜｜屬南平州八年州廢省入太和唐志云顯慶二年置｜｜｜於禾山即今理所

永豐縣 望

在州東一百三十里元和郡縣志云本廬陵縣地吳即地立陽城縣晉太康改曰陽豐隋併入廬陵國朝

會要云至和元年割吉水報恩鎭置永豐縣紹興割縣雲蓋鄉置樂安縣屬撫州

萬安縣 望

在州南一百八十里本吳新興縣地晉改爲遂興隋廢入太和吳楊氏割遂興縣地置萬安鎭國朝會要云熙甯二年始割龍泉太和贛縣地併改萬安鎭爲萬安縣

風俗形勝

廬陵人尨淳率多壽考隋志衣冠所萃藝文儒術斯之爲盛雖閭閻賤品力役之際吟詠不輟通典吉爲富州皇甫持正集吉州刺史廳壁記自江而西吉爲富州民朋吏黟吏詹詹民哈哈同上郡多秀民而學官之盛與上國齒學糧記士大夫秀而文

細民險而健山谷江西道院賦廬陵實古名郡咽喉荆廣唇齒淮浙江山映帶在眉宇間譙門記劉登彦文吉之爲州横制大江實爲衝要劉弇小廳記惟吉水之奧區冠江南之奠域戸版踰於十萬輿賦盛於𡐓京楊億與吉州王太博别紙惟是廬陵介于楚甸吕大器知吉州謝表江介都會廬陵爲右劉邠行胡可及知吉州制廬陵之富甲于江外蘇軾行李琮知吉州制元豐生齒潭與吉最藩息潭主戸客戸三十五萬吉雖微不若然猶居潭十九已上用此故常爲西南劇劉弇送吉守盛公歸朝序常爲西南劇同上南接贛北竟淦水東西控臨川長沙環地幾二千里同上安成古爲郡介於吳楚之間山川城郭壯偉宏大王庭珪安福縣鳳林橋記廬陵

戶餘二萬有地三百餘里襟山帶江扼嶺之衝土沃多稼散粒荆陽唐皇甫湜廬陵縣廳壁記介于湖湘嶺嶠之間何格祭竈齋記吉爲大邦文風盛於江右周必大詠歸亭記吉州地望雖出洪贛之下而其戶口繁衍田賦浩穰實爲江西一路之最且據江上流而又外與閩之汀湖南之衡疆界相接朱晞顏修城狀云

景物上

東山在郡東南吳建興二年置東山寺按吉水而下東北亦有山曰｜｜舊志云相傳以爲乃吉陽山蓋劉智請移郡所謂東通大山是也吉水縣亦有東山有解空寺清涼寺般若寺有瀑布直下數百尺

東湖在安福縣東南水石幽勝唐趙居士之故居

西峰在城西南備一里有祥符禪院

南山在吉水縣西北六十里山阿有石數株聳立號石人峯

北嶺在吉水縣東北六十里

日岡在吉水縣北四十餘里廣數丈圓如日

月岡在吉水縣與日岡相距五里狀如偃月

月山在安福縣西百里山巔有石如月遇晦夕則明照映百餘步

雲峯在龍泉縣東南三十里上人嘗以占雨雲興山巔雨即隨下

雲洲輿地廣記云萬安縣有龍頭山｜｜

仁山在郡西按梁書紀天監五年高昌之｜｜獲銅劍二今考廬陵縣在梁陳以前為高昌銅劍之獲蓋在此山中令有隆廣禪院吉水縣亦有｜｜

義山在太和縣一名玉山

聖嶺距永豐縣南二十里高十餘里相傳五季間夜有神人數十震動其上及旦視之忽有土城周圍數里因以得名

神岡在城南十里高二百尺回環數千步

文溪在太和縣西三里舊名西溪相傳曾有識云溪破曾張以曾氏居溪之左故也

武溪在太和縣與文溪相對

武山在太和縣西三十里嘗有武婆煉丹於此又有

陶皮二仙石室　**石人**　在吉水縣西北五十里南山之巔凡三石人皆挺聳人立能興雲致雨鄉人因號爲丨丨仙師禱旱者赴焉　**石佛**　在吉水縣北五十里高數丈頭目皆具髩鬚有袈裟環條之狀　**楓神**　在安福縣西百里其木狀如人面目歲旱以泥封之常雨　**山都**　寰宇記云按曹叔雅廬陵異物志云廬陵大山之間有丨丨似人常祼身見人便走自有男女能相嘯呼常在幽昧之閒　**鐵山**　寰宇記云在太和縣北二百八十里周迴五百里　**金山**　一在龍泉縣西北去縣一里有龍興寺有塔陰陽家以縣名龍泉而金銀兩山夾峙爲龍之角又謂兩塔爲雙筆　**銀山**　一在龍泉縣東一里山巔有塔　**珠峰**　在龍泉縣西北七里大竺院後相傳嘗有二龍戲珠於其上　**寶峰**　在太和縣之湖山　**金水**　宋永初山川記云廬陵城中有井水色有二半青半黃黃者如灰作粥飲並金色甚芬香曹叔雅廬陵異物志人呼灰汁如金水　**石門**　一在永豐縣南百餘里大石對峙如門中有院號龍山一在縣南百餘里小溪中石崖峭立高三丈往來之舟經焉　**石倉**　在永豐縣南有石門如倉廩狀

石泉在永豐縣南百四十里其前爲石泉院院後石室廣丈餘深不可測故老言其潭有龍居之前有巖廣二丈餘石井在永豐縣南二十餘里深闊丈餘大旱不涸風雨晦冥人見金鴨出沒其閒部山在永豐縣西四十里大江之西相傳虞舜南巡常駐蹕於此奏九部之樂故名曰｜｜仍立舜祠於江濱五代永安寺遷于｜｜沙井在永豐之石泉院傍一日三潮時水湧出移時復乾溉田數畝號曰潮田石屋在安福縣東十五里密湖之傍山腰有巖可容數百人有石觀音石飛仙又萬安縣亦有｜｜在縣西三十里其下可容數十舟春夏閒游賞者多宴集於其中墨池在太和縣學之東諫院唐坰學書之處蜜湖類要云在安福縣魚甘如蜜因名湯泉在龍泉者三南鄉二北鄉一南鄉者曰熱湯在縣西南百里一曰温湯在新田院側北鄉者曰熱湯在朱砂礦之下帽嶺在吉水縣北七十里斧峰在龍泉縣西北上有巨石稜角嶄絕廉利如斧焦岡在郡西木茂壤赤蜿蜒可數里浮堆類要云在安福縣乃曹翱得仙之所瀧水寰宇記云瀧水亦曰廬陵

江南自太和縣界流入

吉水 輿地廣記云吉水縣有仁山吉水相傳水紋成吉字

長岡 在郡東與焦岡相接

方山 在吉水縣南五十里山勢回復成一洞其中寬平有斜徑穿山腰而入巖之罅有石像石盧歲旱民禱於此

蹲山 在安福縣顧野王輿地志云上有風窟有風出飛砂揚塵

封溪 在安福縣按郡國志云溪有大樟樹即聶支繫樟舸處邑有聶支祠墓在焉

圓潭 類要云在吉水縣古來船過者鑿山開路以避之後有方士詐遯入水與蛟龍鬭三日後出於嶺上立鐵柱爲誓今春夏亦有渦洑不爲害

禾山 在永新縣西北六十里其趾五百里昔有嘉禾生其上故曰禾山有甘露禪院其巔平衺奇峯累累有覆釜之狀者七十一舊傳唐宰相姚崇未遇時卜居於側本朝元絳有詩題亭上寰宇記云太和縣亦有禾山郭祥正盧陵樂府英英英玉山禾乃是鳳凰食鳳凰殊未來天生亦何盡

盧水 輿地廣記云安福縣有丨丨東至盧陵入贛江

太泉 在安福縣南六十里泉在兩穴中有石室硤不通船闊三尺自然盤石爲人坐傍巖穴狀如削成竹樹交陰有石潭水入玉溪

王江

在安福縣東南百里其源發于陳會山東流與廬水合有陂曰龍陂輿地志云掣材沒于龍陂謂此也或云孫皓伐木造宮室順流而下至水陂木沈以絙挽之卽有風雨後歲旱或相牽犇其木風雨隨至宋元嘉十六年木忽浮出厚五尺其半猶溺水中壅成沙州**王山**在太和縣東八十里周迴百里晉永嘉中有王子瑤修煉於山之洞口既而仙去天寶敕改爲王山寰宇記云山周迴三百里王子喬曾控鶴於此山故以王名**蟾嶺**在吉水縣東南八十里狀如半月**鳳山**在吉水縣東五里上有桃花院下瞰江山之半有鳳凰巖瀑布自巖而下故老傳云嘗有彩鳳飛鳴其上故名**鼇山**在吉水縣北八十里以形似名**虎嶺**在吉水縣東南百里**龜山**在安福院西有石屹然望之如伏龜龍泉縣亦有龜峯**龍洲**在太和縣南有讖云龍洲過縣前太和出狀元周益公作龍洲書院記**螺川**郭祥正廬陵樂府不作巫山雨螺川久住家

明秀樓在郡學　清暉亭在南亭下　飛霞亭在吉水縣使華館之西舊名落霞楊獬改曰｜｜　朝霞閣舊在當遞門外後改曰澄波而閣廢已久應詔錄敘詩曰｜｜｜｜今之白鷺亭也　霽虹亭在淸暉亭下　貯雲臺在六一堂後　愛日軒在三瑞堂後

喜年堂在三瑞堂東　凌波亭在霽虹亭下　賞春樓葛敏修詩序云太守召飲賞春樓使旆未至徘徊於白鷺洲亭　候春亭在望雲門外　晉春亭以牡丹名在雙蓮堂之後　雪浪閣在吉水縣崇元觀有呂洞賓留題云裹裳懶步尋眞宿淸景一宵吟不足月在碧潭風在松何必洞天三十六　風月亭在倅廳龍泉縣亦有｜｜｜　瑞芳樓在子城西下臨蓮池熙甯間通判瞿漸有詩　戲綵堂在州治　籌安堂在戲綵堂之後太守呂源置

詩人堂在司戶廳盧象以唐詩人杜審言曾居是官故名有楊萬里銘周必大箴　二友堂

在宅堂後舊有古松與竹對植太守李彌遜開軒其下忠簡公胡銓爲記

三瑞堂在便廳東熙寧中城西池產雙蓮玉虛觀產芝草天慶觀有甘露

多德堂在三瑞堂之後今爲靖治堂

六一堂在三瑞堂之左繪六一居士像於其中楊萬里爲之記

平心堂在郡治小廳後

宜化齋在小廳之東

齊呂堂在太和縣學墨池閣之北以呂溱嘗讀書于縣齋故也

天柱岡在吉水縣西四十里

天井湖在龍泉縣和蜀鎮距縣百里

斗門峰在廬陵縣高三百丈山項方平如斗

雲蓋山輿地廣記云永豐縣有丨丨丨

雲騰嶺在郡西實爲屏於長岡之外

雷鳴岡在龍泉縣南二十里有巨石窪痕隱隱如人右足跟名曰仙人石

明月岡在城北岡如半月故名

甘露山在吉水縣東二里舊名虎邱山紹興初有甘露降其上因名

元陽洞在永新縣與石室洞相距三十里有姚崇讀書堂

白佛嶺在吉水縣東五十里舊傳有白衣和尚修道于此

黃公灘在萬安縣舊名丨丨丨文忠公蘇軾南遷有詩

云地名皇恐泣孤臣遂易皇恐

黃塘巖 在萬安縣東八十里巖中空洞宛如樓閣殿宇之狀神像供物鐘鼓皆石又有書院石秀才石學生之類巖尾有一穴通天巖前有二樹不知其名巖下有蛟穴冬夏水不竭

黃金石 在吉水縣東南八十里義昌水中高二丈許

烏雲嶺 在吉水縣東南八十里

青原山 在廬陵縣

朱陵觀 在吉水縣南八十里有徐錯所撰碑樞密徐俯有詩

紫府觀 在吉水縣舊名鍾湖觀後有七仙壇相傳李唐時有隱者七人於此仙去

清眞觀 在安福縣有適軒黃太史庭堅有詩

清都觀 在廬陵之永和鎮舊曰西臺觀蘇公軾南歸嘗遊焉有書清都臺三字又有詩贈謝道士

觀音巖 在太和縣武山之北空洞平坦可容百人祈禱有應

禪和洞 在永豐縣南一百二十里樓源嶺上其中有石殿三層石佛石鐘鼓等畢備秉燭以入歷歷可見

仙遊觀 在永豐縣東一百二十里舊名呉仙觀乃呉眞人得道之地

仙人巖 在龍泉縣西三十里武陵相傳舊有仙人經此

仙女洞 在永豐縣東南百四十里

仙姑臺

在永豐縣嬌原

葛仙峯 在安福縣西北百里地極高險相傳葛洪煉丹於此上有仙壇壇榜有四石塔時見火焰若金爐

葛仙巖 在龍泉縣東南十五里有石室可容數十人舊傳仙翁煉丹之地山空月霽時聞杵藥聲巖高數百尺有遺天門望天臺洗藥泉乳竇碁局石鑊

韓相嶺 在吉水縣東六十里世載韓熙載嘗遊觀其上因名

相公平 在吉水縣北九十里相傳云彭玗作亂置堡塞於此嶺上可置數萬人倉廩府庫皆有遺址其一曰相公平

將軍山 在吉水縣南十里舊傳葬蕭將軍於此

御史灘 在龍泉縣金田昔永豐董端逸未第時館于里人郭氏嘗浴於此後賦詩而歸有大餌長鯨之句尋登嘉祐八年第官至御史灘因得名

神童洲 在太和縣西五十里誠齋楊萬里爲曾戩立名

登科嶺 在太和縣西北五里舊名燈窩後易以登科

折桂岡 在龍泉縣東二十里東堂

寶積院 在吉水縣東一百九十里有歐陽文忠公題詩今刻石寺中

玉女峯 在永新縣南三十里舊名文峯

玉笥山 即雲騰嶺乃唐刺安吳世雲上昇之地又

梁天監起居注曰五年廬陵太守王希作銘玉泉山在龍泉縣東南十里亂山中有泉白石罅出潔白如玉冬夏不涸玉庭觀在永豐縣東二百四十里相傳浮邱王郭三仙得道之地金船嶺在萬安縣南有法輪院舊名香林寺趙清獻公知虔州赴召通判周濂溪餞于此寺唱和有詩金爐峰在永豐縣南百六十里金華山在永豐縣南百六十里金竹峰在廬陵縣高三百丈周迴二十餘里兩峰對峙石筍峰在廬陵縣高二百丈周迴十五里山頂有巨石如筍安福縣亦有｜｜｜石匣峰在龍泉縣西北八十里廣百步高百尺石廊洞在安福縣一百三十里洞門廣丈餘其間可容千人者數處有石鐘石鼓石牀石蓮花等往歲鄉有盜警人逃避於其中盜不敢入得活者數千人巾子石在龍泉縣東南三十餘里尖頂圓足高數百仞孤絕嶄聳面面可見望之若尖巾席帽峰在太和縣之潮山以形似名龍泉縣亦有｜｜｜香廬山在永豐縣東五十里香城山在城南聳秀如鋒筆然香城廟在永新縣北三

里神爲漢循吏召信臣信臣嘗守零陵香城庵乃信臣遺跡事見廬山記**蓮華峯**在龍泉縣南十五里狀如芙蕖與縣治相對**芙蓉峯**在萬安縣西隔江五里端正秀麗高出衆山**芙蓉嶺**在吉水縣南三十里峯巒層出遠望如芙蓉**楊梅嶺**在吉水縣東五十里地宜楊梅**梅田洞**在永新縣東二十里之石灰山內有兩洞號寶仙聖洞即梅田洞也前洞有石觀音石羅漢石鼓石龍後洞最深長歷半里許內有石牀一二所石帳數所石獅石筍石籐**雙箭峯**在永豐縣南百六十里**三峯嶺**在萬安縣西六十里聳秀相連下有三峯院**三顧山**在安福縣南六十里三峯屹然若相顧眄郡志辨疑云山因廬度隱居故取三顧之義**三曲灘**在吉水縣西北十五里雙溪之下**四相峯**在吉水縣三十里**四祖巖**在太和縣瀚山寶峯之下可容十數人四祖禪師坐禪之處巖有亭曾安強爲之記**五雲觀**在城西有唐天祐十二年鐘**五岡峯**在吉水縣西十五里**六祖嶺**在吉水縣東南六十里世傳南華六祖禪師嘗駐錫

于此**七里灘**在吉水縣七里**八仙臺**在永新縣玉笥里**九曲嶺**在永豐縣二百里上有九峯**九女窟**在安福縣相傳云昔有九女遊戲溺池中今號丨丨丨**十里岡**在吉水縣東四十餘里**百花潭**在安福院相距百里山連盧蕭峯巒峭拔雲霧覆之多蜂蠆蛇虺人跡罕到**鳳凰山**在龍泉縣東南二十里又有鳳凰岡在和蜀距縣八十里吉水亦有丨丨丨**孔雀臺**在永新縣南五里北嶺下**鷓鴣洞**在吉水縣西北五十里四面山皆環合**駱駝洞**在龍泉縣東南三十里有石如駱駝狀**鵝鴨洲**在龍泉縣西十里之南澳陂塔嶺瀧水合流之處**獅子嶺**在永豐縣三十里有大石如獅子舊有僧號禪和大師結茅其上一日雲煙滃靄人見僧振錫凌空而去**螺子山**在郡城北其山南與神岡若主賓相拱揖圖經云昔有漁人遊此忽遇風雨見神螺光彩五色漁人取而懷之至北岡南涉水螺失所在因以名山**仙鵝石**在永豐縣東四十里昔有道士言石能食人之食鄉人鑿之**仙鵝池**在龍泉縣西四十里

峨嶺中峰絕頂方廣三丈水色如藍四時流注不絕相傳昔有仙鵝浴于池因此得名

西龍山 在龍泉縣西二十里峯頂皆石有風穴其地多寒父老云昔有異僧觸熱問民家謁飲其婦不與僧拂衣以杖擉山頂谸風自穴出俗呼西龍風遇霜夜則怒號尤甚至卯辰始定陰雨則息有樵者以土石窒其穴風乃自山下潭中出波濤洶湧

蟠龍山 在太和縣北三十餘里

盤龍岡 在龍泉縣幾百里高百仞

回龍洞 在永豐縣南百餘里

化龍池 在龍泉縣覽翠閣

青螺峯 在吉水縣五里高幾百仞

白鷺洲 由郡城南來折而北者贛江也有洲環於江中曰白鷺其長數里

烏龜山 在龍泉縣西北七溪

黃牛石 在太和縣黃牛岡之上舊傳石能盜官倉米官嘗令人厭伏其怪下有一小石乾道間一夕風雨嘗自移其處

金鳳山 在郡東與神岡映帶上流相傳其山有金雞見

金雞嶺 在吉水縣東八十里

金雞石 在龍泉縣地名小湖

金龜嶺 在龍泉縣頓原

金牛峰 在吉水縣東三十里有金牛臺

金牛池 在澄波門外有泉自

城壁出注于池冬夏不竭**石龍巖**在龍泉縣高數十丈可容三四十人巖下清流湍激五祖禪師修道于此**石羊嶺**在龍泉縣西南百里左安之西有石磊落似羊又有二石人**石牛泉**在安福縣南六十里中有巨石如臥牛鄉人嘗以葛蔓相續墜入莫知其底**石牛嶺**在龍泉縣東南二十里高百仞兩山相望謂之大小石牛**石牛潭**在吉水縣墨潭下流四十里相傳江水暴漲見石牛浴其上**龍興觀**玉堂閒話云吉州｜｜｜有巨鐘上有文曰晉元康年鑄鐘頂上有一竅古老相傳則天時鐘聲震長安遂有詔鑿之其竅是也**龍華山**在永豐縣南五里即龍華眞人得道之所有鴻都觀**龍頭山**在萬安縣東二里有仙壇嶺有龍峽及仙聖羅漢二巖下有感應禪院**龍須山**登禪師之道場也在廬陵縣西南六十里唐代宗時土人龍須施地築庵因名**龍門江**在永豐縣南百六十里**鳳凰嶺**在吉水縣東南四十餘里**虎頭岡**在龍泉縣西南六十里南洞上**虎鼻峰**在太和縣武山之南高峻不可登**虎口石**類要云在

廬陵縣北百餘里侯景之亂敗其兵於此遂方舟北濟

龜山峰在龍泉縣其山穹項圓趾如龜之狀高百餘仞廣二里

鴿湖山在安福縣北六十里有雁峯白鶴峯石人峯三渡橋桃花洞景物幽絕有唐人留題

雞籠山在永豐縣龍泉縣亦有丨丨丨

牛眠石在吉水縣北四十餘里方廣丈餘或傳秋高夜靜有金牛往來其上牛迹存焉

牛吼石在太和縣西十里禾蜀水口贛江自黃公灘而下江流平澹經此石則復險悍可畏灘聲如羣牛之吼因名

永慶院在永新縣治院有銅佛像周世宗時以佛附銅綱佛見毫光得留

永興觀在廬陵之膏澤鄉晉永嘉之初有王緜者子喬之弟也來居於此永嘉二年王仙白日上昇詔改爲王仙觀

永新山在永新縣東南九十里周迴三百里舊名龍頭山絕嶺三峯相顧若有兄弟之義俗名義山天寶中改爲丨丨丨

更生山在安福縣傳云山有豫章伐而更生

太平洲在永豐縣西三十里平廣百餘丈

吉文水在吉水縣狀若吉字

義昌水在吉水縣東南八十里

報恩江輿地廣記

云永豐縣勝業水輿地廣記云永通天巖在太和縣
有丨丨丨新縣有丨丨丨潮山寶峯
之側亦名聖巖有飛泉洞虛觀在安福縣南十五里
自巖而下入石罅中南岳魏夫人修真之
所朝元嶺在吉水縣西北五十里有石名黃金臺上
有詩云落落萬古石悠悠千載心人間不
相遇白雲深處尋或崇元觀在吉水縣北五十里相
傳為楊仙師留題傳以為晉旌陽令許遜
治蛟蜃於此冶鐵而鎮焉觀圓通寺在郡北舊為開
有雪浪閣及呂洞賓留題先寺有銅鑄唐
明　皇慈恩寺在郡南有隋仁壽舍利塔唐天祐十四
像年其塔忽左旋因號神運塔黃太史為
記有高明軒在郡西有韓熙載墨跡又
徐俯有詩能仁院有清淳軒黃太史有詩浮岡
山在安福縣郡國志云丨丨丨丨石壁光長嶺山寰宇
明五色迭相照耀望之如龍虎之狀記云
在安福縣南其山有石墨長壽院在龍泉縣西南百
可以種火是為不灰石步梁大同三年賜
金銅佛大智院在永新縣之禾山唐文德中西域胡
像三僧奚達駐錫於此本朝改為甘露院

院有南唐所藏佛牙舍利又太宗所賜磨蹋提國所進釋迦眞身舍利亦藏于寺

□□□在廬陵縣有保大十一年古鐘周益公爲之記

贛石山在太和縣廬陵異物志云有木客鳥大如鵲又按郡國志云木客鳥左翼後有文飛特高者謂之五馬前黑鬛下有霜色者謂之功曹右脇有毛似盤囊者謂之主簿土八次第呼之

蓬萊嶺在龍泉縣西北五十里上有石鵝石筍仙鵝池

逍遙樓在永新之東嶽行宮前刻顏眞卿書

聰明泉在永新縣北三十里泉自山腳湧出古來學者多此成業俗呼丨丨丨有唐宰相牛僧孺書堂基址猶存

墌口城在廬陵縣北七十里陳永定元年廣州刺史蕭勃遣其子孜及其將歐陽頠傳泰等兵出南康傳泰據墌口城周文育使其將丁法洪攻泰擒之

南平州故城在永新縣西二十里唐武德五年置八年廢

廣興縣故城在永新縣西一百二十里吳立隋廢武德五年復置八年復廢

舊州城寰宇記云在吉水縣東北二十五里隋大業三年置唐永淳元年移州於舊石陽縣其城遂廢

吉陽城寰宇記云在吉水縣東一百二十里輿地志云吳後主二年立隋開皇十年廢

隋石陽故城寰宇記云在吉水縣東北三十里輿地志云漢和帝分新淦立石陽縣隋開皇改廬陵爲吉州石陽爲廬陵縣今舊州東北是也

廢興平縣寰宇記云在吉水縣吳孫策二年立隋開皇十年廢

遂興故縣寰宇記云在太和縣南一百七里輿地志云後漢獻帝立遂興縣隋平陳廢今屬萬安縣

白口城寰宇記云在太和縣東南二里近白下驛

漢廬陵故城寰宇記云在太和縣北三十里按輿地志云漢興平元年分豫章置廬陵郡晉太康中移郡於石陽故城尚存

太皐城寰宇記云在太和縣北八十里

廢平都縣寰宇記云在安福縣南吳屬安城今故縣在

廢安福縣寰宇記云

按輿地志云漢時爲安城縣今廢在安福縣東六十里枕王江之口

晉廬陵故城 寰宇記云在本縣南一里晉咸康末太守孔倫所築

吉陽故城 寰宇記云在廬陵縣北六十里

東昌故縣 寰宇記云在太和縣西北六十里輿地志云吳後主置隋平陳廢

西昌故縣 寰宇記云在太和縣西三里按輿地志云隋開皇十年改爲太和縣

廢安城郡 輿地志云在安福縣晉惠帝元年太守朱居所築

後隆山 在永豐縣事見人物劉景洪下

殷堪讀書臺 殷仲堪爲太守築臺讀書

姚相讀書臺 在永新縣

牛僧孺讀書堂 在永新縣事見人物劉景洪下

顏魯公搗衣石 在永新縣前市故老相傳云魯公嘗遊息其上

顏魯公祠 在州學

楊忠襄公祠 在州學公諱邦乂南渡初作建康倅死於忠義

胡忠簡公祠 在州學公諱銓紹興議和上書忤時宰意坐貶

六一堂 在三瑞堂之左紹熙太守方崧卿創繪歐陽公像及刻遺墨於其中

六一先生祠堂 與六一堂相對舊爲墨妙

亭基亭以貯石刻紹熙太守胡長卿改爲雲錦且題詩於柱間而刻之嘉泰胡元衡撤而爲堂立歐陽文忠公塑像於其中以祠焉州學亦有六一先生祠

牛僧孺祖母墳 在永新縣僧孺祖仕交廣罷官爲山賊所掠存止禾川母死葬於縣西南

王藹墓 唐平盧節度使王師範之子也師範爲朱全忠所殺藹南犇事楊氏沒葬于縣城西宣德坊近有創園圃而得其碑者

歐寶墓 在縣南七里後漢人居父喪鄰人格虎投其廬中寶以穰衣覆之鄰人問寶曰虎豈可舍而藏之乎後虎每月送鹿助祭時人以爲孝慈通於神明

彭城王墓 寰宇記云即義康也元嘉二十年遷安城郡後葬於安福縣南

官吏

劉陵 字子堅後漢時爲安城長先是境內多虎百姓患之徙他郡陵修政月餘虎皆出境流民復還

見謝承漢書

孟嘉 晉太尉庾亮領江州辟嘉部廬陵從事嘉還都亮引問風俗得失對曰還傳當問吏亮舉麈尾掩口而笑曰嘉故是盛德人

殷仲堪 寰宇記云晉安成郡即安福縣也按安城記云晉太和中殷仲堪爲安城太守於郡西大池之上築臺讀書今遺址尙存頗有勝境

江革 梁武帝時丨丨從廬陵王長史淸嚴爲人所憚少王行事多傾意於籤師革以正直自居不與典籤趙道智坐道智譖以好酒墮事以王曇聰代之

江淹 齊永明初爲廬陵內史視事三年

傅昭 梁丨丨天監四年歷安成內史郡自宋來兵亂相接府舍稱凶每昏旦人鬼相觸在任者鮮以吉終及昭至有人夜見甲兵出曰傅公善人不可侵犯乃騰空而去郡多猛虎常設檻穽昭曰人不害猛獸猛獸亦不害人乃命去檻穽竟不爲害

劉竺 陳劉竺爲廬陵太守勉人農桑歲不妄役誘衆孝悌時無廢學公家無負租私室有餘粟或出郊按部則由鹿隨馭吏民爲之立廟於祠岡

杜審言 唐武后朝爲吉州司戶山谷寄舒申之司戶詩云吉州司戶宮雖小曾屈詩人杜審言

顏眞卿 唐永泰二年爲吉州

司馬

姜公輔正元八年爲吉州刺史見韓愈實錄而通鑑以爲別駕未詳 孟簡元和十五年爲司馬 張宏靖元和中爲吉州刺史次年改撫州刺史 令狐峘貞元中爲吉州刺史時齊映以廉察江西行部故事刺史始見觀察使皆戎服趍庭致禮峘自恃前輩以客禮謁之映深以爲憾奏貶峘衢州別駕 盧肇唐末爲刺史 段成式文昌之子也博學強識多奇篇祕籍嘗爲吉州刺史終太常少卿著酉陽書數十篇唐書 向敏中五朝言行錄云丞相向文簡公名敏中字常之開封人登進士第太平興國元年爲吉州通判又以贊善來作守 孫航國朝孫航景德元年以祕書丞知郡以其歷職有淸幹名錄其子同學究出身 陳從易字簡夫泉州人嘗歷殿中侍御史宰相寇準素惡之出知吉州後爲湖南轉運準貶道州或謂曰可忘盧陵之命邪準至從易以故相禮敬之言者爲懃事畧 蔣堂天聖四年爲通判 呂士元江甯人天聖五年爲太和令子湊隨侍有讀書堂在縣圃皂祐五年湊策進士第 王陶康定中知太和縣事神宗朝擢御史中丞論宰

不押常朝班　余靖　慶歷中契丹攻元昊使來告捷以出知陳州　知制誥余靖往報靖通外國語至爲蕃語詩爲御史劾奏出知吉州事畧

戚綸　字仲言嘗知太和縣邑民險悍好訟綸爲諭民詩五十篇言近而易曉老幼多傳之事畧

黃庭堅　字魯直元豐四年知太和縣東坡和魯直食笋詩云稾稾白下宰太和古自下也

江公著　嘗知吉州東坡有詩送云奉親官舍當有擇得郡江南差可喜白粲連檣一萬艘紅粧執樂三千指簿書期會得餘閒亦念人生行樂耳

吳革　國朝吳革元豐七年到郡州自蹇周輔增鹽課二百萬民已失生理魏倫上諸縣增課九十五萬革告諸令後所增鹽勿以爲課奬善勸不能去其汙者御姦黜吏有譽策元祐初御史按察南方以革爲愛民吏課爲江西第一

徐俯　宣和七年爲通判

趙訓之　字誨道秦魏王五世孫登政和二年進士第官承議郎建炎二年宰永豐時方搶攘首籍民兵教戰法至入邑公吏悉令習射號忠義民兵杜彥等叛所過焚剽訓之帥鄉兵與戰以死拒之厲聲罵賊力盡遇害事聞贈朝散郎直祕閣官其二子賜立廟額曰旌忠　熊

彥明紹興間來寕時賊唐英等千餘人長驅而來彥明率五鄉民兵與之戰賊望其旗避之公挺身出戰良久遇害民爲立祠

邵成章中興遺史建炎二年正月內侍邵成章上書言黃潛善汪伯彥必誤國遂謫成章居吉州

陳自仁建炎三年金人犯吉州潰兵作亂知永豐縣趙訓之尉陳自仁爲所害後贈自仁通直郎繫年錄

謝諤紹興二十二年嘗爲吉州知錄時廬陵艱食民萬餘守譙門求振廩官吏失措公亟植五色旗分部給粜頃刻而定言行錄

人物

歐陽廣吉水縣人南唐時廣上書言邊鎬非將帥才必喪湖南不報已而鎬果敗唐主思廣之言拜本縣令

王克正字守節廬陵人南唐時開貢舉以克正爲首選

陳喬字子喬廬陵人仕南唐爲中書令中主謂後主曰｜｜忠臣也他日可委以國事後主時爲樞密使林仁肇素爲喬所知喬常

曰令仁肇將外吾掌機務國雖迫蹙未易圖也及建康不守喬遂死云

蕭儼 永新縣人事南唐爲給事中後主嗣位儼入白事後主方與嬖倖奕不之顧儼前舉奩投之於地又後主於宮中作高樓儼曰恨樓下無井後主問其故曰以此不及景陽樓耳後主怒貶舒州

歐陽修 廬陵人生於綿州官舍以省魁天聖八年第後爲參政晚自號六一居士以文章道德天下學士皆師之

王贄 字至之太和縣人知開封府尉氏縣密論中人邀索慶曆初召爲殿院遷知諫院言事多聽用仁宗嘗謂其有熙趙之氣論中人王守忠上亟爲寢其命英宗歲祚進給事中神宗即位改戶部贊歷事三朝仁宗眷遇每見玉色怡然退而猶若不足

劉景洪 沆之曾祖也永新人事楊行密爲江西牙將有彭玕者稱太守脅景洪附湖南僞許之復以州歸行密遂不仕景洪曰我不從彭玕當活萬餘人後必有隆者因名所居山曰後隆山山有唐牛僧孺讀書堂故基即其上築聽明臺沆母夢牛相公來而生沆事畧云

劉沆 永新人至和中相仁宗首請立儲嗣嘉祐初罷知陳州薨柩過都門仁宗御製輓詩以賜云早富經綸業

終成輔弼功立朝無黨勢為國盡公忠此日悲遺直誰人嗣匪躬深嗟亡一鑑何以慰予衷

彭思永 盧陵人為侍御史皇祐中明堂百官遷秩張堯佐以妃族覬參大政思永抗疏論之以為宗祀覃恩無意孤寒獨為堯佐取悅衆人爾由是罷知宣州、

董端逸 字夢授登嘉祐八年第元祐中除監察御史紹聖初復除言路彈劾不避權貴一一在朝鬚髮皓白既久於外上一日思之問近臣曰白鬚御史焉在當時榮之

彭醇 盧陵人歷守康賀南安等郡有惠愛蘇軾北還醇嘗走書致餽范祖禹卒於他州醇為文以祭又上書議切王氏之學崇甯三年編入黨籍

歐陽珣 盧陵人遷將作監丞靖康元年金人入寇中外洶懼議欲割河北河東地以與敵和珣率其黨九人上書極論以為不可時宰押珣往河北諸郡軍民固守不下珣對城上軍民慟哭曰朝廷為姦臣所誤吾以一死謝朝廷金人怒執送燕山遂死之

嚴顥 吉水人為惠州河源縣令持身以廉邑人惜其去餞以海錯舟行十餘里家人發缶得黃金以告顥亟掩缶停舟召餽者還之

劉琮 吉水人為光祿寺主簿時曾布當國琮於曾為

甥婿每旦望旅進未嘗間見布貶因得免後為夔路提舉子琮為諸王宮翊善靖康為敵騎圍時敵議立張邦昌使范瓊以兵脅百官勸進琮服自利藥委頓乃不果逼

歐陽瞱為隨州推官時轉運使令往籍大洪山僧寺瞱以歲凶令僧徒出穀六七萬石以賑民饑民賴以全活知桂陽民有爭舟相毆致死者獄久不決瞱悉召囚而飲食之悉遣還獄而留一人于庭曰吾視食者皆右手持匕而汝獨左今死乃右肋傷此汝殺之明也囚乃伏罪

葛敏修元符末上書言邪等坐廢于家越三年始出黨人人謂公久固當一少折其詩乃云從今益勉為忠義一嘻如何便廢餐

蕭汝士吉水人知長汀縣時方行青苗助役法與提舉官議不合以致仕告遂移甯化竟以疾求解職而去

劉弇永福人為兒時日誦萬餘言登元豐第試中詞科元符中進南郊賦聚書萬卷稗官小說之書無所不讀有文集號雲龍居士集

曾安強太和人登第後坐邪黨安強八歲時賦白鷺詩云其外殊潔自俯風臨清流其中乃貪穢盡日魚鰕求識者器之

曾民瞻永豐人登宣和第通天文之學為南昌尉以郡之碞

漏有差遂更用其法箭之榜二木偶左者晝司刻夜司點每一刻一點則擊板以告右者晝司晨夜司更每一辰一點則鳴鉦以告自謂得古人之所未至

楊邦乂 吉水人建炎三年金人再入寇丨丨時通判建康府杜充陳邦光李梲皆降丨丨獨不從大書其衣裾曰甯作趙氏鬼不爲他邦臣大罵敵曰行磔汝萬段尙安得汙我敵使疾擊挺交下丨丨罵不絕口遂殺之詔贈直祕閣官其二子郎死所立廟賜謚忠襄廟額曰褒忠累贈徽猷閣待制

胡銓 字邦衡廬陵人紹興八年秦檜主和戎之議銓獨上書斥王倫秦檜孫近三人坐流昭州及吉陽軍孝宗即位召爲侍郎遺表云相如草封禪以貢諛竊所不敢張巡亦不忘自號澹庵居士

楊萬里 言行錄云字廷秀吉水人紹興進士仕至寶謨閣學士公初丞零陵時張忠獻公謫居勉公以正心誠意之學佩服其言遂以誠名齋厥後勸讀東宮光宗嘗親書誠齋二大字以賜

周必大 字洪道言行錄云公早登第繼擢詞科高宗一見其文奇之出臺閣登侍從孝宗時正宰席閒居十五年自號平園老叟

仙釋

呂洞賓 有留題在吉水縣之崇元觀詩云褰裳懶步尋眞宿清景一宵吟不足月在碧潭風在松何必洞天三十六

李道士思廣 字景淵政和中嘗駐于習溪橋之酒家一老嫗異之忽謂嫗曰我將有所往醉宿肆中化去斂葬之月餘有客自衡嶽來者云途中遇景淵寄書謝酒家乃發棺則已尸解而去矣

魏夫人 唐咸通中劉史仙壇記云夫人晉司徒舒之女也性樂神仙之術生二子璞瑕瑕爲安成太守夫人因至此修眞以成帝咸和九年道去

黃仁覽 爲青州從事娶旌陽令許遜女從遜學道術居安福縣清化鄉洞陽山後全家上昇

西峯第六代圓淨大師 廬陵志云大師姓曾永和鎮人師得法於雲居融照禪師祥符二年召至闕下天子賜之師號并詩以寵其行

曹溪令瑫禪師 廬陵志云丨丨廬陵新淦人姓張依六祖出家未嘗離左右六祖歸

寂爲依塔主唐明皇聆其德風詔令赴闕師辭疾不起**眞寂禪師行思**行思姓劉世居安福縣得曹溪六祖所傳之法**至誠禪師**太和人少於當陽玉泉寺師事神秀禪師後至韶陽參請六祖禪師詳見傳燈錄**元寂大師隱微**南唐中王召至建鄴住天甯一日升堂別衆安坐而逝韓熙載銘其塔

碑記

大業碑又謂之故州碑吉水縣東北二十五里有故城續通典云故州城堞尙存半沒江中有龜趺在沙磧有石碑半在江秋冬水淸人謂向見大業等字**香城寺碣**唐皇甫湜作在郡西景德寺**王藹墓碑**唐平盧節度使王師範之子也事見古跡下**輔順廟碑**在永和鎭有周顯德五年碑**盧陵縣令廳壁記**唐皇甫湜撰**靖居寺**

碑在廬陵之青原山有大中五年段成式記及天寶六載大和尚碑

國慶寺經藏記在廬陵有唐太和四年經藏及開成四年郭京記

顏魯公眞卿題名在廬陵之青原山靖居寺

吉祥院記在廬陵縣西六十里今名寶嚴院有南唐保大十五年薛良記

元寂禪師塔碑在吉水縣之龍華寺韓熙載撰

朱陵觀碑在吉水縣南八十里碑徐鍇所撰

齊芸亭碑在安福縣西九十五里有芸亭碑齊永明二年立其文磨滅

唐李昇石刻李昇仕唐爲安福令有讀書齋石刻今存

劉史仙壇記唐咸通劉史撰

禾山大舜二妃廟碑在太和縣南唐西昌令張翊撰

紫陽觀新興佛碑在太和縣南唐西昌令張翊撰

白鶴觀碑在太和縣西二里徐鍇撰

吉州刺史廳壁記皇甫湜文

廬陵香城寺碣皇甫湜文

岑夫人誌集古錄云不著書撰人名氏夫人南陽人適隴西董溦碑以廣德中立

段成式廬陵官下記二卷見唐

藝文志

顏魯公廬陵集十卷見令狐峘所撰墓碑廬陵志周必大編纂

詩

廬陵政事無全牛恐是漢時陳太邱黃山谷謝陳適用夢到郡城東

笑談西齋月江郡梅李白士女戲城闕黃庭堅夢會于廬陵西齋記

亡簪城南鼓吹罷晝倚城北歸帆落黃庭堅泊舟江西

去年對月廬陵郡醉雷歌舞蹋金沙黃庭堅八月十四夜尸坑口對月

彫陂之水清且泚屈爲印文三百里黃庭堅彫陂

異時黃魯直嘗賦青原詩今日青原山名與星斗垂王庭珪遊青原詩

江西之水可樂饑黃庭堅上權郡孫奉議

宜春別駕

鄉丈人來假廬陵二千石黃庭堅上孫權郡歸宜春廬陵地控虔輿洪孤城斗絕吳楚東王庭珪廬陵行鷺洲盤地軸螺浦瀉天津王庭珪題凌波亭詩江闊吞章貢原長接廣閩同上嶺近山相屬江通水不流無雲方萬里有月正中秋徐俯廬陵中秋對月詩玉立竹千畝金垂橘萬頭徐俯廬陵思歸詩金陵與廬陵俱有白鷺洲相望萬里江中同二水流徐俯江上野望官事有時閒江上每夷猶徐俯好在廬陵守年來強健無一麾新佩印三瑞更爲圖蔣之奇三瑞堂詩西山崔嵬摩蒼穹秀嶺巃嵸如朝宗劉弇題翠微堂詩遙想廬陵郡還應叔度歌劉長卿送梁郎中赴吉州看竹經霜少聞猿帶雨多同上廬陵

太守告我行先把廬陵爲君說龍須山對殿侯池池面山容兩清絶曹輔送周吉州詩高臺梯空上雲煙宴坐城郭窺山川鳧汀鶴渚江在前青原入望山蒼然藹波輕泛一葉船洪芻青原臺詩一瀉三百里列爲十八灘葛敏修贛石遠適廬陵郡經旬泛楚天江山晴遶枕星斗夜隨船齊唐十詠遠適廬陵郡重江去不窮全家片帆底三月怒濤中同上偃藩唯覺訟鈴虛齊唐到任遣興山圍蘭若青螺遠江帶蘋洲淨練橫劉偁青原臺詩景紛拏且按鞭林逋安福道中爲愛江西物物佳作詩常向北人誇青林霜日換楓葉白水秋風吹稻花釀酒烹雞留醉客鳴機織

亭遍山家歐陽脩永豐寶積院詩六一文風屬後生吳壽翁永豐新學

山憶喜懽勞遠夢地名惶恐泣孤臣蘇軾初入贛作五馬留

中足邱壑駐車決遣有餘樂似言新廣青原臺不減

滕王舊高閣饒節詩義山山下有靈泉泉號聰明自古

傳四百年中三出相不才何幸繼前賢劉沆聰明泉

四六

惟廬陵之川陸控湖廣之舟車民物夥繁衣冠駢集王庭珪謝蔡寺丞啟惟此南州甲于西道由六一公之鄉里家有詩書以十萬戶之井廛人多儒雅山川特異豪傑

問生楊炎正州學上梁文眷今江右無出廬陵財賦獨冠於他州卿相多生於是郡陳讜賀吉州梁守啟螺江千里之封暫煩牧御鳳詔十行之下佇見褒揚同上眷今樂土無出廬陵財計富饒冠於他郡山川清淑間出偉人陳讜賀吉州胡寺丞維是廬陵介於楚甸土膏而人瘠物夥而俗貧萬室連甍剽奪時鳴於桴鼓千艘銜尾轉輸日困於舳艫吉州到任謝表

輿地紀勝卷第三十一

輿地紀勝卷第三十二　文選樓影宋鈔本

東陽王象之編　　甘泉岑鎔淦長生校刊

江南西路

贛州

南康郡　昭信軍　虔州　章貢

貢山　彭水　贛水　聶都

州沿革

贛州望　南康郡昭信軍節度九域志　禹貢揚州之域晏公類要寰宇記同　於天文爲星紀之分野章貢志云星歷家論星二次自南斗十二度至須女七度爲星紀辰在丑吳越分屬揚州豫章郡入斗十度　春秋時屬吳越晏公類要及寰宇記屬吳惟輿地廣記以爲百越之地諸書所引似有吳越之異章貢志以爲唐虞三代以五嶺限百粵贛在嶺表實爲揚州之域象之竊謂贛介在嶺表則恐在吳越之交亦未可知　戰國時

楚南平百越於是屬楚此據輿地廣記又通鑑周安王十五年楚悼王相吳起南平百越秦屬九江郡漢高帝使灌嬰略定江南始爲贛縣立城以防趙佗今州西南益漿溪城是也寰宇記云灌嬰定江南在高帝六年又置雩都縣俱隸豫章郡此據章貢志西漢地理志豫章郡領縣十八而有贛及雩都二邑在焉贛縣注云豫章水出西南北入大江雩都縣注云湖漢水東至彭蠡入江行千九百里後漢分豫章置廬陵郡贛縣屬焉後漢書云與平二年分豫章置廬陵郡而贛縣屬焉事見寰宇記三國孫權分廬陵立南部都尉理雩都元和郡縣志在孫權嘉禾五年又寰宇記引吳志云孫皓立廬陵南部此地屬焉與元和志不同當攷晉武平吳罷都尉立爲南康郡此據元和郡縣志又寰宇記云晉太康三年平吳改廬陵

爲郡爲南康郡是也治雩都此據圖經云領縣五曰贛曰雩都曰平固曰南康曰揭陽尋割揚州置江州而南康郡屬江州通鑑晉惠帝元康元年分荊揚十郡爲江州元和郡縣志云晉元康二年於豫章郡理立江州年月不同東晉太守高珪置郡城於章貢二水之間卽今城是也宋徙贛縣元和郡縣志云永和五年移理贛寰宇記云晉永和五年太守高珪置郡城於章貢二水之間義熙七年徙於贛水東梁承聖元年復於章貢間卽今城是也宋又爲南康國梁陳皆爲南康郡寰宇記復徙章貢間梁承聖元年隋平陳罷南康郡爲虔州隋書地理志云在開皇九年以虔化水爲名寰宇記煬帝初州廢爲南康郡元和郡縣志在大業三年唐平江左再置虔州通鑑唐高祖武德五年豫章賊帥張善安以虔吉等五州來降拜洪州總管及洪州總管見上隸江南

道正觀元年分江南爲東西道而虔屬西道開元二十一年改爲南康郡天寶元年復爲虔州乾元元年李氏僞命陞昭信軍寰宇記云在後唐長興二年章貢志又云唐咸通元年升爲百勝軍然攷之唐方鎮表及通鑑是年無陞百勝軍之文象之按通鑑五代梁乾化二□年譚全播爲百勝軍觀察正明爲節度皇朝旣平江南開寶八年因而不改後韓絳爲體量安撫奏乞以虔州提舉南雄州南安軍甲兵司公事皇祐四年帶江南西路兵馬鈐轄熈甯八年太守劉珪始帶鈐轄陞爲望郡國朝會要在大觀元年中興以來以爲管內安撫使尋罷復爲江南西路兵馬鈐轄兼督南安軍南雄州甲兵司章貢志隸江南西道自虔卒造變議臣請改虔州爲贛州取章貢二水合

流之義中興小歷紹興二十三年校書郎董德元言虔州謂之虎頭城非佳名也今天下舉安獨此郡有小警意其名有以兆之既而改名贛州章貢志在二十二年而國朝會要在二十三年當從會要及小歷又繫年錄云紹興二十三年二月改虔州爲贛州漢贛縣地貢水自新樂山至城東北與章水合故名焉先是董德元論虔州謂之虎頭城非佳名望賜以美稱至是擬走今領縣十治

贛縣

縣沿革

贛縣

望

倚郭寰宇記云本漢舊縣屬豫章郡元和郡縣志云貢水西南自南康縣來章水東南自雩都縣來二水至州北合而爲一謂之贛水因爲縣名吳錄地理志屬廬陵郡晉太康地理志云屬南康郡輿地廣記云

吳爲廬陵南部都尉治所象之謹按元和郡縣志吳孫權嘉禾五年分廬陵立南部都尉理雩都至晉武帝太康三年罷都尉立爲南康郡至永和五年郡始理贛不應指晉永和五年事爲吳孫權嘉禾五年也蓋東晉永和五年遷南康郡治贛之時晉武罷都尉久矣止遷南康郡治非遷南部都尉也輿地廣記所引非是寰宇記云宋移置水東三百里梁承聖初又遷贛水南又輿地廣記云隋平陳以南康郡置虔州改贛縣爲南康縣大業初復舊唐及國朝因之

雩都縣

望

在州東北五百三十里元和郡縣志云本漢贛縣地吳寶鼎初置新都縣宋志云晉太康中改爲雩都縣寰宇記云吳大帝時分贛縣立爲陽都縣縣名有小不同按宋志無陽都縣輿地廣記云雩都縣後省宋志云大明五年以虔化屯別置虔化縣輿地廣記云並屬南康郡後又省虔化入雩都隋志云開皇十八年平陳改雩都曰虔化屬虔州唐因之國朝會要云紹興二十二年改州曰贛縣曰雩都詳見州沿革董

德元申請

興國縣 望

在州東二百四十里寰宇記云本贛縣地皇朝太平興國中析贛縣之七鄉於瀲江鎮置興國縣以年號為名國朝會要云太平興國八年以瀲江鎮置縣

信豐縣 望

在州南一百九十五里元和郡縣志云獻帝初平二年分南埜立南安縣晉武帝改為南康輿地廣記云本信豐縣地唐地理志本南安縣永淳元年析南康更置南安縣天寶元年更名寰宇記云以泉州有南安縣遂改名信豐縣

雩都縣 望

在州東南一百七十里元和郡縣志云本漢所置因雩都以為名孫權嘉禾五年孫權分南部都尉理雩

郡寰宇記云雩都卽漢高帝六年使灌嬰防趙佗所立縣也漢屬豫章卽吳隸廬陵南部晉立南康郡始爲南康屬縣焉縣治遷徙不一至唐正觀中安撫使任懷玉奏遷於南康古郡卽今縣城也

會昌縣 望

在州東四百里寰宇記云本雩都縣地國朝會要云太平興國八年以九州鎭置圖經云鑿井得甎甎十二上有篆文爲會昌因以名縣

瑞金縣 望

在州西三百五里隋書地理志云本雩都縣地有金新唐書地理志云天祐元年置瑞金監寰宇記云本瑞金場淘金之地也僞唐保大中陞爲縣

石城縣 望

在州東七百里寰宇記云本石城場僞唐改爲石城縣圖經云山多石聳峙如城因名焉

安遠縣 上

在州東南七百里元和郡縣志云梁大同十年於今縣南七十里安遠水南置安遠縣開皇中廢正元四年刺史路應重分雩都縣地置寰宇記以爲建中三年刺史路應奏請析雩都并信豐縣地置同一刺史路應而有正元建中年月之異唐地理志在正元四年析雩都置當從唐志寰宇記非是

龍南縣 中

在州南四百一十里輿地廣記云本漢南埜縣地五代時置屬虔州寰宇記云本信豐縣地僞吳武義中析信豐縣爲龍南場保大十年僞唐改爲縣而圖經以爲晉屬晉安郡之晉安縣隋廢皇朝郡縣志云宣和改爲虔南紹興復舊

監司沿革

都大提點司

國朝景祐二年始專置江浙荆廣福建等路都大提點一員以魏兼爲之九朝通略元豐二年分爲兩司在饒者領江東淮浙七閩在虔者領江西荆湖二廣聖朝職略其後分合不一至乾道八年鑄錢司依舊置提點官二員於饒贛置司除王楫李大正九年兩司分認課額至淳熙二年併贛司歸饒州而贛司止存主管官一員總留司事今有廨宇在贛州城中

提刑司

仁宗皇祐三年上謂宰臣曰諸路轉運使提點刑獄

同在一州非所以分部按舉也宜析處之（通略）建炎元年添置武提刑一員四年罷之（職源）紹興二十七年三月壬午詔江西提刑司依舊還贛州節制贛吉官兵措置汀漳盜賊（繫年錄）乾道六年復置武提刑一員後復罷（職源）今有提刑一司舊址在州正南一里今衙在州東南隅乃舊坑治司廨宇為之

風俗形勝

城於章貢二水之間（章貢志東晉永和五年太守高琿始建郡城於章貢二水之間）

江湖嶺海樞鍵（高宗中興經略宇內以其丨丨丨丨丨丨建炎四年以為管內安撫紹興

十五年罷未幾復置江西鈐轄督南安南雄等州兵甲擁髦出鎮必選名德重望擁髦出鎮必選名德重望同上章貢合流爲義舊名虔州紹興間議易州名中書省擬定以云云二水爲贛左右擁抱趙清獻公文合流城角於文爲贛同上玉房瓊室見玉房山下靈仙窟宅在贛縣類要引輿地志云山行六里有石室如數十間屋上通天窗下有方榻二石八巾櫛而坐傍有小石室七所悉有石人室前時有車馬音蓋｜｜｜｜也崆峒摩天章貢激石東坡陽爲鬱孤北爲望闕見鬱孤臺注望闕鬱孤軒豁于前皂蓋白鵲瞰臨左右參政趙抃閱道記八景八詠南康八境本孔宗翰爲太守始作石城郎城上樓觀臺榭所見爲圖而東坡實紀以八詠云八境見畫圖秋鴈含蘆春鴻遵渚晏公類要云按興城志云覆笥山上有平湖湖中有鴻鴈者舊相傳以爲｜｜｜｜｜｜｜｜則飛鳴頡頏若候節然

環城所見爲八境而鬱孤景趣爲之甲趙清獻公記當嶺表咽喉之衝廣南綱運公私貨物所聚韓絳奏郡當二廣之衝行者自郡易舟而北郡志趙抃傳虔於江南地最曠大山長谷荒交廣閩越道所出入王安石虔州學記虔之風俗固有儒良美秀之家然地廣人稠大抵嗜勇而好鬭輕生而敢死董德元奏南康奧區生齒繁夥晏殊撰馬亮墓記

景物上

貢水章貢志云即東江也前漢志云名彭水今貢水導源于汀州界之新樂山經雩都至贛會于章水與寰宇記所載亦同而元和志乃以貢水出自南康之大庾似與章貢志不合章水章貢志云

即西江也前漢志云名湖漢水今章水導源于南安大庾縣之聶都山過南康會于豫水而爲豫章水前漢地里志所謂豫章水是也自南康而東又百六十里合于貢水與寰宇記所載亦同而元和志乃以貢水東南自雩都東來似與章貢志不合

贛水

章貢志云蓋章貢二水之會但章貢志以貢水爲東江至自雩都而元和志乃以貢水發源于大庾似指西水章貢志以章水爲西江導源于南康之大庾而元和志乃以爲章水東南來自雩都似指爲東水是貢水今爲東江而元和志以爲西江章水今爲西江而元和志以爲東江其名混亂然攷諸漢志亦有所因漢志以雩都有湖漢水南壄有彭水元和志既指章水以爲湖漢水而漢志湖漢水載於雩都之下則必以章水來自雩都勢必指爲東水元和志又指貢水以爲彭水漢志載彭水於南壄之下今南壄鎮尙隸南安軍期必以貢水來自南安勢必指以爲西水二者名字之差皆因漢志有湖漢水彭水之名而後人強合於章貢二水是致相亂若以湖漢爲貢水以彭水爲章水則與章貢志合矣象之謹按蔣之奇鬱孤臺詩曰貢水在東章在西鬱孤臺與白雲齊則可

以見今日二水之東西矣趙清獻章貢臺記曰贛石
貢源新樂章出大庾亦可以見二水之發源矣
余靖｜｜詩萬堆頑碧聳嶕嶢迤邐過江流氣勢驕鐵
馬陣横秋戰苦水犀軍亂夜聲囂吕梁謾記莊篇嶮
灩澦休誇蜀道遥怒激波聲
猶可避中傷榮路不相饒

廉泉 在州報恩光孝寺宋元嘉中泉涌因施爲寺時郡太守以廉名因名曰廉泉東坡題詩云廉者謂我廉何以此名爲紛然立名字此水了不知又蔣之奇詩云｜｜來酌飲聊以洗余心又安遠縣亦有｜｜

靈湖 在興國之清德鄉湖有巨魚帶銅環至今時有見者耆舊傳云鍾紹京所放

温泉 在龍南縣南百里

武山 在信豐縣東五十里舊傳武后之族避地于此山皇朝郡國志曰豈武后之族有賢德不附凶孽而來此者

彭水 即章水也漢志曰｜｜出南壄

項山 寰宇記云在安遠縣西南四十里其山一十二面有蓮花池水及石室石牀一水南流入循州界

官山 寰宇記於雩都縣下載｜｜天寶六年改爲珠玉山南康記云其山高峻有善鳥香草古時此山有珠玉故名曰珠玉山

君山 唐志雩都縣下有｜｜輿地廣

記云｜｜在會昌縣寰宇記云在雩都縣東南三百八十里詳見古跡門女姥山下 **霄山** 寰宇記云在雩都縣西南一百九十里南康記云山多杉木 **雩山** 寰宇記云在雩都縣北三十里昔人祈雨於此山往往感應故曰｜｜ **雩水** 寰宇記云在雩都縣源出雩山前合貢水 **平山** 寰宇記云在虔化縣北一百三十里山頂侵雲天寶六年敕改名臨雲山遙見吉撫二州 **需巖** 在雩都隱者王鴻翼道隱焉劉彝贈以詩云冬寒夜憶王夫子獨坐｜｜治古書嵓中有木犀嵓涵虛巖桂巖梧亭悟山清絕幽邃 **石筍** 寰宇記云信豐縣有松子石筍在縣西南一百五十五里筍有三千餘條約每條高五百餘丈 **桃水** 源出龍南 **梅嶺** 在[甯]都縣漢閩越反武帝令諸校屯梅嶺待命後有梅嶺山 **穀山** 九域志云山下地名穀田因以為名寰宇記云在信豐縣西二十里輿地志云其山上有石如人形有池水生魚鼈山臨穀水因以為名 **廩山** 在信豐縣西四十里隋書志云虔州南康縣有｜｜ **貢山** 在[甯]都縣 **綿江** 輿地廣記云瑞金縣有｜｜皇朝郡縣志云即貢水之源也 **螺亭** 寰宇

記云在贛縣東南七十里按南康記云有貧女採螺爲業與伴侶暮宿此亭爲衆螺嘬其肉貧女死焉因殯水濵冢化爲石螺殼無數因號||東坡詩云薄暮漁樵人去盡碧溪青嶂遶|||

崆山 寰宇記云在贛縣南山多林木果實一郡皆資此山雖名空山而出物百倍於他山又名崆峒山章貢二水夾以北馳直屬于州治蓋州治地脈之母也

峽山 寰宇記云在雩都縣天寶六年改曰夜光山

景物下

望闕臺 在郡治趙清獻公記曰陽爲鬱孤北爲望闕

慕德亭 太守馬亮臨去餞此亭因名||||

頌僖堂 在郡學張九成學記在焉

振衣亭 在郡治

坐嘯軒 在郡治

逍遙樓 在郡治

靖安堂 在郡治

鬱孤臺 在郡治隆阜鬱然孤起平地數丈冠冕一郡之形勝而襟帶千里之山川登其上者若跨鼇背而升方壺唐李勉爲虔州刺史登臨北望慨然

曰余雖不及子牟而心在魏闕也改鬱孤爲望闕趙清獻公詩曰羣峰鬱然起惟此山獨孤築臺山之巔鬱孤名以乎

章貢臺 在州城西北據章貢二水之會憑高瞰遠城北水容山色盡出乎几席履舄之間形勝與鬱孤對峙而甲乙稱雄

松風亭 在郡治

庾江樓 在城門上以貢水來自庾嶺故名

皂蓋樓 在郡治見趙清獻公記

白鵲臺 在郡治見趙清獻公記

四賢堂 在郡治祠趙抃蔡挺元積中周延雋四君子

六友堂 在瑞金之圓通院本宣和間邑令鄧術丞方庭實簿張參東尉余諵西尉方某監務柯常同登政和甲午進士科因建｜｜｜於寺

七松亭 在郡治

八境臺 在城上

塵外亭 龔公崖頂有塵外亭在州治東形勢最高絕下瞰環城如巨圍凡四境之山川可以枚閱東坡詩曰却立浮雲端俯視萬井麗

湛然堂 在城景德寺東坡自海南歸嘗賦詩

尺五流 見東坡詩

五龍巖 在石城

九洲鎮 在太平興國八年以九洲鎮置會昌縣

百丈戍 唐志虔州下有｜｜｜

黃仙寺 在贛縣之席帽

山下

黃唐山 晏公類要云在贛縣按顧野王輿地志云山行六里有石室如數十間屋上通天窗下有方楊二石人巾櫛而坐傍有小石室七所相通悉有石人室前時有車馬音草木繁茂水石幽絕蓋靈仙窟宅也

赤石山 晏公類要云在贛縣唐天寶改爲玉房山按南康記云山有大石遠聳粲若舒霞山角多赤石有玉房瓊室宋元嘉中有安道士得道于此

儲潭山 在贛縣北二十里隋志曰儲以山麓有儲君廟嘗有漁垂釣潭下獲一金鎖

上洛山 寰宇記云在贛縣南九十里山中有石墨可書又按輿地志云虔州丨丨丨多木客乃鬼類也能與人交市

高沙寶山 在雩都縣東北一百二十里舊有樵者遇白兔逐之入地鑿地尺餘銀礦溢出今廢

崆峒山 即崆山也詳見崆山下注

蓮花巖 在安遠縣西二十五里山爲蓮花峰

樟潭山 寰宇記云在雩都東一百八十里南康記云漢有阿隄樹於此潭邊伐大樟樹爲龍舟艚斫而出血伐人並皆沉死因號樟樹潭與下梓潭事亦相類

梓潭山 在雩都縣南康記云舊有大梓木吳王令都尉蕭武伐之刳爲

龍舟斫成而牽不動或云須男女數千人爲歌唱之聲舟飛去而男女皆溺焉圖經云在龍南

梅嶺山 唐志云虔化縣下有梅嶺山輿地廣記云漢時閩越反武帝令諸校屯豫章梅嶺待命閩越發兵入梅嶺殺漢校尉即此縣也

桃林寺 在寧都縣甘泉巖桃林之名舊矣有僧植桃以賓其實寺有李後主詩刻

龍翁穴 寰宇記云在贛縣汶山觀東昔有女道士邱氏於此中峰松樹下白日上昇

虎頭城 舊因虔化水得名曰虔州故曰虎頭城東坡過虔州賦鬱孤臺詩云行看鳳尾詔却下虎頭州虎頭蓋指虔也虔與虎皆從虍俗以虔字目之又趙清獻公出守虔州有詩云乍辭龍尾道來刺虎頭城見雲谷雜記

虎頭山 在寧都縣初名虎頭後避唐諱改爲武頭山

化虎石 在都縣西故老相傳云昔有虎化爲石古文人從几側虎化之名蓋起於此舊謂虎州爲虎頭城亦本於此

馬祖巖 在贛縣六祖禪師一天下謂之馬祖故以名巖昔馬祖棲於此巖一夕鬼爲築垣東坡詩云却立浮雲端俯視萬井麗馬駒獨何疑豈墮山鬼計

馬脊崗 在贛縣南康記云上有山形如馬脊

上有臺榭遺跡云是陸賈說尉佗時行止所次**鳳凰池**在鳳凰坊**鳳翔山**在石城陳恭公祖塋之前**獅子井**在州前**金雞山**在雩都縣山臨貢水石色如霞山有穴有一石正當宛口如彈丸南康記亦云有金雞出入此穴唷志云雩都有金雞石山**金鄉池**在棣華坊**白鹿州**在甯都縣晉義熙中曾有白鹿遊故名**玉石山**在贛縣北四十里寰宇記云其石色黑惟一片鮮白如玉因以爲名龍南縣亦有玉石巖**玉房山**南康記云大石連聳有玉房瓊室事見赤石山下**金精山**九域志云洞中有金牀玉枕寰宇記又名石鼓山章貢志引道書上京記云金精山係三十五福地西漢初有張金華之女麗英入山獲二桃得道長沙王吳芮聘焉至洞中見女乘紫雲在半空謂芮曰吾爲金星之精降治此山山有石室可容萬人今琳宮棲焉**珠玉山**在雩都縣東南二百六十里南康記云山有珠玉本名官山天寶六年改今名**銅鉢山**輿地廣記云在瑞金縣**石鼓山**輿地廣記云在虔化縣寰宇記云有金精石鼓山在虔化縣北一十五里傍有

石鼓山相對其山兩面高崖一百餘丈圓如鼓形

覆笥山 晏公類要云在贛縣圖經在輿國縣九域志云上有石室中有石笥玉牒是王孝子所留書詳見風俗形勝秋鴈注

席帽山 在贛縣山下有黃仙寺

榮陽水 在會昌縣東南七十八里有沸水如湯南流一里相合至潮州界南入于海

安遠嶺 寰宇記在安遠縣東南二百五十里又有安遠水出欣山東南流入循州雷鄉縣

虔化水 寰宇記源出虔化縣吟山接撫州崇仁縣北二百四十里本名雩都水入雩都縣界

聶都山 輿地廣記在龍南縣山海經曰贛水出聶都山即此

夜光山 在雩都縣南康記云其上夜有光若火燎于原舊曰峽山天寶改曰夜光山

干霄山 在雩都縣南一百九十里南康記云山多松杉勢干青霄故名

通天巖 在贛縣西二十里有廣福院院後嵌石如房有石穴上徹山頂王奇詩曰地靜無塵到天高有穴通元祐中郡人陽行先樓遁巖中巖下有趙清獻公題名張無盡又琢石佛迨今賞勝

凌雲山 在寧都縣北二百里其高萬丈上有漢帝祖墳下有平山大王廟

擢秀

峰在安遠縣凝福院之西眉山程子山以紹興癸亥自西掖謫出安遠至院得僧菴因以擢秀名之留詩院中云化境何年斲取還嶄然擢秀瘴茆間我來授記開潛閱從此佳名溢世寰

歸美山寰宇記在安遠縣西南三百里南康記云山有自然石城又有石峽左右各高五六十丈逈若雙闕其勢入雲復有古石室號爲金室山頂有杉枋數百片高危懸絕非人力所能及焉

皇恩巖在瑞金縣西四十里巖石有龍穴水中有二珠每秋霽月澄珠時出遊水際熒熒然亦神異也

靈應山在信豐縣北三十里絕頂寺有泉部使者循按至此必供飲膳以滌瘴癘

治平觀在興國縣北二里舊傳葛仙翁過豫章見山水奇秀巖壑清邃因留詩曰洞陰泠泠風佩清清仙居浩劫花木長榮

景德寺在州東南隅地勢夷曠瞰檻城南山水雄麗梵宇以間計者二千六百佛像萬餘蓋章貢蘭若之甲後羅壬申回祿之變所存纔十之一二耳

至德觀在州東四十里至和中有道士畫墨鵲於道堂東壁時有聞其鳴者

盤古山在會昌縣西南一百里山形如世俗所畫盤古故名唐志雩都有盤固山

女媧石在會昌之君山**仙女石**在贛縣之儲潭北十里龍南亦有仙女石**官人石**在雩都縣西北十里石崖環之無路可到遊者捫蘿鑿磴以上唐末巢寇爲擾官吏避難於此上有天宮寺**陸公泉**在瑞金縣西因陸藻得名政和中藻被召去題詩泉上曰軒前山色依然綠軒下泉聲潄玉寒**將軍石**在石城

古迹

蕭帝巖圖經云昔梁武帝讀書于此又云齊武帝爲贛縣令非讀書于此也**陳石山**在瑞金縣東北五十里陳武帝微時廬此巖下又有陳武帝廟乃起義之所也**龔公山**寰宇記在贛縣北一百八十里奇峰翠巘前後連延蘿木泉池左右映帶有隱士龔亳棲舍于此因以名焉**女姥山**亦名君山在雩都南康記云其山奇麗鮮明遠若臺榭名曰女媧宮亦曰女媧石上有玉臺方廣數

十丈自然石室如屋風雨之後頗聞山上有鼓吹之聲山都木客爲唱舞之節

葛姥祠 在贛縣東北五里輿地志云葛姥者漢末避黄巾賊出自交趾資財巨萬僕僮數阡於此築城爲家没後有靈異人爲立祠西京雜記曰贛縣有｜｜｜

東江祠 孔宗翰謁贛上｜｜｜新雨有作江東禱雨眞靈跡香火未收簷溜滴城中到此夜五更渡口歸時水三尺高田溜滿入低田萬耦齊耕破曉煙但願吾民得飽飯年年歲歲是豐年

儲潭祠 在贛縣按南康記云昔咸和二年刺史宋偉赴江州討蘇峻行至山有神人曰君能爲我立祠宇當有報焉卽爲置廟江山迴伏瀦而成潭故曰儲潭君廟

路嗣

恭生祠 在贛縣南唐史大曆九年哥舒晃反嗣恭統五嶺兵斬晃於嶺南

宋齊邱祠 在石城縣本縣十里亦有宋齊邱祖墓

盧公忠惠廟 在舊提刑衙神卽盧公光稠也州人奉公爲帥梁祖方興江南嶺表悉爲楊吳與南海分據光稠獨以虔韶二州効貢賦于京師開平五年卒

嘉濟廟 在城外水東五里古名石固王廟昔漢灌嬰提師捍南越欵謁于神今爲六字王神之靈

異如水清長鍾紹京書堂在興國縣東北二十里東
之類是也龕寺東巖中有石案石硯
及石臼鼎玉像世尊在雩都縣二聖院唐開成四年
然具存鑿池獲焉上有鐫石云泰始五
年造石城縣古城天祐三年鍾在興國縣
寺亦有玉像之區之大乘寺廢永通軍
國朝會要太平興國九年詔以虔州虔村爲永
通軍割南劍州游溪泉州德化縣隸焉尋廢廢陂
陽縣寰宇記在虔化縣東一百五十里吳嘉禾五年
置揭陽縣晉太康五年改而爲陂陽縣隋開皇
十三年廢廢平固鎮輿地廣記云本平固縣吳曰平
人雩都縣陽晉太康元年更名屬南康郡
後省爲漢天師祖墳在興國縣漢高帝祖墳在雩都
鎮今廢之宅靈觀縣之淩
雲柴侯墓在雩都縣東南七十二里柴侯峽南康記
山云漢靈帝時有劉叔喬避地於此死葬村
側自云｜｜｜晉末喪亂有發其冢者忽有大風
雨棺及松柏悉飛渡水移上此峰棺乃化爲石

官吏

唐路應韓文云自著作遷刺虔州割隸雩都作縣安遠以利民屬鑿敗灘石以平贛梗陶甓而城罷民廖築

李渤長慶元年爲太守移稅錢免賦米廢冗役又白氏六帖云爲虔州刺史治湖水築堤七百步民不病涉

馬總元和四年爲州刺史清廉不撓用儒術以教其俗

國朝趙晟開寶八年首命拾遺丨丨出牧

楊澈長編云建陽人開寶九年初平江南命著作佐郎丨丨通判虔州就曹彬分之任節度使郭載典方擁兵自固澈單騎直趨其壘諭以國威信載與即委符聽命澈悉科城中軍士之勇壯者五百人爲一綱部送京師土豪黎羅二姓依山聚黨作亂澈討平之擒二豪械赴闕下

錢熙呂造錢司諫文序云雍熙榜甲科中第授南康郡幕官郡郡號雄藩珠履增得賢之美公有代書寄集賢李昌武學士詩曰大庾山橫贛水濱南飛一鴈久離羣蓮花幕裏誰知我竹葉樽前獨憶君

馬亮祥符中知郡李迪有勸農亭記

余靖皇祐三年知郡六一神道碑云凡治六州所至有惠

愛

曹觀 皇祐四年知郡儂智高叛觀以虔扼嶺北之衝嚴爲守備嶺北以安

趙抃 嘉祐六年守虔遇民簡易嚴而不苛改修鹽法疏鑿贛石民賴其利郡當二廣之衝公造舟百艘移二廣諸郡曰仕宦之家有亡沒不能歸當具舟載之至者給舟及費歸者相屬于道後人頌之爲四賢首

蔡挺 治平中權守四賢堂所祠

元積中 治平中知郡興學校王文公爲之記又後人作四賢堂以祠之至公贊曰以猛濟寬人莫敢罔

周延雋 贛石之險聞於天下六月舟行每病乏水嘉濟廟神能使水清長謂無雨水增清澈一色土人名爲清長昔太守之賢如周延雋趙清獻皆以六月解郡水落不能行乞靈於神坐間水輒生數尺紹聖間曾阜以六月罷守禱神求助越三日水暴漲十八灘皆平阜因紀其事揭壁間

劉彝 ｜｜作守日飢歉民多棄子彝榜通衢召人收養日給廣惠倉米二升又推行於縣鎮故一境無夭閼久而甘露降瑞避瑞栗生其卓異如此

陳希亮 眉州人宰雩都縣有巫民斂民財以禳火民訛言有緋衣老人行火公禁之火亦不作毀淫祠數百區勒巫爲農者七十家公去父老送

之泣曰公捨我去緋衣老人復出矣事見東坡所作傳

雷孚 瑞州新昌人通判贛州偶齊衛亂後緣坐三千人郡將李耕欲盡處以死孚力爭曰茶寇者衛黨也若十八則脅從耳耕悟止戮其黨三百人餘盡釋之見瑞州志

陳剛中 紹興十年赴安遠縣尋卒于貶所初編修胡銓責監昭州鹽倉剛中嘗以啟送之有云屈膝請和知廟堂禦侮之無策張膽論事喜樞庭謀遠之有人秦檜大恨之繫年錄

呂景山 溫陵人鄭俠送丨丨丨知虔州理椽詩云江西古浩穰昭信雄江濱州獄千里平舒慘繫閭閻景山之胸中曉然烏兔輪敢爲虔人賀何以致龍麟

留正 淳熙三年知贛州在郡三年恩威各得其所七年代者拊御失宜軍中若爲變者復公知贛州往鎮安之傳伯成送行有詩尚書鎮章江慈母懷嬰兒去年甫去郡太覺棠陰移如何失調馭衆目驚睽睽詔書念前績趣起持州麾重臨亦云龍去後良多思清源集

李大有 字仲謙居新喻之鍾口登紹聖第守虔州宣和末金敵入寇大有召募不旬日得五千人鼓行而前淮甸歌云天下姦臣皆守室虔州太守獨勤王

人物

唐鍾紹京虔州贛縣人鍾繇十代孫性孝小時得瓜果先進二親工書號小鍾以繇工書爲大鍾也直鳳閣後從元宗平內難拜中書侍郎事見晏公類要

温革石城人與宋齊邱爲族齊邱初姓温避徐温諱改爲宋氏故也革自少業進士累試不偶寶元中自詣闕上書願納家貲畫市國子監書得請以書歸建樓藏之李泰伯爲之記

陳恕子執中石城人墳在石城父子皆爲台輔

王奇贛縣人爲縣小吏令題鴈詩一聯於屏上云隻隻含蘆背曉霜盡隨鴛鷺立寒塘奇竊續成之曰晚來漁棹驚飛去書破遥天字一行令因激使學因遊京師眞宗見其詩云鴈聲不到歌樓上秋色偏欺客路中召見賜第又詩云不拜春官爲座主親逢天子作門生後爲御史

孫立節甯都縣人登皇祐第大資鯁剛荆公亦愛之新法行子由不肯爲條例司屬官荆公將以代之立節不可

陽孝

本字行先，贛縣人。因游上庠，左丞蒲宗孟招以訓子弟。二年告歸，東脩皆不省。蒲問所欲，曰：願以市監書。蒲仍以詩送之，曰：收書萬卷日沈酣，鮑謝詩篇老更耽。歸隱通天巖，郡守林顏贈以詩曰：一童一鹿自相隨，不爲山間笋蕨肥。看盡榮枯彈指頃，燒痕青處認春歸。東坡度嶺，常與同遊。行先徜徉玉巖二十餘年。時有李存亦以高年掛冠，日與觴詠，號崆峒二老。

謝陟明 贛縣人。博學有至嘗滿。家貧，母死未窆，鄰屋失火，慟哭臥柩上不去。里人共舁以免。舉八行不就，後舉政和進士弟。

曾準 贛縣人。嘗大書於壁中曰：吾欲盡讀天下書，惟慮力不足耳。登嘉祐八年進士第，知公安縣。火燔民居，準以身捍之，風返火滅。子琳開幾。

胡埜 甯都人。舉八行，嘉王榜賜第，爲婺州教授。方寇亂，生徒勸埜逃難。埜曰：吾以八行舉，豈可上負朝廷哉。城陷，舉家實焉。事平，州以狀聞，與三子恩澤，贈奉議郎。誥詞曰：士以成人爲勇，人以處死爲難。視死如歸，古人攸重。爾卓全行實，聯職師儒，立節不移，臨危致命，盡室同殞，良用盡傷。肆頒憫章，進官閨籍。英魂未泯，尚克欽承。

李朴 字先之，君行之子也。試於鄉國學禮

部皆第一爲本州教授四方學者踵至後爲學徒非類者告訐有旨逮鞫陳瑩中爭之免罪停任後徽宗即位瑩中以朴薦召對再除本州教授以非王氏學而止靖康以祭酒召不果行未幾以疾卒朴操履勁特天下高其名蔡京將強致之俾其所厚道意許以禁從朴力拒不受見繫年録

尹天民字先覺會昌人升貢上庠學舍稱爲尹夫子初蔡京用事悉更祖宗故事天民哭于齋後七晝夜王黼在太學公所隸齋生也有甚公見黼者公曰恐爲顏閔所笑淸議高之靖康初遁青城山詩話

呂倚補遺

呂倚維陽人少有場屋聲以恩補端金簿唯有一女居焉王禹玉餉錢二萬酒十壺倚作啟謝中用白水眞人青州從事爲對禹玉歎賞其後東坡以詩遺之云楊雄老無子馮衍老不遇不識孔方兄但有靈照女家藏古今帖墨色照箱筥

李珙紹興十一年虔州免解進士李珙特封養素居士珙贛縣人朴從子也行義修潔該通典故祕閣校理孔平仲以其子妻之江西諸司上其行義于朝故也繫年録云

仙釋

徐王二眞人 石城縣東一里峰子山乃徐王二眞人飛昇之地山下有太極觀太平興國中道士吳子眞爲龍華會有二道士至同座已而雲霧作道士不見各留詩一章乃悟其爲徐王二眞人也

劉仙姑 飛昇遺地在石城之蓬萊觀邑人許褒記云仙姑姑名瑶邑人也秦末避亂入山食果絶粒常棲于白鷺峰常乘白鷺往來後遂白日上昇蔣安顯叔詩云已跨白鷺歸紫府空留丹竈在人間

道士者 舊相傳云宋元嘉中有人自稱安道士不知何人被服巾櫛棲於贛縣之赤石山中數十年忽失所在其後有人時復見者

道一禪師 姓馬氏漢州什方人駐錫於馬祖巖弟子一百三十九人權載之道一禪師塔銘序云南至于虔之公山攫搏者循悍屈者仁瞻其儀相自用丕變

龔韜光禪師 天竺寺本唐韜光禪師開山師與白樂天爲空門友常住餘杭之天竺復來此駐錫樂天手書曰題天竺寺詩云一山門作兩山門兩寺元從一寺分東澗水流西澗水南山雲起北山雲前臺花

發後臺見上界鐘聲下界聞遙想

高僧行道處天香桂子落紛紛

大覺禪師 甯都人姓廖名智藏生不茹葷爲觀察使裴胄齊映裴堪所禮號大覺禪師有塔銘李渤作李公權書

吳僧伽 雩都之明覺寺國初有吳僧伽事甚異人以爲生佛祥符中忽示寂而同日邑民作商于蜀乃遇之於蜀云

僧靈照 建隆中住安遠之龍清巖壽昌寺咽氣絕粒處于石罅淳化五年示寂語其徒曰吾遊三日即以入塔後二十載可開視之祥符中其徒啟塔梵相如生

僧榮顯 住在城之景德寺東坡度嶺北歸爲榮賦詩東坡去虔之後聞訃爲設齋供佛哭之盡哀鄰僧與榮不善者怵榮曰近張耒學士爲蘇掛服已送獄矣榮曰使吾得爲元祐黨人非幸耶

僧惟湜 福唐人住州之崇慶院有禪行能詩黃太史嘗贈之詩云擘開華岳三峰手參得浮山九帶禪之句東坡亦與之唱和與作眞贊

天竺寺白樂天詩在水東三里白樂天贈韜光禪師墨迹舊存眉山老蘇嘗至寺觀焉後四十七年東坡南遷再訪惟見石刻因賦詩云香山居士留遺迹天竺禪師有故家空詠連珠并疊璧已無飛鳥及驚蛇

唐鍾紹京書城東五里惠雲院有臨池禪院四字乃唐鍾紹京書

大覺禪師塔銘在贛縣東北一百二十里有唐長慶四年大覺禪師塔銘李渤為銘柳公權書之又有郡守唐拔銘及大寂師塔銘亦權德輿筆也

廣澤廟碑廟在贛縣儲潭山之麓廟中石刻有唐時州刺史裴諝祈雨感應碑

天王廟碑在州衙後門城樓上唐咸通二年刺史李振撰唐代石刻無恙者惟此

福田院碑在雩都縣有唐咸通中進士楊知新重修寺記

崇福寺碑在甯都縣東隔江院有修寺碑及食堂二記皆偽唐時郡人衷愉文

李後主重陽詩在甯都之桃林寺寺有李後主重陽詩及禪月畫十八羅漢孫志康題名真蹟存焉

安國寺記寺在甯都縣西八里有五代末御史大夫愉安國寺記

嘉濟廟碑廟在水東五里廟有

唐進士楊知新僞吳薛光範二碑　南唐徐鍇碑舊在天慶觀又有徐鍇施造石磬仍爲之銘　景德觀碑在州之景德觀徐鍇爲之記徐鉉篆額

詩

石城誇窈窕花縣更風流李義山石城詩　贛石三百里沿洄千嶂間沸聲常浩浩濺勢亦潺潺孟浩然下贛石詩　迢遞南康路淸輝得使君虎符秋鎮俗鷁署早辭羣文苑英華楊巨源送杜郎中赴虔州　莫歎乘軺道路賖高樓日日望還家人到南康皆下淚唯君笑向此枝花劉商送人往虔州　翠峰鬱然起唯此山獨孤築臺山之巔鬱孤名以呼窮江足樓

閣危壓牛斗墟贛川繚左右庾嶺前嶇崎望闕址其後北向日月都趙清獻公抃詩章川貢川結襟帶梅嶺桂嶺來朝宗黄魯直安得雄文壓勝境九原喚起杜陵公曾直貢水在東章在西鬱孤臺與白雲齊蔣穎叔章江來自西貢水東其源合流虎頭下共注鼈口村盧陵志葛脩敏贛石贛石三百里寒江尺五流楚山微有霰秋瘴久無愁東坡詩鬱孤鬱孤爾不孤下有章貢雙練鋪鬱孤臺日麗崆峒曉風酣章貢秋東坡鬱孤臺崆峒山詩楚山淡無塵贛水淸可麗散策塵外遊麾手謝此世東坡塵外亭今日嶺上行身世永相忘仙人拊我頂結髮受生長東坡大坐庾嶺

看奔湍遶石樓使君高會百無憂三犀切鄙秦太守八詠聊同沈隱侯東坡八境圖石樓山濤頭寂寞打城還章貢臺前暮靄寒倦客登臨無限意孤雲落日是長安東坡八境圖章貢臺白鵲樓前翠作堆縈雲嶺路若爲開故人應在千山外不寄梅花遠信來東坡八境圖白鵲樓朱樓深處日微明皂蓋歸時酒半醒薄暮漁樵人去盡碧溪青嶂遶螺亭東坡八景圖螺亭詩螺亭石山在贛縣東東南七十里却從塵外望塵中無限樓臺煙雨濛東坡塵外詩煙雲縹渺鬱孤臺積翠浮空雨半開東坡八境圖鬱孤臺回峰亂岫碧參差雲外高人世得知東坡贛水雨已漲廉泉春未流東坡復次鬱孤臺廉泉詩韻

四六

贛川望郡江右名都趙清獻公記江南望地章貢名邦州郡事迹偃仰南康之郡哦咏東坡之詩同上地方千里接甌閩百越之區縣列十城介谿谷萬山之阻洪邁表貢源新樂章出大庾趙清獻公惟嶠南之邊境接嶺北之近封皇祐四年宣諭贛州詔黃堂坐嘯應歌森戟凝香之詩暇日登臨細和暮鼓曉鐘之句章貢之譙闉改觀鬱孤之臺榭生輝余崇龜賀贛州趙守出綸鳳闕剖節虎城介江倚重於藩宣逾嶺仰尊於節制許巽賀贛州高守惟南康之巨鎮控江國之上流同上風生八境將細和蘇文忠之詩詔下

九霄行入踵趙清獻之躅同上涉江而右一歸節制之尊由嶺以南悉倚藩宣之重許巽賀許守章貢澄清暫作龜魚之主風雲際會佇參鵷鷺之行鄭伯仁賀李守啟虎頭重鎮統三郡之甲兵豹尾從臣寬九重之宵旰陳讜通贛守薛侍郎眷章貢之筦籥實閩粵之咽喉鄭伯仁通贛州麗守啟

輿地紀勝卷第三十二

輿地紀勝卷第三十三 文選樓影宋鈔本

東陽王象之編　甘泉岑鎔淦長生校刊

江南西路

興國軍

陽新　富川　磁湖　大冶

軍沿革

興國軍 同下州[九域志] 禹貢荊州之域[元和郡縣志云本漢鄂縣地寰宇記輿地廣記諸書云地理並與鄂州同鄂州在荊州州之域故興國軍亦同在荊州] 分野界于吳頭楚尾之間[按鄂州志鄂州楚地翼軫之分野然興國西抵鄂東抵江則亦宜在吳頭楚尾之間富川志云興國分野費直星歷謂抵于南斗之十度乃其首焉晉志謂抵于軫之十一度乃其尾焉復以東坡二十八舍辰次圖攷之南斗十度吳之頭也軫之十一度楚之尾也然則興國界于吳楚

之間云　春秋以來屬楚楚世家云楚熊渠伐揚粤至于鄂封其子紅爲鄂王九州記曰鄂今武昌　秦屬南郡史記秦白起取郢爲南郡　漢屬江夏郡之鄂縣及下雉兩縣西漢地理志江夏縣十有四所隸有鄂有下雉又伍被謂淮南王安曰守下雉之城今下雉城去軍四十五里　後漢因之富川志　三國孫權改鄂曰武昌郡分立陽新縣三國志吳主建安二十五年自公安都鄂改名武昌以武昌下雉尋陽陽新柴桑沙羨六縣爲武昌郡陽新今去軍八十里元和郡縣志云吳大帝分立陽新縣舊唐志云吳分鄂縣置陽新縣隋改爲永興縣　晉以後因之隋平陳置鄂州開皇九年改陽新曰富川縣元和郡縣志於永興縣下書云開皇九年改爲富川十八年改爲永興　又改富川曰永興縣寰宇記亦在開皇十八年　唐因之唐志鄂州領縣七永興隸焉通典所載亦同　五代屬吳及南唐此據武昌志　皇朝平江南

地歸版圖（熊克通畧在開寶八年）仍以縣屬鄂州（富川志）陞永興軍縣仍隸焉（國朝會要在太平興國二年又長編云太平興國二年二月甲午建鄂州永興縣爲永興軍三年十二月甲戌改永興軍爲興國軍）改興國軍（國朝會要在太平興國三年）隸江南西道更置大冶通山二縣（國朝會要並在太平興國三年）今

領縣三治永興

縣沿革

永興縣 望

附郭元和郡縣志云本漢鄂縣地吳大帝分立陽新縣隋志云隋平陳改陽新曰富川開皇十一年使人牛洪奏併〡〡〡入富川十八年又改富川曰永興居高陵故城正元八年移於長樂鄉之深户國朝會

要云太平興國二年於此置軍自鄂州｜｜｜來隸

大冶縣

富川志不載去軍遠近皇朝郡縣志云在軍西八十八里寰宇記云在軍北一百二十里唐天祐二年吳析武昌置｜｜｜青山場院乾德五年南唐陞爲｜｜｜屬鄂州國朝會要云太平興國二年來屬地鈐云背肩長樂面對千秋水出含香流歸永泰

通山縣

富川志不載去軍遠近寰宇記云在軍西北二百四十里本永豐縣之新豐鄉也吳武義中隸羊山鎮征賦周顯德六年南唐建爲｜｜｜國朝會要云太平興國二年以羊山鎮爲縣後改｜｜｜與寰宇記不同國朝會要又云太平興國三年自鄂州來隸繫年錄云紹興四年正月乙亥降｜｜｜爲鎮縣爲盜所掠遺民纔二百餘家故廢之圖經云紹興五年復

風俗形勝

介乎吳楚之間富川志吳頭楚尾周紫芝詩云看盡吳頭楚尾山東連江池西控荊楚郡小民醇周紫芝妙香寮記圄圄畫閉桁楊不施同上上接荊鄂下接江池面洪都背淮甸富川志道里門富川介江鄂作壘貢院記山連楚嶠水接湘川石壁崢嶸林巒蓊鬱靈峯和尚實錄江山之勝似杭之西湖王十朋滄浪亭序王琪作江南十詠以形容風俗之美慶歷中王琪出守日作江南十詠以形容風俗之美云富川山水甲于江右有湖曰滄浪外列羣峰中涵萬象郡圖記

景物上

印山在永興縣西南一百里武昌記云有山如印有字髣髴。角山舊圖經按武昌記云角山天欲雨則有聲如吹角寰宇記云在大冶場。磁湖在大冶縣東坡謂其湖邊之石皆類磁石而多産菖蒲故後人名曰磁湖輿地廣記之說亦同。龍山世傳以爲孟嘉落帽之所。龍洞在大冶縣西三十里智通寺之側林巒聳秀山石巉巖水由洞中出。犀港在通山之西興善里世傳昔有犀牛經涉因名。西山在大冶縣西三十里有白水臺歲旱望臺間雲起必雨。瑶山在磁湖之右山有石窩名醉吟窩。銀山在永興四環皆山而多産銀因名有寺曰銀山院。玉洞在永興縣荊山觀旁有玉洞世傳卞和取玉之地。同山在大冶東五十里西塞山之右山有異泉及飛雲洞土俗編云唐天寶十三年積雨之後同山之巔忽有飛泉湧出垂流四百仞元結名之曰異泉因爲作異泉銘。峻山晏公類要云在州東南一百七十里。沼山在大冶縣西五十里近保安市絕頂有寺懸崖有塔**朔山**武昌記云朔山有竹長一十餘丈圍數尺嘗有聲天將雨此竹鳴焉今無矣在軍西五百六十里**菁山**輿地志云上有望夫石石上生蕪菁

景物下

十詠堂在軍治周紫芝有江南十詠以形容風物之美**百花亭**在軍治**三柳堂**在淨勝寺之右面瞰平湖前植三柳**萬卷閣**盛子充承興人內翰毛友出宰大冶名其閣爲萬卷子充詩云竹簡牙籤日滿前何妨心醉六經眠**滄浪亭**在軍治放生池上池荷瀰望遠堤皆楊柳羣山環列若屏障然隔池景物尤勝臨水有十詠堂浮圖突兀在雲煙紫翠間實一郡之奇觀**恩波亭**在軍放生池之東與滄浪亭相望**鑑湖亭**在舊南城福勝寺後山之巔**和政堂**在滄浪亭之南**淨治堂**在宅堂之前**捲雪樓**在富池忠勇廟前臨大江張安國書扁

宿雲亭在通山縣後山取蔣之奇有白雲深處宿之句雲山閣在軍治宏覽堂在軍治西山之崗寄勝亭在永興縣揖勝亭在大冶縣圃占勝亭在大冶縣前湖上安流亭在磁湖之東俯瞰大江嘉祐四年立全眞亭在磁湖西溪上天聖中程叔良作清風閣在磁湖大江之旁治平中程大年作翠屏亭在通山塵外亭在通山不欺軒在通山無訟堂在通山懷坡閣在永興李仲覽之居仲覽登進士第後瞰湖築室號丨丨丨王十朋過之爲賦懷坡二章藕花堂在軍治政和堂之後桃花寺在永興縣南五十里桃花尖山之下寺中有泉甘里人用以造茶味勝他處今茶號曰桃花絕品蓮花山在大冶西三十里上有佛臺基世傳東方朔遊戲之處又有蓮花泉在大冶智通寺之山巔散花洲在大冶縣大江中流之南世傳周瑜敗曹操于赤壁吳王迎之至此釃酒散花以勞軍士故謂之吳王散花洲飛雲洞在大冶同山之巔三洞層出上洞出雲中洞出水下洞出

風其聲如雷霆唐元結嘗讀書于此堂基猶在洞中有元結像**靈仙觀**在軍南十里殿閣穹窿廊廡深峻四圍脩竹森然觀西有別館名日清虛乃皇甫先生坦寓遊之所**會仙巖**在通山縣詳見仙釋門地行仙下**朝眞洞**在通山縣東泉上有巖容數十人可攀援而上穴中有異魚具四足長尺餘**沈水山**在通山縣上管里有仙人壇**香巖院**在通山縣院側有聽雪寮綠竹軒前後名賢留題甚多周紫芝有詩**吉祥山**在大冶縣東武昌記云吳主微時嘗隱於此羅隱有詩以紀其事云吳主微時隱此山吳都去後綠潺潺嶺梅作拆春粧薄沙鳥晴分銘篆間**豐寶場**離大冶縣九十里出膽水浸鐵成銅**景德寺**在縣治有唐人舒元輿記尚存**天慶觀**在軍治之北天禧九年頒金寶牌於天下福地牌以精金爲之長一寸九分闊一寸陽文曰玉清昭應宮成天尊萬壽其背曰永鎮福地今其牌尚存**靈鷲寺**在大冶縣白雉山之絕頂**通羊山**寰宇記云在通山縣西八十里**龍鬭巖**在通山縣九宮山望雲亭之後**鳳棲巖**在永興有寶門

高四丈闊二丈二尺內有石寶蓋石龍石鍾卧如來禮拜僧石田并小寶陀山巖穴深半里故傳趙居士紙衣僧隱此蔣之奇留題云空傳趙居士不見紙衣僧

雞籠山在永興縣東南八十里湖山之巔有金雞隱伏遇夜陰晦其光往來出沒於湖山之間

鳳山洞在永興縣東八十五里唐地理志云有鳳山監今

龍角山在永興西八十里兩峯相對本名龍耳唐天監四年有上下白砂二寺改曰｜｜

鹿頭山在永興縣大冶亦有鹿頭山

鳳凰山在大冶昔吳建興中鳳凰降于此

駱驢嶺在通山縣九宮山望雲亭之後

黃龍洲山頂有臺曰仙女臺在富池大江之中乾道新生意非神龍莫能故名曰｜｜｜屹然

石大江之中舟楫皆夾洲而下自是無風濤之虞

牛潭在通山後唐南米倉米耗大半占者曰此石牛所喫因鑿其頤自是米不復耗

金牛塾寰宇記云在州西北二百七十里輿地志云昔有金牛從埶出金牛長數丈所露出塾邊磧上有遺跡

金雞石見白雉山下

白雉山在大冶縣寰宇記云上有芙蓉峯前有獅子嶺後有金雞

石左思三都賦曰白雉落黑鶴零以證其名山有寺曰靈鷲頂有龍泉

白羊山在通山新豐里有白羊每現於山頂則雲雨

白水臺在大冶西山舊有宮王亭每歲旱禱望臺間雲起必雨至今以爲古

白巖院在永興院西八十里依巖爲寺而巖皆白石故名

白雲觀在永興舊名景星正觀中景星見南方李淳風奏曰永泰之兆福地近在鄂當本縣之永泰鄉即其地建觀賜名景星乾封二年景星再見開元二十五年景星又見本朝嘉祐賜今額

翠屏山在通山西崇靈觀之後上有東西泉龍王祈禱之所輿地廣記云上有石城三面有石壁本名石城唐天寶中改名翠屏山

石鼓山在永興縣元和郡縣志云上有石鼓鼓鳴則天雨

石田驛東坡會宿石田驛

石屋洞在永興形如石屋高數十丈峭壁崔嵬內有垂石擊之如鐘尋流入洞二里有石觀音像

銀山院在通山縣北十五里四環皆山而多產銀故名

東方山在大冶縣北三十里武昌志云漢東方朔之故隱也今有東方寺乃唐智隱禪師道場夷堅志云大冶縣山中東方寺世傳曼倩嘗

讀書於此以是得名寺後有泉一泓凡邑人婦女來求嗣者隨願輒得故名曰聖泉　**西門山**在永興縣北三十里山中有臺其平如掌名曰仙女臺世傳昔有三小鬟至此問津望其臺而入竟不復見

西塞山在大冶縣東五十里張志和詩云西塞山邊白鷺飛袁宏東征賦云泝西塞之峻崿今俗呼爲道士磯　**南鄉山**在永興縣西南一百五十里舊經引武昌記云南鄉山有顯宗所建精舍

小西湖軍圖之湖也王溉詩有只應喚作小西湖之句郡人遂以小西湖目之　**大泉洞**在大冶縣東四十里二洞相對東洞中有仙人臥石石鍾擊之有聲有石田三十六邱有石稻靖康中鄉人避寇於此西洞有樵人常見龍鱗於洞石間　**大賢洞**介于泉臺翠屏山之間世傳有黃張二道修眞于此後皆昇仙而去有隱君子嘗題詩于洞門之右　**大城山**在通山縣東後漢張平子隱此

長樂堰唐志云在永興正元二年所築　**雙泉院**在永興縣北七十里院之東西兩泉對湧故名　**五龍山**晏公類要云山有五嶺狀如龍在州西三百五十里　**九宮山**寰宇記云山在

通山縣西南一百三十里與翠屏山接連晉安王兄弟九人造九宮殿於山富川志云九宮山乃伏虎禪師道場其山自下而上高峯九層故名九宮山之來自南嶽長沙九江廬阜九十九峯之數千崖萬壑崎嶇盤折山水之勝非一又有九宮觀崇奉九眞以應九宮之名

千仞山武昌記云其山高萬丈

富池湖源出永興之翠屏六溪至富池口入江

仙女臺在永興縣之西門山

天尊嶺在通山縣九宮山

寶陀山亦在九宮山

觀音巖在通山縣紹興間居民萬俊見雲氣盤結光彩異常尋其源見一洞窈然廣十餘丈有石磬石榻石石盞石果內有一石儼然觀音之像若雕琢而成傍有人物森列千怪萬狀邑宰朱朝仙爲之記

羅漢院在富池鎮去永興縣八十里壁間有錢易內翰墨跡

神遊洞在大冶縣東三十里白額山之陽巖石崎嶇如層樓然詳見仙釋門

｜｜｜

道士下

古跡

故安昌縣 寰宇記云在永興縣西北九十里梁普通七年置隋開皇九年併入富川縣焉

故富川縣 寰宇記云在永興縣西南五十里平川隋開皇九年立十一年併入永興縣

故奉新縣 寰宇記云在永興縣西南一百二十里輿地志云吳大帝立武昌記云晉義熙中下雉縣併入奉新開皇九年廢奉新入富川

黃石公城 九域志

下雉故城 元和郡縣志云在永興縣東南一百四十里富川志云去軍城四十五里不同

陳永興故城 元和郡縣志云在永興縣東五十里東臨江水俗傳子胥所築

子胥城 元和郡縣志載永興故縣有舊城乃子胥所築今去軍六十里

曼倩山 在大冶亦名靈峯山上有十二面四向望之如一近則低小遠則高大昔東方朔讀書于此今堂基猶存周紫芝詩云先生自以滑稽雄何事偷身入漢宮跨鶴乘鸞本無定安知不到此山中

闔閭山 在永興武昌記云昔闔閭與楚相持伍子胥屯衆于此史記云闔閭九年

子胥伐楚是也今有闔閭城**孟嘉宅**寰宇記云在永興縣西南一百一十里武昌記云嘉有重名爲亘溫長史有墓在縣西**鍾繇墨池**寰宇記云在永興縣西南一百七十里漢書云鍾繇少學書於此山臨池書池水盡黑今其地名鍾山**張平子宅**寰宇記云在永興縣西南四百里衡少居翠屏山今開鑿之所儼然**乖崖遺迹**在通山縣世傳乖崖讀書于此**陳朝檜**在富池羅漢院有古檜一株其大數十圍世傳陳朝所植**東方朔讀書堂**在大冶之東方寺**元結讀書堂**在大冶之飛雲洞今洞中有元結石像**富池甘將軍廟**在富池口靈應顯著褒封荐加邦人尊敬飲食必祝其顯異之迹有碑以紀今賜名顯勇廟又有甘將軍墓在廟側繫年錄云建炎四年詔加封吳將丨丨爲昭毅武甯靈顯王以劉光世有請也夷堅志云建炎間巨寇馬進自蘄黃度江至廟下求盃珓欲屠興國神不許至于再三進怒曰得勝珓亦屠城得陽珓亦屠城得陰珓則并廟爇焉復手自擲之一墮地一不見俄俯著于門頰上去地數尺屹立不墜進驚懼拜

謝而去迄今龕護於故處過者必瞻禮殿內高壁上亦有二大玟虛綴楣閒相傳以爲黃巢所擲也

慕容暐廟 晏公類要云在□□縣西南一十里符堅爲晉謝元所敗暐遂奔江表依山爲柵自固後爲立祠

李王墓 在郡南百餘里富川志以爲李王煜墓云王歿之後造五十餘棺同日出葬以爲疑塚今翠屏山亦有石獸等物猶存按李王煜自開寶歸朝之後不應再葬江南此墓疑爲李先主知誥及中主墓恐非後主煜也

甘將軍墓 在富池廟側

官吏

王琪 慶曆閒爲守 **楊繪** 元豐閒爲守 **李宜之** 建炎閒爲守富川志序云自太平興國以來如楊繪王琪之文章事業李宜之捍難

董夢授 名敦逸永豐人紹聖初累遷侍御史丨丨曰臣再擢言路第恐擠逐不能久奉彈劾之責哲宗曰汝能言無患朕不能聽汝言信無患朕不能行俄

出知興國軍事畧

周紫芝 紹興二十一年右宣教郎樞密院編修兼實錄院檢討官周紫芝知興國軍紫芝之非進士出身又為史官前此未有故出之繫年錄

段拂 繫年錄云紹興十八年參政段拂罷尋落職興國軍居住以秦檜怒其歎息趙鼎之死於海南故也

陸九齡 言行錄云乾道中為任興國軍教授興國民寒窶游學校九齡勸簽引翼士興於學興國學廩名存實亡九齡核實僅理士得其養

張漢卿 夷堅志云張漢卿者失其名淳熙三年秋為興國軍酒官視事纔三月若有所不樂取吏部所給印紙歷大書和陶靖節歸去來詞束裝徑歸鄉里

李儀 中興遺史云紹興元年三月李成徒黨退興國軍執知軍李儀奔淮南後儀及一親隨僕遁走得免儀衲襖中有碎金十數兩至江州對岸一小寺中腰間出興國軍印示其主僧求安下僧見儀衲襖中是有物者遂夜并其親隨僕縊殺之棄屍寺後僕稍蘇自解其繩走至江邊得小舟乃度詣江州密訴盡捕僧行鞫勘是實追黃金數十兩興國軍印乃擲棄江中不獲僧人與同惡者皆陵遲處斬

人物

吳舉字大沖永興人也南唐時主彭澤簿王師渡江破池陽遣使招降郡縣至彭澤其令欲以城降舉以大義責之遂殺使者為李煜守及煜降舉為遊兵所執主將責以殺使者之罪舉曰固當如是耳主將義而釋之後舉之子中復

吳中復字仲庶登景祐進士第其兄弟幾復嗣復皆聯名登科故號其鄉日崇儒里曰雙遷中復由御史登法從仁宗以飛帛書鐵御史三字賜之

吳鶚字子平範之子也為光祿寺丞雅好山水尤奇廬阜嘗作詩云買山不問錢多少卯對廬山第幾峯

吳嗣復字昌卿鵬之孫也與兄幾復同登天聖進士第嗣復刻苦嗜學為文敏捷日就十賦予審禮

吳立禮字子初中復之子也為御史直言不避有父風烈弟則禮應賢良科子恍棄官不仕

李翔字仲覽永興處士李太古之孫也蘇東坡移汝州日同陳慥季常參寥過其家留題于壁其家有懷坡閣

盛

子充 永興人親喪廬墓鄉曲稱其孝其家藏書甚富有閣曰萬卷閣子充與王黼同舍黼登相位一無所求仕止朝奉郎 **張志和** 字子同婺州金華人年十六擢明經以策干唐肅宗後坐事貶南浦尉遂不復仕居江湖自稱煙波釣徒著元眞子嘗往來垂釣于大冶縣西塞山之下 **程師德** 大冶人大年六子有才學善行不求仕進東坡先生嘗與之遊家多蘇仙墨迹

仙釋

張黃二道人 世傳張黃二道人在大冶東大賢洞修眞後皆仙去 **神遊洞道士** 大冶縣東三十里有神遊洞俗傳建炎間月夜常聞笛聲有人乘醉徑造見一道人危坐石上吹笛劃然長嘯凌雲而去 **地行仙** 會仙巖在通山縣之南山昔有樵人見一僧杖錫自言我乃地仙樵人驚異欲問其故則已入巖矣蔣之奇嘗有畱題 **唐印禪師** 武陵人也師未生時母感異夢及生

七歲出家凡八載與其師海月問答答於講師曰福本無形道非有狀師無以對遂入南嶽禮石頭後又辭石頭而去至大冶之東方山因建道場卓錫泉湧中有白蓮憲宗召詣闕下時元和十三載也

碑記

唐重巖寺記在軍城景德年唐大和元年舒元輿撰　唐白巖寺記在永興縣西北白巖寺乃唐尚書右僕射中書令杜正倫撰江夏費冠卿書

富川志潘庭立序

詩

西塞長雲盡南湖片月斜唐薛能　西塞山邊白鷺飛桃花流水鱖魚肥張志和　溪上青山三百疊快馬輕衫來

一抹倚山脩竹有人家橫上清泉知我渴東坡宿石田驛詩路入麏麚亭子嶺江圍蒲稗富川城王藻次興國詩湖邊老守湖是家湖光十里蒙家沙我來不見花如錦但聞荷葉飛天涯周紫芝詩舊富水有巨澤歲取荷葉可貿百阡一日縣之湖濱大風吹捲飛數十里頃刻俱盡故周守之詩云耳鄂渚他時縣江南盡處州周紫芝看盡吳頭楚尾山不嫌心似鳥知還可憐樽俎登臨處正在雲煙杳靄間周紫芝酒甲江西聊可醉山橫楚尾恨無詩周紫芝富川置治湖山中勝氣環聚稱清雄陶去泰富川郡治居高間萬頃平湖几案間陶去泰滿目江山富一堂公餘身在水雲鄉王十朋窮途喜見富川波

已覺茲行所得多杭潁西湖堪鼎足兼懷六乙與東坡王十朋　眼中十里是煙波天遣江山助子多自是玉堂揮翰手不應此處久懷坡王十朋題懷坡閣

通山詩

我愛通羊好居民山作城眼前無俗事枕畔有灘聲我愛通羊好回環雲水間重巒與疊嶂眞是翠屏山我愛通羊好清無一點塵峭山多洞戶樵牧識仙人李傳正　我愛通羊好青山便是城白雲深處宿一枕玉泉聲我愛通羊好煙霞水石間不須乘羽駕飛入翠

屏山我愛通羊好山深不染塵數家原上住疑是避秦人（蔣之奇詩）

四六

矧此富川尤多勝槩遂鳳棲之巖穴雖地所鍾聳龍角之峰巒去天不遠（勸駕致語）自吳氏兄弟以同年而登科故永興縣邑取雙遷而名里（同上）石鼓應雲雷之候桃泉先荆楚之春（同上）

輿地紀勝卷第三十三

輿地紀勝卷第三十四 文選樓影宋鈔本

東陽王象之編 甘泉岑鎔塗長生校刊

江南西路

臨江軍 渝水 新喻 淦水 玉笥

軍沿革

臨江軍同下州九域志禹貢揚州之域臨江志又輿地廣記云五代以前地理與袁吉瑞三州同而三州皆屬揚州則臨江亦當屬揚州吳地斗分墍晉志自南斗十二度至須女七度爲星紀於辰在丑吳越分野秦置三十六郡屬九江漢分九江置豫章郡領縣十八而建城新淦實隸焉西漢地理志豫章郡下有建城新淦宜春三縣建城卽今之高安新淦卽今之新淦也新喻則析自宜春者也

吳置安成郡新喻隸焉在吳爲寶鼎二年在晉爲泰始二年晉宋齊梁因之隋平陳以豫章郡爲洪州元和郡縣志在開皇九年唐更洪州之建城縣爲高安元和郡縣志在武德五年南唐吳鸞以蕭灘之地當南粵虔吉袁洪四會之衝編氓牒訴不及官事辦集愆期唐主從其請遂取高安及新喻建安之三鄉爲清江縣屬洪州寰宇記亦在昇元二年又置瑞州以清江縣隸焉唐保大十年周廣順二年國朝轉運使張鑑請建爲郡詔以瑞之清江縣爲臨江軍仍以吉之新淦袁之新喻隸焉屬江南西路此據臨江志又國朝會要云淳化三年詔以瑞州之清江縣置軍以縣爲治所又云淳化三年新淦縣自吉州以縣來屬新喻縣亦以淳化三年自袁州以縣來屬今

領縣三治淸江

縣沿革

清江縣 望

附郭寰宇記云本吉州之蕭灘鎮南唐昇元二年置淸江縣以大江淸流爲名初以縣屬洪州後隷瑞州國朝會要云淳化三年詔以淸江縣爲軍縣隷治所

新淦縣 望

在軍南六十里元和郡縣志云本漢舊縣豫章南部都尉所居縣有淦水因以爲名漢淮南王安傳曰前時南海王反陛下先臣使將軍間忌將兵擊之以其軍降處之上淦卽此地也寰宇記云王莽改曰偶亭晉復曰新淦歷代不改元和郡縣志云陳屬巴山郡隋開皇中廢郡縣屬吉州唐志吉州下有新淦郡國朝會要云淳化三年置臨江軍自吉州以縣來屬

新喻縣 望

在軍西一百二十里元和郡縣志云本漢豫章郡之宜春縣地吳孫皓分置｜｜｜因渝水以爲名今日新喻因聲變也唐志云本作渝天寶後相承爲喻寰宇記云吳屬安成郡隋開皇廢爲吳平縣屬洪州尋廢吳平縣開皇十一年置袁州再立新喻縣唐武德初李大亮析置西吳州七年廢州復爲新喻縣舊治龍池墅大歷八年因大水遷于虎瞰山而邑焉今縣是也國朝會要云淳化三年自袁州來屬縣名晉志從諭南史從渝隋史從喻唐志曰本作渝四志所引皆不同而同一邑

風俗形勝

漢豫章南部都尉所居元和郡縣志新淦縣下 蕭灘之西南唐吳鸞請建軍議 當南粵虔吉袁洪四會之衝南唐吳鸞請建清江縣議 合袁吉瑞三邑以爲郡圖經 舟車輻湊又有庾廪兵戈之積

同上吳鸞請建清江縣議大江清流以名縣寰宇記新淦爲都制置使治所臨江志云楊行密得吉州欲圖贛用嚴可求之策以新淦爲都制置使治所置戍兵城而守之國朝樊知古奏廢制置使境內之名山曰閤皂曰玉笥是其所謂山鎮也圖經其君子善居室小人勤耕稼隋志云豫章之俗其君子善居室小人勤耕稼而臨川廬陵宜春又頗同豫章君子尚禮教而畏清議崇德齒而務名檢其小人安居而樂業勤力而知分臨江志風俗門

景物上

安山在新淦縣南六十里有陳岳陽王墓及廟東山在新淦之東有寺曰永壽慕山在新

淦東北七十里有寺曰寶林**殊山**在新淦東北七十里有寺曰安國**漸山**在新淦東南五十里有寺曰資國**渝水**發源自袁州入新喻縣**袁江**漢書地理志豫章郡宜春南水東至新淦入湖戴叔倫有發袁江詩**章山**在郡城內西偏郡之來山也宣和中太守汪師心修郡圃得碑石於地中始知岡名富壽**東峯**在閤皂山其山有峯曰東峯西峯**西峯**見上**秀峯**在新淦縣南二十里有鋪**秀水**按酈元水經注云南水東過新淦縣注于豫章名秀水亦名渝水見隋志**贛水**按桑欽水經ㄧㄧ出豫章南野縣又東北過新淦縣西**淦水**按漢書地理志淦水所出西入湖漢寰宇記云在新淦縣地一百里西流達于灨水**湓山**在新淦縣東**綿峯**在新淦縣南八十里**蕭洲**韓文公集郡舊名蕭灘鎮又名ㄧㄧ韓文公自袁州還京師孟簡乘舸邀我於ㄧㄧ**嶠嶺**在清江縣東與閤皂山相接**峽山**在閤皂山之前**三峯**在新淦縣東五十里修德鄉有寺**雙澗**在玉笥山上**醴泉**在新淦縣玉笥山上**福山**在郡城西南四十六里有

寺曰｜｜**神嶺**在清江縣東六十里有神祠**龍岡**在軍城南十里當驛路有赤土如環者二相去數丈父老相傳曰龍眼掘之雨過則如初**象江**在新淦縣南五十里**頂山**在新喻縣南五十里有院孝靖先生蕭子美講學于此**鍾山**在新喻縣西四十里裴子野宋畧云永嘉元年因洪水有大鐘從山流出時人驗其銘云秦時樂器因以爲名**銅山**在新喻縣西北二十里唐大歷以後置官烹採**金水**寰宇記云在新淦縣北四十里小廬山下西流入贛水**金井**在新淦縣玉笥山上**玉澗**在玉笥山上**瑒岡**在新喻縣東三十里江西有一種小由花玉絜而幽香土人以爲瑒花即山谷所名山礬是也**墨池**在新淦縣玉笥山上**墨莊**陳夫人新淦劉式叔度之妻也夫人主家政垂槖待罄或勸盡所有往易田爲悠久計夫人歎曰先夫秉清潔之行唯藏書數千卷不敢失墜以示子孫此｜｜也安事壠畝**黃山**在新淦縣西南八十里有寺曰菩法**清江**發源於｜｜縣**夏山**在郡東六十里中有寺門枕石潭俗傳有龍居之**周山**在新喻東南四十里有寺

蒙山在新喻縣北六十里有寺曰雲隱有洞曰曹玉有塔曰道鳴禪師塔

景物下

坐嘯堂在軍治司諫韓璜爲之記　静治堂在軍治　美俗堂在新喻　怡顔軒在軍治　清心軒在軍治　富壽堂在軍治宣和間太守汪師心修月榭得石於地中其文曰富壽崗　風水堂在軍治　冰壺閣在判官廳　邀凉亭在軍圃　先春堂在新喻　霽月亭在軍治　湧月亭在新淦縣　高風堂任詔字子嚴才猷敏劭自爲令爲守爲部使者所至有政績退居清江之上建堂曰高風　浮光亭在郡圃　横舟閣在軍治　綠陰亭在新喻縣學俯瞰袁江唐盧肇袁皓皆有詩　秀陰堂在軍圃　吏隱亭在軍圃　清江臺在軍圃　吸川亭在判官廳面對大江眼界甚奇

一覽樓在清江臺之上

雙秀亭二鄧新淦峽江人長名佑季名吉所居曰黃金鄉長擢童子科季登三禮科築｜｜｜於江上朱嚴爲之記

五賢堂在軍學講堂之西繪翰林劉公敞中書劉公攽中書孔公文仲禮侍孔公武仲金部孔公平仲之像

百花亭在玉笥山上

槐風閣在倅廳

桂月閣在倅廳

桂香亭在新喻

文公堂天禧辛酉王益損之爲軍判官其子荆公實生於此

經史閣在軍學

詠歸亭在軍學

魁星亭在軍學亭面江對閣皂諸峯如玉立然

閤皂山寰宇記云在新淦縣北六十里淦山南一里爲神仙之佽舘臨江志云山形如閤山色如皂故以名云道書云第二十三福地卽漢張道陵丁令威葛孝先修煉之地有道宮今名崇眞其山有峯曰東峯西峯西巘曰淩雲潭曰投龍塘曰九龍泉曰潄玉池曰磨劒石曰雙鯉曰馬跡曰朝斗曰石門臺曰鳴水曰着衣皆張葛遺跡有源曰桀花曰葛憩曰石曰壇曰煉丹曰禮斗曰上昇菴曰仙人曰臥雲曰路公曰郭老皆羣仙遺跡也

瑞竹山去軍城一里本唐歐

陽處士宅有瑞竹色如爛銀故名瑞竹地近江皐象山環之中一字犯御諱故更曰｜｜｜**刻木山**在新淦縣南十里舊有孝子刻木廟**棲梧山**在軍城之西南三十五里有觀曰玉虛山有靈茅丹井**枕石潭**夏山在軍東北六十里中有寺門｜｜｜俗傳有龍居之溉田數百畝**伏泉山**寰宇記在新淦縣東七十里上有泉飛空而下皎若垂練寰宇記云泉山唐天寶年改今名**棲霞谷**在玉笥山上**靈春谷**玉笥山上有丹陽谷｜｜｜**聖水亭**在清江縣棲梧山**鳳岡山**在新淦縣東六十里**雲谷山**在軍城水東北二十五里有寺曰龍居**天慶觀**在軍城有徐鉉保大中碑記及天禧中賜金寶牌**天柱岡**玉笥山上有｜｜｜**盧峯山**在新淦縣東四十五里有院白棲隱**石屋山**在新淦縣東**席帽峯**在新淦縣北五里**銀嶂山**去軍城七十里舊云產銀官取之**寶林山**在新淦縣南八十里有寺曰天長**寶珠嶺**在新喻縣北八十里與蒙山相連**金井源**在新淦縣玉笥山上

金亭峯在新淦縣玉笥山有仙茅服之可以延年江文蔚有詩

玉虛觀在軍西三十五里棲梧山本晉王長史宅今曰丨丨

玉笥山寰宇記云在新淦縣南六十里道書云丨丨丨福地山也道經云第十七洞府漢武帝時有玉笥降壇上因號丨丨丨有館曰清虛曰洞陽漢梅福晉郭桂倫彭眞一袁景立梁杜子曇蕭子雲學道之地曰峯者三十有三太白覆箱送仙上方仙女投龍芙蓉正一赤松金柱下方三會元秀魏仙秦望太陽雙龍雲臺瑞蓮彩雲掛帽亂石金亭紫虛降眞丹竈西平石橋瞖石元皇獅子紫霞金井源是也曰壇者二十有一五降眞司命梅仙金碧麻姑禹帝紫虛葛仙白鶴太一皓素陰君步虛太清元皇七元杏花洞虛蘭金精九思白鹿埋金元帝王喬古壇是也曰臺者十有一九仙東華送仙著衣望仙白靈看經望月讀書琴臺石臺是也曰洞者六太秀郁木元龜雲儲歸雲白雲是也曰亭者十有一百花澄心麻姑梅君元君看經待鶴下滸迎仙五輦會仙是也曰泉曰源則有碧玉九眞養龍流盃白蓮墨池曰池曰潭曰石曰谷曰井曰塢曰宅曰坡曰岡曰嶺名類不一而足姑以見其大槪

云郭祥正題玉笥觀詩云仙梁飛去有遺壇融結玉工夫玉未乾一片碧壢鸞舞破數枝紅蘂鹿銜殘

澗橋郭祥正丨丨丨詩橋名玉澗玉琮琤覆水松陰兩岸清野色已香仙露濕客來從此問長生

碧玉池在新淦縣玉笥山上

黃金山在新淦縣西南八十里有院曰中宮

黃金水在新淦縣西南百三十里自新喻縣界東流入斷金鄉九十里達于贛江

紫淦山在軍城之水東四十里淦水經其下舊有紫淦院新淦舊治在清江鎮邑以是得名

綠野菴郭祥正新淦西禪綠野菴詩云草心回暖春風香柳眼半開春日長老禪隱几萬事畢春去春歸春自忙

彤霞谷玉笥山上有井陽丨丨丨

白雪臺在新淦縣玉笥山上

黃梅嶺在新喻縣西南

黃蘗山在新淦縣西二十里

黃蘗館權載之集有奉使宜春夜渡新淦江陸路至丨丨丨遇雨詩云驅車振纖越山川候曉通宵冒煙雨青楓浦上魂已銷丨丨丨前心同苦

桃花塢玉笥山上有杏花塢丨丨丨

茱萸岡在新淦縣北五里以產茱萸故名之

白羊嶺在新淦縣東北四十里

白鶴源玉笥山上有金井源｜十｜金牛坡玉笥山上有黃茅坡｜｜｜白龍巖玉笥山上有｜｜｜鷓鴣山在新淦縣東北鳳凰山在新淦縣東獅子嶺在新淦縣東二十里羊角嶺在新淦縣南四十里雞籠嶺在新喻縣南蛇溪水在清江縣東其源自臨江鎮之下五里分江水爲溪五十里至蛇溪復與江流合象江水在新淦縣南五十里虎瞰山在新喻縣治之南龍鳴寺在新喻縣龍居院在軍城報恩寺之右即唐盧肇讀書堂之遺址順龍山在新淦縣北六十五里有院曰香嚴盤龍山在新喻縣北十里有占刹曰瑞相東華臺在玉笥山上南嶂嶺在玉笥山上南峯院在新淦南二里有唐天祐二年銅鐘九眞池玉笥山上九仙臺在玉笥山上百丈嶺在新喻縣東南七十二里有葛仙翁石井煉藥壇百花院在新淦舊有百花臺相傳陶侃讀書于此羣玉峯玉笥山本名｜｜｜上明觀在新喻之崇教鄉晉許彭

二仙棲隱之地大恩山在新淦玉笥鄉有寺曰報德小陽江九域志向樂山在新淦北六十里有宋武祠崇眞觀在軍東六十里閤皁山第三十三福地也周益公爲之記觀有玉像閣崇奉玉像天尊又有御書閣以奉奎畫祠宮齋廬道館雲房架巖鑿谷云崇慶院在新喻縣郭院中有子院七隆道觀在淸江之修德鄉觀記以爲吳猛遊息之地元祐中倅曾準爲之記承天宮在玉笥山有御書閣以崇奉太宗眞宗仁宗三朝宸翰洞天源在玉笥山上杜天嶺在新淦東南四十里新興觀舊名始興江南李氏改新興王安石爲記淸眞宮即太秀洞上淸宮梁杜元老與門人錢文詠修煉於此善應觀在新喻之仁孝鄉唐陳太素羅太冲修煉之地慧力寺在軍南唐歐陽處士之宅也寺無常產而常贍百衆王雱爲之記寺有亭曰松風曰江月閣曰觀空寺西有亭曰半山皆一郡之勝趣也仙女塔黃岡有鋪有丨丨丨丨仙女峯在新淦縣東六十里下有嚴壁院佛子岡在新喻縣安和鄉長宜里

眞君泉在清江縣棲梧山

古跡

廢吳城在清江縣西三十里建安鄉　又廢吳城在清江縣西南三十五里思賢鄉　廢尉城在清江縣東三十里崇學鄉　廢巴邱城在新淦縣南八十里　廢石陽城在新淦縣玉笥鄉仙居里　廢鍾山府舊經云大業二年置在新喩縣東　廢吳州在新喩縣北三十五里　故巴山縣寰宇記按輿地志吳後主分新淦石陽兩縣置巴山郡吳志云周瑜進潯陽破劉勳討江夏定豫章廬陵酉鎭巴邱周瑜墠今在新淦縣南　故淦縣城寰宇記云去清江縣六十里漢之理所隋開皇十年移於今理此城遂廢輿地志云豫章南昌都尉所治之地也今屬清江縣　泥溪城寰宇記云在新淦縣南四十里　廢新淦縣城按輿地志云南昌都尉所理之城隋開皇十年移於今理此城遂廢今在新淦縣北一百二十里今清江志有廢古

新淦城在清江縣東三十五里爲清江鎮意者卽此城也

廢吳平縣 寰宇記在新喻縣東一百一里後漢時爲漢平縣隋改爲吳平縣隋開皇十三年廢入新喻縣

廢治平縣 寰宇記在新喻縣北九十里武德五年置十年廢入新喻縣

廢廣豐縣 寰宇記在新喻縣北八十四里武德五年置七年廢入新喻縣

風義堡 清江未爲州縣以前有一婦人姓魯居縣之風義巷一日有外寇人皆奔竄魯氏抱長子攜幼子而走行稍遲寇遇之怪其不抱幼子婦人答曰幼子妾所生長子前室所出夫亡之日令善視前室子故爾寇義之遂目婦人爲義姑仍以財物遺之令去因榜其地曰丨丨丨至今以爲風義巷

盧肇讀書堂 在軍城內肇本宜春人樂蕭灘山水之勝習業于此及魁多士歸過石溪會觀競渡肇賦詩卒章云報道是龍君不信果然奪得錦標歸新喻亦有丨丨丨丨

宋齊邱讀書堂 齊邱淦陽人號九華先生有化書行於世閤皁山有讀書堂又有藏書巖亦在閤皁山

劉仙觀 在新淦縣南之峯崗縣志載劉守眞得道於此

梅福宅 在玉笥山

海眞壇側**何君洞**在新淦縣雲騰廟北十里處士何紫霄所隱也**判官灘**王益乃撫之臨川人荆公之父也任臨江軍判官吏爲文書譏其上益輒閣筆郡有蕭灘以腐舟度者必敗吏呼益爲丨丨丨時諸豪大吏見公皆側目至以鄙言目公曰是不可欺也**石溪龍居院銅鐘**唐天祐十二年鑄**陶侃母墓**寰宇記云侃母諶氏新淦人墓在縣東一百步圖經云南唐徐鍇有碑今南康軍都昌亦有陶母墓而撫州亦有之**陳岳**又唐舒元輿會書陶母墓板亦載在南康當攷

陽王墓在新淦縣南六十里玉笥鄉按通鑑開皇九年隋平江南陳岳陽叔謹自湘州起兵繼而兵敗被擒送秦王俊死於漢口則墓不應在此舊經以爲王乃陳高宗第十六子正明二年臺城陷被害唐武德中子嵩爲吉州別駕遷墓於此未知孰是姑兩存之

官吏

唐杜臻攝新喻縣令初縣治在龍池墅大歷八年洪水漂城郭郡守李嘉祐奏遷縣治俾臻擇形

勝地得虎瞰山立爲縣治南唐李著攝新喻縣民居失火延燒幾盡父老皆謂民居茅茨侵軼官街多致回祿著遂畫丈尺令各認舊地自此火災遂息王益字損之荊公之父也爲臨江軍判官會舍人撰益墓誌云諸豪大吏見公皆側目而出領新淦縣縣以治聞龐籍以太常博士來知未久以祠部員外郎爲福建轉運使事見司馬温公所撰墓銘吳大防以熙寧五年知呂嘉問爲臨江守王荊公以詩送之曰黃雀有頭顱常行萬里餘想因君出守暫得免苞苴李潛字君衡贛縣人登治平甲科知新淦方鹽法行多希望風旨民至有破產者潛乃諭民願受者給之或爲危標曰願無以身試法潛屹然不顧鹽法亦隨罷林冲之宣和間爲郡守主計者欲廣通海艖敷數於逐路守令以數之豐殺爲殿最冲之措畫有方居民均獲其濟王覿哲宗朝爲司諫極言章子厚之黨四人朋邪害正由是子厚罷徽宗立爲中丞又論子厚之罪後坐彈子厚遂謫居臨江軍東都事畧云李之邵建炎初爲新喻武尉隆祐太后幸章貢邑從後軍叛所過焚掠李拒之兵敗不屈大

呼罵賊賊臧殺之賊酋

彭合 繫年錄一、丨丨紹興二十年知臨江軍還言清江縣民輸苗米每碩加耗七斗乞蠲免從之

人物

孔恂 新淦人州別駕從事車前舊有屏星如刺史車刺史欲去別駕屏星恂曰別駕可去屏星不可省卽投傳去刺史追謝遂不去屏星

陳喬 字子喬吉州志以爲廬陵人臨江志以爲玉笥人今兩存之按喬仕南唐爲中書舍人中主謂後主曰丨丨忠臣也他日可委以國事後主立爲樞密使林仁肇素爲喬所知喬常曰令仁肇將外吾掌機務國雖蹙迫未易圖也及建康不守喬遂死之朝廷嘉其忠詔改葬焉其屍如生髭髭鬢鬱然

二鄧 新淦峽江人長名佑季名吉所居曰黃金鄉黃金里南唐時長擢童子科季登三禮科遂易鄉曰揚名里曰雙秀云

孫晃 新淦人擢雍熙第後守蘇州甫及引年大書一詩於廳壁曰人生七十鬼爲鄰已覺風光屬別人莫待朝廷差致仕早謀泉石養閑身去年河北曾逢李

今日淮西又見陳寄語蘇州孫刺史也須抖擻老精神題畢拂衣歸九華朝廷高其風許再任竟召不起

王欽若 東都事畧云新喻人祖郁官鄂州家黃鶴樓漢陽人望樓上若有仙景一夕欽若生欽若舉進士甲科仕至左僕射初眞宗欲相欽若宰相王旦曰祖宗朝未嘗使南人當國古稱立賢無方必賢乃可及旦罷始相欽若

劉式 字叔度清江人國朝平江南入京歷華要長子立本以特旨賜出身次立言立德立禮相繼登第皆位星郎縉紳目爲郎官家孫敞攽皆至侍從號二劉立德四世孫靖之清之相繼登第清之後知袁州與東萊呂公南軒張公講學云

劉敞 字原父於諸書無所不通舉慶歷第上疏論夏竦不當謚文正嘉祐中論尊號非古及格郭氏祔廟詔多屈廷臣之議因請補外有公是集行於世

劉攽 字貢父博極羣書慶歷中與兄俱擢第初與王安石甚相得及議坐講安石始不悅後與温公俱編通鑑以書自隨有公非集行於世

孔延之 新淦人孔子之四十七世孫登慶歷第後爲廣西運判舊歲賦糴於民者六百萬石實不過致數十萬而止延之計歲糴二十萬而足延之高

估以募商販不賦糴於民云初延之考試建昌得曾鞏及宰新建與周茂叔爲友諸子文仲武仲平仲號三孔外孫曾楙開幾皆爲中興法從云

孔文仲字經父刻苦學問自經史傳注百氏之書無不精究中嘉祐第熙寧應賢良舉後爲諫議大夫論青苗保馬等蘇公頌誌其墓

孔武仲字常父嘉祐禮部第一奏名後爲中書舍人建北郊議以爲用純陰之月親祠神州地祇未幾坐元祐黨

孔平仲字毅父擢治平第應賢良方正科紹聖中言者論其附會元祐知衡州元符中責惠州別駕英州安置

蕭賀字慶之律之族子父謗爲鄉先生以詩易教閭里尤篤於教子其後四子三登科第而弟貫第賁亦同登祥符八年進士

蕭注字嵓夫新喻人賀之從姪也少侍父之官康州過悅城題五龍廟詩云五龍兄弟古英明今日孥舟過悅城莫向草茅久盤屈早施霖雨活蒼生孔道輔見其詩曰未可量也登慶歷第爲番禺令儂智高圍廣州注突圍出募海上壯士二千人解圍與賊格鬭焚其舟數百斬首五千級後知邕州結溪洞首長擒智高及其弟智光子繼宗以獻

謝舉廉字民師新淦人

少與弟世充苦志從父懋叔岐爲學而讀書隸業其中元豐八年叔姪兄弟連中高第父懋亦以特科居前列時人號曰四謝以擬三孔尤工於詩東坡屢稱之曰子之詩如上色金言有定價也後預上書邪等云

李大有

字仲謙居新喻之鍾口諮之姪孫也登紹聖第守虔州宣和末金敵入寇大有召募

不旬日得五千人鼓行而前淮甸歌云天下姦臣皆守室虔州太守獨勤王

李邈

字彥清清江人

宣和間知覇州草奏言邊事不可舉靖康初知眞定府城陷猶率衆力戰被執見敵酋不拜敵壯之欲遣知滄州不從且罵不絶口叉敵髡髮下令邈憤詆之敵以撾擊其口流血復吮血噀之翌日自祝髮爲浮屠敵大怒命擊殺之邈將死顏色不變謂行刑者曰願容我辭南朝皇帝拜訖南向端坐就戮後贈昭化軍節度使諡曰忠壯繫年錄

謝小娥

父自廣州部金銀綱攜家入京舟過蕭灘遇盜全家遇害

小娥溺水不死行乞於市後傭於鹽商李氏家見其所用酒器皆其父物始悟向盜乃李也心銜之乃置刀藏之一夕李生置酒舉室酣醉娥盡殺其家人而聞于官事聞諸朝特命以官娥不願曰己報父仇他

無所事求小菴修道朝廷乃建尼寺使居之今金池坊尼寺是也

傳雱 中興遺史建炎元年五月從事郎｜｜｜改宣教郎借工部侍郎使于金國雱臨江軍人詰詞有曰庶爾一言之合成吾兩國之懽識者以知上意在乎講和矣

向子諲 紹興八年以徽猷閣學士致仕子諲既告老歸玉笥之舊隱號曰薌林凡十五年而卒繫年錄

仙釋

吳眞君 豫章人少有孝行年及不惑始授神方渡江不假舟楫以白羽扇畫水而渡至尋陽一夕蟬蛻登名仙籍初嘗過是喜其山川之秀乃建讀書堂于青龍澗雷公池之側今城西門曰望仙蓋因于此

西嶽飈御廟 乃唐吉州刺史吳雲儲廟也在玉笥山去縣六十里正觀七年廬陵太守吳世雲罷任歸隱仙山全家得道按廟記天寶六年中使崔明夜夢神人云吾是吉州前刺史吳雲儲上帝封爲華嶽府主請於此立廟使還奏遂立廟太陽峯政和中賜廟額曰飈御

鐵佛像 唐懿宗咸

通中嶺南節度使韋宙征南蠻道由蕭灘泊舟興化寺岸夜見江中有光命漁者入水漉得丨丨丨五且約凱還日葢殿宇祠之既而捷還奏立額曰興化寺今名報恩光孝寺夷堅辛志

天慶觀丹

云宣和初臨江軍漁者捕魚於江潭底深入穴中見一老人坐石上其處光明石上有白合子一遂往竊取之以布囊束于腰間攜之出訪天慶觀羽流許智清授之以白合智清啟視則大丹粲然亟封誌聞于官郡守走驛白奏會方臘亂勑留丹鎮此土後二年有廣東巡檢來求觀丹藥拜手諦翫乃即掩而吞之道士驚怖共執以告郡

王長史

東晉人永和八年長史方出門忽失所在臥疾有神人告其長子朔日將有二仙過汝次日果至問其姓名乃許遜敬之郭璞景純也且乞其所居宅為道院翌日二仙別去後長史亦疾愈而尸解宅為玉虛觀

碑記

毛玠之墓碑郡城西有風義堡昔年進士陳京於天圖中掘得斷碑有｜｜｜｜四字

慶觀殿額南唐徐騎省書曰金闕寥陽之殿今有石刻

天慶觀記在軍城之天慶觀南唐徐騎省爲記

戲魚堂帖帖十卷元祐中寓客劉次莊摹淳化禁中本而刻之次莊又自爲法帖釋文十卷其帖今與潭帖武岡帖並傳

詩

郁木坑頭春鳥呼雲迷帝子在時居風流掃地無尋處只有寒藤學草書玉笥山蕭子雲宅詩

吳門不作南昌尉上疏歸來朝市空笑拂巖花問塵世故人子是國師公山谷題玉笥山梅眞壇

九眞承詔上龍湖盡是驪山所送徒惟有鄧公畱不去松根楮鼎煑菖蒲山谷題玉笥山鄧仙詩

百年

蕭渚舊風流明府重拈此話頭摘出涪翁詩裏畫展開賀老鑑中秋天空地迥紅塵少月白風清古調幽莫遣雙鳬便飛去試聽欸乃在滄洲 黃祁詩 作縣古難今更難鑿空無計借彤殘長教眼對葛峯碧便覺胸如楚澤寬幾爲掀髯得佳句未應拄頰事遐觀三詩一賦嚴如律眞是江西道院官 黃祁詩 葛峯相對爲文筆蕭水回環當墨池說與晚衙休報事長官亭上有新詩 李與詩 亭扁江西太史詩名垂詩逸幾經時聿來芹泮三章古成此花封一段奇翠琖影磨峯崒嵂英辭光動水漣漪先生多少凭欄思寄徑蓬山與鳳池

楊琳詩涪翁句摘江山勝趙令亭高星斗寒宦情莫莫雲生岫詩思蕭蕭月滿川萬疊遠山青未了一江流水意無窮夜添風月無盡景曉起煙雲皆助詩水似人清光滴眼山隨天遠翠浮眉楊琳詩涪翁筆下千鈞重趙尹胸中萬里寬寶墨幾年藏瑞氣新亭今日敞奇觀翠屏遠帶斜陽瀉素練光涵夜月寒苔碧印文公事少謾尋詩句立欄干靜菴蕭逵詩有懷雲月光風度出宰青山綠水鄉羽檄交馳公事了一鋪眞盡一爐香月湖何異詩江作挼藍繞髻鬟令君心事每相關要令白叟黃童輩如在清江碧嶂間徐得之騷人胸次幾江

山更着危亭山水間羣鷺齊飛殘照落雙鳧自在白雲閑平蕪縈繞青羅帶遠岫參差綠髻鬟此意何人共幽獨我來終日欲忘還羅知古　層層碧嶂來無盡衮衮清江遠莫追羅知古　亭下波光亭外山高低融洩照人寒最宜風月虛明夜不着秋毫眼界寬羅知古詩

四六

吳城葛井袁水蕭灘無嫌如斗之州正藉成風之刃李公甫回臨江丁知軍啟

輿地紀勝卷第三十四

輿地紀勝卷第三十五 文選樓影宋鈔本

東陽王象之編 甘泉岑鎔淦長生校刊

江南西路

建昌軍

建武 軍山 麻姑 南城

軍沿革

建昌軍同下州九域志禹貢楊州之域撫州臨川志以爲楊州之域在天官星紀爲斗之分野撫州臨川志於古爲荒服之國盱江志春秋時爲吳南境戰國屬楚此據盱江志輿地廣記云南唐以前地理與撫州同他書無所考據秦屬九江郡漢屬豫章郡豫章統縣十八南城預焉寰宇記云漢高帝命灌嬰立豫章郡是豫章初亦併屬九江則在秦屬九

江矣西漢地理志豫章郡下有南城縣注云盱水西北至南昌入湖漢注有盱水則盱江之名實肇於此後漢因之吳主孫亮分豫章東部置臨川郡沈約宋志太平二年治南城及臨汝二縣又析南城置東興南豐永城三縣皆屬臨川晉武帝更南城曰新南城江左復舊並沈約宋宋志齊梁因之隋平陳罷臨川郡置撫州開皇初年省南豐東興永城縣入南城爲撫州屬縣煬帝時改臨川郡唐平林士宏復置撫州寰宇記在武德五年又盱江志云高祖武德五年析南城復置永城東興二縣七年省睿宗景雲二年析南城置南豐縣先天二年省開元七年復置惟東興永城二縣併入南城自唐迄今不復置焉唐末五代僞唐據有其地昇南城縣爲建武軍在開寶二年王師平江南地歸版圖開寶八年改建武軍曰建昌軍盱江志在

太平興國二年王平叔建軍記在三年十月國朝會要在太平興國四年寰宇記輿地廣記及九域志亦在太平興國四年當從會要仍割撫州之南豐縣來屬國朝會要在淳化二年中興以來又析南城置新城縣國朝會要在紹興八年析南豐置廣昌縣國朝會要在紹興八年今領縣四治南城

縣沿革

南城縣 望

倚郭元和郡縣志云漢分豫章郡立南城縣寰宇記引漢書地理志云高帝六年命大將軍灌嬰立豫章其年分豫章南境立南城縣以其在郡城之南故名南城沈約宋志晉武太康元年更曰新南城江左復舊輿地廣記云二漢屬豫章郡晉以後屬臨川郡隋唐屬撫州唐志云武德五年析置永城東興二縣七

年省南唐於此置建武軍

南豐縣 望

在軍東南一百二十里本臨川屬縣也元和郡縣志云吳少帝太平二年析南城置隋開皇九年平陳併入南城唐志云景雲二年析南城置先天二年省開元七年復置隸撫州國朝會要云淳化二年自撫州來屬

新城縣 盱江志不載緊望

在軍東南一百二十里本南城縣東境國朝會要云紹興八年有司奏建昌軍南城縣疆境濶遠乞析置一縣遂分南城縣剏立｜｜｜｜

廣昌縣 盱江志不載緊望

在軍西南二百四十里本南豐縣之南境國朝會要云紹興八年有司奏請建昌軍南豐縣如南城之請

遂分南豐縣剏立｜｜｜

風俗形勝

地氣殊異江山炳靈顏魯公麻姑記抗禦七閩牽制百越景德中王平叔建軍記林奇谷秀水透川環學富文清唐才向能南城羅城記華子期翔集之區晏公類要云謝靈運山居圖曰華子崗麻山第三谷故老相傳華子期者角里弟子翔集于此頂故以華子爲稱也其地山水清秀勝槩冠於江表鄭文寶江表志姑山秀氣世不乏人曾南豐云南城在大江之西號爲多士鄧潤甫云據五嶺之咽喉控三吳之襟帶胡幹化詩無土山無濁水民秉是氣往往清慧而文劉夢得云

輿兩粤七閩相犬牙唐獨孤及新亭記控五嶺封疆之要捍七州寇徼之虞唐南城縣羅城記疊嶂連延地寬平陸紹聖中張元修平遠臺記山水之奇秀莫盛江南而麻姑獨占江南之上游紹聖中上官彝奇峯亭記地迫兩粤其風氣和平水土衍沃會肇軍山廟碑其地界閩粤游操軍衙記吾鄉麻源地氣殊異江山炳靈視瀟湘間爲不足道符正民呂炎儒文集序建昌爲郡東南連甌閩屬章貢西北鄰郡疆畛相入錯總如繡呂維中鼓角樓記大江之南自古多人士盱江其所聚劉岑亦愛堂記建昌佳山水比屋絃誦與鄒魯同風張允修平遠臺記建昌在江西號爲佳郡地介閩粤陳起王侍郎生祠事實郡東有

巒嶂聯屬，横如翠屏，兩流合流於其下，鷗鳥去來，艫檣隱見，晴陰變態，朝夕不同。同上 地里之邇，風土之美，其城壁堅峻，其市肆繁密，其里室華好。吳鑑設盱江廳記 爲郡山水佳絶，其人物秀麗傑特，無愧於古。劉岑前賢遺像記

景物上

廉堂 在平遠臺之南，李守長民建，有詩云：政拙慚無善，最聞但欣青嶂對譙門。公餘靜室聊觀易，客到一一謾潔罇。 靜室 在平遠臺之南，李守長民建。 虛齋 在南城縣治，元豐中灌園先生呂南公撰記。 芝軒 在南豐縣治西南隅，元符閒芝之生于射圃，遂搠亭。 桂堂 在南豐縣之西堂前

有巖桂一株其圓如蓋陰覆數丈**梅嶺**在廣昌有丨丨水出焉**東軒**在司理縣嘉祐中王觀文韶建仍賦詩十一韻**西池**在郡城西偏舊有清暉水心冉香碧圓垂絲漣漪六亭環列其上**南潭**在南豐縣東南臺之下古讖云丨丨沙上南豐出相**南山**一名軍山在南豐縣南二百步歲重九士女登高于此四山環遶天水同色乃上盱勝絕之地**雲山**在南豐縣西南六十里山常出雲楊無爲詩云白雲隨師來師逐白雲止山空師何在木末白雲起**天堆**在廣昌縣東南江流之中紹聖甲戌一夕雷雨大作有聞砂礫之聲旦而視之屹然高丈餘童謠曰天雷飛石頭一夜成汀洲五十年內興公侯暨分縣日四十五年信有兆也**日山**在新城縣西隔溪其山視衆山最高日初出必先見之**聖山**在南城縣西南三十里**神山**在水壺水之西**禪山**在南城縣東七十里遠望端聳如坐禪狀**禪嶺**在廣昌縣東七十里唐明皇時有異僧結庵其上趺坐不食者十年一日偏詣山下辭諸父老而逝今塑其像**仙山**在南城縣西五里郡人劉光道賦詩云住山多在郡城西

草莽煙雲望眼迷　**福山**在新城縣西四十里舊名覆船山唐懿宗更爲福船山國朝祥符中名丨丨**章山**在南城縣東北五里喬松修竹森列交蔭山中有永壽寺　**劒山**在南城縣東八十里以形似名　**旗山**在飛猿嶺西如張旗每興雨必自丨丨始　**軍山**又名南山在南豐縣南二百步詳見南山下會肇軍山廟碑云丨丨南豐之望也舊傳吳芮嘗攻南粵駐軍此山其將梅鋗祭焉禮成若有士騎麾甲之狀彌覆其上　**稟山**在南城縣西六十里高百餘丈上有大石如禾稟　**紅泉**麻源第三谷謝靈運詩云石磴瀉丨丨張銑注云丨丨謂自砂中流出故其色紅又靈運山居賦云訊丹砂於丨丨知縣李秠題詩云一片寒泉下翠巒彩虹飛出亂雲端紅流傳是靈砂液深處應藏九轉丹
金潭在廣昌縣東北四十里幕源之北　**銀嶺**在南城縣西二十里山舊出銀故名　**寶山**在南城縣東西百餘里　**龍石**在南城縣東北八十里自然觀之南李華記云舊有龍驤首曝鬐遊其上人或見之　**龍溪**在廣昌縣東北八十里山川佳勝李山甫號丨丨釣翁即其處也　**蛟湖**

在廣昌縣東五十餘里國初一日風雨震雷暝合于湖塘之上經日不解湖中浪湧有哮吼之聲議者謂蛟蜃相鬬因號丨丨

蛤湖在廣昌縣西南三十里有石磔百丈飛瀑淙下入湖中蟹蛤爲多因名

鴈塘在廣昌縣東南五里冬月鴈多聚此

鼉潭在廣昌縣東二十餘里舊有丨出于丨面巨者徑四五尺近者亦時有焉潭畔居民萬氏其家堂璧發一竅極深內多鐵器築以土或謂鼉穴在其下

龜湖在廣昌縣東五里地鈐云丨丨衝破狀元生

鯉湖在廣昌縣北十餘里相傳有大鯉遊其上

虎巖有二其一在縣南五十里僧惠政來掛錫未幾旱乃於巖上曝身祈雨日有二丨伏于丨側因名一在縣西南六十餘里雲山絕頂唐光化中有丨丨

鶴源在新城縣北三十里前有澄瀾後有廣阜昔有靈鶴翺翔水上

猿嶠九域志有飛猿嶺郎謝康樂所謂丨丨也永豐令傅翼詩云參差茅屋帶村煙驛路崎嶇石岸邊風物盡成三谷景溪山分斷七閩天夜猿乘月悲霜樹秋石和雲瀉澗泉謝守遊來幾千載何人能爲續佳篇

方石在南豐縣東半里古讖云沙洲到丨丨前南豐出狀

元黄元明題詩江樓云南山占胡出方石爲誰存蓋狀元未出也

響石在南豐縣東五十里有巨石臨路高踰百仞其上平坦可容數百人往來其旁者語笑高低應答如響

温泉在新城縣東四十里地名周湖其泉温暖有硫黄氣疥癬者應浴多愈

盱水

盱江在南城縣東二百步寰宇記云丨丨源出南當山西北沿流至臨川縣石門改名汝水漢地理志云丨丨西北至南昌入湖漢也

景物下

鳳山亭在郡治後

鳳山閣在郡治東

龍珠亭在廣昌縣龍樹之前一小峯如珠郎其上爲亭故名

崇山閣在郡廳西崇山瑰壯亦平遠之亞也

盱江亭在郡城天酒門外盱水之上南唐韓熙晟記

盱江館在景德寺太守陳岐建

碧溪軒在壽昌寺元豐中太

守陳繹題詩云蕭疏華薄隱山村清淺浮桁帶郭門竹倚欄杆水邊寺興來題作｜｜｜後浮術門改作盱江門覽輝榭在郡燕寢之後凝香堂在郡治東廳取燕寢｜清｜之句冉香堂在郡西池偏妙墨亭在郡廳西與紅屏石相對李少監佩易名爲印山堂香紅亭在郡治後圃照碧亭在新城縣北二里仙居觀之左面石峽下臨深潭治平中楊無爲經遊題詩有山水相照碧之句因名又云右顧唐相碑下有天師宅古人安在哉劍履空遺迹清暉亭在郡西池偏許抗題詩云亭號｜｜闞碧漣半兼村落半神仙青山剩得雲閒日明月饒分水底天清風亭在太平寺西偏眺望城外羣峯環列宛若郛郭甘露寺在天慶觀舊有古松甚茂景祐丙子｜｜降于松上遂建此｜七仙閣在郡治之西舊係城門十賢堂在麻姑山仙都觀顔魯公祠堂內陳彭年李泰伯曾子固曾布曾肇王無咎呂南公鄧溫伯朱京朱彥皆盱江先達紹興九年郡人蔡延世立集賓亭在軍門之南望仙亭郡城之膏露門思政堂在郡

治覽秀閣在郡治擁青閣在南城縣治愛山亭在郡治極目亭在平遠臺之西醒心亭在南城縣東七十里杉嶺上亭下有泉平遠臺在郡廳東地勢高爽取郭熙善畫山水平遠此臺眺望豁然江山之勝宛若圖畫故名一郡之勝槩也漣漪亭在郡城西池偏景物勝絕識舟亭在南城縣學之南高嶺上陳和叔建遠望江流片帆出没最爲佳致迴車院在平遠臺之西秋雨堂在江樓下曾密公被遇太宗適江南歲旱所部以狀聞帝因語密公以外帑之藏朽貫莫校公即對以猶未及江南一夜雨之富也熙春園在郡治之北朝爽堂在倅廳天尊巖在南城縣東四十五里姚家市水南其巖深廣十餘丈巖中元有清眞觀毁廢已久丨丨像猶存天井湖在南豐縣西南二十里泉山環簇一山最高而頂平有天池圓潤十畝中不知其深天慶觀在軍城内舊名靈仙觀乃唐鄧天師紫陽棲止之地仙君嶺在南豐縣北揖仙門外乃曾致堯讀書之地一日忽有羽衣七人被髮自外至環坐室中

因名**仙人巖**與五藏巖相近臨溪峭壁數百仞五巖相連屬深廣各數丈俱有板木上二巖有全棺木二具用小瓦石平其下餘巖散木縱橫如天氣晴明巖中光彩動搖隱隱若一童子出沒乎其間又傳舊望巖中有仙骨存焉故政和中邑尉安時雷題有仙骨雷來不記春仙巖石欲化爲塵之句**仙君石**在五藏巖在田中高八九尺方平如棊局其上殊無痕迹近石羅列小石峯數十孱顏如畫視之可愛世傳爲｜｜｜**仙人石**在新城縣東七十里飛猿水岸有石穴世傳仙人換骨在其內棺器尙存春月神仙來遊人或見之復有異香山下有石方廣三尺餘上有腳指模全其迹倍於常人世傳爲仙人足跡**仙人峯**在廣昌縣西三十里有數峯圓秀聳傳有羣仙嘗遊故名**仙都觀**在南城西南十五里漢威帝時居民蔡經受王方平屍解之術去後十餘年忽還家云七月七日王君當來及期王方平果至與麻姑會焉姑山之名自此顯著唐鄧紫陽隱于此山南唐迺造觀宇咸平中賜御書一百二十卷賜｜｜｜爲額**仙居觀**在新城縣北二里唐鄧仙師延康經歷之地殿後有古冢

相傳仙師劍履在其內無爲子詩云仙人安在哉劍履空遺跡蓋謂此也唐鄭畋撰仙師墓銘刻石在廊廡下及新刻二石並在觀中

雲門院 在南城縣西十五里麻源第三谷乃南唐德琳禪師卓庵之地院後寢堂以謝康樂經行之地立康樂軒

雷公石 在南豐縣西北四十里蓮花峯上

文殊臺 在新城縣西南四十里有文殊現此臺因名

羅漢巖 在南豐縣西北四十里惠雲禪院之北巖中有僧坐禪一日忽不見因名

師姑壇 在南城縣東五十里父老云昔有師姑卓錫居此壇每出入上下必騎虎人呼爲騎虎大師今壇上有像存焉

鳳凰山 在郡城北二里蓋郡之主山也耆老相傳｜｜｜曾降于此因以名山太守黃公建翔鳳曦光望仙淩雲朝眞五亭及圓寂庵於其上林泉之勝歷歷可見

龍龜潭 在寶勝寺潭上有盤石

魚蝓山 在南城縣東八十里山腰有龍潭歲旱禱雨輒應

龍泉寺 在新城縣南二十里地名卓陂有地孔徑一尺許水深不可測父老相傳呼爲海眼寺名｜｜殆謂此也

龍門山 在南城縣東六十里

馬鞍山 在南城縣

東北九十里。**鳳山泉**在郡治西偏其泉甘冽用以釀酒其味醇美至今兵廚目爲上樽。**竈曬石**在南城縣二十里竈潭之北天晴有巨ㄧㄧ其上。**虎跑泉**在新城縣麻姑山秦人峯下舊有虎至山爪地泉湧至今汯碧李泰伯呂灌園陳都官有詩。**虎頭山**在中虛觀之右紹聖中上官教授彝詩曰ㄧㄧㄧ峭立何巉巉下有百本松與杉。**鷹觜石**在南豐縣西百餘里形若ㄧㄧ。**雞籠山**在南城縣東十五里。**駝鞍嶺**在南城縣西十里形似ㄧㄧㄧ呂灌園麻源詩曰溪田橋畔ㄧㄧㄧㄧ猶記當年志未平。**靈鷲院**在新城縣北三里院有銅鐘宛全諷所鑄。**飛猿港**在新城東五十里流合藍田溪北至城下。**飛猿嶺**在新城縣東七十里謝康樂詩云朝發悲猿嶠暮宿落峭石乃其處也。**伏虎洞**在南城縣南五里從姑山秋澤巖之東按舊記元符中僧延正一夕夢頎髯父老曰吾守ㄧㄧ三百年今以界汝。**獅子崗**在南豐縣東四十里形類ㄧㄧ。**烏龜崗**在南豐縣東二十里狀如ㄧㄧㄧ因名。**雙秀峯**在廣昌縣東五十里雙頂尖秀。**五峯**

山在南城縣東北百餘里其山有||

五章山在南城隋書地理志五南城縣有|||

藏巖在南城縣東五十里地僻而人幽前層後疊宛然一石洞洞門有溪溪流縈帶而出中有一石囷然左右翼出高七八丈橫開一巖深邃數畝

七星杉在麻姑山殿後嶺上圍二三丈高切雲漢橫列有七株故以星名

七佛澗在新城縣福山上世傳鴻存入山七佛見於此

九龍井在新城縣東興鄉按臨川記曰東興人家曾以木甑墮井中乃流出樊溪甘渚

九龍潭在新城縣四十里山高百丈有石峽道絕險相次有九潭小大深淺各有差

九曲水在新城縣山南三里之間其路||因名

百丈嶺在南豐縣東南八十里

萬歲湖在南豐縣東二十里

太平山在南城縣東北五十里

長慶山在南城縣百餘里山極高峻

景德寺在軍治之東舊名景雲唐景雲大師肆業之地白居易撫州景雲寺律和尚碑載之甚詳今闔寺小院凡十

祥符觀在麻姑山即丹霞山有二十八洞天也觀用鐵鑄三清星宿仙官像七身古鐘一口及齊

王景達畫像

上元院 在南城縣東五十里地名東坑小徑迂入山勢交蔽中若無路及院所稍稍疎廣竹箭喬木森若圖畫院後山半流泉飛瀑

中華山 在廣昌縣東二十里其山獨秀上有浮邱王郭眞君之祠

東界山 在南城縣東二十里元祐癸酉冬甘露降于山嶺松柏受之霑疑數十里逾月而釋太守王旉創亭其上曰神液

東山嶂 在新城縣東南十五里陰陽家以爲陳霸先祖墳在其東

北界山 在南城縣北七十里與臨川縣分界

南城山 寰宇記云在南城縣東南百四十里

金龜湖 在五藏巖上其湖深沒可五七尋湖中一石宛然如甕號曰丨丨丨

金龍潭 在廣昌縣南十五里麻姑山上唐明皇投丨丨于石池中感黃龍見

金嶂山 在南城縣南七十五里高壓泉山父老云嘗有光出其上若金色

金峰山 在南城縣南二十里

金繩寺 在南豐縣北揖仙巷有松風軒四傍松杉皆合抱其高參天廣蔭數畝雖盛夏亦無暑氣

石龍山 在南豐縣西百二十里前山如游龍繚繞數百丈鄉人呼丨丨丨

石筍山 在南城縣東北

百餘里其峯最高有石圓直如筍**白雲山**在新城縣**白蓮池**在廣昌縣西南五十里惠安禪院之東唐儀鳳間居民曾延種紅藕數歲忽變爲白蓮於丨丨花中得金觀音像**白馬山**在南城縣東北九十里山上有出雲峯**丹霞洞**在南城縣南二十里麻姑山西七里係二十八小洞天有出雲山在其側紹興甲寅郡人避寇登其上行半日忽見坡下草庵甚小一道人兀坐觀書字畫奇怪似非世間旁有一矮榻人問其所食何物答云此中勺水亦無可食之物庵前有一穴常有風氣自穴中出即所謂風洞也**紫霄觀**在南城縣西一百二十里乘壺先生道場栩殿及玉皇像皆有仙鶴搏空之異觀之下有半霄亭在上有昂霄閣閣之側有環翠軒飛芝軒古松一株約三丈圍**紅屏石**在南城縣西五里其石高百仞赤色郡治目爲印山**芭蕉洞**在南豐縣南百餘里**芙蓉峯**在南城縣東七十里**蓮花峯**在南城縣一峯圓聳如蓮花然**桃花源**在南城縣南十里麻姑山北有小路盤紆入桃園至今猶存**松溪院**在南城縣東十五里院瞰清流松檜

森列最爲佳致

福山院 在新城縣南四十里蓋紹隆禪師得道之地寺後有文殊臺七佛嶠乃文殊七佛所見之地有紹隆巖童子峯乃紹隆得道天仙童子迎接之所至絕頂則疊嶂橫空晴嵐凝碧亭樹相望皆有可觀前賢碑刻具存寺中

福源寺 在南城縣北三十五里地名幕源山翠如幕因以得名寺有巽仙師塔南豐令楊傑詩云借取雲山爲帳幕合教儈屋斷塵埃

靈峯寺 在南城縣東五里寺東有伏虎洞寺西有高坡可以眺望山川城市皆在目中有亭曰快哉後改曰遺愛

法水院 在南城縣東北八十里舊名靈泉唐開元中改名溫湯景德中賜名|||

覺海寺 在南城縣東四十五里茂林修竹景物奇絕院基當水衝每遇巨浸未嘗浸及殿宇

定林院 在南城縣東十五里五藏巖中寺宇雖小自寢室佛殿等皆列巖下不用椽瓦惟門以瓦木爲之冬溫夏涼不竇而明

靈都觀 在南豐縣南二十步乃江南李王國舅之子魏表章棄官爲道開山爲元眞觀後改爲|||

冲寂觀 在南豐縣西五十里南唐時有漢張天師十八葉孫洞宣者開山立名石仙觀

棲眞寺在南城縣東八十里有劉仙師眞身塔。棲眞石在南豐縣東六十里太平山上劉仙師好乘驢踏石成跡跡今猶存。坐禪石在新城縣東南二十里地名菖蒲塘其石大數圍上有巨履迹二。永興院在廣昌縣西南水之源日佛流源水之口日佛流口者老云古有木佛不知所從來自水口泝流而上里人卽其源爲永興院。化成寺在南城縣東北三十里李泰伯作記張天覺愛其文題詩美之有石刻在寺中。嘉興寺在廣昌縣南二十里唐龍紀元年有僧鴻遠自豫章買銅鑄鐘于寺制度奇古叩之清越。淨居寺在新城縣南三十五里川谷邃深景物珍絕楊無爲詩云達人到岸不須船畱寄寒雲幾百年欲問上方多少遠爲言先過淨居天。清修觀在南豐縣北七十步代傳東晉許吳二眞君游于江鄉咒水治病利濟生人後人爲建祠宇。冰壺水在新城縣西四十里其源出泰甯縣界。玳瑁石在麻姑山虎跑泉數步間或於土中得水石如丨丨可以琢石。禾廩石在新城縣西六十里廩山上其石似丨丨。水簾巖在麻姑山金龍

潭之側沈彬詩有丨丨丨底見龍眠之句

簫曲峰在新城縣西南四十里相傳有靈禽飛翔其聲如簫因名

軍營嶺在南豐縣朝天門外一里前多稻田左右皆平阜唯此嶺獨高舊傳吳芮征南越其將梅銷嘗結營其下因名

鼓倒石在南豐縣東北百里其形似鼓高濶四尺餘欹側在石灘上石腰有痕囘旋若繩縈之狀

塵落潭在新城縣福山東五里相傳有物如牛墜死其中人勾引得之識者曰塵也因名

望州嶺在南城縣東二十餘里峩峯高出嶺巔有巨石可登陟望見臨川下瞰郡城如指掌

曬禾石在南城縣東四十餘里每遇收成鄉人丨丨其上因名紹興間五月十日風雨晝合雷震石上頃刻而息里人相率視之石裂成四大字縱橫交勁不可曉摹鏤板傳世有道之人覘之曰此介我黍稷字也既得其譯競熟視之率以爲然自是郡境屢豐

落峭石寰宇記云在南城縣東南六十五里去飛猿館一百五十里在飛猿水邊巍峩嵌崆數里可望謝靈運詩云朝發飛猿嶠暮宿丨丨丨卽此處也

鑄錢巖在南豐縣五十里覺海寺一望間其巖在平石之際橫廣

數丈中有石座高數尺上豐下殺宛如佛龕石背有小竇僅廣三尺斜袤深下以瓦石擲之其聲震如撞巨鐘移時方息里老云數十年前巖中多有破壞古錢片因號｜｜｜

繙經臺 在麻源第三谷謝靈運｜｜之地也

出雲峯 在白馬山頂

梯雲洞 在南豐縣西南六十里上有石磴百餘級

香爐峯 在南城縣西百餘里有石峯聳如香爐

鍾臺峯 在南城縣西三十七里僧懷震遇一虎蹲視若有所待震叱之而祝之日無傷我欲伴吾修行可隨我所至虎乃緩步隨之至此峯隱焉或尋見一僧踏虎而坐衆始爲創庵

銅斗峯 在南城縣東北九十里

席帽山 在南城縣東五十里上銳下濶如席帽形半山有石高數丈似人立俗號爲石人

華蓋山 在南豐縣西八十里

屏嶂山 在軍山之西狀如屏嶂

垜甲山 在南城縣西十餘里麻源山嶺之北巖石層疊如｜｜形

金絲布 圖經唐屬撫州貢金絲布葛竹箭朱橘

銀珠米 國朝嘉祐三年太守沈造進銀珠稻米百袋勑書獎諭歐公行詞

古迹

南豐縣舊治今屬廣昌縣東十五里土屯者**廢東興縣**在今新城縣北三十里東興鄉石門里地名城口**廢永城縣城**在今新城縣北三里地名城頭**秦人峯**在南城縣十五里麻姑山秦皇虐政人逃難此山後有樵者入山遇之面色黎黑追之則疾如飛鳥李泰伯詩秦法雖甚苛秦吏若尤拙山林不數里俾爾逃得脫又呂南公詩云此地去秦中贏糧晦三月秦人不厭遠期以一死脫**陳平嶺**在南豐縣西八十餘里相傳陳平過此止于山上後人因呼爲｜｜｜**華子崗**晏公類要云謝靈運山居圖曰｜｜｜麻山在第三谷相傳華子期者祿里弟子翔集此頂故以華子名崗謝靈運詩云銅陵映碧澗石磴瀉紅泉卽此**麻姑山**在南城縣西南十里石磴盤映山腰而上乍平乍峻第二谷水飛流而下又攀援二里間有瀑布淙下三百餘尺有水簾巖玳瑁石**李泰伯書堂**在郡城外鳳凰山側｜｜｜肄業之地**顏魯公祠**在麻姑山仙都

觀蔡柟詩云太師罵賊眼欲裂由來大剛不獲闕堂堂忠義八十年與賊共生[甯]共滅泰山可推地可陷不可奪者公之節姦邪盧杞知不知舌䑛忠臣頭上血

高祖廟在龍崗之西江山回抱林木森秀故老云國初嘗有一叟出於林薄之間衣冠甚偉每當明月之夕濯足於江退休盤石少選拂衣曳杖歌大風而去隔江人皆見之好事者伺其出遊挐小舟絕江揖而問曰叟何人也曰僕姓劉欲卜居于此自後不復見衆疑其劉季之神也遂廟而祀之

麻姑廟本蔡經宅唐開元時道士鄧紫陽遺奏云乞立廟於壇側[元]宗從之南唐昇元二年臨川王嘉命道士楊體仁焚修體仁繪圖以獻始造廟宇顏眞卿撰仙壇碑事甚詳國朝咸平二年賜仙都觀爲額會鞏作三門記

鄧紫陽石槨在麻姑山開元二十七年紫陽遷化[元]宗遣中使二人送還本鄉以次年二月二十二日葬于麻姑山頂甲子改葬棺中惟見牙筒香爐而已

龍母墓在南豐縣呂灌園測幽記曰熙[甯]農夫游賤妻劉浴于溪遇黃犬迫而有娠朞年產兩鮎魚家驚異以大缸貯之水中須臾雷電晦冥魚失所在甫三日劉亦死葬于溪

東磯阜之上數日雨溪流大漲泉見兩魚循繞墓墳所行處輒陷里人驚駭號曰｜｜｜

陳高祖祖墳 在新城縣東二十里地名小合嶺下無文可據世俗相傳云初葬時有神人出謂霸先曰可去矣謹勿回首既行三三十三步却復回顧神人語曰危子之興可三十三年而止以史考之實三十三年

王墓 在新城縣南七十里五代時其子全諷爲撫州刺史仔倡爲信州刺史易姓元氏後有元絳爲參政

南豐先生墓 在崇覺寺

官吏

謝靈運 宋｜｜｜少好學博覽羣書襲封康樂公爲永嘉太守郡有名山水｜｜素所愛後爲臨川內史在郡遊放有入華子崗及麻源第三谷詩

顏眞卿 唐顏魯公開元中舉進士又擢制科累遷尚書左丞後貶峽州別駕改吉州司馬遷撫湖二州刺史記麻姑山仙壇字畫勁正至今碑碣猶存

江鎬 國朝人寶元二年知軍事秩滿還朝陳賢良次公作序送之李泰伯亦稱鎬在建昌軍擊豪猾

敝凝若山重

曹觀 皇祐三年知軍事李泰伯有詩送之云要知賢者善居官法自嚴明性自寬黠吏欲欺難作計愚民初懼久方安獄辭大小情皆察市物公私價一般農力不聞供土木窮閻猶得免飢寒

王韶 皇朝類苑云王韶始爲建昌司理時蔡樞密挺江西提刑一見知其必貴顧待甚厚數年蔡知慶州王調官關中遂謁蔡於慶陽且言將應制科欲知西事本末蔡遂以前後士大夫之言及邊事者皆示之其間有向寶議洮河一說王悅之以爲可行其後遂克青唐武勝城熙河取洮疊宕而爲熙河一路

蘇緘 仁宗朝嘗知南城縣值歲之不易里中藏粟之家固閉以待長價公籍得其數預自軍守請先發常平穀定中價糴於民然後揭榜於道曰某家有粟幾何令民用官價就糴有靳不出或出不知數者立撻于市自是下民無艱食者淸源集

陳和叔 熙豐中自翰苑謫守建昌居次孺有獻內翰詩云亞滯周南事可嗟東風三度見梅花巖廊未引經綸手山國頻聽早晚衙酒爲憂民傾日月詩從思退寫煙霞賓籌更有林中士誰及船齋太守家

李秠 元豐六年知南城縣政平訟理灌園

先生呂次醇作記仍有詩寄之云不馳幹隸擾租輸更秉公心憫鹽課何鄉格慮不手斂有地宿姦皆膽破

陳繹　元豐七年自翰林學士知軍事謂人曰吾不以左官爲不意而榮於獲灌園先生寺觀亭榭畱題甚多

李綱　言行錄云靖康時落觀文學士之職責授昭化軍節度副使建昌軍居高宗即位詔赴行在

蔡延世　繫年錄云建炎三年金人犯建昌軍守倅皆去衆推兵馬監押丨丨丨以守延世建昌人本太學諸生先是敵遣十人持檄至城下延世延世盡斬之及是敵以兵臨城問十八人所在延世以其首示之敵怒求戰延世擊却之遂領軍事

人物

曾致堯　字正臣南豐人當江南李氏時不就鄉舉太平興國八年舉進士及第盱江擢第自致堯始數上書言事太宗奇之其第四子易簡有俊才年十三舉禮部試賜新火詩云令節傳龍蠟明君賜近臣乍燃煙尚短初出焰猶新

曾鞏　字子固致堯之孫第五子易占生孫鞏布肇第進士官至中書

舍人有元豐類藁行於世**曾布**字子宣與兄鞏同擢進士自瀛州移知江[甯]府與弟曲阜公肇易地人以爲榮後薦陳灌龔夬張庭堅等徽宗時爲右僕射**曾肇**字子開擢進士爲翰林學士有曲阜集行於世**曾紆**曾布子也中興小[歷]云建炎三年勤王所橃至湖州守臣梁端會寄居官謀之衆未及言||日此逆順甚明出師無可疑者趣端張榜用建炎年號中丞張守言紆首明大義詔除直顯謨閣

元絳國朝天聖八年進士擢翰林學士後參知政事諡章簡

李泰伯名犯高宗御諱以字行南城人也傳授生徒至千餘人會鞏鄧溫伯皆其高第也不好孟子嘗試制科六論不得其一曰吾書無不讀必孟子注疏也擲筆而出人爲檢視果然著禮論易說明堂書用范仲淹余靖薦補將仕郎海門簿召赴太學說書

王無咎南城人嘉祐二年進士始起於窮約之中未有知者曾子固一見異之其後與歐公王臨川從遊有文集行于世

呂南公南城人爲古文章歌詩尤善韓退之之爲文自號灌園先生又欲修三國志先朔齋名衮斧

蔡枏夷堅志云南城蔡枏字堅老學博材

雋壯年以詩著江西宗派諸賢多推許之自稱雲壑道人有詩詞十餘卷

朱軾 南豐人少從曾子固博覽強記三子入太學取高第人皆服其義方之訓伯子京官至國子司業仲子彥從官季子褒至員外郎

鄧溫伯 南城人從李泰伯學後入玉堂

仙釋

麻姑仙 按王方平傳方平至蔡經家遣人與麻姑相聞姑既到是好女子年八九許手爪似鳥頂中作髻餘髮垂之至腰其衣有文章非錦繡光彩耀日元豐元祐宣和累封眞寂冲應元君

王方平 東漢人舉孝廉除郎官加至中散大夫道成桓帝連召不出使郡國逼載詣京師低頭閉口不肯答詔同郡陳耽爲方平駕道室至旦夕禮拜不已但乞福願從學道方平在耽家三十餘年耽舉家無病後語耽曰明日日中當發至時方平乃死耽乃具棺器衣衾至三日忽失所在衣帶不解如蟬蛻也

饒廷

直廷直字朝弼南城人第進士過武昌有所遇自是
不邇妻妾修然端居如林下逸人自作詩紀其事
云丁已中秋夜半偶遊黃鶴樓忽遇異人授以祕訣
因作詩以識之後爲鄧州通判其柩還鄉舁者覺其
輕或疑其尸解仙去云
謝禪師唐末自閩中至南豐覺元寺開山忽一日以二缸相合坐化囑小師師令七日後開缸小師纔四日卽開觀禪師復起移徃化成寺跏趺而逝
齊禪師護國寺僧德齊雅意山林不出山三十餘年形如槁木善陰陽知人禍福常於暑月濯足龍湫中必有小龍數十蜿蜒其足上
麻源釋靈一送陳元初十居麻源欲向麻源隱能尋謝客蹤空山幾十里幽谷第三重嵒宇[甯]須葺荷衣不待縫因君見往事爲我謝喬松

碑記

唐麻姑山壇記集古錄云唐顏眞卿撰并書唐小字碑以大[歷]六年立在南城縣

麻姑壇記集古錄云唐顏眞卿撰并書記文及刻石年月與前帖所錄者同而字甚小　唐鄧天師碣靈昌郡太守李邕撰　唐大德和尚石塔碑銘并序白居易撰　唐南城縣客館記獨孤及撰　唐鄧先生墓誌銘鄭畋撰　唐南城縣羅城記刁尚能撰　南唐盱江亭記韓熙載撰　建昌軍圖經李宗諤編　盱江志胡舜舉序

詩

朝發悲猿嶠暮宿落峭石謝靈運　南州實炎德桂木淩寒山銅陵映碧澗石磴瀉紅泉前人　願學麻姑長不死時觀滄海變桑田白樂天　雲蓋青山龍臥處日臨丹洞

鶴歸時劉禹錫幽人往往懷麻姑浮世悠悠仙景殊自從青鳥不堪使更得蓬萊消息無鮑溶建昌江水縣門前立馬教人喚渡船忽似往年歸蔡渡草風沙雨涓河邊白居易建昌江燕寢著爐香愔愔閉牕闥夢到郡城東笑談西齋月山谷詩麻姑山直斗牛角形勢擁斷東南隅五百年來畜英氣特爲吾宋生眞儒黃通詩軍山流泉初濫觴繚繞東出爲盱江峯巒隱映淵源長地靈物秀雄吾邦曾子宣南城南豐萬家邑異人間出俱屹立曾宏父鈴閣清虛郡府閑李山甫闓說東南第一州區區來訪小蓬邱湖光帶日黃金擁山色凝煙碧玉浮

鄧潤甫土狹山高更夾溪登臨繚繞與雲齊時時仰視天如練往往窮川徑似梯石鑿龕巖茅作屋泉噴境堉稻分畦居人不信王畿地千里平盤載馬蹄陳軒詩南城古要地險隘接閩區國家建昌壘鎮守東南陲王韶詩盱母江頭喚渡人遙指麻源第三谷洪炎南城詩雙瀑挂天紳七杉排斗樣林大聲地迥七杉成斗野雨餘雙練寫晴川李長民花洞路中逢鶴信水簾山下見龍眠唐沈彬軍壘近仙山麻姑第三谷靈運詩亦存魯公記可讀梅堯臣盱江郭東門江水湛虛碧東南望羣峯連延倚天碧曾肇詩麻姑岧嶤青插天瀑泉奔騰千仞

懸星壇突兀倚絕壁平原太師有銘鐫神人已去一千歲諸峰尚作翔鸞勢曾宏父文雅登臨謝守才愛山今作別山來知公未厭眞仙境早擁江南使節來鄧潤甫送黃守解印詩拂曉旌幢遠訪眞洞中和氣一番新爭迎謝守同遊客盡是方平舊會人山峭亭臺多占月地靈風物只知春清歡何必笙簧助自有紅泉碧澗鄰南戎饒師道麻源山壓盱江水高樓迥對江山起魏泰詩

四六

提封遠暨乎五州市井廣彌乎四邑左臨盱水帶雙江之清流右瞰麻源綿三谷之翠色鳳山覽德于其

後虎潭宣化于其前汪皋郡亭上梁文盱江勝槩澤國上游地分翼軫之奧區境接神仙之眞宅童邦傑鼓角樓上梁文南城爲郡始自南唐建昌得名本從建武坊有咸平懷惠鄉有雅俗可封劉岑上梁父山多隱逸谷通華子之崗地富仙靈壇近蔡經之宅王平叔建昌軍記景德二年儀眞風月同坐嘯之尊罍盱水波濤喧行春之鼓角任元受賀建昌段守啓

載念澤國之上游莫若盱江之勝槩道通百越山川堂紀十賢人物余日華賀建昌趙守銅陵石磴尋謝屐之風流金盤玉杯識顏碑之氣骨李公甫回建昌周守啓

輿地紀勝卷第三十五

輿地紀勝卷第三十六　文選樓影宋鈔本

東陽王象之編　甘泉岑鎔淦長生校刊

江南西路

南安軍

大庾　上猶　南野　南埜

軍沿革

南安軍同下州九域志禹貢揚州之域晏公類要吳及百粵之地於天文爲星紀之分野章貢志云星歷家論十二次自南斗十二度至須女七度爲星紀辰在丑爲吳越之分屬揚州豫章郡入斗十度又前漢地里志云吳地斗分豫章屬焉至粵地則牽牛婺女分野自蒼梧至日南皆粵分也今南安界嶺表置郡則當在吳與越之間春秋時屬吳此據章貢志及百越輿地廣記戰國時吳起相楚悼王

南平百越於是屬楚此據輿地廣記按通鑑楚悼王相吳起南平百越在周安王十五年秦屬九江郡寰宇記漢分九江置豫章郡領縣十八南壄預焉注云彭水東入湖漢前漢南粤不賓遣將軍姓庾討之築城於此因之爲名今理大庾是也此據元和郡縣志隋以大庾爲鎮唐陞大庾鎮爲縣屬虔州元和郡縣志在神龍元年唐地理志年月同皇朝陞大庾縣爲南安軍以大庾縣屬焉國朝會要云淳化元年以虔州大庾縣建軍以縣爲治所又割虔州之南康上猶兩縣來屬國朝會要在淳化元年軍額隸江南西路九域志甲兵司隸於贛州韓絳爲體量安撫奏乞以虔州提舉南安軍南雄州甲兵司公事今領縣三治大庾

縣沿革

大庾縣 中

附郭南康記云前漢南越不賓遣將軍姓庾討之築城於此因以爲名寰宇記云按其地實南康郡之南安縣地當五嶺之一神龍元年置因大庾嶺名爲縣唐書地理志云神龍元年析南康縣置大庾縣國朝會要云淳化元年以虔州大庾縣建軍以縣爲治所

南康縣

在軍東北一百六十里元和郡縣志云本漢灌嬰所置南壄縣也屬豫章郡後漢獻帝初平二年析南壄置南安縣晉太康五年改爲南康寰宇記云漢獻帝時吳大帝分南壄立南安縣按通鑑獻帝初平元年庚午孫堅自長沙起兵入洛留家壽春是時孫策方年十六權尙幼及建安五年庚辰策死時年二十六

去興平元年庚午整整十年是時權始代領策衆是權不應於未領兵十年之前建立郡縣通鑑又云時策雖有豫章廬陵等郡然深險之地猶未盡從則分置南安等縣又當在建安五年之後可也二書所引年月不類然吳錄及吳志云屬廬陵南部都尉觀屬廬陵南部都尉之語則恐是置廬陵郡之後當從寰宇記云漢獻帝時吳大帝分立南安縣不當書在初平元年寰宇記又云晉武帝改曰南康縣屬南安郡宋志云吳立南安縣晉太康中更曰南安輿地廣記云宋因之改曰贛縣隋曰南康唐屬虔州皇朝淳化元年來屬

上猶縣 上

在軍東北二百里唐天祐中析南康縣置上猶場南唐保大十年陞爲縣國朝會要云淳化元年自虔州來隸

風俗形勝

當五嶺之一寰宇記橫浦有關大庾有嶺通道交廣此其襟喉南安志建郡門置軍自查陶始吳陵志查陶太宗時知南雄州以大庾嶺稍遠上章乞於嶺北置南安軍以便輦運朝廷俞其請而九域志以爲廣東運使王元幹乞建軍屬廣東而查陶等相度續奏非肇始也南安志與吳陵志載不同南安名三郡漢晉立南安郡於蜀即今榮州漢又於秦州置南安郡陳於晉安置南安郡皆在此郡之外南安名三邑漢時犍爲有南安縣隋時建安有南安縣贛之信豐爲南安縣唐永淳元年析南康之東南置南安縣天寶元年天下縣名同者悉釐正之以泉州有南安縣因改贛之南安爲信豐焉南安據江西上流文物之盛與閩蜀等重修軍學記南扼交廣西距湖湘范大用生祠記南安處江西盡頭接南荒之境楊邦彥跋橫浦集五

嶺之最東輿地廣記曰軍有大庾嶺當｜｜｜｜｜者

景物上

五嶺通鑑秦始皇三十三年以讁徙民五十萬戍五嶺又南康記秦守五嶺第一塞嶺即大庾嶺是也平亭見寰宇記觀齋在軍治巽水在南康縣由縣庠巽維會于漳水浮石在大庾形如覆鐘水環其外東坡詩所謂浮石已乾霜後水者是也風洞在上猶石門保山尋廣莫測風出其中四時如一月巖在上猶石嶂山穴正圓如月經數十尺表裏不隔梅關植柱揭名於庾嶺以分江廣之境穀山在縣東高千丈上有石頂圓蓋如人形上有池水有五色魚梅嶺大庾嶺上多梅亦名梅嶺又上猶一嶺亦曰｜｜舊傳梅福隱此晏公類要云漢書兩粵傳曰楊僕欲引破南粵兵擊東粵上令諸校屯豫章梅嶺待命明年東粵王餘善入｜｜殺漢三校尉上遣

王溫舒州｜｜尋入東粵東粵殺餘善降史記注**桃**
以爲在會稽界晏公云殊以爲必今大庾嶺也
水在南康縣**熱水**寰宇記云在大庾縣出聶都山南康記云蓋謂泉之源也又云｜｜昔名豫水
漢置豫章縣因此水源以爲名**峒山**在大庾縣北十八里上有水出自石間一落數尋匯爲澄潭
君山在南康縣**章水**在南康郎涼熱水也**東嶠**廣記曰軍有大庾嶺五嶺之最東者亦曰
｜｜**彭水**漢書地理志南壄縣下注｜｜｜東入湖漢**猶水**輿地廣記上猶縣有｜｜**窮神**
無垢在南安一日餉客令庖人作鼎羊火鼎方殷芬香暢聞有大聲忽有鷹俯首一鳴鼎味四出流液于
地羣鷹攫搏不已庖人有怒色曰若誚罵者因叩之乃云此間有窮神某方禱之旋即致害意欲先薦故
也**茶磨**｜｜以石門之石爲之礬礐縝密鐫琢得所以磨盤與輪同樸者爲佳其最謂之舀石猶
硯之舊坑也脈紅如線極鮮明不過三兩線今亦艱得土人又以白脈者爲銀線黃脈者爲金線云

景物下

拂雲亭在上猶聖濟院有｜｜｜棟宇壯麗甲諸蘭若**浸月亭**在郡治**面面亭**在軍治取韓昌黎面面看芙蓉之句**揖秀亭**在軍治雙秀諸峯拱揖乎前**清虛亭**在軍治祥符中建**南康山**通鑑晉義熙六年初徐道覆使人伐船材於｜｜｜中至始興賤賣之居民爭市之船材大集而人不疑至是悉取以裝艦盧循寇長沙道覆寇南康然此日｜｜｜雖非山名亦因附見焉**南源山**在大庾嶺上有飛瀑百丈其下湫潭深不可測**南臺山**在南康上有三巖**西符水**在南康出鎮山**北勝水**在上猶出北勝保**大庾嶺**寰宇記云一名臺嶺在大庾縣西南二十里吳錄南野縣有大庾山九嶺嶠以通廣州太康地志云嶺路峻阻螺轉而上踰九蹬二里至頂下七里平行十里至平亭劉嗣之南康記云平亭謂之橫亭圖經云嶺初險墝唐張九齡開鑿新路乃斷崖成峽兩壁聳立仰視霄漢中塗坦夷**大章山**在上猶縣西介於江湖廣三路

延數百里出巨木美材**聶都山**在大庾縣西南山海經云聶都之山諸水出焉其山出磬寰宇記云在南康縣西南二十五里卽南康縣南壄溪源也**芙蓉渡**九域志**蜈蚣峽**在上猶**龍鳳山**在上猶有龍鳳飛舞之狀卽縣主山**雙鶴洞**在大庾縣西南舊名石室有井神龍居之游人或溺此井龍化雙鶴飛去洞中可容百人石乳凝結在上如列星在下如鼓如鐘如人物如牀榻者不可殫舉**白鶴嶺**在大庾縣東上有蔡仙井舊傳蔡鶴仙隱此井其遺跡也**青龍崗**在大庾東北昔青龍見故名寰宇記云有陳蕃子孫墓**玉枕山**在郡正北蓋郡之主山**石筍峯**在上猶挺立泉山間宛如卓筆**常娥嶂**在大庾蓋郡城之朝山傑出羣山之表葛仙翁曾煉丹於此**皇仙臺**在南康昔皇甫道人登此仙去故名**觀音山**在上猶昔有人登山不能乃諷觀音號恍惚若有白衣人掖之至山趾**天柱嶺**在大庾縣東陰陽家以爲上應紫微星**雲主嶺**在南康上有仙巖仙池**九日嶺**祥符經有九日臺山在南康縣北蓋

縣治之主山陳魏公來主縣簿夢九日山神來謁已而生秀公升之官至宰相

雙秀山在郡北兩峯尖如馬耳舊名丫山

獨秀峯在南康縣東舊名雞籠東坡南遷更名獨秀

齊雲峯在上猶勢干霄漢下有寺丞謝允昌書堂

涼熱山

涼熱水在大庾圖經作亙艮熱泉也記作涼熱蓋水源一溫一冷圖經注云連溪出南康縣涼熱山即此水也寰宇記云亙艮熱水出聶都山南康記云蓋謂水之源也又云熱水昔名豫水漢置豫章郡因此源以爲名也

禮信水出上猶禮信鄉

侯使臺在大庾鐵崗北大山也亦云堠獅臺

封侯水在南康封侯里名也寰宇記云出封侯山淺不通船西南入涼熱水

歐公洞在大庾澗石間多菖蒲一寸十二節

畫錦山在大庾半山有寺日畫錦故名

卓錫泉

放鉢石在大庾雲封寺有六祖圓明真空大鑑禪師塔左卓錫泉一云錫杖泉右放鉢石釋氏壇經云六祖自黃梅傳衣鉢之曹溪五百大衆欲爭取之追至大庾嶺久立告渴祖手拈錫杖點石泉湧清冷甘美衆駭而退

石君山在南康劉德名南康

記云山在泥水口三石形甚似人居中者爲君左曰夫人右曰女郎事見寰宇記

益漿水 寰宇記云出聶都山在南康縣西五百九十一里東流入貢水合西符水至南野口合凉熱水

巫橋嶺 在南康縣羊嶺之西一山三峯狀如蓮花上有仙巖容百餘人巖前有瀑布千尺

古跡

古南康城 九域志

南壄鎮 見九域志西漢志南壄縣舊名也輿地廣記云本南野縣二漢屬豫章郡晉屬盧陵郡宋屬南康郡後省爲鎮

橫浦關 唐書地里志大庾縣下有丨丨丨寰宇記引劉嗣之南康記云昔漢將軍楊僕討呂嘉出章郡下橫浦卽今縣西故丨丨廢丨丨見在是也輿地廣記於南雄州保昌縣有樓船水亦引楊僕事爲證今兩存之

龍君廟 言行錄云橫浦炎方雖苦寒無雪邦人或垂白莫之識故癘疫爲多郡有丨丨丨所祈必應張九成曰吾無職隸而歲耗廩祿盡思

所以惠之因禱焉朝暾杲然而陰雲倏起晡時寸積矣邦之童稚駭走觀瞻以爲異

漢陳蕃子孫墓九域志有□□□□□南安志引南康志云蕃被誅家徙日南又追至此誅滅之因葬於此漢史不載今其墓高大南安志以爲或者仲舉友人朱伯厚之徒爲之收葬歟南康記云漢太傅陳蕃爲宦寺所害徙家於日南又追之於此誅滅遂葬之嘗有發冢見大蛇纏墓卽便風雨晦冥其冢脫開其崗頂有青龍見因號青龍崗寰宇記云青龍崗在大庾有陳蕃子孫墓在焉

官吏

嚴肅祥符中來守南安以通明之才負正直之氣勸善懲惡詞訟禁止見南安志淸虛亭記

都潔京口人紹興中守南安勤身率先宣上德澤整頓綱紀見南安志治績門

李聞之開封人紹興中來守寬嚴得所待以禮同上治績門

周頤東都事略云舂陵人嘗爲南安軍司理有囚法

不當死運使欲深治之茂叔爭不勝投其告身以去曰如此豈可仕乎殺人以媚人吾不為也運使感悟囚賴以活

程博文 饒州樂平人登皇祐五年進士第知南安軍甃嶺路以便行人見鄱陽志

劉安世 字器之元城先生哲宗立除右正言論蔡確章子厚黃履邢恕安惇要定策之罪累遷樞密都承旨紹聖初章子厚入相落職知南安軍事略

江公望 字民表睦州人蔡京用事公望與任伯雨俱坐貶謫南安軍

范振 繫年錄云建陽人紹興十年丨丨上書論雇募者戶長十事上謂輔臣曰朕昨夕閱振書所論皆民間利病其言多可采遂以振知南安軍

張九成 言行錄云公與僧宗杲為莫逆友時往來其間秦檜恐其議己於是言者論公遂有南安之謫結廬掃軌動止有則歲久庭磚足蹟依然公題于柱曰予平生嗜書老來目病執書就明于此者十四年矣倚立積久雙趺隱然因自號橫浦居士

解潛 繫年錄云紹興十四年中丞李文會言丨丨本趙鼎客不從和議及和議之效既著居常不樂責居南安軍凡十九年疾劇張九成往省之潛泣曰平生仗忠義誓與敵死不肯議和為秦公

所斥此心惟天知之九成曰無愧此心足矣何必令人知潛郎豁然而逝

蔡挺 遹略仁宗嘉祐七年先是海鹽至江湖價高而嶺鹽價賤汀虔民流販聚而爲盜知南安軍｜｜條奏利害擢挺爲江西提刑使之制置挺悉令民納兵械而販黃魚鹽不及三十斤不以甲兵自隨者止輸算勿捕且官運淮鹽於是官鹽價減而盜賊衰息

人物

何大正 大庾人博通諸經元祐間入國學雖老師宿儒莫不推遜是號上庠三傑大正其一也南安志

田闢 田闢其先大名人樞密況之族也游上庠二十年無所成浩然歸隱自號大隱居士子姪各授一經教飭嚴甚延名儒師受其規矩節目若不堪處他日子姪之登第及特恩者凡七人言義方者必曰田氏闢九子其季如龍最知名

楊大明 紹興起居注載陽大明南康人孝謹異常親喪皆廬

[illegible]年紹興壬戌在廬所蓄雞司晨爲狸所捕越夕狸震死又庚溪詩話載有道人授陽以藥金弗授道八贈之詩曰陽君甚確士孝行洞穹壤上帝憐其艱七夕遣回往逡巡藥頑石遺子爲饋享子旣不我受吾亦不汝强孝行洞穹壤亦見夷堅志

二程先生濂溪先生 圖經云惟河南二程先生道德性命之說天下所宗其初也待父通守而濂溪周先生爲理曹椽相從講學遂能紹千載不傳之秘

仙釋 闕

碑記 闕

橫浦前集 楊邦彥跋

橫浦後集 方崧卿跋

開鑿大庾嶺路序 見張

子壽集有云初嶺東廢路人苦峻極開元四載冬俾使臣左拾遺內供奉張九齡緣磴道披灌叢相其山谷之宜革其坂險之故

詩

青絲繫馬尾黃金絡馬頭古羅敷行李善文選事見晏公類要

刱得幽亭近嶺梅綠陰名好稱仙才四邊山色簷頭出一帶泉聲竹裏來池接淡煙敷菡萏地分濃影上莓苔只應向此思民瘼幾度煩襟抖頓開王漢謀題南安軍綠陰亭詩

暫著南冠不到頭却隨北鴈與歸休平生不作兔三窟今古何殊貉一邱東坡過嶺作

幽人自種千頭橘遠客來

尋百結花浮石已乾霜後水焦坑雨前茶東坡詩

行盡章江庾水濱南踰梅館陟嶙峋叶紹祚千年勝海外占風九譯人嶠嶺古來稱絕徼梯山從此識通津余靖詩

今日平安出嶺時瘴氛猶覺潤征衣一條路入江南去萬里人從海上歸程師孟詩

兩州南北護梅關盡日人行石壁間章穎詩

路當嶺表初通處地占江西最上頭同上

秀峯雙拱背庾嶺獨當眸李宋臣

碧練萬尋橫浦水翠屏千里庾梅山閔師文

南安建邦庾嶺下小小城池壓四壁胡璵詩

撥曉憑高霧滿天直疑和氣釀豐年慇懃北客還知否不是南來有瘴煙田如鼇

盤危蹬外三脊白茅邊江公望九江雄受輸五嶺屹分鎮江公望回頭漸覺長安遠有志須令瀚海清李白詩人逢歲稔家餘粟地近嶺南冬不冰鄭億年英江今日掌刑回上得梅山不見梅輟俸買將三十本清香留與雪中開嶺上有寺有婦人題云妾幼侍父任英州司寇既代歸以大庾有梅嶺之名而反無梅遂植三十株于道因題此詩于壁間婦人不知何許人也見南安志折梅逢驛使寄與嶺頭人江南無所有聊贈一枝春荊州記云吳陸凱與范曄相善自江南寄梅花一枝詣長安與曄并贈此詩大庾嶺上梅南枝落北枝開白氏六帖詩人嘗說嶺頭梅往往春風自此來我到嶺頭都不見空將春夢又空回大庾嶺舊有梅無垢到此數年因登嶺上不見一枝遂成

絶句見無垢語錄

梅花過嶺路，桃葉渡頭船。丁謂送章南安詩

離人南浦多春草，越鳥棲枝有早梅。錢惟演送章南安

嶺雲夏變梅蒸早，越賈秋藏桂蠹多。談苑云：劉均送章南安詩，楊文公嘗以爲警句。

四六

惟嶺下之小邦實江西之勝處南安軍到任謝表

輿地紀勝卷第三十六

輿地紀勝卷第三十七 文選樓影宋鈔本

東陽王象之編　甘泉岑鎔淦長生校刊

淮南東路

揚州

江都　邗溝　淮海　廣陵
荆國　吳國　南兖　吳州

州沿革

大都督府揚州廣陵郡淮南節度九域志淮南東路安撫使淮東八郡皆屬焉中興之制兼管內安撫使嘉定以來以楚州兼山東淮東安撫節制司而揚州止兼管內安撫禹貢淮海惟揚州唐虞淮海之閒皆州域也元和郡縣志於天文爲牛斗之分寰宇記星紀之次儀眞志曰攷之天文自斗十二度至須女七度爲星紀之次北負淮水南自淮廣陵

至於東海皆屬星紀而入牛八度又晉志云春秋時廣陵入牛八度則廣陵上直星紀也明矣其地屬吳故吳城邗溝通江淮左傳哀公九年杜預注云今廣陵韓江是也後越滅吳其地屬越越滅吳在哀公二十二年戰國時楚敗越盡取吳故地通鑑周顯王三十五年載越王無疆伐楚楚人大敗之乘勝盡取吳故地東至浙江秦滅楚屬九江郡秦滅楚通鑑在秦始皇二十六年漢志云九江郡秦置漢初爲荆王國西漢志廣陵國下注云高帝六年屬荆國諸侯王表云高帝六年以封荆王賈又爲吳王國漢志云高帝十一年更屬吳吳表云以封吳王濞景帝更江都國漢志云景帝四年更名江都國又江都易王非傳云非徙王江都治吳故國則吳與江都皆都江都武帝更廣陵國漢志云武帝元狩三年更名廣陵國以封廣陵王胥又云江都易王非廣陵厲王胥皆都此東漢爲廣陵郡東漢郡國志三國初屬魏後爲吳

陵等十二郡以高適爲之方鎮表云至德二載置淮南節度使領揚楚滁和壽廬舒光蘄安黄申沔十二州治揚州按是時未改郡爲州當從通鑑曰治廣陵郡復曰揚州寰宇記在乾元元年五代楊氏竊據建都于此李氏代之徙都建康於此置東都江南録云先主李昪受吳禪以建康爲西都廣陵爲東都周世宗征淮南韓令坤拔揚州通鑑在顯德三年仍爲節度大都督府皇朝郡縣志皇朝因之屬淮南東路國朝會要云太宗太平興國元年分淮南爲東西路後併爲一路國朝會要又云熈甯五年詔以揚亳宿楚海泰泗滁眞通十州爲東路壽廬蘄和舒濠光黄八州及無爲軍爲西路九域志亦在熈甯五年中興以來陞爲帥府國朝會要云建炎元年陞爲帥府高宗皇帝曾駐蹕焉中興小歴在建炎二年皇朝郡縣志云大觀元年陞爲帥府與會要不同又爲眞揚鎮撫使中興小歴在建炎四年以郭仲威爲之

尋罷比年徙帥府於楚州而揚州仍兼管安撫嘉定之制

今領縣二治江都

縣沿革

江都縣 緊

倚郭元和郡縣志云本秦廣陵縣地按漢書項羽傳廣陵人召平爲陳勝徇廣陵耶秦時已有爲縣也漢爲荆國吳國江都國寰宇記云景帝置江都國遂因國以建縣焉按元和志又云云言遠統長江爲一都會後爲廣陵國晉復爲丨丨丨隋志云自梁及隋或廢或置唐志始以江都爲揚州治所國朝會要云熙寧五年省廣陵縣併入焉晉志有江水祠

泰興縣 中

在州東□十里本泰州地南唐昇元三年分海陵縣地置｜｜｜國朝會要云乾德二年徙治柴墟鎮宜和四年撥隸揚州因守臣徐鑄之請也紹興初年再屬泰州十四年復隸揚州而以柴墟鎮之延令村易之二十九年盡數撥還今爲定制

風俗形勝

地控三齊青兗同鎮南齊志 土甚平曠刺史每以秋月出海陵觀濤南齊志 西至淮畔東届海隅南齊志 遠統長江爲一都會元和郡縣志 荊揚戶口半天下江左以來以揚州爲根本委荊州以閫外宋書劃荊江置郢州議 江左大鎮莫過荊揚通典 郡城吳王濞所築王逸廣陵圖經曰郡城吳王濞所築事見

文選注重江複關之隩四會五達之莊文選云鮑昭蕪城賦揚一
益二廣陵志在唐有丨丨丨丨之號蓋以蜀之富猶出其下淮海之間揚爲重
地廣陵志蔣之奇撰韓忠獻祠堂記枕江臂淮節鎮首稱王觀揚州賦曰揚州
古都會也枕江臂淮與益部號爲天下繁故有唐以來節鎮首稱揚益焉牽牛婺女流爲
揚州王觀揚州賦升江都守與京兆同秩煬帝州以邗溝爲
名唐志多名珍異產唐蘇瓌爲揚州大都督府長史州據都會多名珍異產瓌單身襆被
自將本傳江南之氣燥勁故曰揚州元和郡縣志吳王濞太倉
在此東漢郡國志云東陽故屬臨淮有長洲澤丨丨丨丨丨丨丨北據淮東南距
海江湖之間盡有其地秦觀揚州集序此言舊揚州之境也自漢以來既置刺史
稱揚州者往往指刺史所治耳由是言之西漢無常治東漢指歷陽或壽春或曲阿中原自魏至周指壽

春或合肥江左指建業或會稽隋唐五代乃指廣陵則其爲揚州自隋始也以廣陵爲揚州自隋始也上見其俗朴而不爭有學而好文廣陵志吳王濞所都東漢郡國志廣陵郡下注云｜｜｜｜城周十四里半遷徙貿易皆出揚州沈存中謂自淮南之西大江之東南至五嶺蜀漢十一路百州之遷徙貿易之人往還皆出揚州之下舟車日夜灌輸京師者居天下十之七迷樓九曲珠簾十里新平山堂記又廣陵志云煬帝時浙人項昇進新宮圖帝愛之令揚州依圖營建既成帝幸之日若使眞仙遊此亦自當迷又南部煙花錄云煬帝於揚州作迷樓今摘仙樓基即迷樓之舊址端午日鑄鏡容齋五筆云唐世五月五日揚州於江心鑄鏡以進故翰苑撰端午貼子詞多用其事白樂天詩云太宗常以人爲鏡監古監今不監容乃知天子別有鏡不是揚州百鍊銅東坡詩云揚子江心空百鍊只將無逕鑑興亡富庶甲天下通鑑唐昭宗景福元年云先是揚州｜｜｜｜｜時人稱揚一益二

紅樓十里古詞云揚州十里小紅樓盡捲上珠簾一半　春風十里杜牧贈別丨丨丨丨揚州過捲上珠簾總不如　邈若仙境揚州勝地九里三十步街珠翠塡咽丨丨丨丨廣陵志杜牧注下　揚州貴人劉孝孫送孔宗翰知揚州詩云詩書魯國眞男子歌吹揚州是貴人又杜牧作蜀岡竹西亭詩斜陽竹西路歌吹是揚州又東坡詞曰遊人都上十三樓不羨竹西歌吹古揚州花　東南佳麗廣陵志序長淮之區綿亘數千里揚其都會也迷樓九曲鳳池螢苑之名甲於前代而十里珠簾二十四橋風月之景尤爲東南佳麗以至春風蕩城郭滿耳沸笙歌與夫重城向夕絳紗萬戶珠翠塡咽於街陌者又天下所無也　月觀風臺何遜揚州法曹早梅詩枝橫卻月觀花遶凌風臺　風亭月觀吹臺琴室徐湛之爲南兗州刺史起於城北四處招集文士盡遊玩之適今無故迹煬帝嘗幸于月觀　二十四橋隋置並以城門坊市爲名後韓令坤省築州城分布阡陌別立橋梁所謂丨丨丨丨者或存或廢不可得而攷呂申公送歐公自揚州移汝州

西湖詩云綠芰紅蓮畫舸浮使君那復憶揚州都將｜｜｜｜月換得西湖十頃秋後東坡自汝移揚詩云｜｜｜｜亦何有換此十頃玻璃風 三十六陂 ｜｜｜｜在揚州□□縣故荆公遊西一太一宮壁云三十六陂春水白頭想見江南蔣之奇傳有攷 連營三十二 見權載之杜岐公碑銘 財賦所出以江淮爲淵 第五琦傳 淮南天下之勁兵 唐鄭畋傳 吳魏交爭之地 元和郡縣志 與成都號爲天下繁侈故稱揚益 元和郡縣志 禹貢淮海之域職方東南之奧產金三品射利萬室控荆衡以沿泛通夷越之貨賄四會五達此爲咽頤 權載之集 揚州江吳大都會俗喜商賈不事農 唐書李襲譽傳 揚州其地向大江而負山 皇甫湜集公是篇 土俗輕揚 孔氏六帖李濟翁嘗謂揚州者以其｜｜｜｜故名其州 車駕行幸駐

驛州治 建炎元年冬十月丁巳朔上登舟幸淮甸發南京戊午隆祐太后至揚州駐蹕于州治癸未上至揚州駐蹕州治繫年錄

非駐蹕地 建炎二年上以北方未[甯]數論黃潛善輩致江[甯]獨尚書左丞朱勝非論揚州｜｜｜｜見繫年錄

景物上

郊壇 在城裏法雲寺高宗駐蹕之日壇陛尙存

水亭 獨孤及有水亭泛舟望月宴集賦詩序徐知誥每夜引宋齊邱於｜｜屏語獨置大爐相向坐不言以畫灰爲字隨即滅去故所謀人莫得知

水館 劉禹錫曾會于水館對酒聯句

花市 芍藥譜曰開明橋之間春月有｜｜焉

瓜洲 在江都縣南四十里江濱相傳即祖逖擊楫之所也昔爲｜｜村蓋揚子江中之沙磧也沙漸漲出其狀如瓜接連揚子渡口民居其上唐立爲鎭今有石城三面

東都 南唐李昇嗣位以揚州爲｜｜

南兖

東晉置丨丨州**東廣**北齊改爲東廣州**東陽**初學記廣陵郡楚漢之際爲丨丨郡也

淮左隋書宇文化及傳李密據洛口煬帝留丨丨不敢還都

淮海禹貢淮海惟揚州

江陽圖經曰以在江之北故曰丨丨

雷陂又名雷塘元和郡縣志云在江都縣北十里漢江都王傳有丨丨唐志李襲譽爲刺史引雷陂水灌田百姓賴之

雷塘在江都縣北十里隋煬帝葬其地

蕪城寰宇記云即州城古爲邗溝城也吳王濞故都後蕪荒鮑昭作丨丨賦鮮于侁廣陵雜詩序云丨丨吳王濞所都也鮑昭爲臨海王子頊參軍子頊行不軌昭爲賦以風焉

釣臺西征記曰雷陂有臺高二丈吳王濞丨丨也

興浦南兗州記曰朝夕常濁一朝清澈太守范邈表上以爲瑞也

仙境唐闕史云揚州勝地也每重城向夕倡樓之上常有絳紗燈萬數輝耀羅列空中九里三十步街珠翠塡委邈若丨丨杜牧爲掌書記惟以宴遊爲事

迷樓見風俗形勝門又丨丨九曲注下鮮于侁廣陵雜詩序云丨丨煬帝所建以內嬪嬙也上有四帳或云摘星樓

花瑞韓魏公琦自守維揚郡圖

芍藥盛開忽於叢中得黃緣稜者四朵土人呼爲金繫腰云數十年間或有一二不常見也魏公開宴時王岐公珪監郡王荆公安石爲幕官方闕一客魏公謂未有可當之者陳秀公升之初授衛尉丞忽經由公召同賞各簪一朵其後四人相繼皆登宰輔果丨丨也

龍廐 煬帝養馬之所

蜀崗 舊傳地脈通蜀故大明寺之側有蜀井或曰丨丨產茶味如蒙頂故以名崗

蜀井 揚州有蜀崗崗上有井水最宜茶東坡詩云丨丨出冰雪又詩云剩覓蜀崗新井水

浮山 揚州浮山去地才高三尺二寸其狀似鐵不生草木米芾作漣水軍王公廟碑以浮山須見於揚州

飛錢 耆舊云黃水土乃黃尋丨丨之所尋先貧因大風雨散飛錢至其家者無數後至數千萬名擅江因幽明錄云尋海陵人今泰興蓋舊海陵云

邗溝 左傳哀公九年吳城丨丨通江淮注云於邗江染城穿溝東北通射陽湖西北至末口入淮通糧道也今廣陵韓江是元和郡縣志云合瀆渠在江都縣東二里本吳掘丨丨以通江淮之水路也昔吳王夫差將伐齊北霸中國自廣陵城東南築邗城下掘深溝謂之邗江亦曰丨丨自江東北通射陽

湖今謂之官河亦謂之山陽瀆又云漕河貫城中即邗溝也

廣陵 元和郡縣志云在江都縣北四里州城直北置在陵上皇朝郡縣志云即隋宮也

大江 元和郡縣志云西北自六合縣界流入晉祖逖擊楫中流自誓之所南對丹徒之京口舊闊四十餘里今闊十八里魏文帝登廣陵觀兵戎卒數十萬旌旗數百里臨江見波濤洶湧歎曰吾武騎萬隊何所用之嗟乎固天地所以限南北也

孤山 在泰興縣東南七十里南枕大江巍然一峯約高百仞

三魁 ｜｜謂呂溱王昴李易也貢院上梁文曰手載既光於史冊｜｜特冠於羣英

五雋 閔鴻與丹陽薛兼紀瞻吳郡顧榮會稽賀循齊名號為｜｜

五詠 蘇子由廣陵｜｜詩曰九曲池平山堂蜀井摘星亭光化塔也

六題 歐陽公賀劉原父揚州六題曰時會堂二戲春亭竹西亭崑邱臺蒙谷各一

十宮 寰宇記云在江都縣北五里依林傍澗隨地形而置焉其宮名曰歸鴈迴流九里松林楓林大雷小雷春草九華光汾因築堡寨遺迹不存鮮于侁廣陵雜詩序云十宮者煬帝所建也其地皆依林傍澗以備遊幸有大雷春草等名曰十

宫

新城 太傅謝公避會稽王道子出鎮所築也公又作埭於西北今謂之召伯埭廟號甘棠見鮮于侁廣陵雜詩序

淮口 荆公望丨丨詩白煙瀰漫接天涯黯黯長空一道斜有似錢塘江上望晚潮初落見平沙

隋京 權德輿廣陵行廣陵實佳麗隋季此爲京八方稱輻湊五達如砥平

景物下

平山堂 在州城西北五里大明寺側慶曆八年二月歐公來牧是邦爲堂於大明寺庭之坤隅江南諸山拱列簷下若可攀取因目之曰平山堂沈括爲之記荆公詩云城北橫岡走翠虬一堂高視兩三州淮岑日對朱欄出江岫雲齊碧瓦浮蘇子由詩云堂上平看江上山晴光千里對憑欄海門僅可一二數雲夢猶吞八九寛

鎮淮樓 在南城上規摹甚壯

爭春館 揚州事迹曰太守園中有杏花數十株每至爛開張大宴一株令一倡倚其傍立館曰爭春開元中宴罷夜闌或聞花有嘆聲雲仙散錄

摘星臺紹興初劉光世遣王德手擒郭仲威之地見繫年錄摘星樓在城西角江淮南北一目可盡澄月亭寰宇記云在揚子宮垂鏡亭寰宇記云在揚子宮春江亭寰宇記云在江都縣南二十七里揚子宮已上三亭皆隋煬帝置斗野亭東坡秦觀孫覺黃庭堅蘇子由米芾皆有詩黃詩云維斗天司南其下百瀆傾盤礴淮海閒風煙浸十城慶雲閣事見瑞芝坊瑞芝坊張祜寓遊揚州詩坊期瑞芝宿閣詣慶雲登賞心樓孔氏六帖云揚州有｜｜｜延賓亭蘇子美有揚州城南｜｜｜詩文選樓王觀揚州賦曰帝子久去兮空文選之樓圖經云文樓巷卽其處也煬帝嘗幸焉玉鉤亭元和中李夷簡建名曰｜｜｜皇甫湜作記延和閣高駢建之羅隱作迎仙樓詩仙境是誰知處所人間空自造樓臺谷林堂在大明寺元祐中建知揚州蘇軾詩云深谷下窈窕高林合扶疏是也雲山閣呂申公公著守維揚建｜｜｜秦觀爲樂語云雲山詹楯拔低空公宴初開氣鬱葱照海旌幡秋色裏徹天鼓角月

明中香槽旋滴珠千顆歌扇驚團玉一叢二十四橋人望處台星正在廣寒宮

淮海堂舊名謝公堂

鳳凰樓煬帝建樓於丨丨臺之側

芍藥廳芍藥譜云州宅舊有丨丨丨在都廳之後聚一州絕品於其中廣陵志曰鎮淮堂舊名丨丨丨

續芍藥譜舊本譜孔武仲序

杏花村今易名四并堂

桃花岡在廣陵縣西一十五里寰宇記云上有吳王廟基即所置

薔薇溝在□□縣東北六十里接高郵永安港者舊云昔之薔薇村也

瓜洲亭皇朝類苑崔仰丨丨丨子詩云落潮鳴下岸飛雨暗中峯

無雙亭與后土廟瓊花相對歐陽文忠公名前賢賦詠甚多

四并堂舊名杏村前志載韓忠獻魏王嘗於郡圃建丨丨丨趙仲巽因易名以復前賢之舊

九曲池鮮于侁廣陵雜詩序云煬帝奏樂於此也初帝欲幸江都命樂府撰水調九曲工人王令言謂子曰此曲無宮聲又無回韻汝必不還又蘇子由丨丨丨詩云嵇老清彈怨廣陵隋家水調寄哀音可憐九曲遺聲盡惟有一池春水深

九曲亭按圖志藝祖之破李重進也駐蹕九曲池上有龍闕于池

人有｜｜｜在池上**百花莊**在郡治靜安堂之西**萬花會** **竹西路**東坡廣陵
逢同舍劉貢父詩云竹西已揮手灣口猶屢送注竹西灣口皆揚州之地杜牧之題禪智寺詩云誰知｜
｜｜歌吹是揚州灣口則揚州地志載之又有竹西亭在北門外五里今廢**皂角林**紹興三十
一年逆亮入寇劉錡自淮陰回軍瓜洲敵將高景山以兵十萬直擣瓜洲錡遣員琦設伏於｜｜｜破敵
兵斬景山**茱萸灣**元和郡縣志云在江陽縣東北九里隋仁壽四年開以通漕運其側有茱萸村
因以爲名**茱萸溝**吳王濞開｜｜｜通海陵倉**玉蘂花**在后土祠中王禹偁更名瓊花
李衛公晏元獻盛度蘇軾韓魏公徐孝節諸公及禹偁皆有詩詞或云瓊赤玉也與此花不類唐詩紀事
云揚州唐昌觀｜｜｜拆有仙人遊又皇朝類苑云揚州后土廟有瓊花一株或云唐所植卽李衛公所
謂｜｜｜也舊不可移徙今京師亦有之**甘棠廟**卽晉太傅謝安廟也以安鎭廣陵有善政故耳
金銀池在隋宮今在西城**崑崙岡**廣陵一名｜｜｜鮑照蕪城賦拖以漕渠軸以｜｜

又河圖括地象曰｜｜山橫爲地軸此陵交帶昆崙故曰廣陵也

龍舟堰 十道志云魏文帝臨江試龍舟於此因以名堰

戲馬亭 桂苑叢談李蔚咸通中自大梁移鎮淮海見郡寡勝游之地命於｜｜｜西連玉鉤斜道葺亭名之

戲馬臺 後山詩話云眉山長公守徐登項氏｜｜｜賦詩云路失玉鉤芳草合林亡白鶴野泉淸廣陵亦有｜｜｜其下有路號曰賞心城詩云路失玉鉤芳草合

玉鉤斜唐高宗東封有鶴下焉乃詔諸州爲老氏築宮名以白鶴公蓋誤用而後所取信故不得不辨也

騎鶴仙 太平廣記有四人各言所願甲曰願多財乙曰願爲揚州太守丙曰願爲仙丁曰腰纏十萬貫騎鶴上揚州東坡遊蜀江詩曰野無佩犢子府有｜｜｜

放螢苑 鬭雞臺 並杜收詩

白獺河 在□□縣東六十里名龍兒港圖經云嘗有怪物自海陵穿入此港至古鹽河南岸變爲白獺故名

大銅山 元和郡縣志云在江都縣西北七十二里漢書吳王濞即山鑄錢此其處也

大儀鎮 在州西北六十里紹興四年韓世忠敗敵將兀朮於此

法華院 九域志云

周世宗親征淮南駐蹕於此後置院

法雲寺 晉謝安宅劉禹錫有謝寺雙檜詩

壽寧寺 唐李昇舊宅繫年錄云建炎二年上在揚州詔｜｜｜謁祖宗神主

靈巖寺 呂溫送薛大信歸臨晉序云大信與予最舊始以孝弟餘力皆學于廣陵之｜｜｜雲卷其身討論數歲

石塔寺 東坡守維揚有｜｜｜試茶詩云禪窗麗午景蜀井出氷雪坐客皆可人鼎器手自潔正謂諺云三不點也漁隱叢話

棲靈寺 李習之集云丁卯至揚州戊辰上棲靈浮圖

愛敬陂 元和郡縣志云在江都縣西五十里魏陳登爲太守開陂民號｜｜｜亦號陳登塘

來蘇舞 因類載金華子杜邠公守維揚耽於游燕有獄市之譽宣宗聞之除崔鉉爲代以詩送之有一方獄市獲來蘇之句揚州押衙傅希聞之即教習｜｜｜以迎崔公邠公頗銜之

伊婁河 郎揚子鎭以南至江運河也開元二十六年潤州刺史齊澣所開自隋以前揚子鎭尙臨江揚帝開邗溝至揚子郎入江未有此河也至唐時江濱始積沙至二十五里故穿此河李白有詩

南泠水 李秀卿至維揚逢陸鴻漸李日聞陸君別

茶揚子｜｜｜又殊絕二妙千載一遇命軍士謹畏
者入南泠水至陸以杓揚水曰江則江矣非南泠臨
岸者乎既而傾水及半陸又以杓揚之曰此似南泠
者矣使者蹶然曰某自南泠賫至岸舟蕩覆過半懼
其眇挹岸水增之處士之神覽也其敢隱焉杜牧之
詩云商歌如不顧歸棹越南鄰自注某家在朱方揚
子江界有南鄰北鄰

揚子橋

｜蔡寬夫詩話云潤州大江本與今
｜｜｜為對岸而瓜洲乃江中一
洲耳故潮水悉通揚州城中李紳與李頻詩云鸕鷀
山頭片雲晴揚州城裏見潮生以為自大歷以後潮
信始不通今瓜洲既與｜｜｜相通自揚子距江尚
三十里瓜洲以閘為限則不惟潮不至揚州亦不至
揚子矣

新舊城

郭棣知揚州按其素以為故城憑高
下臨四面國初李重進始夷而改卜今
相距三十里處勢卑濮遭敵襲瞰則為在股掌中敵
亮之來厥咎可監請即遺址建築無幾時矗然屹立
與昔墉南北對峙中夾通道疏兩壕相通轉餉緩急
足以相赴深九曲池即建樓為籌邊倚欄舒眺見百
里秋毫杜它日伏戎之患三塘既豐運渠
常溢枚算成效卓為鎮淮上策見言行錄

古迹

廣陵散 唐韓皋傳嵇康以揚州故廣陵地故曲名｜｜｜

廢廣陵縣 寰宇記云在州北一十八里本江都縣地宋武帝析置隋志江陽縣下又云舊曰廣陵北齊置廣陵江陽二郡開皇初郡廢十八年改縣爲邗江大業初更名江陽後省入江都唐志云貞觀十八年析江都置與江都分治後改曰廣陵國朝廢入江都縣

廣陵故城 魏文帝黃初六年十月復如｜｜｜｜臨江觀兵有渡江之志吳人嚴兵固守

江都縣故城 元和郡縣志在唐江都縣西南四十六里城臨江水今爲水所侵無復餘趾

故齊甯縣 在州東六十里寰宇記云按阮昇之記齊高宗建武五年過艾湖水立裴塘屯移縣於萬歲村中興元年廢

隋煬帝宫 在江都縣北五里今爲上方禪智寺

羅隱詩云遠木連天水
接空幾年行樂舊隋宮
楊子宮
隋志云在
江陽縣
臨江宮
隋
書
志云大業十三年二月大駕出揚子幸｜｜｜大會
賜食并百寮亦餞於凝暉殿庭酺戲爲樂數日時羽
葆初成霜戈花蹔羽旆龍旂橫街塞陌二
十餘里暉翳雲日前代羽衛無盛斯時
江都宮
煬
帝
於江都郡置宮號｜｜
｜隋志云在江陽縣
章臺宮
江都王
建所造
顯陽殿
廣陵
王胥
嘗置
酒焉
章武殿
通畧仁宗皇祐五年初通判滁州王靖
言太祖擒皇甫暉于滁州太宗下劉繼
元于并州眞宗禦契丹于澶州宜立原廟三州以昭
遺烈於是命工寫三聖御容癸亥遣使奉安於逐州
神御殿而揚州建隆寺舊
太祖聖容其殿曰章武
建隆寺
長編云建隆二年
正月詔以揚州行
宮爲｜｜｜事祖廣記云在揚州州城西北國朝會
要曰太祖征李重進於此置砦賊平建隆二年正月
詔建寺焉有御榻在寺太祖忌日寺僧奉榻修供大
中祥符五年始於寺建聖容殿元豐中神宗修景靈
列聖神御殿故
聖容復歸京師
煬帝溝
煬帝所開
即今運河
張綱溝
舊傳張綱
於東陵村

開此溝後人名爲|||**邵伯埭**元和郡縣志云在江都縣東北四十里晉謝安鎮廣陵於城東二十里築壘名曰新城城北二十里有埭蓋安所築後人思安比於召伯因以立名**吳公臺**元和郡縣志云在江都縣北四里宋沈慶之攻竟陵王誕所築弩臺也後陳將吳明徹圍北齊東廣州刺史敬子猷曾築之以射城內因號|||**陳公塘**廣陵志云魏廣陵太守陳登所濬也寰宇記亦號愛敬初開此陂百姓愛而敬之因以爲名皇朝郡縣志凡向來平原廣野戰地沙場今皆決水注之乃知州以水爲險**張公城**寰宇記云在州西四十里漢末張嬰所築後因號|||**孝義里**寰宇記按宋書云劉宗武陽村人也又阮昇之記云宋文帝時魏太武至廣陵宗母爲軍士所害遂蔬食不嘗五味以終其世其所住村因號爲|||**董仲舒宅**即仲舒相江都時宅于此即縣基今廢爲軍寨**謝鎮西宅**在法雲寺謝公手植雙檜至唐猶存劉禹錫詩曰雙檜蒼然古皃奇**楊行密宅**在興教院**唐李昇宅**在壽寧寺寺有延賓亭**江水祠**輿地廣記江都縣有

丨丨丨俗謂之伍相廟蓋本祭江神而子胥記食焉阮昇之南兗州記云其神復號江都王或易王之廟

魏文帝廟九域志云昔魏文帝幸廣陵城因立廟又名曹公廟

后土廟九域志有丨丨丨今改蕃釐觀有瓊花擅天下無雙之名香如蓮花清馥可愛

盤古廟九域志

正女廟九域志云即孝婦也見十道志

甘羅廟九域志云即謝安石廟

華佗廟在昇平坊

康令祠唐志云江陽縣有丨丨丨咸通中大旱令以身禱雨赴水死天即雨民爲立祠

旌忠廟在瓜洲鎮紹興十一年統領王方魏全與敵戰死朝廷爲之立廟

盤古塚在城西西興鄉塚上有廟九域志有盤古祠

廣陵王胥塚郡國志丨丨丨丨丨歲旱鳴鼓攻之輒雨

孔融墓寰宇記云在高士坊

隋煬帝陵寰宇記云在州北十里雷塘

南柯太守墓淳于棼家于廣陵宅南有古槐夢槐安國王邀入穴中令娶其女曰金枝公主居修儀宮命理南柯郡覺乃一古槐耳今俗呼棼墓爲丨丨丨丨丨廣陵志

官吏上

何武 何武為揚州刺史行部必先即學官見諸生 **張綱** ‖‖為廣陵太守賊張嬰等寇亂揚徐積十餘年前遣郡守尋求兵馬綱獨單車之職乃將吏卒十餘人經過嬰壘賊而縛歸降綱單車入嬰壘大會置酒散遣部衆任從所之人情悅服南州晏然東漢傳 **謝安** 安築新城堰人思如召伯號召伯埭 **宋徐湛之** 湛之為刺史威惠並行 **唐婁師德** 唐書云師德原武人第進士調江都尉揚州長史盧承業異之曰子台輔器也當以子孫相諉詎論僚吏哉 **姚崇** 為揚州長史政條簡肅人為記德于碑 **蘇瓌** 唐書云武功人為揚州長史州據都會多名珍怪產瓌單身襆被自將 **崔從** 嘗為淮南節度揚州交易貴產奴婢有貫率餞畜羊有口算以佐用度從皆蠲除之卒下

有割股肉以祭者

杜亞李珏崔圓李鄘令狐綯皆爲淮南節度使

李吉甫唐書云元和二年爲淮南節度居三歲奏蠲逋租數百萬築富人固本二塘溉田且萬頃漕渠庳下不能居水乃築隄閼以防不足洩有餘名曰平津堰

李紳字公垂白樂天集云征鎮淮海爲大非公作帥不足以長東諸侯揚州刺史淮南節度使制

班生唐元宗時班景倩自揚州采訪使入爲大理卿過大梁倪若水餞之立望其行塵謂官屬曰｜｜此行何異登仙

李鄘唐｜｜爲淮南節度使吐突承璀爲監軍鄘性剛嚴與承璀互相敬憚未嘗相失承璀歸引鄘爲相鄘恥由宦官進曰老安外鎮宰相非吾任也至京以疾辭位

杜悰唐｜｜爲淮南節度使武宗問揚州倡女善酒令敕監軍選十七人獻之監軍請悰同選良家女悰曰監軍自受敕不敢預聞監軍怒具奏其狀上曰｜｜不徇監軍意得大臣體朕甚愧之敕監軍勿復選踰年召拜爲平章事劉禹錫嘉話云司徒杜公在維揚日嘗語賓幕曰我致仕後著一麄布襴衫跨小馬入市看盤伶傀儡足矣後致仕果如其言諫官疏言三公

不合入市公曰吾計中矣如自污爾

王播　唐詩紀事云王播少貧客揚州木蘭院隨僧齋僧厭之及播至已飯矣後二紀出鎮是邦向所題已碧紗籠之矣乃題詩云上堂齋了各西東慚愧闍黎飯後鐘二十年來塵撲面如今始得碧紗籠

李德裕　李吉甫年五十一出鎮淮南復入相｜｜｜出鎮入相如父之年亦為異事

李襲譽　金州安康人為長史以其廩祿寫書遂數車載嘗謂子孫曰吾性不喜財遂至窶乏然負京有賜田十頃能耕之足以食河內千樹桑事之可以衣江都書力讀可以進唐書

孫楚　為揚州參軍至州長揖刺史石苞曰天子命我參卿軍事見白氏六帖

杜佑　嘗為淮南節度觀察使在鎮十三年貞元十九年政成入覲拜司空見權載之集

杜牧之　牛僧孺鎮揚州｜｜｜為書記以遊宴為事揚州勝地每夕常有絳紗燈數萬牧常出沒馳逐其間後召去奇章公以遊宴為戒牧之似諱其事公命取街吏書一篋皆每夕報杜書記平安帖子

官吏下

李處耘 上黨人建隆元年上親征揚州命處耘知揚州時兵火之餘闔境彫弊處耘勤於撫恤輕徭薄賦去民疾苦揚州遂安見長編 **邊珝** 長編云奏揚州有富民訴廣陵尉謝圖殺其父推劾凡三百日獄未具州以狀聞開寶五年命珝按鞫乃富民畜私憾誣告即反坐之二月就以珝知揚州珝華州人也 **王嗣宗** 字希阮太宗朝爲淮南轉運使江浙荆湖發運使揚楚間有窄家神廟民有疾不服藥而祀之嗣宗撤其廟民風稍變事畧 **薛奎** 天禧中爲淮南轉運副使遷江淮發運使疏眞揚漕河廢三堰舟楫便之歲以八百萬食京師事畧 **馮元** 嘗人翰林爲學士以護葬章懿皇后壙中有水罷知揚州宰相王曾爲言元東宮舊臣不宜以細故棄外即召爲翰林學士侍讀還戶侍見事畧 **戚綸** 眞宗朝擢樞密直學士出知揚州發運使胡則李浦惡其修潔相與排摭徙知揚州見事畧 **馮京** 嘗召知制誥宰相富弼京之婦翁也易龍圖閣學士出知揚州見事畧 **韓琦** 以慶曆五年鎮

維揚公之存維揚前領麾而
後建節十年不易鎮祠堂記 王安石 安石慶歷二年簽書淮南時年
二十五後公有入江步望揚州詩云落日平村一水
邊蕪城掩映蒼然白頭追想當時事幕府青衫最
少 歐陽脩 歐陽公守維揚承韓魏公之後與魏公書
年云廣陵幸遵遺矩獨平山堂占勝蜀江南
諸山一目千里以至大明井瓊花二
亭此三者拾公之遺以繼盛美耳 劉原父 歐公守揚日建
平山堂其後金華｜｜｜守揚公餞之 維揚四傑 丞相
詞云文章太守揮毫萬字一飲千鍾
蘇公鎮維揚許德之字振叔紹聖初爲揚州法曹掾
斂板纔一再進郎許以遠器公旣去而晁詠之韓部
與公之子象先同爲掾皆有美名一府 蘇頌 元祐八年九月
相推號｜｜｜｜石林撰許公墓誌
出知揚州紹聖初復知揚州事見清源集又東都事
畧云頌天性仁厚其爲相也戒疆埸之臣邀功生事
陳升之 熈甯中高麗入貢所經州縣悉要地圖所在
皆造送山川道路形勢險易無不備載至揚
州牒州取地圖時陳秀公升之守揚紿使者欲盡見
兩浙所供圖傚其規模供造及圖至聚而焚之具以

事聞

呂公著 神宗朝自定州徙知揚州見東都事畧

鄒浩 呂申公守維揚命教授丨丨爲樂語鄒不允呂曰使教授作翰林學士將如何浩曰使浩爲翰林學士當作樂語若國子司業則不可也後申公被召謂鄒曰教授器識不凡至上前首薦之

蘇軾 移守廣陵日晁補之有詩云去年使君道廣陵吾州空市看雙旌今年吾州歡一口使君來爲廣陵守瓊花芍藥豈易逢如淮之酒良不空一一爵孤鴻煙雨曲平山堂上快哉風

晁無咎 嘗倅揚州坡詩和無咎相迎云賴有風流賢別駕猶堪十里卷春風

晁詠之 東都事畧云字之道補之從弟也爲揚州司法未上時蘇軾知州事補之爲倅以詠之詩文獻及入謁軾下堂挽而上之顧謂坐客曰此奇才也後舉進士又舉宏詞元符末應詔上書

楊秉 溫公送楊祕丞秉通判揚州詩若聞小杜說揚都當昔豪華今在無江勢橫來控南楚地形束去瞰東吳

呂頤浩 建炎元年命知揚州丨丨丨修城池以將南循也見繫年錄

李綱 靖康中知揚州見言行錄

員琦 紹興三十一年敵陷揚州鎮江左軍統領丨丨攻金人于皁角林敵稍稍

引去遂大敗之見繫年錄

人物

漢召平 西漢項羽傳廣陵人召平爲陳勝徇廣陵按召平曾封東陵侯今寰宇記揚州張綱溝在東陵村而東漢志廣陵有東陵亭意者卽召平所封也

後漢劉瑜 字季節廣陵人舉賢良方正

魏陳琳 魏太祖愛其才軍國書檄多琳所作太祖先苦頭風是日疾發臥讀琳所作翕然而起曰此愈我病琳預建安七子之數魏文帝典論曰今之文人廣陵陳琳孔璋於學無無所遺於辭無所假

吳皇象 象字休明工書得其妙處中國善書者不能及也

張紘 廣陵人舉茂才後爲長史數有忠諫

晉劉頌 廣陵人辟丞相府掾

隋來護兒 來護兒家廣陵平陳封榮國公大業六年車駕幸江都帝謂護兒曰衣錦晝遊古人所重卿今是也朝野榮之子濟

唐來濟 護兒子也

高宗以武后爲宸妃濟泣諫貶合州刺史**李善**江都人注文選**李邕**善之子也爲北海太守號李北海淹貫古今又號爲書簏唐詩紀事云邕字太和揚州人旣冠見李嶠願一見祕書乃假直祕閣

李彥博呂溫集地志圖序云廣陵丨丨丨達士也學無不通尤好地理乃裂素爲方儀據書而畫隨方面以區別擬形容之訓解命之曰地志圖內自五侯九伯外自要荒蠻貊禹跡之所窮漢驛之所通五色相宣萬邦錯峙乾象坤勢炳焉可觀

本朝徐鉉東都事畧云廣陵人與韓熙載齊名王師圍金陵李煜遣鉉朝京師求緩兵太祖以禮遣之後隨煜至京師太祖責之鉉對曰臣仕江南國亡不能死臣之罪也太祖曰忠臣也以爲太子率更令

徐鍇騎省之弟也李穆使江南見鉉及其弟鍇文章歎曰二陸不能及也鍇仕江南爲內史舍人鍇又編方輿記行於世

潘閬長編云揚州人至道元年自布衣賜進士及第授國子四門助教初賣藥京師好交結上左右有言其能詩者因召見崇政殿遂官之

朱壽昌壽昌世居揚州父守雍日嫁其母民間熙甯初棄官入秦尋訪至同州遂遇其母乃

迎以歸由是溱作鯤化爲鵬詩有北霄離海嶠
以孝聞天下　**呂溱**　一息到天池之句仁宗見之曰此
自當作狀元升爲第一後知蘇楚舒杭徐池襄州江
[甯]開封府神宗曰溱立朝最孤知事君之節絕迹權
貴故中廢者　字逢原廣陵人生五歲而孤二十
十數年事畧　**王令**　八年而卒王安石誌其墓今有廣
陵集十卷行　字巨源廣陵人舉進士歐陽修擧
于世事畧　**孫洙**　洙賢良方正洙上策論五十篇善
言祖宗事指切治體推往較今分辨得失讀之令人
感嘆韓琦見而奇之曰今之賈誼也神宗稱其學術
行誼有聞於世仕　**李易**　言行錄云上御集英殿策
至翰林學士事畧　試賜李易以下及第出身晏
孝廣女　建炎三年敵游騎至揚州南都尉｜｜｜
年十五有美色爲敵所得欲妻之晏氏卽刎
縊求死居敵中二十年卒不能犯敵人
皆義之孝廣曾祖硃臨川人繫年錄

仙釋

東陵聖母廟 寰宇記云廟在江都縣南三十里按神仙傳云東陵聖母海陵人適杜氏師劉綱學仙術道成夫不之信也告官拘以囹圄頃之聖母已從窗中飛出衆人望見之轉高入雲中於是立廟遠近敬事每表靈驗嘗有一青鳥在祭所人有所失請問所在青鳥便飛集盜物之上以此盜無拾遺

仙人擣藥臼 九域志云見十道圖

李珏夢金書姓名 唐李珏居廣陵以販糴自業每斗只求利兩文以資父母有糴與糴郎授以升斗俾令自量及丞相李珏節制淮南夢入洞府見石壁光瑩塡金書姓名內有李珏字方自喜之際有二仙童云此姓名非相公乃江陽部民耳珏訪問同姓名者問以道術而以販糴對後百餘歲方卒

石塔長老 東坡守淮陽有石塔長老退院歸西湖坡作疏留之曰大士何曾出世誰作金毛之聲衆生各自開堂何關石塔之事去無作相住亦隨緣戒公長老開不二門施無盡藏念西湖之久別亦是偶然爲東坡而少留無不可者一時稽首重聽法

樬渡口船回依舊雲山之色秋來雨過一新鐘鼓之聲

僧贊甯 皇朝類苑云｜｜｜有文學洞古博物著書數百卷王元之徐騎省疑則就質焉二公皆拜之柳仲塗開因曰余頃守維揚郡堂後菜圃纔雨則青燄夕起觸近則散何耶甯曰此燐火也兵戰血或牛羊血馬血著地則凝結遂爲此氣雖千載不散柳遽拜之曰掘之皆斷鎗折鏃乃古戰地也因贈以詩中有空門今日見張華之句

碑記

龍興寺謹律和尚碑號四絕碑 九域志云在龍興寺李華文張從申書李陽冰篆額時人謂之四絕碑

姚崇立碑紀德

淮南都梁山倉記 沈亞之撰

漢俞鄉侯季子碑 集古錄云隸書不著書撰人名氏其碑但曰來居此耶不書郡縣之名不著所立年月今在揚州

大唐岐國杜公淮南遺愛碑銘

權載之文大觀九域志劉彥序廣陵志鄭少魏序揚州詩秦觀編

總揚州詩上

故人西辭黃鶴樓煙花三月下揚州孤帆遠影碧山盡唯見長江天際流李白送孟浩然之廣陵天邊看綠水海上見青山李白廣陵贈別王出三江按五湖樓船跨海次揚都戰艦森森羅虎士征帆一一引龍駒李白詩北固臨京口夷山近海濱江風白浪起愁殺渡頭人孟浩然揚子津望京口檣出江中樹波連海上山風帆明日遠何處更追攀孟浩然廣陵別薛八君家舊淮水水上到揚州海樹青官舍

江雲黑郡樓岑參送揚州王司馬揚子何年邑雄雄作楚關江
連二妃廟雷近八公山驛道青楓外煙村綠水閒晚
來潮正滿數處落帆還孫逖揚子江樓詩爲問淮南米貴賤
老夫乘興下揚州杜子美詩廣陵三月花正開花裏逢君
醉一迴南北相過殊不遠暮潮從去早潮來韋應物楚
山明月滿淮甸夜鐘微韋應物歸棹洛陽人殘鐘廣陵
樹韋應物雄藩本帝都遊士多俊賢夾河樹鬱鬱華館
千里連韋應物廣陵遇孟郊作雄藩鎮楚郊地勢鬱岧嶤雙旌
擁萬戟中有霍嫖姚海雲助兵氣寶貨益軍饒韋蘇州
蕪城春草生君作揚州客劉長卿送人往揚州落花逐流水共

到茱萸灣同前鴈來寒色裏晨起早潮東劉長卿氣混京口雲潮吞海門石劉長卿萬艘江縣郭一樹海人家揮袂看朱紱揚帆指白沙劉長卿寒潮落瓜步秋色上蕪城劉長卿蕪城西眺極滄流漠漠春煙暗曙樓瓜步早潮吞建業蒜山晴日照揚州獨孤及纔入維揚郡鄉關此路遥林藏初霽雨風退欲歸潮江火明沙岸雲帆礙浦橋祖詠詩揚州隋故都竹使漢名儒武元衡蜀國春與秋岷江朝夕流長波東接海萬里過揚州揚州富淮甸楚俗饒歌宴武元衡揚子津頭月下臨都驛裏燈前昨日老於前日去年春似今年白居易答劉夢得六言詩半月

悠悠在廣陵何樓何塔不同登共憐筋力猶堪在上到棲靈第九層白居易登棲靈塔日落龍門外潮生瓜步前白居易坐移丞相閤春入廣陵城紅旆擁雙節白髮無一莖唐詩紀事云牛僧孺鎮揚州白居易有詩送之我縱有神力爭敢將公歸揚州百姓惡疑我卷地皮盧仝客答井詩廣陵寒食天無霧復無煙晚日宜花柳春風散管絃園林多是宅車馬少如船姚合詩江北煙花裏淮南勝事多春風蕩城郭滿耳是笙歌姚合詩斜陽竹西路歌吹是揚州杜牧詩春風十里揚州過捲上珠簾總不知杜牧之青山隱隱水迢迢秋盡江南草木凋二十四橋明月夜玉人何

處教吹簫杜牧之寄韓判官秋風放螢苑春草鬬雞臺杜牧詩十年一覺揚州夢贏得青樓薄倖名杜牧詩廣陵城中饒花光廣陵城外花爲牆高樓重重宿雲雨野水瀰瀰飛鴛鴦趙嘏詩鬬雞臺邊花照塵煬帝陵下水含春青雲回翅北歸雁白首哭途何處人趙嘏廣陵道揚子江頭楊柳春楊花愁殺渡江人數聲風笛離亭晚君向瀟湘我向秦鄭谷別友人見說西川景物繁維揚景物勝西川青春花柳樹臨水白日綺羅人上船杜荀鶴揚州城裏見潮生潤州與揚子橋對岸而瓜洲乃江中一洲耳故潮水悉通揚州城中故李伸與李頻云｜｜｜｜｜以此取履橋邊啼鳥換釣璜溪畔落花初

唐李德裕送相公十八丈鎮揚州十里長街市井連月明橋上看神仙張祜詩夜市千燈照碧雲樓高紅袖客紛紛如今不似時平日猶自笙歌徹曉聞王建詩天下三分明月夜一分無賴是揚州徐凝之蕭娘臉下難勝淚桃葉眉頭易得愁徐凝之眇眇雲山去幾重依依獨聽廣陵鐘明朝借問南來客五馬雙旌何處逢劉禹錫瓜洲送客司空見慣渾閒事斷盡蘇州刺史腸唐詩紀事云劉禹錫赴吳臺揚州大司馬杜公鴻漸開宴命妓侍酒禹錫詩云汴水通淮利最多生人爲害亦相和東南四十三州地盡取膏脂是此河李敬和汴河直進船詩偶爲芳草無情客況是青山有事身一夕瓜洲渡頭宿

天風吹盡廣陵塵高蟾瓜洲夜宿國人久倚東關望擬築沙隄到廣陵唐詩紀事云李嶸獻李蔚鎮江淮兩行客淚愁中落萬樹山花雨裏殘君到揚州見桃葉爲傳風雨渡江難李涉送人淮南

總揚州詩下

人穿魚蟹市路入斗牛天雲水家千里江山月一船杜子民星分牛斗光芒直地控荆吳境域寬元居中斗野亭詩蕪城此地遠人寰盡借江南萬疊山劉敞平山堂水氣橫

浮飛鳥外嵐光平墮酒盃閒（劉敞平山堂）馬蹄輕蹙柳花浮醉入淮南第一州不是青樓羞薄倖自緣無錦不纏頭（沈文通）二十四橋千步柳春風十里捲珠簾（韓忠獻望江南四詠）上連牛斗橫天闊下帶江淮據廣平（本朝石主揚州詩）雙木娑羅三百年江南秀色上參天（王荊公爲僉判日詩龍興寺有銀杏二株其徑皆五尺故也）落日平村一水邊蕪城掩映只蒼然白頭追想當年事幕府青衫最少年（王荊公入瓜步望揚州）京口瓜洲一水間鍾山只隔數重山春風又綠江南岸明月何時照我還（王荊公）揚子江頭南北路木蘭船上往來人（蔡襄詩）飲食隨魚蟹封疆入斗牛（子由詩）揚州太

守舊多情歐公詩十頃芙蓉蓋水平揚州太守舊多情畫盆圍處花光合紅袖傳來酒令行同上歐公詩都將二十四橋月換得西湖十頃秋歐陽公萬井笙歌遺俗在一尊風月屬君閑歐陽公欲覓揚州使君處但隨風際管絃聲歐陽公野無佩犢子府有騎鶴仙東坡詩賴有風流賢別駕猶堪十里卷春風東坡詩揚州雲液卻如蘇東坡雲液酒也謬爲淮海帥卻愧廚傳缺東坡詩避人聊復去瀛洲伴我眞成老淮海東坡詩淮海熨冰紈魯直詩后土花蘂麗同上魯直揚州詩平生行樂自不惡豈有竹西歌吹愁魯直詩淮南二十四橋月馬上時時夢見之魯直詩東南淮海維揚州國

士無雙秦少游詩魯直 何時各得自由去相逐揚州作好春詩魯直 棟宇高明古寺閒盡收佳處入雕欄山浮海北青螺遠天轉江南碧玉寬秦少游 遊人若論登臨美須作淮東第一觀秦少游 照海旌旛秋色裏激天鼓吹月明中秦少游 二十四橋人望處台星正在廣寒宮秦少游 金山一拳石出髻如溟漲天外辨兩潮江南分列嶂鮮于侁 天下無雙士淮南第一州文章老元帥節義古諸侯楊傑贈馮揚州詩 江淮天設險星斗地分維尤袤詩

懷古詩

此地曾經翠輦過浮雲流水竟如何香銷南國美人盡怨入東風芳草多（唐詩紀事云劉滄經煬帝行宮詩）大業年中煬天子種柳成行夾流水西自黃河東至淮綠影一千三百里南幸江都恣佚游應將此柳繫龍舟龍舟未過彭城閣義旗已入長安宮土墳三尺何處是吳公臺下多悲風二百年來汴河路沙草和煙朝復暮後王何以鑒前王請看隋堤亡國樹（白樂天）廣陵實佳麗隋季此爲京八方稱輻湊五達如砥平（權載之）詩名占得風流在酒興催教運祚亡若問皇天惆悵事只應

斜日照雷塘唐詩紀事云徐振雷塘詩滿檻山川漾落暉檻前前事去如飛雲中雞犬劉安過月裏笙歌煬帝歸江蹙海門帆散出地吞淮口樹相依紅樓翠幕知多少長向東風有是非羅隱開元寺閣上作江南江北兩風流一作迷津一拜侯畢竟不如隋煬帝破家猶得到揚州羅隱題故都入郭登橋出郭船紅樓日日柳年年君王忍把平陳業只換雷塘數畝田羅隱題煬帝陵夾岸依依千里遥路人回首認隋朝春風未借宣華意猶費工夫長柳條羅隱隋堤柳白浪南方吳塞雲綠楊兩入隋宮路見下隋家文物今雖改舞館歌臺向基在煬帝陵邊草木深汴

河流水空歸海唐詩紀事云李陟贈崔膺詩霜落寒空月上樓月中歌吹滿揚州相看醉舞倡樓月不覺隋家陵樹秋陳羽廣陵秋夜月紅繞高臺綠繞城城邊春草傍牆生隋家不向此中盡汴水應無東去聲孟遲廣陵城嘗憶江都大業秋會隨鑾蹕戲龍舟傷心一覺興亡夢堤柳無情織世愁方壺居士隋堤詞隋皇意欲泛龍舟千里崑崙水別流還待春風錦帆暖柳陰相送到迷樓汪遵汴河詩夾浿分隄萬樹餘爲龍迎舸到江都君看靖節高眠處只向衡門種五株汪遵隋柳詩煬帝龍舟向此行三千宮女彩橈輕渡河不似如今唱爲是隋家怨思聲徐凝汴河覽古

緑桑非苑樹青草是宮莎因高一回首還詠黍離歌許用晦廣陵道中作錦帆東去不歸日汴水西來無窮年張祜隋堤懷古煬帝帆檣畱澤國淮王牋奏入班書陸龜蒙寄鄭書記白露沾衣隋主宮雲亭月館楚淮東傷心近似驪山路陵樹無根秋草中鮑溶隋帝陵下詩柳塘煙起日西斜竹浦風回雁弄沙煬帝春遊古城在壞宮芳草滿人家鮑溶隋宮詩隋家古柳數株在看取人間萬事空僧皎然送聽上人還廣陵廣陵花盛帝東遊先劈崑崙一派流百二禁兵辭象闕三千宮女下龍舟四海義師歸有道迷樓還似景陽樓許用晦汴河亭詩紫泉玉殿鎖煙霞欲取蕪城作帝

家玉璽不緣歸日角錦帆應是到天涯于今腐草無螢火終日垂楊有暮鴉地下若逢陳後主豈宜重問後庭花李義山隋宮詩煬帝行宮汴水濱數株殘柳不勝春晚來風起花如雪飛入宮牆不見人劉禹錫楊子江頭煙景迷隋家宮樹拂金隄嵯峨猶有當時色半蘸波中水鳥棲劉禹錫楊柳枝塞北梅花羌笛吹淮南桂樹小山詞請君莫奏前朝曲聽唱新翻楊柳枝劉禹錫楊柳枝紅霞一抹廣陵春定子當筵睡臉新卻笑邱墟隋煬帝破家亡國爲誰人杜牧隋苑龍舟東下事成空蔓草萋萋滿故宮亡國亡家爲顔色露桃猶自恨春風杜牧隋宮春詩煬

帝雷塘古迷藏有舊樓誰家唱水調明月滿揚州杜牧詩蒼蒼古木中多是隋家苑劉長卿烏上花枝繫釣船隋家宮畔水連天江帆自落鳥飛外日觀靜依春色邊趙嘏詩二十四橋亦何有換此十頃玻瓈風雷塘水乾禾黍滿寶釵耕出餘鸞龍雷塘在揚州東北十里煬帝所葬處煬帝平昔遊之多從宮人故時耕出寶釵焉蘇東坡自頴改揚次韻趙德麟西湖成有詩見焉千里長河一旦開亡隋波浪九天來錦帆未落干戈起惆悵龍舟更不回胡曾汴河詩

四六

受兹赤社封于南土漢武三王策曰廣陵王胥受兹赤社建爾邦國封于南土世世

爲漢藩輔古人有曰大江之南五湖之間其人輕心揚州保疆三代要服不及以正星分牛斗地控荆吳元居中斗野亭詩云星分牛斗光芒直地控荆吳境域寬南斗分疆東陽闊境記室新書徐湛之風亭月觀依舊江山隋家之錦纜龍舟空餘波浪記室新書江都遊覽之處但認雷塘仙人偃息之蹤猶存藥臼記室新書惟茲督府自昔名都曲阜井邑豪華無復隋唐之舊舟車雜遝正居楚粵之衝曲阜眷揚楚之重地據吳越之道塗事迹禹别九州斯爲奧壤唐分十道是曰大邦事迹控淮海之津梁會東南之運漕事迹廣陵奧區邗溝大鎭事迹重江複關之阻四通五達之邦事迹惟江都之舊壤乃天塹之上游事迹惟

淮海之邦控東南之要事迹載惟南渡財賦之淵尤藉東淮鹺莽之利事迹俯江湄之壯闊瞰京口之穹崇王觀揚州賦揮毫萬字一飲千鍾劉原父守維揚歐陽公作詞餞之曰平山欄檻倚晴空山色有無中手植堂前楊柳別來幾度春風文章太守揮毫萬字一飲千鍾行樂正須年少尊前看取衰翁流布德澤江淮益深扇揚皇風草木增色高適謝上淮南節度使表淮海奧區一方都會兼水漕陸輓之利有澤漁山伐之饒俗具五人地方千里陸宣公嚴重可以鎮俗才術可以正時朕以東南思乂爰輟名臣俾甯藩服陸宣公杜亞揚州大都督等使制長東諸侯白樂天集李紳知揚州淮南節度使制

輿地紀勝卷第三十七

輿地紀勝卷第三十八　文選樓影宋鈔本

東陽王象之編　甘泉岑鎔淦長生校刊

淮南東路

眞州

儀眞　迎鑾　白沙　建安

州沿革

眞州上　儀眞郡軍事九域志　禹貢揚州之域與揚州同於天文爲牛斗之分寰宇記揚州下星紀之次儀眞志曰玫之天文自斗十二度至須女七度爲星紀之分北負淮水南自臨淮廣陵至于東海皆屬星紀而揚入牛八度則眞州在牽牛矣在春秋爲吳楚二國之境楊子縣舊屬廣陵左傳哀公九年吳城邗溝通江淮杜預注云今廣陵邗江是則是廣陵屬吳也左傳昭公二十年有棠君尚注謂爲棠邑大夫以棠邑大夫

而封於楚是棠邑屬楚也今揚子爲廣陵之所析而六合爲棠邑之故疆則當爲吳楚之交舊經及寰宇記第云封邑與揚州同而不分其爲吳楚之交所以區別者寡矣蓋揚子六合二邑並自揚州割隸然揚州未割二邑之前則爲吳楚二國之境自既割六合之後則揚州當爲吳國之境此其大畧也

五代已前二邑並屬揚州五代僞吳以揚州之永正縣地置迎鑾鎮輿地廣記云南唐以永正縣地置迎鑾鎮寰宇記云本揚州白沙鎮地僞吳順義二年改爲迎鑾鎮二者不同象之謹按通鑑後梁龍德二年歲在壬午吳主楊溥卽位改元順義又通鑑唐莊宗同光二年歲在乙酉吳主如白沙鎮觀樓船更命白沙曰迎鑾鎮徐溫自金陵來朝又儀眞志引五代史楊溥僣位順義四年溥臨白沙閱舟師金陵尹徐溫來見改白沙鎮爲迎鑾鎮自後梁龍德二年壬午順數至同光二年乙酉整整四年則吳自龍德二年壬午改元順義亦順數至順義四年乙酉亦整整四年參通鑑五代史二書以觀則當在吳順義四年及後唐同光二年輿地廣記以爲南唐所改已是差

乙而寰宇記以爲在順義二年年月亦非是當書曰吳順義四年改白沙鎮曰迎鑾鎮 周世宗再征淮南如迎鑾鎮屢至江口遣水軍擊唐軍破之通鑑在顯德五年 又自迎鑾鎮復如楊州亦在顯德五年 國朝太祖陞迎鑾鎮爲建安軍國朝會要云乾德二年以楊州永正縣之迎鑾鎮爲建安軍尋以楊州之永正縣隷焉寰宇記云雍熙三年割楊州之永正縣以屬焉輿地廣記以爲在雍熙二年不同國朝會要及九域志並在雍熙三年當從會要 又割楊州之六合縣併隷於軍合楊子爲二縣國朝會要至道二年來屬 眞宗朝以鑄聖像成功陞爲眞州九朝通畧載大中祥符六年初鑄玉皇聖祖太祖太宗尊像于建安軍至是成丁謂爲奉迎使乙巳入玉清昭應宮上親謁尋陞建安軍爲眞州 陞爲望郡國朝會要在大觀元年 爲儀眞郡國朝會要云在政和七年 中興因

之隸淮南東路又以屬眞揚鎮撫使中興小歷建炎四年有眞揚鎮撫郭仲威屯天長而不言置使之始今領縣二治揚子

縣沿革

楊子縣 中

倚郭舊屬江都縣唐志揚州揚子縣下注云永淳元年析江都縣置屬揚州元和郡縣志云本漢江都縣地舊揚子鎮城唐高宗時廢鎮置縣因鎮爲名寰宇記云南唐李昪僞命時改爲永正縣國朝會要云至本朝雍熙二年自揚州來屬祥符六年改爲揚子縣儀眞志云舊治在縣南一十五里善應鄉至是徙爲眞之負郭而以舊鎮爲縣

六合縣 望

在州西北七十里元和郡縣志云本楚棠邑春秋伍尚爲棠邑大夫漢封陳嬰爲棠邑侯西漢志臨淮郡下有棠邑東漢志廣陵郡下有棠邑又云春秋時曰堂通鑑魏明帝嘉平二年孫權作堂邑涂塘以淹北道晉志元康七年以堂邑置堂邑郡寰宇記云晉安帝於此置秦郡通鑑陳宣帝大建五年齊人於秦郡置秦州隋志云舊曰尉氏置秦郡北齊置秦州後周改曰方州改秦郡曰六合隋開皇初郡廢四年改尉氏曰六合省堂邑方山二縣入方州未幾廢方州而縣屬江都郡唐志武德七年又置方州正觀元年州廢以六合屬揚州五代史云南唐以六合爲雄州周復故國朝會要云至道二年自揚州來屬長編云至道二年九月丁酉以六合縣爲建安軍不知廢於何年當攷

監司沿革

發運使司

領六路七十二州置司眞州儀眞志云即今之運使衙也按許元傳云先是江淮歲漕京師者常六百萬其後歲益不充至元爲之歲必六百萬而常餘百萬以備非常儀眞志又云自蔡京刱直達綱直達京師轉般之法遂廢又中興小歷載紹興二年言者以謂中原未復而米多出二浙今虛存發運一司不過糴米以塞責而已戊戌詔罷之

淮南轉運司儀眞志云舊治山陽自頃兵革灰燼移於眞之城東南行春坊即舊發運之治所也有紅葉閣凝雲閣節愛堂清京境界等處

風俗形勝

當東南之水會歐陽公眞州東園記云｜｜｜｜｜｜｜故爲發運使之治所江淮

一都會司馬溫公送吳處厚知眞州序淮左勝地圖經詞章門望於淮左壯觀記云朝廷次第郡邑固已望於淮左東南繁雄之地江山清淑圖經人物門因迴爲高據絕作雄夌清曠遠擅奇含秀宋鮑昭瓜步山文巖壑之秀殆非淮南有吳敏游定山白鼉泉達磨觀音兩崖序淳化中始建外臺並置大使水挿記眞天下之衝也四方之賓客往來者吾與之共樂于此歐陽公東園記大江日夜奔流不停羣山古今秀峙自若羅列目前應接不暇壯觀記隋唐以前江都之盛甲于天下儀眞於古未聞也壯觀記水行當荊湖閩粵江浙之咽陸走泗上不三日又爲四達之衝爲郡雖未遠邑星日增盡移隋唐江

都之舊壯觀記聖像成功廣記云祥符六年以聖像成功爲眞州眞州東南水陸要衝梁揚祖言見繫年錄眞州便是唐時揚子縣後來本朝改號曰眞州見呂伯恭漕運論

景物上

建安乾德二年以揚州永正縣迎鑾鎮爲建安軍祥符六年爲眞州迎鑾廣記云五代以丨丨鎮爲建安軍大中祥符六年以建安軍鑄玉皇聖祖太祖太宗聖像成功陞爲眞州揚子唐爲永正縣雍熙二年置軍以永正爲屬後復改爲丨丨屬眞州棠邑六合縣本楚之丨丨東園施正臣許子春爲發運使作丨丨請歐陽公記之蔡君謨書蔡嘗語人云吾用顏筆作褚體故其字遒媚異常後人因名園記爲三絕有澄虛閣清讌堂共樂堂拂雲臺荆公眞州東園詩十年歷遍人間事郄遶蒔花

謠故叢南北此身知幾日山川長在淚痕中

獨山在竹鎮

三山巴山麝香山盤石山並在竹鎮

六峯

三泉見六合山下

尖山在六合縣西北四十里

丫山在楊子縣西四十里

橫山在楊子縣西三十里與丫山方山鼎峙

方山隋朝六宅會居之黃龍池鳳凰橋王子石並在丨丨謂之丨丨府

奇山沈休文發定山詩曰夙齡愛遠壑晚涖見丨丨

神山在楊子縣西二十五里上有九江王廟

龍池在六合縣南五里今爲放生池

龍洞在六合縣一在盤山一在馬頭山

赤岸其山巖與江岸數里土色皆赤寰宇記羅君章詩赤岸若朝霞郭景純江賦鼓洪濤於赤岸

青鸞

白鶴大中祥符六年司天臺言建安軍西山有旺氣卽其地鑄聖像時有丨丨丨丨景雲盤繞爐冶之處詔卽其地建儀眞觀立丨丨丨丨二亭

石帆宋中書舍人鮑昭見圖經詞章門

銅城郡國志云六合縣有丨丨卽吳王鑄錢處事見寰宇記

練山在六合縣西北三十里

冶山在六合縣

胥浦詩話總龜丨丨卽子胥解劍渡江之所

運河在城之南其東與維揚通蜀崗在楊子縣西北自胥浦至江都界並謂之丨丨以其來遠也寰宇記丨丨屬揚州江都縣舊爲禪智寺即隋之故宮今屬儀真與金陵相對荆公寄沈道原詩城郭千家一彈丸丨丨擁腫作蛇蟠眼前不道無蒼翠偷得鍾山隔水看

景物下

壯觀亭在城北五里山之頂米元章書榜有賦云壯哉江山之觀也坐嘯堂在州治燕香堂在州治平易堂在州治遠畧亭在六合縣快哉亭在州城上白沙洲在州治清風樓在城外拂雲樓在城外泛春亭在州治藏雲軒在西宮偃月亭在靈巖山橫江樓在城外澄瀾閣在州治扃岫亭在壯觀亭之東谿陰亭在縣東范氏園東坡嘗游有詩鑑遠亭在潮閘西

米元章書。陟遐亭在壯觀亭之東。思眞閣在靈巖寺。賦詩臺即城子山是也。魏文帝嘗立馬賦詩於上，亦謂之東遊臺。注目亭在拖板橋前臨大江。仙壚亭在靈巖寺。嵐光軒在靈巖寺。斬龍亭在靈巖寺。天開圖畫在州治。蛾眉山在六合縣東北。馬頭山在六合縣東。牛頭山在六合縣。龍鬬港在靈巖山。白龍池在靈巖山。黃龍池在方山。碼碯澗在靈巖山。鳳凰臺在靈巖山。鳳凰橋在方山。桃葉山在六合縣南七十五里。隋開皇中置六合鎮。隋晉王屯軍於此，因而渡江。又王子敬爲其妾作桃葉歌曰：桃葉復桃葉，渡江不用檝。王性之謂渡江不用檝，隱語也，謂橫波急也。施建樂府廣題所載乃曰：桃葉復桃葉，渡江不用櫓。風波了無常，沒命江南渡。陳末人多歌之。後隋平陳，晉王營六合縣之｜｜｜，實應其語，則謂寄意橫波者非也。見程氏演蕃露。長蘆寺舊在長蘆鎮。章獻明肅太后少隨父至玉泉寺，長老勉之入京，及垂簾聽政，長老已往長蘆，后問所須，曰長蘆無三門，太后乃以本閤服用器物歲之淳熙十二年徙于滁口山之東劉邠詩云越舶吳商倚萬檣紺園金刹起中霄魚龍聽法因多雨江海歸心每上潮林黑夜深燈影白川平天闊梵聲遙心知水怪俱調伏惜取靈犀不用燒荆公舟過｜｜｜詩木落草搖洲渚昏泊船深閉雨中門回燈祇欲尋歸夢兒女紛紛強笑言

草澗　在六合縣永定寺之北唐韋應物知滁州過六合永定寺題詩云獨憐幽草澗邊生山上黃鸝深處鳴春潮帶雨晚來急野渡無人舟自横

小銅山　在楊子縣北二十里世傳吳王濞鼓鑄之地

五馬渡　宣化鎮在宣化山之陽爲建康往來津渡之要晉五王南奔渡江于此至今謂之｜｜｜

六合山　郎定山也其山相接通謂之｜｜｜舊名｜｜六峯曰寒山曰獅子曰雙雞曰芙蓉曰高妙曰石人山有三泉曰虎跑曰眞珠曰白䨓云元和郡縣志云在縣北八十里六合縣因｜｜｜以爲名

靈巖山　有法義院在楊子縣西七十里唐僧神建道場其山嶺高峻南北爲偃月巖前有鳳凰臺左有鹿跑泉可烹茶有白龍池萬山亭

靈潮堰　在州南大中祥符六年鎔範玉清聖像既成將

迎赴京師時潮水已落忽復湧溢舟遂及岸因名|||**天慶觀**舊在西小山即今之西宮也大中祥符中鎔範玉清聖像詔即其地爲天慶儀眞觀又別建天慶觀而以儀眞觀爲西宮**報恩寺**在城南東坡嘗於此寫經**證聖寺**在揚子縣橫山之陽梁太子修善業於此有梁太子讀書堂

法義院在揚子縣之靈巖寺乃唐僧神建道場神建得法於四祖有眞身國朝賜號惠應大聖禪師

石梁溪寰宇記云|||西北自滁州清流縣界流入宋元嘉中石梁澗中古銅鐘九口大小行列引次向南刺史臨川王獻以爲瑞鐘郡國志云梁於石梁置涇州是也**石帆堆**寰宇記曰石帆堆宋鮑昭會過出佛洞在小帆山其旁有石帆銘今號小帆山**瓦梁堰**即滁塘也景德中知全椒縣王𡷾所記謂滁河而上數百里鉅細駢比合五十四流輻湊吳堰四顧周目則中缺橫斷羣山回環東南相望底若大陸如壺之口丸泥可封是滁塘堰之形勢其曰作滁塘是塞滁水以爲塘堰也尉

斗山在六合縣西四十里**烽火山**在六合縣西北四十里**東遊臺**賦詩臺即城子

山也魏文帝嘗立回軍渡在六合縣東南舊長蘆寺
馬賦詩于東遊臺後舊傳藝祖皇帝以周師
戰李璟兵於瓜步振轉般倉舊在甯江門外出佛洞
旅凱旋因名回軍屬發運司今廢
在小帆山北亦名佛窟會昌中藏唐城子山在州北
僧神建肉身于此洞今石屋具存魏文帝
嘗於此築楊子江在楊子縣南江戴子港在陳公
東遊臺心與鎮江分界塘南王
子石在方佛子山在竹胥浦橋紹興三十一年左軍
山鎮統制邵宏淵及金國
統軍蕭琦戰
之地繫年錄

古迹

石梁城　瓦梁城　譙郡城　秦州城　瓜步城
胡墅城已上並通鑑陳白沙鎮儀眞志云眞州舊白
宣帝大建五年沙鎮也吳順義四年
改白沙鎮爲迎鑾鎮長編云建隆元年十一月上使
諸軍習戰艦於迎鑾又乾德二年八月以迎鑾鎮爲

建安 瓜步山在揚子縣西四十七里曰瓜步山後魏軍太武南伐起行宮於此諸軍同日皆臨江即此也宋鮑昭瓜步山揭文云瓜步山者亦江中之眇小山徒以因迥爲高據絶作雄而凌淸瞰遠擅奇含秀是亦居勢使之然也

吳王城在六合縣瓦梁堰高岡之上有四壁即孫權分守屯兵之城也

趙家山在竹鎭

陳公塘即愛敬陂也魏廣陵太守陳登所濬舊屬楊子故眞州楊州皆有愛敬陂然楊州得灌漑之利實多

梁昭明太子讀書堂在楊子縣橫山之證聖寺

東坡寫經之所在報恩寺

伍子胥廟在胥浦山昔伍氏食邑子棠胥亡奔吳嘗解劍渡江于此故張芸叟詩云聞說仙鄉接瀨鄉而東坡祭文有報楚爲孝殉吳爲忠之語

浣紗女馮氏廟初伍子胥亡楚過見一女子浣紗因囑之曰後有追兵至切勿他言其女子遂赴於水以誓絶口

魏太武祠眞州瓜步有魏太武祠荆公詩叢祠瓜步認前朝又劉貢父詩云陰崖不見日側徑劣容步鬼神宅冢奥物色隨繪塑帷昔飲馬初想見投鞍處木落峯勢高潮平洲渚

露三將軍廟在胥浦東乃御前三將元宗梁淵張昭也紹興辛巳戰死于此州人壯其忠勇立廟以祠之 石磨鐵碾在江都縣東陳公塘上世傳魏廣陵太守陳登所置 唐正觀鐘天慶觀聖祖殿有小銅鐘一口乃唐正觀中所鑄 吳興陵在楊子縣界按五代史楊溥僭號稱帝追尊行密爲太武皇帝墓號興陵

官吏

棠君尚左傳昭公二十年注棠君尚棠邑大夫 漢陳嬰西漢陳嬰以定東陽爲將屬楚羽死又屬漢又定豫章諸郡封棠邑侯 晉范廣舉孝廉元帝以爲棠邑令邑丞劉榮坐事當死郡以付縣榮有老母每遇節聽其暫還榮亦如期而返大旱廣散私穀振飢遠近歸之戶口十倍 劉

穆之從武帝平建鄴領棠邑太守唐王績唐詩紀事云王績仕爲六合丞以周易老子置牀頭他書罕讀也著五斗先生傳醉鄉記無心子傳豫知終日自誌其墓自號東皐子又呂才王無功文集序云嘗爲正字非其好也乞補外職除六合縣丞君篤於酒德頗妨職務時天下將亂藩部法嚴屢被勘劾君歎曰網羅高懸去將安所遂出受俸錢積於縣門外托以風疾輕舟夜遁本朝許元爲江淮發運使見歐陽公許氏南園記胡宿爲眞州楊子尉大水溺民居令不能救宿曰拯溺吾職也卽率公私舟以前所活數千人豐稷四明人曾爲六合簿至永定寺有聯句詩云青林野寺外綠酒小亭中初月天開白浮雲日借紅朱定國神宗朝定國知六合縣時朝廷議開馬昌河通滁州者君固以爲不可使者以公首沮所論數移他局以困之定國因請致其仕以歸士大夫高之見楊氏無爲集胡宗愈事畧云英宗朝李定自秀州推官除御史知制誥蘇頌李大臨不草制皆落職歸班宗愈以舍人封還詞頭爲是坐奪職通判眞州陳德林嘗爲眞州守東坡有詩云白沙何必

煩此翁眞州唐丞
正縣白沙鎭也
吳處厚温公送吳處厚知眞州詩
屬訊屏星駕同隨丞相車
終朝容懶拙經歲庇迂疎此趨雲闕旋聞建隼旟
江淮一都會遊刃必多餘又荆公送吳仲純守儀眞
詩江上齋船駐彩橈鳴笳應滿綠楊橋久爲漢吏知
文法當使淮人服教條拱木延陵瞻故國叢祠瓜步
認前朝
向子忞建炎三年金人去眞州靳賽復引兵入
城頗肆殺掠後數日守臣向子忞至以
義責之賽語
塞繫年錄云

人物

專設諸史記刺客傳云
吳堂邑人也
陳吳明徹秦郡人也通鑑陳
宣帝大建五年朝
議北征決策請行明徹大破齊師呂梁及秦州瓜步
等城相繼來降帝以秦郡吳明徹之鄉里詔具太牢
令拜祠冢上文武羽
儀甚盛鄉人榮之
陳矯廣陵東陽人陳登困於吳
遺矯求救於魏大破孫權

年
杜杞占籍義成村任廣西經畧擒賊歐希範 蔡𧄼自元祐中居眞州塘下里崇寧間魁
天下後任尚書蔡京欲通族𧄼不可京由是惡之 孫錫世爲廣陵巨室父再滎悉推田宅與兄弟
居于建安軍楊子縣遂爲眞州人千里迎師市書至
六七千卷錫年十九登開封府進士第後持憲淮南
考課爲天下第一知舒州發倉以濟 孫洙錫之子也
陳潁許蔡流人王荆公爲銘其墓 年十九登
進士第舉制科與二蘇李邦直同預選直陳時弊韓
魏公見之以爲當今之賈誼也陳襄薦士在三十三
人之數 陳次升固始人家于儀眞登進士第後爲給事中會蔡京除參政次升力駁詞頭後貶
循州在元祐黨籍 劉湜楊子人登進士第後以子貴不復有軒冕志有子大中登位執政以議和
不協補外 許叔微字知可篤志經史尤邃於醫建炎初大疫公親行里巷爲之診療所活甚衆夢
神人曰上帝以汝陰功錫汝以官因留語云藥市收
功陳樓間阻堂上呼盧喝六作五後第六人登第升
第五人在陳祖言樓材之間今有本事方行於世 張自牧建炎元年詔眞州守臣禮遣長蘆隱

士丨丨丨赴行在宣和末有言自牧沈毅知兵召至東都賜道士服以不肯屈下梁師成不果用許翰言其才可任以河北山東之事乃召之既至授從事郎充御營使司准備差遣繫年錄

淮南三善士 王荆處士征君墓表云皆居于眞州之楊子日杜君徐君皆隱於醫卜有征君者有子五人兩人登進士第一預鄉薦

榮氏女 榮朝議毖女適將作馬監簿建炎兵亂榮氏奉姑攜子以逃賊以兵脅之不從賊怒傷其姑榮氏叱之賊又殺其子欲取以行榮氏自刃其臂詈賊不已遂遇害鄒柄作傳刻石以紀其事而龔頤正忠義錄亦載其事云

仙釋

呂少卿注 注自幼有文學蔭補遜與其弟隱於儀眞特旨以從事召後爲太常少卿竟奉祠去過茅山留題云傳語西山成道者會中和我十三人意欲預許旌陽卜二眞君一八之數也卒葬于舒州

建炎中有過之于夔路者其家啟棺驗之惟存空棺焉

張老 在唐時六合縣園叟也攜妻去別其妻之父母曰王屋山下有小莊他日相思可令大兄來天壇山南相訪後遣子訪之山上有一甲第見叟儀狀儼然容色如玉居數日叟與女曰此地神仙之府非凡俗得遊奉金二十鎰而去他日再往不知所在

宋沙門惠琳 秦郡人出家住冶城寺元嘉中遂參權要時謂之黑衣宰相

達磨 ｜｜泛海自廣謁梁武不契而東折蘆渡江過長蘆來定山面壁九年過少林又九年西歸後魏明帝使何洪簡至梁告哀時大同二年也命昭明太子撰文祭之今定山有眞如禪院

解脫禪師 晉王廣嘗於冶山問解脫禪師以伐陳事禪師以桃葉示之故晉王鎮于桃葉山也

僧神堅 唐咸通年中｜｜｜在楊子縣橫山之證聖寺黃巢兵亂以刃加神堅不能動羣賊膜拜而去其懷古詩云昭明曾置讀書堂後倚橫山翠石崗巨盜黃巢鋒刃刺神堅終不下僧床

僧神建 在楊子之靈巖寺神建得法於四祖正元八年圓寂其徒以肉身塑飾會昌沙汰藏之於石窟後歸靈巖國朝號惠應大聖禪

師

柸渡師　有僧不知姓名常乘大柸渡水時人號曰柸渡太平廣記云荷□蘆圖欲往瓜步度江舟人不之載遂累足柸中徑渡北岸至廣陵

秀鐵面　法雲寺開山祖師郎山谷法雲鍾銘所謂鍾公禪師第二祖也

長蘆夫禪師　有三偈在儀眞志

玉泉長老　詳見長蘆寺下

妙應大師　六合人也以相法遊京師以東明二字贈蔡京京貶潭州卒于潭之東明寺始張魏公遇師於大梁師一見奇之知公必爲國家建功立業其相法亦可尚矣

碑記

石帆銘　宋中書舍人鮑昭文

梁孝敬寺剎下銘并發願文　二碑亦在靈巖山法義禪院

顏王墓碑　在楊子縣十都顏王村墓前有碑碣字畫磨滅

冶山祇園寺碑　在六合縣東北有唐開元二十二年建寺碑

唐正晦先生碑　先生姓陳名融正元五年東平呂温述

唐靈居寺碑　在六合縣西北靈居寺有唐大和四年碑進士

河南孫叔矩文

冶山寺碑 在六合縣冶山寺，寺有碑其來甚久

三絶碑 卽發運司東園記也歐陽永叔文蔡君謨書蔡君用顏筆而作褚體故號三絶

詩

觀兵臨江水水流何湯湯戈矛成山林元甲耀日光誰云江水廣一葦可以杭 魏文帝臨江臺觀兵詩

夙齡愛遠壑晚涖見奇山標峯綵虹外置嶺白雲間 沈休文早發定山

維舟至長蘆目送煙雲高搖扇對酒樓把袂持蟹螯 李白

送趙明府赴長蘆 獨憐幽草澗邊生上有黃鸝深樹鳴 韋應物知

滁州過六合 春潮帶雨晚來急野渡無人舟自橫 韋應物知滁州

過六合 駿馬淮南客歸時引望新江聲六合暮楚色萬

家春白紵歌西曲黃苞寄北人不知心賞後早晚見行塵韓翃送郭贊善歸淮南楊子澄江映晚霞柳條垂岸一千家主人留客江邊宿十月繁霜見杏花劉商宿竇常宅觀妓共愛碧溪臨水住相思來往踐莓苔而今卻欲嫌溪水雨漲春流隔往來劉商合溪寄敬山人孤舟日日去無窮行色蒼茫杳藹中山浦轉帆迷向背夜江看斗辨西東歐陽脩知滁州出儀眞泛大江詩蓴菜鱸魚方有味歐陽脩知滁州出儀眞泛大江詩潮落淮風怒不收昇州一日到眞州多情楊柳能青眼底事波瀾亦白頭彭汝礪眞州江亭羣山起楚甸衆水會溟渤劉敞和貢父瓜步憑陵三國際偃蹇五湖同上由來限

南北天意亦冥冥〔劉敞長蘆口〕江色明吳甸山香落楚梅〔劉敞送六合裴太博〕濤翻鷺羽連天白山疊屏風到海青客路浮生兩如寄萬重波裏一浮萍〔劉敞出長蘆口〕江淮一都會遊刃必多餘〔司馬溫公送駕部吳處厚知眞州〕炎荒往返正三年重過長蘆古寺前萬里風波行欲盡停橈南望一潸然〔張舜民次長蘆〕山長水遠連三楚物態人情又一州〔張舜民眞州〕白沙何必煩此翁〔東坡眞州別程德林詩事見鄱陽志眞州舊白沙鎮〕吳塞蒹葭空碧海隋宮楊柳只金堤春風自恨無情水吹得東流竟日西〔東坡宿瓜步夢得此詩〕金山只隔水時復聽晨鐘〔潁濱送董椽休知眞州〕奏課西南最分符江海衝〔潁濱詩同上〕風駕

晚潮急浪頭相趁過水歸瓜步小船下秣陵多梅堯臣長
蘆邀賓壯觀不辭寒玉立風神氣上干欲識謝公清
輿處千山萬嶺雪漫漫米芾壯觀詩灘聲猶帶湘江水野
色遙分建鄴山沈大椿

四六

維迎鑾之奧區乃瀕江之劇郡寶勢橫野壓楚地之
五千大浸稽天吞雲夢之八九南踰五嶺遠浮三湘
西自巴峽之津東泊甌閩之域涇涂咸出列壤爲雄
據要會而觀來大聚四方之俗操奇貨而遊市號爲
萬商之淵天聖五年胡丨丨水晞記

輿地紀勝卷第三十八

輿地紀勝卷第三十九 文選樓影宋鈔本

東陽王象之編　甘泉岑鎔淦長生校刊

淮南東路

楚州

山陽　淮陰
射陽　寶應

州沿革

楚州 緊 山陽郡團練九域志 淮南東路安撫使山東制置使淮南七郡及山東諸郡皆屬焉近制 禹貢揚州之域元和郡縣志 天文上當星紀在牽牛之分自漢至晉爲臨淮廣陵之地晉天文志臨淮入牛四度廣陵入牛八度 春秋時屬吳吳越春秋云吳將伐齊自廣陵掘江通淮是也又左傳哀公九年吳城邗溝通江淮杜預注云今廣陵邗江是也 後越滅吳

其地入越史記楚世家曰越已滅吳而不能正江淮北楚乃東侵地至泗上象之謹按楚州在泗水之東楚侵止于泗上則泗水之東當屬越戰國時楚敗越盡取吳故地通鑑載在顯王三十五年秦滅楚屬九江郡輿地廣記秦九江郡下有楚州西漢屬臨淮郡及廣陵國西漢志臨淮郡下有射陽鹽瀆淮陰三縣廣陵國下有平安縣平安即今之寶應也東漢屬廣陵郡及下邳國東漢志廣陵郡下有平安鹽瀆射陽三縣下邳郡國下有淮陰縣三國屬魏按三國鄧艾屯田于石鼈今有石鼈故城則其地當屬魏自魏至西晉俱爲臨淮廣陵二郡之地寰宇記及晉志廣陵郡治淮陰有淮陰射陽鹽瀆三縣而無平安縣東晉祖逖北討屯淮陰通鑑在元帝建興元年後以劉隗鎮淮陰通鑑在元帝太興四年庾希自下邳退屯于山陽通鑑在哀帝興甯元年謝元自彭城退屯于淮陰

通鑑在太元十二年又分淮北爲北徐州南爲徐州分廣陵置山陽郡晉志在義熙七年又僑立兗州寰宇記在義熙八年宋因晉以山陽爲重鎮通典魏太武南寇山陽太守蕭僧珍蓄陂水令滿須魏人至決以灌之魏主自瓜步退過山陽而不敢攻通鑑在元嘉二十八年宋孝武帝封弟休祐爲山陽王此據元和郡縣志又按通鑑宋明帝泰始二年以山陽王休祐爲豫州刺史泰始失淮北乃於此立州鎮南齊志北兗州下載荀羨北征議蕭道成鎮淮陰後爲北兗州通鑑在宋明帝泰始三年齊亦以北兗州爲重鎮梁初得之尋入東魏爲山陽郡通典及寰宇記陳吳明徹復江北山陽淮陰城降通鑑陳宣帝太建五年周韋孝寬伐淮南

而山陽等九郡民並自拔還江南通鑑在陳宣帝太建十一年隋初廢郡爲楚州隋志云舊置山陽郡開皇初郡廢十二年置楚州煬帝時州廢併入山陽屬江都郡寰宇記唐初爲臧君相所據曰東楚州尋歸于唐唐志在武德四年廢西楚州以盱眙來屬改東楚州曰楚州唐志在武德八年改淮陰郡天寶元年復爲楚州乾元元年後唐升順化軍天成三年周世宗征淮南拔楚州通鑑在顯德五年降爲防禦州寰宇記皇朝爲團練州九域志在太平興國四年中興爲楚泗鎮撫使中興小歷在建炎四年以命趙立尋罷小歷今爲淮東安撫司兼山東制置使今制今領縣四治山陽新山陽志云國初棼縣四曰山陽寶應淮陰盱眙乾德元年盱眙屬泗州領縣三開寶九年以泰州

鹽城還楚復領四熙甯五年以漣水來屬共領縣五
建炎初漣水陞軍割鹽城爲屬縣又領縣三未幾復
舊紹興十一年漣水屬
淮北今復領四治山陽

縣沿革

山陽縣 望

倚郭元和郡縣志云本漢射陽縣地通典云吳王濞
反於廣陵山陽率衆於此拒之因以山陽爲名西漢
志屬臨淮郡應劭注曰在射水之陽故曰射陽漢表
高祖封劉纏爲射陽侯即此王莽改爲監淮亭後漢
志屬廣陵郡晉志有射陽縣又云義熙七年置山陽
郡元和郡縣志云晉立山陽縣寰宇記云以境内有
地名山陽因以名郡縣南齊志臨淮郡下有射陽縣
隋志云隋開皇十二年置楚州山陽縣隸焉唐初臧
君相據之爲東楚州唐志云武德四年爲東楚
州治於此八年去東字復爲楚州皇朝因之

寶應縣 緊

在州南八十里本漢平安縣二漢志並屬廣陵郡舊唐志云本漢平安縣屬廣陵國元和郡縣志云本漢平安縣故地後爲安宜縣隋志江都郡有安宜縣隋志又云梁置陽平郡又東管郡開皇初郡廢又廢石鼈縣入焉唐志云本安宜武德四年以縣置倉州七年州廢來屬上元二年以獲定國寶十三枚仍更安宜縣爲

寶應縣

鹽城縣 緊

在州東二百四十里西漢志爲鹽瀆縣屬臨淮郡東漢志云鹽瀆縣屬廣陵郡舊唐志鹽瀆縣屬臨淮郡不同晉志廣陵郡下仍有鹽瀆縣元和郡縣志云晉安帝時更名鹽城縣輿地廣記云宋因之隋志江都郡有鹽城注云後齊置射州及射陽新城安樂三縣武德四年來歸七年州廢省射陽安樂新安三縣置鹽城縣仍屬楚州寰宇記云南唐屬泰州國朝會要云開寶九年自泰州來隸紹興元年撥隸漣水軍三

年還隸楚州

淮陰縣 中

在州西四十里秦爲淮陽縣西漢志屬臨淮郡王莽改曰嘉信後漢志屬下邳國晉志爲廣陵郡治東晉劉隗謝安皆屯於此始爲重鎭宋志云宋以淮陰爲北兗州元和郡縣志云尋廢南齊志臨淮郡下有淮陰縣隋志云後魏有淮陰郡東魏改爲淮州北齊時置懷恩縣後周改曰壽張隋開皇初改縣曰淮陰大業初廢併縣入焉唐志云武德七年省舊唐志云乾封二年析山陽復置於隋舊廢縣國朝會要云熙甯十年析泗州臨淮地入焉紹興五年廢爲鎭六年復

風俗形勝

西至淮畔東届海隅南齊志考其舊俗人頗勁悍輕剽

其士子則挾任節氣好尚賓遊此蓋楚之風焉隋志其俗尚氣力而多勇悍其人習戰爭而貴詐僞豪右兼并之家十室而九晉伏滔正淮論淮陰舊鎮地形都要水陸交通易以觀豐沃野有開殖之利方舟漕運無他屯阻晉荀羨北征議見南齊志北兖州下北有清泗臨淮守險有平陽石鼈田稻豐饒南齊志北兖州下擅利巨海用致沃饒阮昇之南兖州記云鹽城海水有南兖州鹽亭百二十三所縣人以漁鹽爲業畧不耕種｜｜｜｜｜｜｜公私商運充實四遠舳艫往來常以千計此吳王所以富國强兵而抗漢室也鄧艾立屯田一萬二千頃元和郡縣志寶應縣下有泉陂鄧艾所立西與盱眙縣破釜塘相連開八水門｜｜｜｜｜｜｜｜｜｜枚乘之文韓信之武圖經序云｜｜｜｜｜｜｜｜｜｜｜｜｜｜｜｜必有聞風而興

起者英雄舊里東坡爲淮陰侯廟記銘曰書軌新邦英雄舊里韓信寄食處東□志淮陰縣下南昌亭注云｜｜｜｜｜東晉爲重鎮廣記云｜｜｜｜元帝使劉隗守淮陰是也唐鹽課四十五萬石元和郡縣志云今官中置鹽監以收其利每歲煮鹽四十五萬石圖經尚二十五萬石上帝賜寶以鎮中國唐肅宗寶應元年楚州宜安縣尼眞如恍惚登天見上帝賜以寶玉十三枚云中國有災以此鎮之因改元寶應以宜安縣爲寶應縣後鄭軫爲刺史撰得寶記屯田于東陽之石鼈荀羨傳云北鎮淮陰｜｜｜｜｜｜｜｜按石鼈在寶應縣兩淮轉運使舊置司楚州無爲志云淮漕使副舊置司楚州中興始分儀眞無爲淮南控扼之地繫年錄左正言吳表臣言楚州實淮南控扼之地趙立乃陛下封疆之臣楊楚最曰要衝長編云太宗朝王化基澄清畧云江淮諸郡｜｜｜｜｜｜水陸兩途咽喉數國務穰事衆地廣民繁山陽俯臨淮海實

南北必爭之地我得之可以控制山東（徐宗偃云見繫年錄）山陽要地屏蔽淮東（紹興十一年上謂大臣曰山陽要地屏蔽無山陽則通泰不能固賊來徑趣蘇常繫年錄）自洛川下黃河汴渠過淮陰一千八百三十里順流自淮陰至邵伯三百五十里逆流自邵伯至江九十里（李習之南來錄）聞之故老物盛人衆足名一都會而今擬於窮邊極塞急則以驟戎馬嬉則以宅狐兔（新山陽志）方全盛時北客所經從一道自南渡門絕淮則之齊魯山東一道自淮陰放洪澤閘達淮則入汴入洛（新志）

景物上

月榭在倅廳　**雲山**在寶應縣西南百二十里有龍潭　**臨賦**在放生池上　**熙臺**在子城上　**楚觀**在籌邊堂西　**梁湖**東漢志射陽縣有丨丨　**五寶**一日元黃天符二日王雞三日穀璧四日王母玉環二枚　**八寶**一日如意寶珠二日紅靺鞨三日琅玕珠四日玉印五日皇后採桑鉤二枚六日雷公石二枚　**清河**在淮陰縣北十里　**濁水**元和郡縣志云今謂之山陽瀆即邗溝也舊水道屈曲隋文帝重加修水頗通利　**淮水**在射陽縣北五里水經注云丨丨之會即城角也左右兩川夾翼二水入之即泗口也　**小海**在鹽城縣故老相傳呼爲丨丨　**大海**在鹽城縣東一里　**新河**去磨盤古跡八十步乾道中新開　**邗溝**自寶應縣北流入淮左氏哀公九年吳城丨丨通江淮杜預注云於丨丨築城穿溝東北通射陽湖入淮通糧道隋大業元年發淮南民十萬開丨丨自山陽至揚子入江渠廣西十步荊公詩將母丨丨上畱家白紵陰月明聞杜宇南北

總關心

羽山 崔國輔石頭瀨詩云悵矣秋風時余臨石頭瀨因高見遠望盡此楚州内｜｜一點青海岸雜花碎日暮千里帆楚色有微靄

巢城 在鹽城縣北或曰黃巢將窺廣陵屯聚兵於此因曰｜｜

箕山 在寶應縣東六十里

茶陂 寰宇記在山陽縣按淮陰圖經云縣南二十里有｜｜

蓼澗 在淮陰縣

橛澗 在淮陰縣

東楚 唐武德四年爲｜｜

寶應 上元三年以獲定國寶十三枚因改元｜｜廣記

山陽 西征記上陽津名

景物下

籌邊堂 在郡治輪奐甲於鄰郡

月波樓 在倅廳

湖光亭 在郡門外放生池上

攬轡亭 在望雲門外杏花村

著鞭亭 在城南十里

望楚亭 在水西鎮南五里

淮樓 在州橋之西路北本鎮江都統司酒樓

清淮亭 在朝宗門外

如歸亭 在南

市橋西

多秀亭 在芳菲亭側

萬柳堂 在觀豐門裏桃柳無數

桃花渡 在山陽永豐村

杏花村 在望雲門外

竹子涇 唐志云在寶應縣長慶中開

櫻桃園 見圖經楚元王廟下

棠梨涇 唐志云在淮陰縣長慶二年開

蘭亭院 在寶應縣東王野村

白水塘 唐志云在淮陰寰宇記云鄧艾修此塘灌田以充軍儲唐志云證聖中開置屯田

白水陂 元和郡縣志在寶應縣西八十里鄧艾所立

洪澤閘 在淮陰縣東

黃蒲堰 在黃蒲鎮

紫極宮 在城西南隅熙甯中楊傑爲之記嘗有神仙留題見仙釋門又有李伯時畫馬東坡有題字陳後山有題詩

白馬湖 在寶應縣北十五里

金牛崗 在山陽縣北七十里俗云周世宗宿兵于此崗上亦出甘羅錢如淮陰者

石鼈城 輿地廣記云鄧艾築｜｜｜在寶應八十里郡國志云有｜｜｜淤因以名之

石鼈縣 隋開皇初廢｜｜｜屬宜安縣圖經

得寶河 乃尼眞如所居之地號｜｜｜河壖高敞境物茂潤西域胡人過其旁者莫不望其處而瞻禮焉此

事見太平廣記**金釵澗**在寶應縣西七十里**鐵柱崗**在海鹽縣北二里海岸故老相傳云秦王繫馬柱也或云瀕海多蛟龍畏鐵作此鎮之**龍興寺**唐萬歲通天中泗州大聖曾居于此**龍竿院**在寶應東八十里射陽村唐代宗時寺有竹成龍形賜額**馬娘院**在山陽縣南二十里隋煬帝遊江都有宮人丨丨子殁葬于此因以名院**老鸛河**在城西按五代史周世宗顯德五年至北神堰齊雲艦大不能過則開丨丨丨以通其道**眞如寺**在寶應縣治一百步按得寶記云得寶之地在得寶河今寺乃後人所建**齊興寺**在寶應縣西八十里有梁武帝讀書堂**開元寺**劉禹錫集有楚州丨丨丨北院枸杞臨井繁茂可觀詩**射陽臯**在寶應縣臯有邱以千數東臨射陽湖**射陽湖**元和郡縣志云在山陽縣東南八十里漢廣陵王胥有罪其相勝之奏奪王射陂即此也今謂之丨丨丨與寶應鹽城分湖爲界縈回三百里**捍海堰**在鹽城縣南接泰州海陵縣天聖四年范文正公建議修築**滿浦閘**在朝宗門外西北四里隆興甲申魏勝守

海州調發兵糧由此運河至洪澤出閘入淮

故倉城 在山陽縣元和郡縣志云東南接州城隋開皇初將伐陳因舊城儲蓄軍糧有逾百萬迄于大業末常有積穀隋亂荒廢

故沙河 在山陽西北十里滿浦閘之西皇朝轉運使喬惟岳所開以避山陽灣淸河口風濤之患後蔣之奇又自淮陰開漕渠至洪澤人閘云

鹽城監 在鹽城縣僞唐所置唐志云有鹽亭百二十三寰宇記云歷代煎鹽之所今歲趁鹽二十七萬七千石云

南昌亭 寰宇記在山陽縣西三十五里史記云韓信布衣從南昌亭長寄食長患之乃晨炊蓐食餐時不爲具食竟絕之信爲楚王都下邳信至國召亭長賜錢百萬曰公小人爲德不竟

北閭門 張祐有陪楚州韋舍人丨丨丨遊宴詩

三阿村 按晉謝元自廣陵西屯三阿卽此地也今屬寶應縣

三聖廟 繫年錄云金人犯楚州趙立土城東門敵飛砲碎其首立猶曰吾終不能與國滅賊矣令輩致丨丨丨中聲言疾病祈禱使賊不悟言終而絕

八里莊 繫年錄云紹興三十一年通判徐宗偃遺劉錡書云今淸河口去本州五十里地名丨丨丨宜遺精

鋭控扼

九里徑 繫年錄云建炎四年宗弼自六合歸屯於楚州之｜｜｜欲斷趙立糧道立大破之

安宜溪 寰宇記云在寶應縣西南四十里

常豐堰 唐志山陽縣有｜｜｜大歷中黜陟使李承開以溉田

跨下橋 在淮陰縣即韓信為少年所辱之處

博文湖 東漢志射陽縣有｜｜｜

轉般倉 在神運河西岸唐漕江淮等道米於此轉送關陝北有神堰周世宗始置滿浦閘以通水運

徐州涇 **青州涇** **太府涇** 唐志云並在淮陰縣證聖中發青州楊州民以鑿之故曰云云

清河口 言行錄云山陽舊屯軍八千雷出賢請止差鎮江一軍五千人上欲許之周必大奏山陽控扼清河口紹興初韓世忠嘗屯重兵於彼若無故減戍池時旋增必致敵疑今楊州有武鋒軍有衆八千本屯山陽若歲撥三千人同鎮江一全軍往戍似為兩便

古迹

都梁宮在山陽隋煬帝以避暑故淮陰縣城寰宇記云在山陽縣又水經注云淮水東北經淮陰縣故城北臨淮水漢高帝封韓信爲淮陰侯昔韓信去下邳而釣於此處今城東二家即信與漂母冢故吳城縣國朝會要云紹興三年廢爲鎮又繫年錄云紹興三年十一月庚由罷楚州吳城縣爲鎮縣自兵火後居民纔八十餘家故廢之甘羅城在淮陰縣北一里俗傳以爲秦甘羅所築雨後常於土中得小錢狀如鐘有篆文不可識號甘羅錢或云寶應有甘羅廟葢甘羅葬於此韓信城寰宇記云信本淮陰縣人其宅處並存後受封爲侯因築此城劉安王城在山陽縣南十里西遼城在山陽縣東二百里者唐太宗征遼駐兵于此韓王莊在淮陰縣東北與廟驛鋪相連西接八里莊自昔相傳以爲韓信生於此公路浦元和郡縣志云在山陽縣東南八十里昔袁術向九江奔袁譚路出斯浦因以名之枚乘宅寰宇記云枚皐宅在淮陰縣南二百步趙嘏詩云家近枚皐舊宅邊即此劉伶臺在縣北邊淮杜康橋在劉

伶臺南

梁武帝讀書臺在寶應縣齊興寺

英烈王廟在朝宗門外北神鎮西伍子胥廟也唐狄仁傑循撫江淮毀淫祠千七百所唯留吳太伯季札子胥三祠

漢高帝廟在淮陰寰宇記云惠帝九年令諸侯王立高祖廟今猶存

鍾離相公廟在山陽縣南七十里故老相傳項王將鍾離昧亡歸韓信詔捕之急昧自剄土人哀之爲立廟于此

淮陰侯廟東坡先生爲廟銘曰書軌新邦英雄舊里海霧朝翻山煙暮起宅臨舊楚廟倚清淮枯松折栢廢井荒臺我停單車思人望古淮陰少年有目無覩不知將軍用之則虎

楚元王廟在市橋南九域志云

東海恭王廟按東海恭王嘗立爲皇太子母郭氏廢封東海王山陽非所封而威靈所及之遠若此

董永廟九域志

甘羅廟在寶應

顯忠廟在清風門裏建炎間知州趙立祠也敵人寇立盡力禦之中砲而死城遂陷詔贈奉國軍節度使謚曰忠烈墓在北神鎮壽昌寺南

褒忠廟在朝宗門裏隆興間知州魏勝祠也隆興二年自海州移守楚敵入寇勝單騎入陣死焉贈甯

國軍節度使，廟曰褒忠，謚曰忠烈。**趙康州徐夫子廟** 徐積□楚州人，嘗從胡安定學，登第不忍去其親，就除楊州司戶、楚州教授，主鄉學者三十年，東坡、山谷諸名士皆尊事之。丁內艱，廬墓致甘露之祥。其後郡守宙仲淵於郡圃圖先生與趙康州祠之，並作詩以美之曰：世惟忠與孝，訓俗知所止。殺身趙康州，錫類徐夫子。雖非萃一門，死葬同閭里。**石臼神祠** 紹興三十一年，金人渝盟，李寶自海道禦之，至石臼山，禱之于神，俄而風順，縱火焚敵舟略盡。寶上其事，詔封神曰佑順侯，廟曰威濟，就本州立廟。**四祠堂** 在州學。學舊有趙康州、徐節孝塑像，增立張右史、陳忠肅兩畫像，東曰忠孝之祠，西曰文節之祠。**古山陽土地廟** 在子城西，像設冕服如王者。舊志云：故老相傳漢獻帝也。按魏志，黃初二年以河內邑萬戶奉漢帝為山陽公，乃河內郡之山陽縣，非此山陽也。或曰山陽人僑寓，因為立廟。**公冶長墓** 九域志。**漂母墓** 輿地廣記在淮陰縣，九域志同。**袁術墓** 在寶應縣南三十步。**程齯金墓** 在城東，韓蘄王築城掘地深數丈，見有棺槨，得碑名

云程知節墓

尉遲墓在山陽

趙康州墓在山陽之三里塘

趙忠烈墓在山陽忠烈名立

東西塚在淮陰縣北八里有二塚東塚即韓信母塚也信行旁可置萬家即此西塚即漂母塚寰宇記云楚王立冢增墳以報母也

張左史墓在淮陰即張耒文潛之墓也

官吏

漢劉纏漢書年表封劉纏為射陽侯即項伯也

張敞宣帝初即位廢王賀在昌邑上心憚之徙敞為山陽太守久之渤海膠東盜賊並起敞上書自請治之上書云臣敞久處閒郡而忘國事恐非忠孝之節也書奏上拜敞膠東相盜悉平

鄭宏謝承後漢書曰｜｜遷淮陰太守行春天旱隨車致雨白鹿方道夾轂而行宏怪問主簿黃國曰鹿為吉為凶國拜賀曰聞三公車轓畫作鹿明府必為宰相

孫堅 元和郡縣志云孫堅爲鹽瀆丞

晉祖逖 通鑑元帝建興元年祖逖屯于淮陰

劉隗 通鑑太興四年｜｜以青州刺史鎭淮陰

荀羨 以徐州刺史鎭淮陰通鑑在穆帝永和四年始營立城池

宋蕭僧珍 蕭僧珍宋文帝元嘉二十七年爲山陽太守會魏太武入寇僧珍蓄陂水令滿須其至決以灌之魏主至山陽不敢留乃攻臧質於盱眙以圖經攷之卽寶應之白水也

蕭道成 宋明帝泰始中使道成將千人鎭淮陰道成收養豪傑

唐宋璟 唐書本傳云坐與姚崇奏出太平公主于外帝不能用璟坐貶楚州刺史

崔侁 上元元年侁爲楚州刺史寶應元年有安宜縣尼得玉寶十三枚改元寶應以安宜縣爲寶應縣又有鄭略爲楚州刺史撰得寶記事迹

李聽 晟之子也憲宗討李師道聽爲楚州刺史聽日整勒士皆奮印掩賊不虞趨漣水破沭陽絕龍沮堰遂取海州攻朐山降之懷仁東海兩城望風送款唐書

王光謙 嘗爲淮陰縣令務清淨之化而去其煩苦推明誠之本而教以廉愧一同熙熙生殖阜滋楚風丕變幾至齊魯權載之集

薛珏 還楚州刺史初州有

營田宰相遥領使而刺史得專達俸以優得遷別戶三千備刺史厮役珏至悉條去之租入贏富孔氏六帖

南唐張彥卿 通鑑顯德五年周兵攻楚州四旬不克帝自宿于城下丁未克之彥卿猶率衆拒戰而死所部兵千餘人至死無一人降者

國朝喬維岳 雍熙元年爲淮南運使先是淮河西流三十里曰山陽灣水勢湍悍運舟多罹覆溺維岳開故沙湖自末口至淮陰磨般口凡四十里又建安北至淮澨總五堰運舟重載者皆卸糧而過舟壞糧失丨丨命創二斗門于西河第三堰設懸門蓄水俟故沙湖平乃泄之自是運舟往來無滯矣

吳中甫 中甫爲江淮發運使自淇澤鑿渠六十里以避長淮漕運之險

李宣 國史云宣字淵宗知楚州用理行著人目爲照天燭稱其明也

呂溱 爲守

元積中 嘉祐七年

孫沔 長編康定元年知楚州

蔣之奇 見節孝徐先生集有送蔣憲叔詩序拜山陽太守

謝師宰 謝師宰名景平荊公有送謝師宰赴任楚州詩云崑崙一支流向東七月八月船如峯愛君少壯此行樂恨我留連成老翁

程之元 字德瑞東坡送

表弟程六知楚州詩云子方得郡古山陽老手風生謝刀筆

米芾 自無爲移守山陽

曾空青 王明清揮塵錄云宣和庚子蔡元長當軸外祖丨丨丨守山陽時方臘據二浙甚熾初元長怨陳瑩中以陳嘗上書詆文肅謫居彼欲外祖甘心焉既至外祖極力照矚之適瑩中告病外祖卽令醫者朝夕診視具疾之進退與夫所供藥餌申官已而不起亦令以作佛事僧衆下至凶肆之徒悉入狀用印而係案僚吏以爲何至是外祖曰數日之後當知之已而朝廷遣淮南轉運使陸長民體究云盜賊方作未審陳瓘之死虛實外祖卽以案牘繳奏以聞人始服先見之明

盧臣中 建炎元年冬上次寶應縣御營後軍孫琦作亂右正言盧臣中從駕不及立船舷叱賊爲賊所逼墜水死上命求臣中得之水中拱立如故詔臣中知無不言而死於非黨特贈左諫議

趙立 建炎四年知楚州先是劉豫遣葛進賫書誘立令供賦稅立不撤封斬之又遣劉偲持榜招立立令將出就戮偲大呼曰公非吾故人乎立曰吾知忠義爲國豈問故人耶趣令纏以油布焚死市中且表其旗榜于朝由是忠義之聲傾天下遠近嚮風見係年

錄後贈奉國軍節度使立祠名顯忠

韓世忠 繫年錄云紹興五年都督張浚出江勞師至鎮江召韓世忠親諭上旨使移屯楚州以撼山東世忠欣然受命即日舉軍渡江又云山陽凋弊之餘世忠披荊棘立軍府與士同力役軍壘既成世忠乃撫集流散通商惠工遂為重鎮紹興十一年六月岳飛至楚州視兵籍始知韓世忠止有衆三萬而在楚州十餘年金人不敢犯猶有餘以侵山東可謂奇特之士也

魏勝 隆興二年到是年十一月金人復來寇戰沒

陳敏 贛州人乾道六年到任

李郁 開禧二年到三年二月圍城解事見守城錄

人物

漢韓信 淮陰人高適東征賦云遵在渚於淮陰證昔人於韓信哀王孫之奇食嘉漂母之無慍鄙亭長之不仁乃晨炊而蓐食愍忽從龍以獲驤遂擒豹以自奮破全趙而用奇稱假齊而益振幸辭通以感

惠俄結豨而謀疊當在約**枚乘枚皐**並淮陰人唐趙報詩云家人在枚

而必亨曷持盈而不順

皐舊宅邊

臧洪旻之子也董卓圖危社稷洪說張超倡義袁紹以爲東郡太守曹操圍張超於雍邱甚危急洪將赴難從袁紹請兵紹不聽洪由是怨紹絕不與通紹興兵圍之將士相枕而死莫有離叛紹命殺焉

陳容射陽人隨臧洪爲東都丞洪當死起爲紹日將軍舉大事而先誅忠義紹慚使人牽出容顧曰仁義豈有常所蹈之則君子背之則小人今日當與臧洪同死不與將軍同生遂復見殺云

步騭淮陰人都督西陵代陸遜爲丞相猶誨育門生手不釋書被服居處有如儒生

王粲字仲宣預建安七子之數魏文帝典論曰今之文人山陽丨丨仲宣於學無所遺於辭無所假

皇朝蘇師旦郡人也皇祐中守康州會儂智高反攻晉康力不敵或請避賊公曰走將安之遂血戰而死兵官馬貴及卒三百人無一人亡者詔贈光祿卿朝士賦詩有不愧山西士大夫之語王安石誌其墓

徐積□字仲車本州人從安定胡先生學事母孝年四十不婚不仕不婚恐異姓不能盡心於母不仕

恐一日去其親鄉人勉就舉偕母之京師既登第未調官而母亡遂不仕監司上其行爲郡教授一時名人蘇軾陳瓘鄒浩皆禮之尋致仕歸山陽於是始娶操履彌篤政和三年部使者言丨丨蘊德邱園聲名顯著謚曰節孝處士見事畧

張耒

字文潛東都事畧云楚州淮陰人也從蘇轍學蘇軾亦深知之後坐黨籍居潁聞蘇軾之訃以師弟子禮舉喪言者以爲言遂貶房州別駕黃州安置

陳瓘

字瑩中章子厚蔡卞主紹述之論追貶司馬光瓘因彈蔡京坐是遷謫名隷黨籍責居合浦著尊堯集言者以爲詆誣益加竄逐最後移楚州居住

劉晟

本州人以氣槩名鄉里權本州錄事參軍通判劉晏殺太守祝友直謀叛晟諭以禍福是時和好初成晏謀劫歲斃以楚城反綱運已抵州城之南晟策騎奔告綱運遂復南晏知事泄於晟闕門被害執晟殺之**衛朴**長編云熙甯中楚州丨丨精於曆術赴監參校新曆朴一行之流也春秋日蝕三十六諸曆通驗密者不過得二十六七唯一行得二十七朴乃得三十五嘗令人寫曆書寫訖令附耳讀之有差一算者讀至其處則曰此誤某字其精如此詔令撰奉元曆

趙氏女 皮日休集——傳云山陽人其父貿鹽出其息不納當死就刑有日——見鹽鐵官泣愬曰某七歲而母亡家父私盜官利衣食某身爲生厚矣今父罪根露請隨坐法官崔據義之因爲減死論——願去髮學釋氏因出利刃于懷立截其耳崔益義之竟全其父命趙氏因決歸浮屠舍北

神烈婦 婦有美色夫爲小商載以自隨夫病死貧無以殮同行富商厚賻之喪事一切取辦自恃有德意欲亂之意日益逼既葬之三日復墓而歸乃抱其嬰兒呼天號慟赴淮而死徐先生積曾爲記其事復作詩哀之曰海水猶可泛君身不可犯淮水猶可渚君身不可汙鸞鳳猶可循君身不可親不是雲間月即是月邊雲

仙釋

紫極宮仙人留題 紫極宮在城西南隅嘗有神仙來遊題詩於壁曰宮門一閑入臨水

凭欄立無人知我來朱頂鶴聲急筆蹟入壁刮之不滅

孫賣魚 孫極暑中遇一道人謂之曰汝魚餒矣能飲我可使魚活遂飲以斗酒因與談論孫自是得道言人災祥輒應宣和中召至京師賜號塵隱處士復還楚州後亦不知孫所在云中興遺史云靖康元年楚州孫賣魚止于亳州太清宮是日｜｜｜號咷大哭而去人皆莫曉有謾記其日時後知京城陷之日適相契亳州人始異之

水邱秀才 本州人自郡庠歸遇一異人忽有所悟張商英招致之而莫知其夜所宿處使人密伺之見其於紫極宮倚壁酣睡自若一日偏辭里巷卒于儀眞後有州兵見於蜀始知其尸解云

泗州大聖僧伽 僧伽記曰普照明覺大師僧伽蓋西域人莫知其國與姓氏也唐高宗龍朔中至長安洛陽遂南遊江淮萬歲通天中隸楚州龍興寺師後建塔寺于泗州今北橋有大聖堂

碑記

向新橋魚網平鋪荇葉鷺鷥閒步稻苗李嘉祐憶楚史君六言楚
城今近遠藹藹寒塘暮水淺舟且遲淮潮至何處劉文
房赴楚州商洛路猶遠山陽春已深方雄飛將謁呂郎中帆轉清淮
極鳥飛落帆應換老萊衣河亭未醉先惆悵明日還
從此路歸許渾送人歸楚州覲省遙見江陰夜漁客因思京口
釣魚時一潭明月一株柳自去自來人不知許渾守風淮陰
雪樓當日動晴寒渭水梁山鳥外看聞說德宗曾到
此吟詩不敢倚欄干雍陶題寶應縣底事洪澤壁空留黃卷
詞年年淮水上行客不勝悲皇甫冉題洪澤館家在枚皐舊
宅邊竹軒暗與楚牆連芰荷香透垂鞭袖楊柳風橫

聞笛船城礙十洲煙鶴路寺臨千頃夕陽川唐趙嘏憶山陽詩楚澤雪初霽楚城春欲歸清淮變寒色遠樹合清暉劉禹錫將發楚州詩緹騎朱旗入楚城士林皆賀振家聲兒童但喜迎賢守故吏猶應記小名萬頃水田連郭秀四時煙月應淮清劉禹錫送李楚州山陽太守政嚴明吏靜人安無犬驚不知靈藥根成枸怪得時聞吠夜聲白居易題枸杞自到山陽不許辭高齋日夜有佳期劉禹錫僧房藥樹依寒井井有香泉樹有靈枝繁本是仙人杖根老新成瑞犬形劉禹錫枸杞井洪澤三十里安流去如飛東坡發洪澤遇大風復還過淮山漸好松檜亦蒼然藹藹藏孤寺泠

冷出細泉詩東坡 昨夜宿洪澤再來遂如歸誰言淮陰近阻此駭浪飛欒城詩 山陽所記亦何事有酒胡不盡一觴欒城詩 送君守山陽羨君食淮魚欒城詩 酒濃村店足斟酌魚美長淮恣餔啜張耒詩 北望山川連海壯南來風月近淮清張耒詩 提封猶是古方隅廟食何慚百世餘醴酒不陳賓客去至今遺俗重詩書王洋題楚王廟 莫敎容易過龜山多少人心願復還纔經濁汴無澄浪且趁清淮洗醉顏安得就公歌一曲緩吟遲步夕陽灣徐積詩 澤國茫茫似十洲有情空上夕陽樓可憑流水傳人意莫望遠山添客愁徐積詩 康州義烈光千載

徐老勤渠盡一身及到成名略相等須知忠孝是同倫王洋題趙康州徐孝節祠堂淮海南浮地星辰北拱天張耒詩山陽大都天下誇長淮蟠山無垠涯鄭獬詩楚州淮陰婆羅木霜露榮悴今何如能令草木死不枯當時爲有北海書荒碑雨侵苔蘚濕尙向寫墨本傳東吳吳興沈文伯詩事見容齋隨筆斗升濁酒試蓴羹賤買魚蝦已厭烹淺水依蒲有船過淡煙籠月更人行吳陵志云呂舍人本中調海陵獄椽行次寶應作詩云韓枚步隲建三亭故顯當時將相名遐想古人興廢事迺知英傑此中生淮陰有韓亭枚亭步亭元祐間發運使晁端彥艤舟亭下所題詩射陽三萬家莫貴徐公門徐仲車居于楚州山陽縣本漢射陽

縣地。黄山谷詩不將臺榭壓城闉，爭奈長淮四面春。聞道公餘一吟嘯，滿天風月助精神。郡人王洋熙臺詩

淮陰縣詩

沙墩至梁苑，二十五長亭。大舶夾雙櫓，中流鵝鸛鳴。雲天掃空碧，川岳涵餘清。李白秋燈點點淮陰市，楚客連檣宿淮水。夜深風起魚鱉腥，韓信祠堂明月裏。陳羽宿淮陰作劉佮臺下稻花晚，韓信廟前楓葉秋。許用晦寄韋中丞簇簇淮陰市，竹樓緣岸上。好日起檣竿，烏飛驚五兩。劉禹錫淮陰行築壇拜處恩雖厚，躡足封時慮已深。隆準若

知同烏喙將軍應有五湖心皇朝類苑錢諫議將略兵機命世雄蒼黃鍾室歎良弓遂令後代登壇者每一尋思怕立功劉禹錫韓信廟詩剪項移秦勢自雄布衣還是負深功寡妻稚女俱堪恨休把餘杯奠蒯通羅昭諫韓信廟詩朝言雲夢暮南循已爲功名少退身盡控兵權猶不得更將心計託何人許渾韓信廟秦季賢愚混不分只應漂母識王孫歸榮便累千金贈爲報當時一飯恩汪遵淮陰詩昔賢懷一飯兹事已千秋春草茫茫綠王孫舊此遊劉文房題漂母墓秦時有漂母於此饋王孫王孫初未遇寄食何難論後爲楚王來黃金答母恩事迹貴如此

輿地紀勝卷第三十九

輿地紀勝卷第四十　文選樓影宋鈔本

東陽王象之編　　甘泉岑鎔涂長星校刊

淮南東路

泰州

海陵　如皐　泰興　吳陵　吳州

州沿革

泰州　上　海陵郡軍事　九域志　禹貢揚州之域　吳陵志　於天文爲牛斗之分　寰宇記　星紀之次　唐書地理志云淮陽道蓋古揚州之域而揚楚等州爲星紀分晉志斗牽牛須女爲吳越揚州廣陵入牛八度左傳魯昭公三十二年史墨曰越得歲而吳伐之杜預注云此年歲在星紀星紀吳越之分海陵舊係吳越地蓋上直星紀云　春秋屬吳　輿地廣記　越滅吳其地屬越　吳陵志引楚世家云越已滅吳不能正江淮北楚東

侵廣地至泗上遂以爲其地屬楚象之謹按楚世家云吳不能正江淮北楚遂東侵廣地至泗上而廣陵海陵非泗上也又按越世家云勾踐已去渡淮南以淮上地與楚觀其文勢第以淮北泗上地與楚非盡以淮南地與楚也左傳末年魯哀遜于越通鑑周顯王二十五年越王無疆欲伐齊齊王使說之以伐齊不如伐楚之利則越之境土尚與齊魯爲鄰若以邗溝一帶楊楚通泰之地盡棄與楚則越與齊魯不應尚爲鄰壤師旅使命當涉楚地矣兼杜佑通典於楊州亦書曰初屬吳吳滅屬越以通典證之則吳陵志之說非是今不取

戰國時楚敗越其地屬楚史記周顯王四十六年越王無疆伐楚楚大敗之乘勝盡取吳故地東至浙江秦滅楚屬九江郡漢志云九江郡秦置漢初以封吳王濞海陵屬焉故枚乘曰不如海陵之倉乘傳濞反誅景帝三年屬江都國後江都王有罪國除在元狩元年至元狩六年分廣陵立廣陵王胥而分海陵屬臨淮郡武帝分江都地立廣

陵王胥而別立臨淮郡海陵其屬邑也西漢志云武帝元狩六年置臨淮郡領縣二十九海陵縣預焉注云有江海會祠東漢省之輿地廣記又東漢志無海陵縣吳呂岱爲廣陵海陵人事見吳志恐海陵復置而失其年月晉志無海陵縣漢志海陵縣下注云有江海會祠晉志但有海陽縣以注有江海會祠之語知其爲海陵而舊圖經謂晉史誤陵作陽近於牽合故新志非之象之謹按沈約宋志於宣城郡之廣陽縣下云漢曰陵陽晉成帝杜皇后諱陵咸康四年更名廣陽則書海陵爲海陽恐是避杜皇后諱亦未可知也東晉安帝分廣陵置海陵郡晉志安帝義熙七年分淮北爲北徐州淮南但爲徐州又分廣陵界置海陵山陽二郡屬徐州見上晉志宋以徐州爲南兗州又屬南兗宋志南齊廣陵郡治海陵縣而又別有海陵郡治建陵而如皋預焉南齊志梁陳因之隋初廢爲縣

屬江都郡隋志云梁置海陵郡開皇初郡廢又併建陵縣入焉唐初以縣置吳州更海陵縣曰吳陵唐志在武德三年已而州廢以吳陵縣屬楊州唐志武德三年更名吳陵以縣置吳州七年州廢來屬五代吳氏置海陵制置院寰宇記在乾正中南唐升爲泰州徐騎省文集云在李昇昇元元年而江南錄載先主李昇天福二年丁酉歲十月受吳禪以建康爲西都廣陵爲東都十二月以楊州海陵爲泰州又通鑑天福四年吳人遷襄皇之族于泰州相傳以爲取通泰之義寰宇記周世宗征淮南拔泰州通鑑在顯德四年以泰州爲團練州泰州舊經云泰州舊爲節度至是升團練焉然自節度爲團練非陛也太守題名云周世宗臨幸陛團練州然考之通鑑世宗既平江北自楊州還京未嘗到泰州也象之謹觀國朝會要云周降爲團練州乾德五年降軍事恐是南唐一時縣陛而世宗爲團練亦未可知今兩存之國朝降降

爲軍事國朝會要乾德五年隸淮南東路九域志在熙甯五年中興爲通泰鎮撫使中興小歷在建炎四年張俊薦岳飛爲之尋罷今領縣二治海陵

縣沿革

海陵縣 望

倚郭元和郡縣志云故楚邑漢以爲縣屬臨淮郡故西漢志臨淮郡下有海陵縣東漢省晉志曰海陽又云義熙七年立海陵郡隋志云梁置海陵郡開皇初郡廢又併建陵縣入焉尋析置江浦縣大業初又省入焉唐志云武德七年以縣置吳州更縣名曰吳陵七年州廢縣復故名屬楊州景龍三年析置海安縣開元十年省南唐於縣置泰州

如皋縣 中下

在州東南一百五十里本漢廣陵郡地晉安帝義熙七年分廣陵之五縣置山陽郡而如皋預其一莫知爲縣之始輿地廣記云隋開皇初省如皋入甯海屬江都郡寰宇記云唐文宗太和五年析海陵之五鄉置如皋鎮僞唐保大中陞爲縣隸泰州

監司沿革

提舉常平茶鹽司

內提舉常平司自熙甯三年置提舉官置司揚州紹興七年置司泰州十五年改提舉茶鹽官充提舉常平茶鹽公事內提舉茶鹽司自崇甯元年置提舉措置淮南鹽事置司揚州建炎三年泰州置司紹興元年通州置司五年泰州置司十三年兼領常平司十五年諸路提舉茶鹽官改充提舉常平茶鹽公事今

二司合爲一司有澄清堂皇華堂觀德堂問月堂賦雪南堂小山通幽香遠等亭紹興九年五月乙未密院計議曾緯提舉淮東茶鹽公事塡復置鈌自兩淮復置監司而鹽事以漕臣兼領議者以爲今鹽課歲入一千三百餘萬緡而淮東爲七百七十餘萬緡且新復州軍多仰淮東鹽貨故復置提舉

風俗形勝

以海陵有屯田煮海之饒因建爲泰州江南李王時大廳題名壁記

俗務儒雅雖窮巷茅茨之下往往聞絃誦聲吳陵志

海陵幽邃而地肥美故民惟事耕桑樵漁性多朴野恥以浮薄相誇鮮出機巧謀利雖無富彊豪右而家亦自給吳陵志引晉中興書云云

自皇朝查公尚書胡公侍講王

公內翰諸賢化之故有文雅之風吳陵志鹽課與解池等皇朝皇祐間通泰州｜｜｜｜｜歲終四百萬緡賜鼓角門戟皇祐間大廳匾名載周世宗顯德五年淮東道院海陵地僻少訟故以｜｜｜｜名之今州治大廳之東南道院焉士好學而文農民織紝稼穡寰宇記金龍玉璧國朝元豐二年發運使蔣之奇既獲｜｜｜｜于天目山之井中地鉢福地在臨淮東今天目山即其地也

景物上

問月在提舉司賦雪在提舉司通幽在提舉司觀德在提舉司南堂在提舉司道堂陸農師謝表云過客甚稀至有｜｜｜之號小山在提舉司孤山南兖州記云｜｜有

神祠悉生大竹或伐之者必祠此神言其所求之數不敢加焉草亭在利民橋山亭卽清風閣五代時疊石爲亭故曰｜｜水村茅茨十間圜環皆植蓮在郡圃吳陵唐紀唐武德三年改海陵曰｜｜海陵晉以｜｜爲海陽以其地並海而高故名麋畯博物志云海陵縣多麋千萬爲羣㕷食其草根其處成泥名曰｜｜民因而播不耕而獲其收百倍後漢志作麋畯

景物下

香遠亭在倉司文會堂范文正公有詩借山樓郡城南門樓也迎麾亭在州城之外登仙橋在子城西南望京樓在郡圃曾公致堯有六詠詩海嶼亭在州城西南成趣亭在郡圃無訟堂在東廳之東平遠樓在城北澄清堂在提舉司清漣堂在郡東廳之西皇華堂在提舉司芙蓉閣在大

廳後

藕花洲 在郡圃

蓮子河 在海陵縣通於新港南抵州城

思蓴亭 在稅務東

積翠亭 在郡治今廢

清風閣 自五代時疊爲山高三丈五尺翼以兩徑中爲滑石峻臺上有閣名曰|||

齊雲樓 在郡圃今改曰清風

會星亭 在城建鄉觀前

留春亭 在郡圃四面皆芍藥

三至堂 吳陵志咸平中曾密公致堯以戶部員外郎知泰州事有山亭六詠紹聖間其孫文昭公肇復典是郡以三世守官海陵文昭公之父易占嘗知如皋縣故立|||刻六詠于堂之北牓曰六詠亭

五賢堂 在光孝寺內祠張發運綸范文正公富文忠公富侍父爲征官讀書于此又增郡之先賢胡侍講王內翰爲||

六詠亭 曾致堯有山亭六詠

七星井 在州城內外布列如斗形

八字橋 在子城西南亦謂之日中橋與樂眞橋八字相向亦謂|||

仙源|||

萬壽宮 在子城東南本樂眞觀卽晉樂子長故宅國朝祥符中以爲天慶觀崇甯中徐神翁展修觀宇爲五百區今惟存齋堂

鳳凰池 在資福院今爲放生池

鳳凰臺山

吳陵志在子城南相傳昔有鳳凰集于此

金牛池 在妙智觀前相傳昔有神人飲牛于此牛色如金

游龍河 在如皐縣有丨丨堰通於大江

雞雀湖 在海陵縣東

九十九灣 在如皐縣又名游龍河

天目山 寰宇記云土山也在海陵縣東六十里山有雙井相對其水清冽發運使蔣之奇於井中獲金龍玉璧三十六

羅浮山 在海陵縣東澤藪中不爲水所沒遙望如羅浮

資福院 在子城南紹興辛巳敵騎至丨丨丨住持僧覺如捧金剛經一卷自塔下出揖敵問僧何恃而不恐覺如舉手曰恃此耳如且爲數演其義敵皆羅拜遺白金而去故此刹獨免焚爇之禍

開化院 在城北二里即王屋禪師道場也又有盧將軍與王屋禪師同自蜀來者今亦廟食于此

集眞觀 在天目山有王仙翁楊文稜王元眞之異元豐中發運使蔣之奇既於井中獲金龍□玉璧三十六宣和中更治殿基得瓦爐鼎器土皆赭色服之可以愈疾

聖果院 在西溪鎮東三里有唐三昧大聖性空眞身

卓錫泉 在開元院唐寶歷中王屋禪師自蜀來駐錫于此云此地中泉

輿揚州蜀岡寺通 **露筋驛** 江德藻聘北道記云江淮間有丨丨今有祠存一名鹿筋驛有孝女爲蚊蚋所食丨丨 **如皐港** 在如皐縣西一百五十步港則有如皐村因以爲名 **海陵監** 皇朝開寶七年自海陵移置從鹽場之使也管鹽場八 **磨河山** 在如皐縣南一百二十里楊子江中流去石莊二十里水勢甚湍 **胡逗洲** 寰宇記云在海陵縣東南二百三十八里海中東西八十里南北三十五里上多流人煮鹽爲業梁太清六年侯景敗將赴此洲爲王僧辯軍人所獲 **胡蘆河** 在樂眞橋西有大池圓如瓠故名 **白土埭** 寰宇記云在海陵顧野王輿地志云史宗所居即蓬萊山寄書者 **狀元坊** 在市河西即王右司所居右司宣和間爲大魁而志不書其名

古迹

永寧宮 今州廨是也南唐李昪用宋齊邱計遷楊氏子孫于海陵州廨號丨丨丨 **寧海城**

在海陵縣東南一百里周三里卽故寗海縣城按輿地志晉分廣陵郡置丨丨縣久廢今爲寗海鄉又東晉時令李常有惠政子珪有勇力討廣陵賊郭平有功沒而爲神宋武帝時常遣陰兵帝特命立祠于此云

興化縣 舊屬泰州乾道二年知高郵軍陳敏乞將興化縣權隸高郵軍候邊事寗息日依舊至今未撥選

海陵倉 元和郡縣志云卽吳王濞之倉也枚乘上書曰水行滿河不如海陵之倉謂海渚之陵因以爲倉今已磨滅今海陵縣官置鹽監一歲煮鹽六十萬石而楚州鹽城浙西嘉興臨平兩監所出次焉計每歲天下所收鹽利當租賦三分之一

富弼讀書堂 富公侍其父征商于此與胡侍講周待制相友善在光孝寺之東

天女繅絲井 吳陵志漢董永所居養父至孝父亡貸主人萬錢以葬約自鬻其身天女爲偶織機以償井卽汲以繅絲者也

高麗鼓 在西溪鎮聖果院相傳保大中海汐飄至范文正公詩丨丨丨半穿是也

吳王溝 吳王濞所開

太子港 在登仙橋西古市河之西岸相傳梁大同間王仙翁上昇昭明太子取道此港通天目山共致禮於

仙翁王仙翁井在天目山　郭太保潭相傳保大中刺史郭載鑿以禦北兵太保其檢校官也　唐光化二年鐘在資福禪院　東海龍王廟廟在西溪捍海堰上曾文昭公守泰日有祭□□□□文　六太守祠曾文昭公告海陵六太守祠文云負海建邦百有餘載牧守相望其間風績可得而詳者若荆侯周侯張侯以功實著田公曾公孔公以直諒顯是用築宮圖像祀者六人時元符元年六守荆罕儒周述田錫張綸孔道輔及肇之先祖致堯也　漢董永墓在如皋縣北一百二十里　吳大司馬呂岱墓在如皋縣東南六十里　徐神翁墓在海陵縣東七里築碑立闕如太中大夫之制

官吏

宋陸子眞吳郡志云子眞吳人仕宋爲海陵太守時中書舍人秋當見幸家海陵子眞不與相

問聞者高之

吳廷紹 南唐保大中爲刺史｜｜｜

皇甫暉 江南野錄保大中有泰州刺史皇甫暉

荆罕儒 周顯德五年｜｜｜爲泰州團練使罕儒雅重儒術禮接忘倦

王仁贍 建隆元年

潘美 建隆二年

曾致堯 咸平中｜｜｜｜三世守官海陵其孫肇復典是郡而文昭公父易占嘗知如皐縣故有三至堂

張綸 字公信汝陰人大禧中爲江淮發運使嘗修泰州捍海堰因命兼權知泰州堰成復逋戶三千六百民爲立生祠事畧

韓琦 皇朝類苑云｜｜以侍中知泰州日臥病數日冥無所知倐然而蘇語左右曰適夢以手捧天者再不覺驚悟其後援英宗於藩邸翼神宗於春宮捧天之祥已兆於慶歷中矣固知賢臣之動業非偶然而致也

孔道輔 仁宗朝爲中丞郭后廢率諫官御史伏閤請對遂出知泰州見事畧

張次山 通州人文潞公包孝肅公皆薦諸朝司馬溫公陳右司瓘任諫議伯雨皆見知又尊禮程伯醇邵堯夫用是爲當路所黜熙甯中知泰州一日有鶴集堦下若有訴令兵官至其巢乃某人攘其雛烹食之卽擒其人而杖之鶴方退飛政之神明居官廉莅

事簡聽斷不以私撓飛烏猶知所訴況治民耶

王嗣宗 爲泰州司理路沖知州嘗以公事忤沖意沖怒械繫之又教郡民之無賴嘗被罪者訟嗣宗治獄枉監朝廷遣使按劾具得訟者之妄嗣宗乃得釋見事畧

歐陽觀 即歐陽脩之父也曾任泰州判官

趙抃 知海陵縣

呂夷簡 監西溪鹽稅皇朝類苑云海陵西溪鹽場初是呂文靖公嘗官於此手植牡丹一本有詩刻其後范文正公亦嘗臨涖復題一絕云陽和不擇地海角亦逢春憶得上林色相看如故人後人以公詩筆故題詠極多而花亦爲人貴重護以朱欄不忍折歲久盛茂枝復數丈每春花開數百朶爲海濱之奇觀

范仲淹 范文正公仲淹初監西溪鎮鹽後又兼知泰州筆談云泰州舊有捍海堰久廢不治范希文經畫修復之遂命兼知泰州堰成復租戶二千六百州人爲立生祠通畧載在天聖四年

徐的 通畧慶歷三年初泰州河不通發運副使建安｜｜疏海安如皐漕渠出滯鹽三百萬計得錢八百萬緡遂以的爲發運使

許元 字子春海陵人以太子中允知如皐縣

滕宗諒 天聖中爲郡判官有文會堂范

文正公有詩 **劉攽** 字貢父嘗通判泰州東坡送｜｜倅海陵詩云海邊無事日日醉夢魂不到蓬萊宮 **呂本中** ｜｜｜調海陵獄掾有行在寶應詩 **陸佃** 紹聖二年 **曾肇** 致堯之孫在紹聖四年 **陳瓘** 建中靖國元年 **張叔夜** 大觀十年 **岳飛** 建炎四年爲通泰鎮撫使兼知泰州用張俊薦也飛在泰州持法嚴衆不敢犯見繫年錄 **張榮** 紹興初｜｜在通州引舟入縮頭湖作水寨以守金監軍昌在泰州以舟師犯榮水寨榮弃舟登岸大呼而殺之金人自亂溺水陷淖昌奔楚州榮自東京來未嘗承王命遂無路告捷聞劉光世在鎮江乃遣人願聽節制且上其功光世大喜以榮知泰州見繫年錄 **趙康直** 紹興三年左朝奉大夫｜｜｜改知泰州泰州自分鎮後就用武將張榮爲守及是始命文臣繫年錄

吳呂岱字定公海陵人事吳至大司馬事見吳志

唐權皐泰州人

查道南唐文徽之孫其先宣人歸朝爲如皐人道性至孝母病思鱖羹方冬苦寒道泣禱于河鑿冰脫巾以取之得鱖以歸遺母守果州王均之亂賊黨語曰查果州以仁義撫此境未可攻也遂遁去方其未第時夜讀書窻外有光彩非常乃於竹間見一蹄金道曰此天閟我之貧而賜我耶然取之無名卽掩之後奉鑾輿祀汾陰上賜金細視之如竹間所棄者

國朝許元元字子春其先宣人自元徙居如皐通畧慶歷三年江淮歲漕不給京師乏軍儲范仲淹薦國子博士海陵許元爲發運判官元至悉發瀕江州縣藏粟所在留三月食遠近以次相補引千餘艘轉運而西未幾京師足食歐陽公撰許氏南園記曰公之美衆矣特書一節以示海陵之人取其孝悌著于三世也

胡翼之五朝言行錄安定胡先生字翼之泰州海陵人辟丹州推官改湖州州學教授布衣時與孫明復石守道同讀書泰山攻苦食淡終夜不寢一坐十年不歸東都事畧云後以布衣召論樂拜校書郎嘗爲湖州教官慶歷四年建太學下湖州取翼之教學

之法以爲則嘗以中允致仕皇祐中召至京師議樂嘉祐中復以常博致仕東歸之日太學之諸生與賢士大夫送之東門執弟子禮路人嗟嘆以爲榮

王惟熙字國和如臯縣人調鹽城尉有羣飲而斃因莫肯承州以屬尉惟熙脫其械飲以酒食如平民既食問一人曰汝用左手而死者傷右尚何拒四服罪儂智高反嶺南諸吏坐棄城當死者數十人惟熙奏嶺南兵與城皆不足恃奈何以常法致之死上亦憫之皆得免死蓋惟熙天性平恕云

王覿惟熙之長子也初爲諫官紹聖間自戶部侍郎知成都府坐元祐間論事貶澧州安置徽宗即位召爲中丞崇寧坐黨禍安置臨江軍

周孟陽其先成都人家于泰後登第爲宫教遭遇英宗神宗有田數頃盡以與弟姪奉使契丹得金帛散與親戚立盡孟陽少遊經山賦詩有地高多與風雲會天近嘗爲日月鄰之句人以爲遭遇英宗之符

周麟之海陵人中詞科班冠玉筍玉堂兩大字熙陵所書亡之矣公從容以請上即復賜焉今爲翰苑盛事言行錄

仙釋

史宗顧野王輿地志云史宗所居即蓬萊山寄書者乃白土埭也

樂子長如皐縣人當漢世遊霍山遇仙人韓衆按神仙傳云遇仙受巨勝靈飛散仙人告曰蛇服此藥化爲神龍人服此藥老翁成童昇雲上下改人形容崇氣益精起死養生子能服之乃得度世於是舉家服焉俱得不死年百八十以其得道於潛山號潛山眞君唐明皇爲之贊

徐二公東軒筆錄云泰州丨丨丨者異人也日持一篲以掃神祠佛殿未嘗與人言有問則不對而走忽發一言則應禍福呂惠卿既除喪將赴闕便道訪二公弁而問之曰善守善守及還朝除知延州徐禧沈括新敗猥辭不行神宗怒落資政殿學士知單州即單守之應也

東陵聖母東漢志載在楊州之東陵亭而吳陵志以爲如皐縣人其事已載之楊州更不重載

王治仙翁東晉道士也曰王仙翁隱天目山修煉歷宋齊梁百餘年丹就羣仙

引導白日飛昇昭明太子**王鹿母**王妙行李鹿女王
與邵陵王綸詣山致禮仙翁居山日見循
鹿産女於草莽中挈養于菴鹿來乳之後十六歲仙
翁築臺居之號鹿女臺翁飛昇後女欲南走遂履江
水而去云百載後復來至唐景雲**徐神翁**名字信如
中復來山中計其歲月適在百載皐人遇至
人授以神仙抱一之道語人禍福無一不驗元符中
哲廟以嗣子未立遣中使求字翁書吉人以對已而
徽宗即位吉人**周恪陳豆豆唐弼**三人俱得道王禹
字蓋析御諱也錫作徐徐神翁及周
陳唐三仙**僧惠盈**如皐人按法華經瑞靈集云開皇
傳甚詳三年盈就王暄村舍講法華夜有
五道神將來請受戒云將□嚮如皐人
行東海盈與戒法神乃辭去**伏虎師法嚮**隋末甯海
縣有虎嚮一見振錫而伏
號伏虎師事見高僧傳

東都天女寺尼性空大師塔銘唐元和六年給事郎于志言文潁川庾府君夫人徐氏墓誌在務本坊乾道六年武烈帝廟鏟土築墻得石乃唐元和十一年刻好事者模數十本復藏故處李陽冰碑在城隍廟妙慈和尚塔銘斷缺不見歲月云旣濟文而缺其姓吳陵志序萬鍾

詩

吏散重門印不開玉琴招鶴舞徘徊野人爲此多東望雲雨仍從海上來鮑溶寄海陵韓長官煙波極目已沾襟路出東塘水更深更取海頭秋草色一如江上別離心劉商送人赴海陵雲收楚塞千山雪風結秦淮一尺冰徐鉉和方

秦州見寄沙鷺窺吟榻，風蟬入坐隅。曾致堯六詠芙蓉閣詩雲昏迷候館，樹缺辨江湖。曾致堯六詠望京樓更無塵土當軒起，只有松蘿繞檻生。曾致堯六詠清風樓謝家風雅若爲酬，散吏方耽海上遊。范文正公酬滕子京唐世碑猶在，高麗鼓半穿。范文正公西溪聖果院一學許周查。許氏與周氏查氏俱爲海陵望族，以三家子弟多遊鄉校，故有｜｜｜｜｜之諺云三仙周陳唐。郡人王禹錫作徐神翁及｜｜｜｜｜傳甚詳東南滄海郡，幕府清風堂。范文正公書滕子京會文堂德星一會聚，直有千載光。同上范文正陽和不擇地，海角亦逢春。范文正公西溪看牡丹異香穠艷壓羣葩，何事栽培近海涯。開向東風應有恨，憑誰移入五侯家。呂文靖公西溪看牡丹壁間金闕倚天開五見宮花落晚槐明日扁舟滄海去却尋雲氣望蓬萊劉攽自道山倅海陵詩　海邊無事日日醉夢魂不到蓬萊宮蘇東坡送劉貢父倅海陵　放舟下淮楚天地頓空潤李清臣送劉貢父倅海陵　境土連江徼人家匝海隅曾致堯望京樓詩云望京樓上望望久思踟躕｜｜｜｜｜｜｜｜｜｜｜｜｜｜隔山川半升濁隱映近郭水縈紆雨過風腥檻潮來岸浸蘆酒試蓴羹賤買魚鰕已厭烹淺水依蒲有船過淡煙籠月更人行呂舍人本中調海陵獄掾詩　野水粘天鸛鶴飛呂舍人本中至海陵詩江村遇雨蓬麻亂｜｜｜｜｜｜｜｜　乃公不識賈公閭之子飢寒夜讀書前年避賊逐江鷺今歲趕堰鞭海魚鄒德久志全之子自常州至泰州捍海堰得良田數十頃晁說之作詩　淮海風濤眞有道陳後

山詩海陵參軍不枯槁醉憶梅花愁絕倒爲憐一樹傍寒溪花水多情自相惱秦觀和黃法曹憶梅溪香粳炊熟泰州紅苣甲尊絲放箸空陸游對食戲作詩

四六

眷惟海陵實冠淮甸　土風渾厚人自足於漁鹽吏隱豐餘地不偏於烽燧周權　矧海陵之善地亦淮甸之近州　居民靖淳出產繁錯　飛蚊漸少逈無澤國之風過客甚稀至有道堂之號陸農師謝表　眷此海邦號稱名郡　方謹正於鹽筴宜遴選於守臣　眷煮海

摘山之大計當航川梯嶠之要津　鈔鹽轉餉歲益於商緡薪粲論輸日交於吏案州郡事迹

輿地紀勝卷第四十

輿地紀勝卷第四十一　文選樓影宋鈔本

東陽王象之編　甘泉岑鎔淦長生校刊

淮南東路

通州 靜海 海門 橫江 崇州 崇川

州沿革

通州 中 靜海郡 國朝會要云政和七年爲靜海郡 軍事 九域志 禹貢揚州之域 通川志 星土分野與泰州同 寰宇記云自唐以前地理與泰州同 春秋屬吳吳滅屬越戰國屬楚 此據通川志及唐通典又晏公類要云春秋戰國並屬巴子國然巴子國在今蜀之東境而通州遠在東海之濱相去五六千里巴子豈能遙有東土象之謹按唐志有通州通川郡乃今夔路之達州自西魏以來謂之通州唐元稹嘗爲通州司馬作詩

云今夜通州還不睡滿山風雨杜鵑聲即指今夔路之達州也而淮東之通州自周世宗顯德中尅淮東始陞靜海軍爲通州至皇朝乾德三年平蜀而達州圖經云周世宗平淮南以唐靜海軍爲通州至是有兩通州故改夔路之通州爲達州此得之矣而類要所引蓋誤指夔路通州沿革而歸之淮東之通州耳今達州尚名通川郡而類要亦引通州爲通川郡皆誤今不取

秦屬九江郡漢屬臨淮郡東漢晉屬廣陵郡通川志東晉安帝分廣陵地置淮陵郡晉志在安帝義熙七年又屬海陵郡宋齊因之隋初郡廢屬江都郡唐屬楊州通川志南唐李氏於海陵縣之東境置靜海都鎮制置院五代史云通州本海陵之東境置靜海制置院通川志云海陵之東有二洲唐末割據存制居之爲東洲鎮遏使制卒子廷珪代之爲東洲靜海軍使廷珪始築城錢鏐遣水軍攻破之虜廷珪而吳又命廷珪猶子彥洪爲靜海都鎮遏使修城池官廨號靜海都鎮

今城是也改東州爲豐樂鎮顧俊沙爲崇明鎮布洲爲大安鎮狼山西爲狼山鎮至南唐李璟嗣位始補靜海制置使通鑑顯德三年唐靜海制置使姚洪帥兵民萬人奔吳越之地周世宗平江北改靜海都鎮爲靜海軍五代史云周世宗尅淮南陞爲靜海軍通鑑顯德五年正月拔靜海軍始通吳越之路尋建靜海軍爲通州分其地置靜海海門二縣五代史仍廢諸鎮舊額通川志在顯德五年皇朝因之後改曰崇州國朝會要在天聖元年尋復曰通州國朝會要在明道二年屬淮南東路九域志在熙寧五年爲靜海郡國朝會要在政和七年今通川志第書云通州軍事而不書爲靜海郡一節又以圖經爲通川志與達州郡望相亂當遵政和制書曰靜海郡今領縣二治靜海

縣沿革

靜海縣 望

倚郭輿地廣記云本海陵之東境周顯德中置寰宇記以爲隨通州置

海門縣 望

九域志云在州東二百十五里通川志云本東州鎮東南隔海水二百餘里輿地廣記云本海陵之東境周顯德中置寰宇記云本東州鎮因置通州陞爲｜｜｜

風俗形勝

淮南形勢據江海之會握襟帶之藪者吾州爲多元豐元年郡守狄遵修海隄祭文通爲州極淮之南距江海之濱其地舃鹵而瘠無絲粟之饒其民苦窳而貧有魚鹽之利大觀四年郡守朱彥海山樓記通之爲郡瀕海控江南通閩粵北通

齊魯民以魚鹽爲業俞授能徽宗時上殿劄子乞修通州城壁守備南瀕吳會列壤相望旁通吳越迨于外邦風帆海道瞬息千里崇甯中郡守楊皐作通州圖序訟庭多虛囹圄空隙殆有古之淳風同上楊皐序淮海之濱專城而治曾曲皐行宋湜知通州制獄訟稀簡魚稻饒足曾曲皐行宋湜知通州制仕宦之樂土曾曲皐行宋湜知通州制淮海之濱專城而治不領於吏部而選於朝廷非以其獄訟稀簡魚稻饒足爲丨丨丨丨丨耶靜海制置院九域志云僞唐立丨丨丨丨丨淮南道院楊文公談苑云通州南阻江東北瀕海士大夫罕至民居以魚鹽自給不爲盜賊訟稀事簡仕宦者最爲逸士大夫號通州爲丨丨丨丨利市州先是數舉士人至辟廱雍者皆不利大觀中朱侍郎彥爲守始移壯武營射堋不使壓州學上當年所解三名至辟廱雍皆上舍選太守教官及考官皆轉一官以其今榜皆過有此恩御筆添解額十名故

通州號爲|||自靖康後以就試人少以分數取十名遂立爲額通州地界東北正當海口南接大江最爲要害知通州郭凝言見繫年錄通州鹽戶納鹽舊以布帛茶米等折償其直長編云開寶七年十一月庚辰詔折以錢鹽利之獲不賦而羨風帆浪船奔走附集見人物門蔣司徒下搭山隔海寰宇記云在州北元是海天祐中沙漲今有小江自東北出大海也

景物上

山堂紹興丙寅建郡守周公彥疊小山成五峯以備觀覽與亭在南寺鄭獬有記文狼山寰宇記云在江海之際今在靜海南五山相連屬或云山形如狼又云或有白狼居其上故名凡五山元在海中今居平陸眞誥曰海中有狼五山陶隱居注云狼五山在海中對岸句章岸今直呼爲狼山淳化

中邑長楊鈞上書乞改狼爲瑱**軍山**寰宇記在江海之際**塔山**見上**海腹**賢良齊唐詩曰||藏吳楚**料角**海門有||昔號形勢控扼紹興間差舟船把搤其沙脉坍漲不常潮小則委蛇曲折水路可見潮水大則一槩漫沒非熟於往來舟師未易及此向來膠西之捷蓋由於此**鹹潮**海門北接大海每歲多有||損害禾稼因作大岸以捍之俗謂之鹹水捍**寶氣**初李王遣師收姚彥洪城陷彥洪聚俗自焚以金寶投井中故老傳有金燾石今風雨夜有光燭天意其金||也**大江**在靜海縣南十五里**大海**在靜海縣東北八十里**東沙**繫年錄云秦檜言通州入海當由料角及||汲域

景物下

紫石巖在狼山提刑薛倞郡守臧師顏倖吳天常有題名**綠猗亭**在郡治海山樓之前**熙春堂**在郡圃**觀德亭**在郡圃之東**思政堂**紹興二十六年建**安民**

堂（紹興七年建）仁平堂（紹興三年建）文會亭　三會亭（提刑薛俅太守藏師顏通判吳天常三人皆故人會于海桐庵之亭目曰三會亭）棲雲閣（在狼山寺熙甯三年王觀有閣記）望仙橋（昔呂洞賓臥於南樓騰空而去人於此望之故郡之南有｜｜｜）至道觀（在縣東一里今爲天慶觀）報恩寺（在州城）海山樓（大觀中郡守朱彥起建陳博古賦詩）海桐庵（見三會亭記）狼山閣（賢良齊公有詩）馬鞍山（寰宇記在江海之際）刀刃山（寰宇記云在江海之際）布洲夾（在靜海縣南四十里潮勢如箭激）南布洲（舊是淼然大海其中漲沙復爲布洲場今爲金沙場）東布洲（元是海嶼沙島之地古來漲起號爲東洲忽在機流至沙上因名布洲既成平陸民戶亦繁）縮頭湖（繫年錄云紹興初張榮任通州以地勢不利乃引舟入｜｜｜作水寨以守）海門島（長編云國初以來犯死獲貸者多配隸登州沙門島通州｜｜｜皆有屯兵使者領護而通州島中凡兩處豪強難制者隸崇明鎮懦弱

者隸東北洲兩處悉官煮鹽興國五年始令配役者隸鹽亭役使之而沙門如故

古橫江 晏公類要云丨丨丨元是海天祐中沙漲今有小江東出大海

古迹

崇州 天聖元年改爲崇州見王隨州記

秦皇履跡 狼山下有拇科上有鞭迹皆著石或曰始皇履是山且鞭以投海中而廣教院記亦曰故老傳云昔秦皇嘗驅之而鬼神之迹尚存而六帖亦載鞭石事而齊廓狼山歌亦曰祖龍神兵驅不得揮電成鞭有遺迹

靜海都鎮 吳置今州城是也

豐樂鎮 吳改東洲爲丨丨丨周顯德中廢

崇明鎮 吳改顧俊爲丨丨周顯德中廢

大安鎮 吳改布洲爲丨丨丨周顯德中廢

狼山鎮 吳改狼山西爲丨丨丨周顯德中廢

餘慶場 鹽額十六萬石

利豐監 寰宇記云古煎鹽之所也國朝陞爲監在通州城南三里管八坊鹽額十九萬石

金沙場 鹽額十八萬石

士公隄 朱文長撰士公隄記士公

寶元中以大理評事通判是州築隄二十丈故曰｜｜｜

三虎化船 阮緘舊圖經云太平興國八年漁者嚴五云今早往茅港捕魚有三虎羣行入江化爲三小船望布洲去數日布洲有人來云彼處有三虎此亦異事也

嶽廟 毗陵錢濬靖康初再過祠下見頹牆圯址非昔日廟皃曰他日苟分符此地當一新之夜夢神告之曰汝今日心願他日無忘紹興間果守此郡遂一舉而新之

官吏

王素 開寶九年 **王隨** 乾興元年 **趙槩** 明道元年曾知 **闞詠** 慶歷八年 **李適** 皇祐三年知以辨治聞 **呂夷簡** 擢進士又舉制科嘗通判通濠二州往河北按行水災還奏免天下農器之算事畧 **范仲淹** 五朝言行錄通泰海州皆濱海舊日潮水皆至城下土田斥鹵不可稼穡范文正公監西溪倉建白於朝請築捍海隄於三州之境長數百里以衛民田朝廷從之以文正爲興化令專掌役事發通泰楚海四州民夫治之既成民至今饗其利興化之民往往以范爲姓 **元絳** 元章

簡公絳字厚之仁宗朝知通州靜海縣時江淮制置使言私販至二十斤請坐徒絳曰海旁之民斥鹵不毛恃鹽以生自是非羣販者止咎罰縱去衆賴以安

張次元字希一熙甯間知靜海縣歲適大旱苗且槁死惟漕河衍溢而法不可決次元慨然決以使民運使陳安石以書勞之曰眞古良吏之用心

任伯雨通州地斥鹵有井皆鹹邦人苦之正言任公伯雨謫官于通慨民居有胥井濬治之得甘泉陳伯修之子投以詩曰恭惟持節日幾邊抗疏公車首薦賢議論不能符國是精誠直可動淵泉

王安石至和間王安石為海門縣令沈興宗為撰海門興利記

沈起字興宗鄞縣人知海門縣地卑濘海波至則冒民田舍為築隄百里引江水灌田田闢民歸戶口增益除監察御史事畧

胡安國徽宗朝知通州見言行錄

郭凝建炎元年知通州措置教閱水戰人兵及募人許備戰船入海卓望晝以旌旗夜以明火為號應港汊兩岸多積柴薪之屬俟賊徒進入即縱火焚之仍於要害處築土臺覘望及募民間諳會出船入水之人相兼土軍使喚見繫年錄

岳飛建炎四年張俊薦其能於

朝俄除通泰鎮撫使見言行錄李寶紹興三十一年爲靖海軍節度使浙西通泰海州沿海制置使京東東路招討使賞膠西之捷也見繫年錄

人物

吳蔣司徒本吳郡人吳太和中至布洲教民經營煮海鹽利之獲不賦而羨未幾籍其竈數而歸于國自是風帆浪舶奔走附集民區吏壓日益繁夥沒後民祠之保大中封通利公

皇朝**吳及**字幾道靜海人仁宗朝爲審刑院詳議官上疏言儲嗣未建後擢爲諫官

姚原道世居東布洲即今之靜海也登慶歷第後知鬱林州會元豐龍飛當遣子弟進貢得官公有六子不遣而遣其弟人以此多之後知吉州卒黃庭堅誌其墓

張日用靜海人也知越州新昌縣日有郡曹椽之子鄭獬日用一見奇之即妻以女後果魁天下文潞公宣撫河北公謂潞公此行須得便宜從事潞公以爲然請于上遂許之後擒王則實公參贊之力

張次山字喬簡日用之子也包孝肅公薦諸朝清明直

節取知於司馬温公後知泰州有鶴訴于庭公爲呼兵官使之隨去乃其雛爲人所烹公爲斷治鶴方退飛

崔放生 崔氏自五代時遠祖避地靜海遂居焉放生公諱涇自三歲見蟻出於穴不敢踐傷及長畱意放生見蠅蝶投網必與救脫見網罟者多與之錢令其改業雖受人欺而初未嘗變又率鄉人共爲放生會故鄉人呼爲｜｜｜後公子以恩科爲郡文學二孫端禮端詩梁克家榜登進士第皆以妙齡致身

苗仲先 夷堅志云｜｜｜通州人爲徐州守華要徐舊有東坡黄樓碑方崇甯黨禁時當毀徐人惜之寘諸泗淺水中至政和末禁稍弛乃鉤出復立之舊處打碑者紛然敲椊之聲不絕樓與郡治相連仲先惡其煩聒令拽之深淵遂不可復出二事相反如此朱新仲說

仙釋

呂先生 崇甯四年郡卒登城南樓覺有人轉側於梁上乃青巾白袍偉丈夫也頃刻有白雲罩樓雲端見鬼物面青骨瘦皆飜身雲端騰空而南有一道人指而言曰此呂先生也面青骨瘦者先生所度

老木精也言畢道人亦不知所之

仙女

仙女洞當五峯最外峙有穴通中頃歲有婦人自龍舒至年七十餘獨食息其中似得道者相傳以爲仙去

虞眞人會稽人僞吳時隱狼山一日有仙仗仙童迎之曰東大帝君召子遂乘雲而去

燕道人

燕道人姓燕氏靜海人也因至海陵之登仙橋下遂有所遇自是浪迹江淮後歸通州一日衣鮮潔如新澣者市人問之曰我前日去池州洗來人初不信後有客自池至者見之驚曰我前月在池見其臨水濯衣今何在此耶後遊洪州尸解而去

僧知幻

僧知幻臨沂人住狼山廣教院造大聖寶塔成自爲偈曰當初不肯住長安現相須歸泗水間今日又還思展化東來海上鎭狼山讀者謂公卽僧伽後身自來開山耳

僧契遍

契遍募化詣闕請印本一大藏經朝廷允之兼賜太宗皇帝御製諸集聖典宸章卷部具足乃載以巨艦泛淮汴不旬浹至本院其誠感如此

輿亭記鄭獬撰　崇州文宣王廟記王隨撰　海門興利記沈興宗撰　崇州廣教院記王隨撰

詩

門外海濤奔鐵騎，檻前山背擁金鼇。陳博古海山樓詩　飛來靈鷲嶺，化在寶陀山。通州狼山廣教寺在唐爲慈航院，江中山上昔人有詩云：丨丨丨丨丨丨丨。山前後乃江海相接處，舟出二山間多覆溺者，昔有僧率其徒操槳以護之，舟免觸石之患，故有慈航之名。　昔年船底浪，今日馬蹄痕。慈航院江水南徙，山之前後皆陸田，後人有詩云：丨丨丨丨丨丨丨丨丨丨，皆紀實也。見澠水燕談　白狼去後桑田出，仙女昇來洞府開。元豐間孫昌齡女仙洞詩　祖龍神兵驅不得，揮電成鞭有遺跡。賢良方正齊郭狼山歌　渡口人稀翳翠煙，登臨常怯夕陽天殘雲右倚維楊樹遠水南囘建業船山引亂猿啼古寺雷驅甘雨過閑田季鷹死後無歸客江上鱸魚不直錢夏英公竦侍父監通州鹽場登狼山作此詩公時年十七識者以謂甘雨過閑田雖有爲霖之志終無澤物之功海腹藏吳楚天樞轉斗牛夜分驚日浴潮落見鯨遊賢良齊唐登狼山閣狼山五峯奇下壓淮壖郡中有佛圖居沿巔數百仞趙清獻抃遊狼山詩昏明海雲起澄濁江潮混曲渚畱越船遙岑辨吳分同上郡僻山尤遠塵喧與世違水横觀鴈度天靜見龍歸吳及詩江氣南吞吳分野海波北撼楚封陲楊士彥題狼山京洛黃塵久倦游一官來寄海邊洲通判姚闢登縣樓詩初日光囘

天尙暝暮潮聲落地先秋同上一線橫大江千螺簇層巒空外飛鳥没煙中片帆還蔣之奇遊狼山詩狼去青山迹已陳惟餘樓閣向南薰蓬瀛氣象三峰在吳楚封疆一水分西蜀任伯雨詩海角逢三月僧房見五花元豐七年通州地藏牡丹一梗開花五朶太守鍾離景伯詩北山搖落水崢嶸想見揚帆出廣陵平世自無憂國事求田應不悞陳登王平甫知通州王荆公作詩寄之

四六

望北斗以乘槎初離下國指桃源而迷路誤到仙鄉熙甯四年高麗遣使修貢將由四明登岸爲海風飄至新港先以狀致通州太守云云詞甚切當居

淮甸之左臨海沂之右江山控於吳越風俗鄰乎洙泗天聖元年知江甯府王隨撰崇州學記　魚鹽之利富商多集弦歌之學章甫亦衆同上　以詩書之富變魚鹽之業以洙泗之風易淮海之陋紹興十三年陸之淵撰重修通州學記　海邦千里敢安魚稻之居魏闕九重徒結鼓鐘之戀胡文定謝除右文殿修撰知通州表

輿地紀勝卷第四十一

輿地紀勝卷第四十二　文選樓影宋鈔本

東陽王象之編　甘泉岑鎔 淦 長生 校刊

淮南東路

滁州　永陽　全椒　滁陽　臨滁　滁城　滁上　清流

州沿革

滁州 上 永陽郡軍事 九域志 禹貢揚州之域 寰宇記 吳地斗十分野 漢志廣陵六安臨淮郡盡吳分野 於辰在丑 隋志揚州淮海之地於辰在丑 春秋時屬吳楚之交 元和郡縣志通典及寰宇記皆云春秋時屬楚惟永陽新志則以爲春秋時屬吳新志又引史記世家以爲越滅吳而不能正江淮之地楚東侵至泗上遂屬楚與元和志等書所載不同象之謹按春秋昭公二十年有棠君尚爲棠邑大夫楚子以君命召之則棠邑蓋屬楚

也元和志謂棠邑即今之六合縣象之又按六合在滁州之東六合已素屬楚則滁州不應踰六合而屬吳然史記楚世家云吳之邊邑卑梁與楚邊邑鍾離爭桑則滁在鍾離之東似又屬吳要之疆埸之間一彼一此何常之有今滁地介乎吳楚之間姑兩存之書曰吳楚交

秦滅楚以其地置九江郡 輿地廣記云九江郡下有滁州

二漢因之 西漢志九江郡下有建陽全椒阜陵三縣東漢志九江郡下有全椒阜陵二縣而無建陽蓋光武併省故也

晉屬淮南郡 晉志淮南郡下有阜陵全椒二縣

宋屬新昌郡 此據寰宇記而元和郡縣志於清流縣下云本建陽邑宋改爲新昌縣

南齊亦如之 南齊志新昌郡下有頓邱穀熟却不言置新昌郡不同二縣却無新昌縣與元和郡縣志亦不同

梁於此立南譙州 元和郡縣志在大同二年寰宇記云梁大同二年割北徐州之新昌南豫州之南譙豫州之北譙凡三郡立爲南譙州居桑根山之西今州南八十里全椒縣界南譙故城是也隋志於清流縣下注云舊曰頓邱置新昌郡及南譙州於全

椒縣下注云梁曰北譙置北譙郡梁末喪亂地入高齊徙南譙州於新昌郡今之州城是也寰宇記在天保二年又改北譙爲臨滁郡而南譙州領新昌臨滁高塘三郡寰宇記隋廢新昌郡改南譙爲滁州隋志於清流縣下云舊曰頓邱縣置新昌郡及南譙州開皇初改爲滁州又廢樂鉅高塘二縣入頓邱改曰新昌煬帝初州廢其地入江都郡爲清流縣隋志云大業初州廢又改縣爲清流唐析楊州地置滁州唐志在武德二年又以楊州之全椒縣來屬寰宇記改永陽郡天寶元年復爲滁州乾元元年五代僞吳楊氏據有其地南唐繼之周世宗征淮南地入于周通鑑顯德三年世宗命太祖皇帝倍道襲淸流關皇甫暉陳于山下太祖引兵出山後暉等大驚走入滁州暉整衆出戰太祖生擒之遂克滁州　國

朝因之屬淮南東路九域志在熙寧五年中興爲滁濠鎭撫使中興小歷在建炎四年以授劉立尋罷今領縣三治清流

縣沿革

清流縣　望

倚郭元和郡縣志云本秦建陽邑屬九江郡宋改新昌開皇中改爲清流似指新昌爲縣而非置新昌郡也寰宇記云本漢全椒縣地屬九江郡梁爲頓邱縣隋初改爲新昌縣又改爲清流縣隋志云舊曰頓邱置新昌郡及南譙州開皇初改爲滁州又廢樂鉅高塘二縣入頓邱改曰新昌十八年改爲清流唐因之輿地廣記云後魏置頓邱縣及新昌郡亦不同

來安縣　望

寰宇記云在州北三十五里本漢全椒縣地唐志云景龍三年析清流縣置永陽縣屬滁州舊經云南唐昇元二年改爲來安縣國朝會要云紹興五年廢入清流縣十八年復乾道九年廢爲鎮淳熙乙未復置爲縣

全椒縣 緊

在州南五十里兩漢志云並屬九江郡光武封馬成爲全椒侯晉志全椒縣屬淮南郡輿地廣記云後廢元和郡縣志云晉改南譙縣然晉宋二志更無所攷隋志云梁曰北譙置北譙郡北齊改縣曰臨滁後周又曰北譙開皇初廢郡改縣爲滁水大業初改名全椒屬楊州元和郡縣志云武德二年始屬滁州

風俗形勝

環滁皆山也其西南諸峯林壑尤美醉翁亭記滁介於江

淮之間舟車商賈四方賓客之所不至民生不見外事而安於畎畝（歐陽公豐樂亭記）其地僻而事簡（同上）淸淮灌其北烏江蕩其南（林希望白鶴觀記）滁陽古名郡羣峰環於西南淸溪注於東北形勢深秀實甲淮海李衛公著懷嵩之記李庶子刻泉石之銘韋應物形野渡之詠（慶歷前集跋）滁陽地僻而訟簡其俗安閑（章衡重建醉翁亭記）滁上富山水爲淮北勝地（呂元中紫微泉記）滁之人雖風俗淳厚而尙氣易以德化難以力服（同上）滁山環城峰巒竦秀攢列乎目前（常安民州學記）山舒水緩年豐事少（章衡重建醉翁亭記）想望琅琊疑在萬物之表（李淸臣琅邪山記云少時士夫傳歐公醉翁亭記及

幽谷瑯琊山諸詩而常想望所謂瑯邪山者疑在天地之外萬物之表非流俗人所得而至也我州有如是賢公卿來有矜大色李淸臣記云余入郡舍吏前指曰某堂某室歐陽公所築也此某亭某軒歐陽公常所居也名草異木在庭必曰歐陽公所植也意謂我州有如是賢公卿來有矜大色瑯邪名甲天下同上泉石林亭之勝至聞天下曾肇滁州慶歷集序其山聳然而特立曾子固豐樂亭記山高水淸歐陽修豐樂亭記漠然徒見丨丨而丨丨丨滁在江淮號爲僻陋然磊落瑰瑋命世之士亦或至焉曾肇二賢堂祝文永陽窮僻而多山林之景又嘗得賢士君子居焉歐陽公修荅李大臨書滁有山林之阻言行録云周必大奏雷世賢說淮南地形緩急欲守滁臣謂不然丨丨丨丨丨丨若盧和嬰敵衝此則當備禦歐公醉鄉詳見四六門羅疇老宗行録草木禽魚皆能出

祥光同上見四六門

景物上

北樓在郡治後唐李紳有登北樓二詩王內翰有北樓感事詩云下入刺史宅却臨統軍池　**北園**　**東閣**　**西樓**　**南樓**已上並見陳繹吳革南譙郡城十詠　**東齋**見李衛公記　**東園**在郡城東隅唐李紳有詩梅執禮序云滁陽舊無郡圃而醉翁豐樂諸亭皆在關外李紳所謂東園者南直琅邪諸山北通西澗修木交映左右又適介守貳宅間固一佳處也　**西澗**韋應物有詩　**滁上**潘閬詩云滁上相逢俱禁煙　**滁城**韋應物詩窮秋臥滁城　**滁水**元和郡縣志云在全椒縣南六十里其源出廬州梁縣東流經滁及六合縣至瓜步入于大江　**滁河**在清流縣東三里　**滁川**徐遊藝撰大周寺碑　**龍坑**在來安縣之野塘山　**金山**在清流縣

西四十里

玉溪 裴傳玉溪述會羣玉於一溪之上故名丨丨

礬山 在來安縣北六十里秋沛村山中鉟鍊戍白礬

花山 在全椒縣北二十餘里上有占寺基

蓮溪 見吳卓南譙郡城十詠

荻港 在清流縣西北二十里按魏書志梁置新昌郡領丨丨

菱溪 在清流縣出水陽嶺西經皇道山下歐陽修有丨丨石記本名荇溪避楊行密嫌名改曰丨

蔣山 在清流縣南一里關城內沙河北土山無石高數丈疑昔日蔣帝廟基俗傳爲丨丨

蘇山 在全椒縣西四十里

豐山 豐樂亭記云其上丨丨聳然而特立在清流縣西南五里上有漢高帝廟唐梁載言十道四番志滁州有豐亭山疑即此山又按晉宋齊地里志漢之沛郡縣邑僑寓於此疑此山乃豐人居之故以名山至今土俗祠事漢廟甚謹

大山 在清流縣西六十里

幽谷 即豐樂亭地

尖山 在來安縣北三十餘里

方山 在來安西北二十里

獨山 在來安縣西北二十餘里

雙城 在清流縣東四十里

三城 在清流縣東三十里

三山 在來安縣東二十里並立三山因名

七詠 羅畸疇老有滁

陽丨丨詩一端命殿二豐山三紫微泉四菱溪石五醒心亭六懷嵩樓七思賢堂

八絕 王元之有琅邪山丨丨詩取大歷中李幼卿以宮相領滁州刺史始遊琅邪山立寶應寺有泉石等謂之丨丨一庶子泉二白龍泉三陽冰篆四歸雲洞五清風亭六望日臺七明月溪八垂藤蓋

舜洞 在來安縣北二十里

黃山 在全椒縣西北七十里上有石碑二

武山 在全椒縣上有梁王城

神山 在全椒縣西三十里有洞極深唐韋應物寄全椒山中道士詩此即道士所居也

襄水 出全椒縣之石臼山

鄭湖 在全椒縣西南三十里後魏志臨滁郡治葛城領縣曰鄭恐置縣于此

原廟 通略仁宗皇祐五年初通判滁州王靖言太祖擒皇甫暉于滁州太宗下劉繼元于并州眞宗禦契丹于澶州宜立丨丨三州以昭遺烈於是命工寫三聖御容癸亥遣使奉安於逐州神御殿而逐州立丨丨而滁州曰端命殿

景物下

醉翁亭在琅邪寺慶歷中僧智僊建太守歐陽修作記茶僊亭在琅邪寺紹聖中僧永起建太守曾肇作記又曾文昭詩云山僧獨好事爲我結茅茨茶仙牓亭中頗宗樊川詩杜牧詩云誰知病太守猶得作茶仙白雲亭在琅邪寺明月菴見吳革十詠清風亭在琅邪山晁端受詩云物外林泉靜閑中日月長清風颯然至可以傲義皇偃月亭在全椒之寶林院翠微亭在琅邪山晁端受詩云曉風吹落秋泉聲夜雨洗出秋山色上有樓臺深翠微可惜丹青圖不得靜境亭在琅邪寺元豐中僧繼詮建會峰亭在琅邪寺太守葛宮建豐樂亭在幽谷寺慶歷中太守歐陽修建記云疏泉鑿石闢地以爲亭而與滁人往遊其間圓會亭在龍蟠山元符中僧曇廣建希眞堂曾文昭公｜｜｜十詠序滁城多卉木｜｜｜左右前後列植尤衆四時花葉顏色可喜因物感興題爲十詠蘭桂黃楊雙櫻梔子紫薇花辛夷凌霄花金燈

花蘼蕪

醒心亭　在琅邪山南豐記云歐公與賓客遊必即豐樂以飲或醉且勞矣則必即醒心而望以見夫羣山之相環雲煙之相滋其心灑然而醒更欲久而忘歸也西清詩話云歐陽公作醒心醉翁兩亭於琅邪山命幕客謝某者雜植花卉謝以狀問名品公作詩云淺深紅白宜相間先後仍須次第栽我欲四時攜酒去莫教一日不花開常安民詩云爲愛昌黎湖上句醉來直上醒丨丨煩醒不待山風解臥讀殘碑已自醒

無心亭　在琅邪山晁端受詩地與市朝遠雲藏山水深長令有心者到此自無心又晁端彦詩云偶坐茲亭上清風吹客襟孤雲方出岫相對兩無心

壯懷亭　在幽谷山

奠枕樓　在招福坊

宣化樓　在羅城東清流門上

登豐樓　在羅城南豐泰門上

宣樂樓　在新興坊

樂遊堂　在來蘇坊

臨翠亭　在子城上

凝翠亭　在城樓上

雲低亭　在城樓上

日觀亭　在琅邪山巔

望歸亭　在子城西

思賢堂　在郡治

政樂堂　在郡治

坐嘯堂　在郡治

凝香閣　在郡治

清風道院　在郡治

蜚玉亭 在醉翁亭之右

瑞麥堂 在郡治

紫芝堂 在郡治

二賢堂 曾肇詩云：天驥精神鳳羽儀，青雲失路此委蛇。由來道誼干鈞重，不獨文章一世師。史牒已傳三黜賦，騷人誰繼八哀詩。有時無命非今日，從古長沙賈傅悲。右爲王元之作也。又詩云：萬壑千巖花草香，醉翁此地昔徜徉。不聞燕雀知鴻鵠，但見鴟梟笑鳳凰。平日聲名追屈賈，暮年勳業佐虞唐。神清洞府今何處，故事空留楚水傍。右爲歐公作也。

四賢堂 祠內翰王公、歐陽文忠公、張文定公、曾文昭公，盡畫于琅邪山寺中。後又刻東坡像，爲五賢。郡守張商英詩云：文昭、文定與文忠，內翰元之共四公。政事風流俱第一，典刑人物更誰同。能詩只有東坡老，到處唯尋六乙翁。欲遣滁陽招作客，五星同聚此堂中。

琅邪山 在清流縣南一十里。有琅邪洞。舊經云：晉元帝爲琅邪王，避地於此。按晉永興二年八月，以琅邪王睿爲平東將軍，監滁州諸軍事，留守下邳。永嘉元年七月己未，又以王爲安東將軍，都督揚州江南諸軍，假節鎮建業。其年九月戊申至建業，計其月日，不應避地此山。象之按：元和郡縣志，晉平吳，琅邪王伷出滁州

孫皓送璽即此地也

眞珠泉 在清流縣西三十里側菱山幽棲菴前游者撫掌則泉水濺射有若跳珠

玻璨泉 又名六乙泉見吳內翰詩序

寶林寺 在全椒縣之唐花山寺

水簾洞 在全椒縣西北五十里飛泉濺瀑若垂簾然

曲亭山 隋志在清流縣

車蓋山 在全椒縣西北十五里形如車蓋

永陽嶺 在清流縣北三里

來安水 在來安縣東三里源出馬嶺山東流至來安村爲名

清流水 晏公類要云自全椒縣界流入

清流關 在清流縣西南二十餘里舊傳南唐置關地尤險要今關已廢輿地廣記云周世宗征淮南唐李璟使皇甫暉屯清流關爲周師所敗暉被擒即此地也東都事略云周顯德三年世宗征淮太祖領親騎翼從敗淮人于渦口唐將皇甫暉姚鳳率衆塞清流關太祖擊走之暉退保滁州太祖追至城下生擒暉并擒鳳遂下滁州

紫微泉 在琅邪山舊名幽谷

黃普山 在全椒縣西北七十五里

黃道山 在清流縣東北十七里李濆荇溪記云秦始皇途經是山以名焉下有秦王塘

烏石山 在來安縣北二十餘

里

白禪山隋志在清流縣白石洞在全椒縣西北三十五里中有石如觀音白塔鎮在清流縣東北五十五里承平時遶京師之孔道也白龍泉在琅邪山黑龍山在全椒縣西南一里有黑龍泉來安縣又有烏龍山黑龍寺在全椒縣南一里黑龍山之巔下瞰井邑一覽畢見強浚明有登黑龍山二詩見慶曆集白鶴觀在全椒西二百步唐高宗封岱宗洪道元年令諸州置道士觀武后垂拱二年以此觀初營有白鶴翔集故賜名丨丨丨白鴿洞在醉翁亭之東黃牛山在清流縣西四十里雙燕洞在清流縣百子坑頂上臥龍山在全椒縣西北五十里有屋十楹有臥龍菴落馬澗在清流縣西北三里俗傳皇甫暉戰敗墜馬于此落馬橋在東渡昔太祖皇帝擒南唐將皇甫暉于此回馬嶺在醉翁亭南百步韋驤詩云如今嶺路穩鞍馬不須迴臥羊山在來安縣北三十餘里伏牛山在來安縣三十里龍檜山在全椒縣西北五十里其上有檜如龍形因名之龍興寺在州關城

內周顯德中賜名龍興合諸鄉僧寺併爲一總二十院。**龍蟠山**在清流縣南十三里有龍蟠寺

虎跑泉在龍蟠山

馬鞍山在全椒縣西北五十里山上有人跡一入石一寸又有拄杖跡入石二寸其北有仙人洞洞戶廣一尺下深不得底父老傳云昔人仙去馬鞍在此解鞍化爲石清流來安縣皆有山名馬鞍

馬嶺山在來安縣東北九十里

馬頭山在來安縣

石駞山在清流縣西北二十餘里舊經云遇旱祈之則雨有石似駞

網鷹山在來安縣西北六十里

鳳凰溝在清流縣

石固山在清流縣北三十五里羣山連亘性此獨高絕與辛巳居民避敵其上壘石爲城

石臼山在全椒縣西北八十里

石梁山在全椒縣西北三十餘里

石門洞在全椒縣西北三十里儲家山之窊洞深數丈許

銅官山大平寰宇記云在清流縣北二里

銅井山太平寰宇記云在全椒縣西七十里上有銅井

桃花洞在清流縣西南十餘里

梅子山在來安縣北三十里

桑根山在全椒縣西北四十里

東龍

山在來安縣東三十里上有漢高帝廟**西龍山**在來安縣東二十里**南隱山**在全椒縣西北五十餘里山上有聖祠**北隱山**在全椒縣七十里**偃月洞**在龍蟠山法堂西**歸雲洞**在瑯邪山王元之詩有安得鞭獨龍爲吾前馳奔尋盡神仙窟一一知其源又梅聖俞詩雲收雨歇草樹濕澗下流水空潺潺**望日臺**在瑯邪山王元之詩云長安不可見但對金烏赤傾盡葵藿心庶免浮雲隔**明月溪**在瑯邪山王元之詩云惜哉幽勝事盡落唐賢手惟餘舊時月團圓照山口**五湖山**在全椒縣東北十八里下有五湖因名在縣境最爲險要控扼南北前志皆不載按隋志有白禪山疑即此山蓋山北屬白禪村故也**六乙泉**在瑯邪山**八石山**在來安縣西南十三里十道志云八石山即淮南八公憩石之處也**九鬭山**一名陰陵山元和郡縣志云在全椒縣南九十餘里昔項羽兵敗欲東渡烏江塗經此山與漢兵一日九鬭因名圖經云九鬭山今山石有磨礪刀鏃迹史記羽軍大敗垓下潰圍南走漢令灌嬰追之羽渡淮至陰陵失道即此地也

千佛塔在琅邪山天慶觀在羅城外沙河岸東祥符中建兼管端命殿天子園在清流縣西三十里地名張家園俗傳周世宗至此因名梁王城在全椒縣武山即祠梁武帝也聖人洞在清流縣琅邪山後王母山在來安縣西南四里佛子山在來安縣南十餘里菩薩山在全椒縣舊傳取石此山以爲佛像故名庶子泉唐詩紀事云李幼卿在滁州迨今有庶子泉以幼卿得名也圖經云在琅邪山寶應寺唐李幼卿之舊跡也王元之詩有乍揖清泚姿頗愜幽閑性味將春茗宜光與曉嵐暎之句盛度詩云石字贊皇古泉銘庶子清梅聖俞詩云沙穴石竇無限泉此泉緣底名不滅庶子去來多少年依舊清心共泉潔左司篇韋應物自左司刺滁有詩後李紳爲刺史和登北樓詩云君愴風月夕余當童稚年閑窗讀書罷偷詠左司篇統軍池在郡治後曾文昭題統軍池詩云事往歲深無處問北園惟見孟家池注云孟元喆淳化中以龍武統軍知軍事鑿池北園池上有梨名孟家梨懷嵩樓即今北樓唐李德裕貶滁州作此樓取懷歸嵩

洛之意又作懷嵩賦歐陽題懷嵩樓詩云解帶西風飄畫角倚欄斜日照青松又常安民詩云當年誤作嵩山想末路難回瘴海身斜日西風總如昨風流只欠倚欄人

贊皇樓卽懷嵩樓也李德裕建又作懷嵩賦

古迹

端命殿圖經云皇祐五年因通判王靖建言始創端命殿于天慶觀之西以安奉太祖御容羅畸有詩云爐煙中望英雄氣凜凜猶縈玉陛寒

頓邱城在來安縣東一里橫風村地理志云宋時制秦郡頓邱以立新昌郡卽此處也

皋陵城在全椒縣東十五里地名赤土堽高一丈四尺寰宇記云漢廢縣地也九域志云漢侯邑也

南樵州故城輿地廣記云在清流縣西南八十里北齊徙來治此隋開皇初改爲滁州郡廢爲新昌縣十八年改爲清流通典齊置南譙郡

漢皋陵

縣輿地廣記云漢屬九江郡郡故城在今全椒縣南**臨滁郡**在清流縣東五十五里之葛城俗呼爲羅城按魏書志梁置臨滁郡治葛城恐即此地也**建陽縣城**在清流縣東四十里按李吉甫十道志清流縣有建陽城**南譙城**在全椒縣北二里汙村按南譙之名自晉始宋志及南齊後魏皆有南譙郡而不載其所理梁又置南譙州舊唐書及寰宇記皆以爲在桑根山小有不同**北譙城**在全椒縣西北二十里新高村南齊志北譙郡其後廢置不一**豐樂城**在全椒縣西南七十里艾塘東村**楚迷溝**在全椒縣西南二十里昔項羽迷失道而田父紿曰左此即大澤距陰陵五里**秦王試劍石**在全椒縣西北百里高城村**秦王拖鍬嶺**在清流縣東北五里**杜彬琵琶**歐公在永陽倅杜彬善琵琶公作詩云坐中醉客誰最賢杜彬琵琶皮作絃自從彬死世莫傳事見陳後山詩話**李衛公祠堂**在郡治子城西南隅**王歐二賢祠堂**曾文昭公｜｜｜｜｜｜｜告文滁在江淮號爲僻陋自唐迄今以放有罪然磊落瓌瑋命

世之士不容於時者亦或至焉二公是已

漢高皇廟 在來安縣西南一里餘南唐保大年置

丁姑廟 搜神記云淮南全椒縣有丁新婦者本丹陽人適全椒謝家其姑嚴酷自經死吳平後九月九日見形着漂衣戴青蓋至牛渚津求渡有兩男子共捕魚乃謂姑云與我爲婦卽當相渡姑罵之須臾有老叟乘船至又求渡遂渡之至南岸姑曰思報厚德速還必有所獲回至岸見兩男子覆小魚數千頭漂至岸翁取魚歸俗以姑有靈遂立祠

表豐廟 在郡城西五里豐山之神也郡守梅執禮與漢之高帝廟分建爲二廟有記蓋晉室南渡豐沛之人南遷故有豐山及沛縣與漢高帝廟云

剛烈廟 在關城北中興郡守劉位也位招信人靖康初位率衆勤王後金敵入寇位屢敗之又破李成兵復滁州金敵遣使誘之位斬其使梟首以徇未幾敵騎還自江浙奄至城下位出戰爲流矢所中沒于陣詔贈建甯軍節度使建廟滁陽賜號剛烈

高辛墓 在來安縣東南三百步地名廣陽按史記皇覽曰高陽家在東郡廣陽里中

羹頡侯墓 卽漢高帝仲兄子封羹頡侯墓也

張燕公墓

在清流縣西四十里圖經云唐書張說傳說洛陽人似不應葬此圖經之說不能無疑象之謹按唐書張說傳說相元宗有子名垍而南唐書張垍全椒人仕南唐知制誥參預機密及江南平歸朝後爲參政然南唐張垍既爲全椒人必有祖父葬于全椒而張燕公固不應葬此此必南唐張垍有祖父之墓在全椒後人不深考古第見南唐張垍祖父之墓在全椒遂指以爲燕公張說之墓因有兩張垍遂訛爲兩張說所以謂之張燕公之墓者恐因張垍之父展轉訛舛耳

官吏

劉平 郡國志云後漢彭城｜｜爲全椒令虎自全椒縣渡水而去

李幼卿 字長民大曆中自太子庶子出知滁州有庶子泉

韓思復 遷滁州刺史有黃芝五生州治民爲刻石作頌其祥白氏六帖又云州有銅官人鏟鑿尤苦思復爲賈他鄙費省尤多

韋應物 建中二年爲刺史

李紳穆宗召爲左拾遺與李德裕元稹同時號爲三俊貶端州司馬後爲滁濠二州刺史李德
裕開成中爲滁州刺史有懷嵩樓亦有記獨孤及爲刺史見王元之詩關播攝滁州刺
史盧邁正元三年爲滁州刺史竇儀五朝言行錄云太祖下滁州世宗命丨丨籍其帑藏
至數日太祖遣親吏取絹儀曰今既有籍即爲官物非詔旨不可得也後太祖屢對大臣稱儀有守欲以
爲相趙普忌其剛直乃引薛居正參知政事及儀卒太祖聞之歎曰天何奪我丨丨之速也耶安友
規建隆初揚州都監右屯衞將軍安友規知李重進必反踰城來奔上以爲滁州刺史令監護前軍進
討趙普五朝言行錄云趙普爲滁州判官太祖與語奇之會獲盜百餘人將就死普意其有寃啟
太祖訊之所全活者十七八人王元之皇朝類苑云太宗時王元之爲翰林學士嘗草繼遷制送
馬五十疋以備濡潤元之以書不如式却之出守滁州閩人鄭襃徒步謁元之愛其儒雅及別爲買一馬
或言買馬虧價者太宗曰彼能却繼遷五十馬顧肯此虧價哉歐陽修東都事略云仁宗朝杜韓

范富以黨議罷丨丨丨上疏言之爲言事者所誣詔
獄坐左遷知滁州修之在滁作亭琅琊山以醉翁名
之三朝言行錄云公集三代以來金石刻爲一千卷
在滁州時自號醉翁晚年自號六一居士曰吾集古
錄一千卷藏書一萬卷有琴一張有碁一局
而常置酒一壺吾老於其間是爲六一行狀

張方平

以慶歷
入年知

彭汝礪

元祐中爲中書舍人吳處厚繳進蔡
確詩諫官交章請治汝礪曰此羅織
之漸也丨丨丨坐罷知滁州丨丨平時與確異
趣之被貶又爲之力辨人以此賢之見事略

常安民

字希古蜀人紹聖初爲御史論章子厚蔡京之姦及
張商英之諛佞無恥周秩亦非士君子厚所爲又論章
子厚曾布互用親故董敦逸爲御史復欲彈蘇軾兄
弟子安民止之董乃言安民主元祐譖監滁州鹽酒務

曾肇

以紹聖
二年知

賈易

以崇寧
元年知

梅執禮

以宣和
二年知

魏安行

係
年
錄云滁州三縣合水陸之田三萬九千頃有奇自紹
興十九年以前開耕纔千九百頃安行知滁墾開增
倍二十二年乃
擢爲京西運判

岳諒臣

中興遺史紹興二年岳諒臣
知滁州聞鄉村常有食人者

命捕之捕到六人諒臣曰何得食人曰無糧可食諒臣曰吾貸爾死爾爲我捕捉周智張九可乎周智張九最嗜食人者也六人曰願執之期以旬日果執周智張九至卽日陵遲處斬于市自是食人者遂止

張商英爲郡守有五賢堂詩

人物

唐邢文偉 全椒人以博學聞咸亨中爲太子典膳丞時孝敬罕見宮臣文偉卽減膳上書曰古者太子既冠有司過之史徹膳之宰史不書過死之宰不徹膳死之今史既闕官宰得奉職謹守禮經以聞由是益知名後右史鈌高宗曰文偉切諫吾兒此直臣也遂授之累遷鳳閣侍郎唐書

南唐張洎 全椒人仕南唐爲知制誥參預機密江南平洎歸朝太祖切責之曰汝教李煜不降又草詔召江上救兵洎對曰犬各吠非其主太祖釋之以直舍人院後爲參政

吳蔚 全椒人中進士第爲臨淮簿攝

令事時青苗法行旁邑奉行峻急戶語藉藉蔚施行得宜民以不擾後知廣德彭池三郡因感夢即日上章謝事年八十四而終

茅革 革為池州貴池令民有兄弟訟田者革為垂涕說同生當相盡以恩意兄弟感涕而去五子皆取科第以文學顯革葬全椒黃庭堅誌其墓

徐徽 字仲先全椒人提舉利路常平抗疏得謝以致仕居縣之獨山自號獨山居士曾文昭公為守相與為文字交徽集唐宋以來文詞之可傳者合為一編以示曾公曾公裒之以為滁陽慶歷集其後唐恪又編慶歷後集

荀與齡 來安縣人事親以孝聞母沒廬于墓側有芝草十九莖生于墓亭詔旌表門閭白彥揮為之記云

仙釋隱士

全椒山中道士 |||||世莫知其姓名唐韋應物為郡太守有詩寄之云今朝郡中冷忽念山中客澗底束荊薪歸來煮白石欲持一瓢酒遠寄風雨夕落葉滿空山何處聞行迹

三

隱曰南隱曰中隱曰北隱在全椒之西五十里桑根山下三隱相去皆十餘里昔有隱者居焉有泉池石室其名氏世莫得知蓋不求聞達者也

逸民雍存 家于城南號南郭先生錢公輔和許仲塗郎中游山詩云每同南郭先生到个伴東伴太守來自顧拙疎聊自樂白雲徑裏踏荒苔

釋法琛 唐大歷中李幼卿以太子庶子知滁州與釋法琛建寶應寺于琅邪山中

禪客道標 韋應物建中二年爲滁州刺史暇日與禪客道標揖有林泉之遊今東峰亭有標揖二上人禪室

果華嚴 幽谷報恩寺元豐中有僧淨果菴居蔬食日誦華嚴經遠邇信嚮號｜｜｜治基創寺

誠禪師 清流縣龍蟠山龍蟠寺元祐中請廣照嗣法誠禪師主之四方學者嚮道雲集

廣福寺古佛 清流縣東南四十五里廣福寺臨滁水按徐游藝石佛寺碑云寺乃晉朝所立號晉興寺梁氏有古佛像泝流浮入滁水止于岸

張方平 冷齋夜話云張文定方平慶曆中嘗爲滁州游琅邪山藏院得楞伽經餘半卷未寫忽悟前身蓋知藏僧寫經未畢而化因續書殘軸筆跡宛然如昔因號二生經後以

此經授東坡東坡爲序其事代寫此經刻於浮玉山龍游寺

碑記

李庶子泉銘 集古錄云唐李陽冰撰并書鑿泉瑯邪山勒銘於泉之側石上其傍又有陽冰別題十八字皆以大歷六年刻在滁之瑯邪山歐陽公謂學篆者皆云陽冰之跡世多矣無如此銘者中更兵燼古刻散失後再刻于郡齋

懷嵩樓記 李德裕撰

瑯邪溪述 唐大歷六年刺史獨孤及撰

瑯邪溪記 唐秘書郎劉灣撰

寶歷寺記 唐正元三年崔祐甫撰

白知節告身石刻 今瑯邪寺有唐滁州刺史白知節告身石刻乃開元十七年也

新興院講堂碑 在全椒縣之新興院唐顏元孫撰

林希望白鶴碑 作于唐景雲元年在全椒縣之白鶴觀

侯並寺古碑 在全椒縣之侯並寺

醉翁亭記 歐陽

公文東坡書今再刻而舊本僅存十數字醒心亭記曾南豐文豐樂亭記曾南豐文

曾子開慶曆集曾肇守滁取慶曆以前滁陽事迹之見詩文者爲慶曆前集慶曆以後見於詩文者爲慶曆後集

詩

東晉王家在此溪南朝樹色隔窗低沉碑字滅昔人遠谷鳥猶向寒花啼顧況題琅邪上方

古國羣舒地前當桐栢關煙綿江上雨稠疊楚南山唐司空曙送永陽崔明府

分竹守南譙弭節過梁地雄都衆君子出餞擁河湄韋蘇州寄大梁諸友

首夏辭舊國窮秋臥滁城韋蘇州寄諸弟

山郡多暇日社

時放吏歸（韋蘇州寒食日諸弟滁州作）吏散門閣掩鳥鳴山郡中（韋蘇州滁州作）盡日高齋無一事芭蕉葉上獨題詩（韋蘇州詩）數家砧杵秋山下一郡榛荊寒雨中（前人）中歲守淮郡奉命乃征行素懃省閤姿況忝符竹榮（韋蘇州爲滁州刺史別諸弟）白雲埋大壑陰崖滴夜泉應居西石室月照山蒼然（韋蘇州懷釋子詩）石門有雪無行跡松壑凝煙滿衆香餘食施庭寒鳥下破衣挂樹老僧亡（韋蘇州琅邪山）今朝郡齋冷忽念山中客澗底束荊薪歸來煮白石欲持一瓢酒遠寄風雨夕落葉遍空山何處尋行迹（韋蘇州寄全椒道士詩）獨憐幽草澗邊生上有黃鸝深處鳴春潮帶雨晚來

急野渡無人舟自横韋蘇州滁州西澗今歲臥南譙韋蘇州君愴風月夕余當童稚年閑窗讀書罷偷詠左司篇韋蘇州自左司刺滁有詩後李紳爲刺史和登北樓詩皂蓋行春楚水東白樂天送李滁州詩林下鳴鳩拆晴杏田間水漫春溶溶使君固自足風味時傍青山去問農梅聖俞班春亭尋常畫屏多畫山何意此山還作屏峭排直山幾千尺下有石路莓苔青梅聖俞石屏路詩今年四十二典郡清淮旁臥錦郎位正腰金服色光王元之詩兩衙簿領外盡日吟望時曉窗度急雨夏木交繁枝淮南氣候殊經秋囀黄鸝王元之北樓詩淮邊永陽郡人物自熙熙王元之北樓詩忽從天上謫人間知

向山州住幾年俸外不教收果實公餘多愛入林泉朝簪未解雖妨道宦路無機即是禪鈴閣悄然私自問郡齋何異玉堂前王元之滁州官舍失職金鑾假一麾琅邪山色遠城池解軀且作三年調下馬先吟八絕詩王元之滁州官舍出坐兩衙皆勉強此心長在水雲間王元之爲郡作詩云元之爲郡意何閑羞拂朝纓蓋病顏賜筆任分雙管赤梳頭已是二毛斑道孤自合先歸隱俸薄無由便買山云云月給非無酒晨羞亦有魚山頭刺史宅未替是吾廬王元之自問詩昔作優賢地今爲省過州非賢亦非過醉臥懷嵩樓王元之題懷嵩樓連衮復岧嶢峰巒架沉寥流名自東晉積翠滿南譙王元之琅邪山臘月滁州始覺

寒年豐歲暮郡齋閑官供好酒何憂雪天與新詩合看山王元之臘月詩且把一麾淮水上敢思三接浴堂前王元之和李學士金鑾失職下蓬瀛也向淮邊領郡城堆案簿書爲俗吏滿樓山色負吟情王元之和李學士日邊信斷無歸夢滁上公餘且醉吟王元之詩小郡旣無衣襖使豐年兼有袴襦歌王元之我昔被謫居滁州名雖爲翁實年少歐陽修滁人皆喜醉翁醉至今人人能道之歐陽修滁人思我雖未忘見我今應不能識歐陽修郡齋日午公事退荒涼竹石相交加歐陽修弊邑亦何有青山遶城樓石醜駭溪怪水奇瞰龍湫歐陽修諸縣豐登少公事

一家飽暖荷君恩歐陽公王元之畫像滁山高絕滁水深空巖悲風夜吹林山溜白玉垂青琴一瀉萬仞源莫尋歐陽公贈沈博士滁南幽谷抱千峰高下山花遠近紅當日辛勤皆手植而今開落任春風主人不覺悲華髮野老猶能說醉翁歐陽公憶滁州幽谷滁陽幽谷抱山斜我鑿清泉手種花故事留傳父老說世人今作畫圖誇歐陽公寄謝中舍詩欲知潁水新居士卽是滁山舊醉翁歐寄邵諫議詩君看永叔與元之坎軻一生遭口語教得滁人解吟詠至今里巷嘲輕肥蘇東坡我勸承明苦求出到處遺蹤尋六乙憑君試與問瑯邪許我來遊莫難色東坡賀王滁州詔詩

深藏西竺寺寒擁北譙城石字贊皇古泉銘庶子清盛度留琅邪山滁水西偏郡豐山北際樓趙槩題懷嵩樓庶子泉通嵩嶂遠贊皇樓對白雲深李虛己詩家連阮巷門森戟郡接莊濠俗愛棠宋綬詩三洲皷浪經淮浦千社分封接帝畿晏元獻滁陽太守好山水公餘日醉羣山間滁峰環回秀相倚作亭正對溪山前蘇舜欽偏州地狹民事簡醉翁自放山水中琅琊倚天色蒼翠遥泉落石聲玲瓏富鄭公寄題醉翁亭詩琅邪山色連雲綠煙樹參差裏巖谷幽香爛熳四時花翠影交加萬竿竹晁大受夜雨暗添西澗水春風開偏北樓花曾肇詩長山謾刻金芝頌

宮相空吟石竹詩事往歲深無處問北園唯見孟家池曾畋題統軍池詩滁陽山水佳幽谷尤勝絕柳庭俊泉石曾經六一評到今草木亦知名陳澤詩滁陽承乏多間暇時入山中訪道安何處披襟却煩暑風清亭上久盤還康定七年臨淮倅張澤攝郡作詩滁陽自昔稱名壘舊有東園枕滁水吳羽詩滁陽富山水秀拔獨瑯邪葉甲詩庶子泉寒澄雅思陽冰篆古足清心劉渭詩著書定已追迂叟得郡何妨號醉翁豐樂亭邊魚動鏡清流關下馬嘶風韓元吉寄徐滁州度詩

瑯邪舊俗戶戶魚鹽魯國大夫人人絃誦　行縣須春足願馳於東土舉頭見日身未走於長安石敏若滁州謝表　委以專城置于近地王元之表諸縣豐登若無公事一家飽煖全荷君恩王元之到任謝表其後歐公作詩曰諸縣豐登少公事一家飽煖荷君恩蓋用其表中語也　庶子紫微青泉萬斛以爲供給瑯邪幽谷白雲千頃以爲職田羅曄老宗行録嘗授滁州法椽或曰滁山郡也以公高才處此非宜公曰此歐陽之醉鄉也雖草木禽魚皆能出祥光發妙音庶子紫微青泉萬斛以爲供給瑯邪幽谷白雲千頃以爲職田何謂貧僻耶　剏全椒之古郡爲淮甸之名邦許巽知滁州謝宰執　唯環滁之蕞郡爲長淮之名邦山秀水清

風流可想年登事少賦詠猶存許巽謝臺諫啟

輿地紀勝卷第四十二

輿地紀勝卷第四十三　文選樓影宋鈔本

東陽王象之編　　甘泉岑鎔淦長生校刊

淮南東路

高郵軍　淮海　廣業　神農郡　承州　邗州

軍沿革

高郵軍同下州高沙郡見放生池記禹貢揚州之域禹貢云淮海惟揚州周禮職方氏東南曰揚州星土分野與揚州同高郵志不載星土分野而高郵本揚州屬邑當同揚州春秋時屬吳吳城邗溝通江淮左傳哀公九年杜預注云今廣陵邗江是也今廣陵運河入淮涉高郵之境則是溝通江淮之故道也戰國屬楚與揚州同秦以高郵置郵傳爲高郵亭寰海記高郵志云秦以高

郵置傳遂以名邑與寰宇記不同今從寰宇記

漢為高郵縣屬廣陵國（西漢志廣陵國下有高郵縣不言其始於秦而高郵志以為秦縣與西漢志不同又寰宇記以為漢舊縣今從寰宇記曰漢縣）東漢屬廣陵郡（東漢志）三國時荒廢（寰宇記）晉復立

高郵縣隸臨淮郡（晉志臨淮郡下有高郵縣寰宇記云三國時荒廢晉太康中復立）

東晉有三阿（圖經云即今之北阿符堅遣符彭超以兵八萬圍幽州刺史田洛于三阿去廣陵百里謝元自廣陵救三阿大破其衆）宋屬廣陵郡（輿地廣記象之謹按宋志不載廣陵郡及高郵縣今且從輿地廣記）南齊亦如之（南齊志廣陵郡下有高郵縣）梁析置

竹塘三歸二縣及置廣業郡尋以有嘉禾為神農郡

（隋志江都郡高郵縣下）隋初郡廢又併竹塘三歸臨潭三縣入焉屬江都郡（隋志江都郡下）唐初屬兗州（舊唐志在武德六年）又屬邗

州唐志在武德七年又屬揚州唐志在武德九年唐末五代楊氏李氏繼有其地周世宗征淮南攻高郵而南唐泰州刺史郭載棄城走此據高郵志然通鑑顯德三年韓令坤攻唐泰州拔之刺史方訥奔金陵郤不言攻高郵一節與高郵志所載不同當攷其後李景盡獻江北地歸版圖通鑑在顯德五年國朝始建爲高郵軍長編及國朝會要在開寶四年直屬京師寰宇記在開寶四年尋廢軍爲縣隸揚州國朝會要熙寧五年指掌圖年月不同復置軍額輿地廣記在元祐元年中興以來陞爲承州以興化縣來屬國朝會要建炎四年陞爲承州仍割泰州泰興縣來屬置承州鎮撫使領承州天長軍以知承州薛慶爲使繫年錄云建炎四年五月乙丑福州觀察使知高郵軍薛慶爲承州天長軍鎮撫使兼知承州始議以慶領二軍而名不

稱乃陞高郵軍爲承州以泰州興化縣隸之尋廢承州爲高郵縣以知縣兼軍使隸揚州繫年錄及國朝會要並在紹興五年復陞爲軍以泰州之興化復來隸圖經並在紹興二十年而國朝會要復陞爲軍在紹興三十一年而割興化縣隸高郵軍在建炎四年而泰州圖經云乾道二年因武鋒軍統制陳敏奏割興化一縣隸高郵軍年月俱不同當攷彔之謹按繫年錄云紹興三十一年四月辛酉復陞楊州高郵縣爲軍以淮南運副楊抗言其戶口最盛且連湖濼故也當從繫年錄今領縣二治高郵

縣沿革

高郵縣 望

倚郭元和郡縣志云是秦之高郵亭兩漢志皆屬廣陵元和郡縣志又云三國時荒廢晉太康時復立宋

志不載高郵縣南齊志屬廣陵郡梁陳如之隋志屬江都郡寰宇記云隋大業中移於樊梁鎮永徽二年復舊所唐志屬楊州圖經云皇朝陞爲軍壘仍置縣爲屬邑中興以來軍廢則以縣兼軍使軍復則爲知縣事詳見州沿革

興化縣 緊

在軍東一百二十里本海陵地僞吳武義二年以其地置｜｜｜屬楊州南唐昇元二年改隸泰州國朝會要云建炎四年撥隸承州圖經云紹興五年改爲鎮隸海陵十九年復爲縣乾道二年還隸高郵軍

風俗形勝

決汝漢排淮泗而注之江道蓋出於高郵其說見於唐李翺南來錄惟彼高郵古稱大邑舟車交會水陸要衝宜建軍名以雄地望太祖實錄開寶四年建高郵縣爲軍詔文當東南衝會邑居

繁盛楊蟠衆樂園記東瀕于海南接大江北據長淮西有山川高郵志高郵之北水深而岸峻昔唐令狐綯之節度淮南徐卒龐勛等逃歸禆將李湘曰徐卒無故逃歸必且爲亂｜｜｜｜｜｜我以銳卒焚荻舟塞其前勁兵蹙其後｜｜｜｜可盡殪也綯不能用郡城卽郡守高凝祐所築在開寶中高郵由永徽以來號舟車之會崔伯易王文井記自孫覺秦少游諸公以文章政事名俗皆喜儒至今好談儒學高郵志經術教授淮壖名儒接武于朝喬執中除西掖告詞云初以｜｜｜｜｜｜數十年間出而唱道｜｜｜巨公｜｜｜｜｜州閭化之一變如此介于江淮放生池記介于楊楚之間號爲東南咽領連帶陂湖轉入于江淮或入于海魚蒲之利厚於種蒔崇甯元年葉宗古撰太宗題名記土高而

廣於水俗厚而勤於稼題名舊記高郵若齊魯高郵志喬竦字立之以鄉先生教授州里從之學者多以文行知名一時而淮南數阡里間高郵若齊魯自喬公發之莘老其徒也控隋漕之通津盡百越之土疆竭三吳之地利周翰撰高郵軍城記太祖皇帝征李重進因詔建軍以雄地望范侯四門樓記高郵古邦州葢邗溝所經南北水道之要衝也趙侯修水門記高郵有隄塘溉田數千頃地理志云元和中節度使李吉甫所築並新唐書南逼眞楊北連楚泗皇祐二年馬仲荀記

景物上

燕香在戲綵堂後　漱芳在不擾堂池　明恕在不欺堂東　孟城高郵志謂地形四隅皆低城基特高狀如覆盂　土山在高郵西南六十里舊經云亦名神居山俗云謝安嘗煉丹此

井南兖州記云高郵界有土山上有石井石日時見著絳衣高冠徘徊井側**孤山**在興化縣東南七十里阮勝之南兖州記日江北三百步有｜｜**秦郵**高郵志曰一名｜｜**朱湖**離城七十里**三湖**繫年錄云承楚相距有樊梁等三湖綿三百里水賊張榮往來其中榮聚衆梁山濼有舟數百嘗刼金人杜充爲東京留守假榮官至忠州刺史軍民號爲張敵萬敵陷楊州榮以舟師自清河而下滿舟載糧駐于鼉潭湖積葑爲湖以泥傳之有衆萬餘與榮和承州賦輸皆得達趙立不與之通賦入路絕楚由是乏之食**五湖**離城六十里**南溪**在興化縣范文正公天聖閒來宰斯邑有詠循鷗詩**聖米**唐五行志大中六年夏淮南飢海陵民於官河中漉得異米號爲聖米**運河**寰宇記云在郭下通郡伯瀆入揚州

景物下

時燕堂在郡圃**煙客亭**在郡圃**塵外亭**在郡圃**樂聖堂**在郡圃

序賢亭在郡圃　彰孝坊朱壽昌孝子自維楊來居高郵名其里曰｜｜｜　清華堂在戲彩堂西　威敵堂在軍治之後　達民堂在不擾堂後　不欺堂在設廳西　不擾堂在設廳東　華胥亭在郡圃　文游臺在軍城東二里舊傳東坡王鞏定國孫秦諸公及李伯時嘗同遊論文飲酒因以｜｜名之伯時畫爲圖刻之石　德畫堂在郡圃政和三年冬郡守毛澤民建以蔡魯公所書四榜十有二字刻之石以置堂上有記存焉　寄老庵黃庭堅有賦　夢草亭在郡圃有詩云今日池塘見春草永嘉精魄獨依然　芙蓉鎮在興化縣北三十五里　迷春亭在郡圃　搖輝亭在郡圃　浮月亭在郡圃　愛日亭在郡圃　聽雪亭在四達齋之前　瑞香軒在郡圃　射陽湖　瞻衮堂在郡北城上紹興四年都督丞相張公撫臨侯衛次于淮東建堂名之曰｜｜｜　戲綵堂即宅堂　濯纓亭在稅務前范文正公所建　迎翠亭在興化縣圃　玩珠

亭在樊良鎮嘉祐中楊州天長陂澤中有一珠甚大天晦多見後轉入甓社湖或在新開湖凡十餘年居民行人常見鎮正當珠往來之處行人往往維舟以待其見名亭為｜｜｜

明珠堂在郡圃

玉女井在郭下望仙橋下

三賢堂在軍學祠孫莘老秦少游喬希聖

四學士秦少游張文潛黃魯直晁無咎號｜｜｜｜

四香堂在郡圃

四達齋東坡銘其齋云高郵趙使君晦之作齋東圃戶牖四達因以名之眉山蘇軾過而為之銘云有藏于中必謀于外惟慢與謹皆盜之誨孰知此間空洞無物戶牖闢闔廣為四達擊去盜易使無盜難我無可護以守則全道使無心得法赤溪四出其齋以達民迷

八字橋在軍城嶽廟之前

七里湖離軍城二十七里

眾樂園有堂曰時燕豐瑞玉水臺門華胥池曰搖輝閣曰飛瞰亭庵曰四香序賢曰煙客曰塵外曰樂聖曰迷春楊蟠公濟記

豐瑞堂在西廳之後以花瑞得名

千人湖寰宇記云在興化縣東一百二十里故老相傳云隋末有千餘人避難於此得見太平因號｜｜｜凡有八湖皆在邑界

高沙館郎國信監司之行衙平阿湖離城八十里平望湖在興化縣西一十八
里平津堰在高郵縣唐節度使李吉甫所築水壁院在軍治米元章畫史云乃曹仁
熙筆仁熙畫水古今無比世所寶惜水玉亭在郡圃石臼湖離城五十里白沙
湖在興化南一十里南兗州記云湖岸有丨丨故名黃蒲堰在興化縣綠楊湖在軍
東南離城三十里釣魚臺在高郵縣甓社湖之西南舊傳熙甯中有道人築臺于此朝夕垂釣
自言有二大魚自西來當爲釣之免爲生靈害鯽鯉湖去興化三十里鳳凰河在興化以
仲氏兩舍人世掌絲綸得名驪潭湖離城一百四十里鵝兒泊離軍城三十里龍
角院在軍城院藏一丨丨其色瑩然與青玉無異遇風雨晦冥則雲氣常覆其上排牙石
在高郵縣神居山其石如丨丨人欲數之者自始至終其數必差自終至始其差愈甚終無能知其數之
的者甓社湖離城三十里丨丨丨有明珠崔伯易有賦孫莘老家于湖陰夜讀書覺窗明如晝循

湖求之見珠于湖是年莘老登科

神居山　輿地廣記云軍有｜｜｜

得勝湖　張榮賈虎率山東彊壯號義軍由梁山泊與金人轉戰至于承楚師皆舟艦時敵監軍撻辣在泰州義軍刼之敵浸苦之榮等親統精甲萬人設伏掩擊於率頭湖出敵不意隻舸匹馬無還者湖水爲之變色殺獲敵騎馬蘆巴等萬餘人生擒萬戶千戶并撻辣親弟破辣叔等湖因改名｜｜

平淮堰　在高郵境內溉田數千頃元和中節度使李吉甫所築

捍海堰　在興化縣唐大歷中使者李承剏焉國朝天聖初張綸刺泰州范文正監西溪倉悉力修之踰年堰成三州皆立張范祠以奉之文正自堰成而來宰斯邑邑人德之繪像祠于學

北阿鎮　離城九十里在晉爲三阿郎謝元破堅將彭超之地

樊梁溪　寰宇記云在高郵縣北二十里源出天長軍石梁河下入縣界

漕河隄　天禧中張綸爲江淮發運使築高郵北｜｜｜二百里旁錮以巨石爲十閘以泄橫流事畧

古跡

邗州唐志在武德七年　**承州**建炎二年陞高郵縣爲承州　**廣業郡**隋志云梁置｜｜｜

神農郡隋志云梁置｜｜｜　**三歸縣**輿地廣記曰唐置　**竹塘縣**輿地廣記曰唐置

吳公湖在興化舊經云昔有吳尙隱居湖側　**邵伯堰**運河所通　**樊艮鎮**離城十八里漢樊噲常遊此處爲之立祠

昭陽山寰宇記云在興化縣西南四里有廟號｜｜府君按史記昭陽爲楚懷王令尹出入將相注云昭姓陽名也

張艮湖在城西北離軍城二十里

姜里湖離軍城五十里　**法華院鐘**在興化縣南麥亭鎮唐咸通四年置有銅鐘款識唐乾甯中鑄

捍海堰天聖四年詔修泰州捍海堰范仲淹言于發運副使張綸請修復之綸奏以仲淹知興化縣總其役仲淹以憂去綸表願身自總役乃命綸兼知泰州踰年堰成流庸歸者三千六百餘戶民爲綸立生祠

東嶽廟在城東三里五十步太平興國中建爲屋幾千楹爲東淮祠廟之冠

露筋廟去城三十里舊傳有女夜過此天陰蚊盛有耕夫田舍在焉其嫂止宿姑曰吾甯處死不

可失節遂以蚊死其筋見焉

楊行密冢 在高郵縣土山者舊相傳行密薨爲冢以葬夜以私人舁其柩葬此山

陳崇儀塚 在王琴村

官吏

狄棐王琪吳充邵必 元祐太守題名云如狄棐王梁琪吳充邵必之儔皆卿才也

周翰 太平興國五年知軍

范仲淹 宰興化詳見海堰下

吳充 仁宗朝知太常禮院張貴妃薨大臣希意欲隆其禮充即移開封治吏罪御史劾開封觀望不治吏罪執政疑充諷之出知高郵軍事畧

楊蟠 字公濟錢塘人也登進士第有文名爲西湖百詠元祐中知軍事成衆樂園建諸亭樹有詩并記

羅薦可 沙縣人靖康中爲高郵理曹會京城陷敵叛臣竊位號肆僞赦其文書至高郵守欲拜之薦可毅然不可宿留數日而建炎赦令下事上聞天子命褒以京秩

張浚 言行錄云初薛慶據高郵軍衆至數萬且聞慶等欲歸公麾下公請自往招撫之遂入高郵入慶壘出黃榜諭之慶欲求

厚賞閤公三日而外間不知宰執議還罷公樞筦奉
祠慶以兵衞公出乃召赴行在就職上撫勞再四親
書御製中和堂詩賜之畧曰願同越勾踐焦
思先吾身卒章曰高風動君子屬意種蠡臣 **薛慶** 年繫
錄云建炎三年據高郵附者日衆知樞密院張浚聞
慶等無所係屬欲歸麾下親往招之詔以慶知高郵
軍建炎四年七月承州天長軍鎮撫使｜｜及金人
戰于揚州城下死之敵假道於承以攻楚慶不聽至
是被害慶起潢池其衆多驍雋敢鬬慶臨敵勇亦能
以少擊衆故慶死承州遂陷楚勢孤卒無以抗賊人
皆惜之訃聞贈保甯軍承宣使 **鍾離濬** 繫年錄云紹興二年從事郎知高郵縣｜｜｜先爲薛慶幕客屢勉以忠義慶信用之
陳順 **車定方** 繫年錄云高郵軍初復闕兵與糧秉義郎陳順忠翊郎車定方各集義兵數百人自備衣糧器械各轉官資以賞之
呂令問 紹興三十一年以知高郵縣事就知高郵軍仍賜經制錢二萬緡常平米三千石爲復軍之費繫年錄
陳敏 隆興二年知軍事乾道五年再知軍事

人物

喬康舜 高郵人初唐代宗朝吏部有選人橋叔獻喬欽道以明經出身同甲而奏帝見喬橋二姓批其狀曰大高高爲喬理甚明白加之以木一何贅乎並令去木爲喬 **崔希甫** 有文武才嘗潘美薦于朝召見賜金紫知原州召拜監察御史更置諸道事務又面賜金帶仍命賜魚時號重金御史 **孫正臣孫莘老** 孫正臣邵武人卜居高郵官至龍圖閣與孫莘老俱稱龍圖至今高郵有兩孫龍圖 **朱壽昌** 朱壽昌父守雍日年三歲母劉氏嫁民間母子不相知者五十年熙寧初棄官入秦尋訪行次同州遂獲其母相持慟哭感動行路乃迎以歸由是以孝聞天下王荊公而下皆有孝子詩數百篇後從居高郵邦人賢之名其里曰彰孝 **孫覺** 字莘老高郵人胡安定之高第與東坡諸公游唱和甚多魯直其壻也元豐八年自祕書少監除右諫議元祐初除給事遷吏侍與東坡諸公游至相善唱和甚多紹聖中以覺爲元祐黨奪職追官徽宗立復故官職弟覽 **孫覽** 爲司農寺簿時制司農寺

者兼知諫院欲引公以助已公力拒之請外補經略環慶嘗獲盜十餘人具獄公得其寃遽盡釋之僚吏皆恐懼公曰倘失有罪吾自任之已而鄰邑果得眞盜

喬執中 字希聖高郵臨澤人仕于朝爲給事中紹聖二年出知鄆州與孫秦齊名號曰三賢

秦觀 字少游高郵人習制科擢館職與張耒黃庭堅晁補之號爲四學士出爲杭倅貴監處州酒稅貶宜州道由藤州自作哀稅又爲長短句有醉卧古藤陰下了不知南北遂没于藤有淮海閒居集

陳崇儀 儂賊犯交廣狄武襄貴崇儀使陳□以示威首斬之軍聲大振竟破賊而桂人爲崇儀建廟貌祀事至今東坡先生以書抵廣西憲曹子方云故崇儀陳侯忠勇絶世死非其罪乞載祀典使此侯英魄少信眉於地中武襄必無濫誅而廣人奉事之益嚴又有東坡之說如此不可曉也侯高郵人

秦覿 覿字少章有詩名坡谷皆稱之

仙釋

魏景南 景南字同叟高郵之隱君子也嘗遇華山元翁從授鍊丹鍊劍長生之術元翁師劉海蟾

海蟾師呂洞賓故景南著書論神仙事號太沖

郟道光 在高郵縣迎仙橋近東曰泉亭卽玉女井也舊經云東齊|||與其女居井旁煉丹丹成白日仙去事見神仙傳

元先生 先生游興化縣市曰吾術能以糞壤爲黃金一旦謂所館賈氏曰吾將還矣言訖舉葦蓆置之溪流趺坐其上汎汎而逝

售筆生 建炎初父老售筆與仙遇日售筆十則止會漕使過境見之問曰能飲否曰可飲一斗命酒飲之飲畢長揖而起遺所攜筆籃於舟中漕俾左右取而還之盡力莫能勝訪而告之笑曰奚難取之去後遊儀眞求薪累爲棚坐其中自舉燧火解而化年九十有七顏筆子之火解也有頌曰其道以元其悟以禪遊人閒世九十七年其生也如食牛之虎其死也如脫殼之蟬又云來時作筆去時莫管紅焰光中白毫自滿

舉直禪師 唐懿宗子僖宗弟也杖策遊方抵維揚之境規地望氣欲留闤化得太平倉基以其地爲鎭國禪院居之仍賜號舉直從葬於院之隅

慶禪師 諱昭慶字顯之俗姓林氏泉州晉江人也法嗣黃龍惠南禪師熙甯中遊淮南往來廣陵天長高郵閒而高郵之人遂以乾明

詞師出世

桑景舒 皇朝類苑云桑景舒高郵人善樂律舊傳有虞美人草聞人作虞美人曲則枝葉皆動他曲不然景舒詳其曲聲曰皆吳音也他日取琴試用吳音製一曲對草鼓之枝葉亦動乃謂之虞美人操景舒登進士第今虞美人操盛行於世而莫知其所始

碑記

寶嚴院石刻 在興化縣舊縣治唐大順九年置塔基甃石有刻尚存

南宮米公碑 詞云澤國之女嚐膚露筋不就有幃之子氏不顯于一時名可揭於萬世

新建高郵軍城記 梁周翰撰

禪居寺五百羅漢殿記 紹興四年太歲丁丑漣水軍使米芾書

掩關銘 秦觀元豐初舉進士不中退居高郵杜門卻掃以詩書自娛乃作掩關之銘

高郵志 無編集人姓名

高郵詩 秦少游編

詩

吳歌喧兩岸楚客醉孤舟漸覺潮初上悽然多暮愁唐人祖詠詩素心愛雲水此日東南行笑解塵纓處滄浪無限清范文正公濯纓亭詩滄浪清可愛白鳥鑑中飛不信有京洛風塵化客衣同上范文正公詩近聞高郵間有虎夜陵辱哀哉露筋女萬刧讎不復歐陽公在滁苦蚊作詩曰云云過淮風氣清一洗塵埃容水木漸幽茂菰蒲雜游龍東坡但欣爭訟少未覺舟車多同上濛濛春雨濕邗溝蓬底安眠晝擁衾知有故人家在此速將詩卷洗閑愁同上九陌黃塵烏帽底五湖春水白鷗前扁舟不爲鱸魚去收

取聲名四十年山谷往歲在辛丑從師海潁州外家有行役拜公古邗溝黃山谷詩甓社湖中有明月淮南草木借光輝孫莘老於甓社讀書夜見明珠而登第山谷遺之詩東南淮海惟揚州國士無雙秦少游山谷吾鄉如覆盂地據揚楚脊環以萬頃湖粘天無四壁秦淮海詩高郵西北多巨湖累累相貫如連珠秦少游詩霜落邗溝積水清寒星無數傍船明菰蒲深處疑無地忽有人家笑語聲秦少游詩鮮鯽經年漬醽醁團臍紫蟹脂塡腹後春蓴茁滑於酥先社薑芽肥勝肉秦少游寄坡翁詩九日淸樽欺白髮十年爲客負黃花淮海少年天下士可能無地落烏紗陳師道詩平生

湖海意不爲有魚罾同上　一川風月高郵夜玉塵清談
畫鷁舟曾鞏高郵逢人詩　吏隱孟城九十旬豐年日日是佳
辰五壇芍藥齊敎放何處楊州更覓春楊蟠時燕堂詩　小池
鷗鷺不成羣池畔蕭然一史君時霎醉眠春雨足覺
來衣上有閒雲楊蟠玉水堂詩　吏退更無人迹到一天魂夢
任遊揚楊蟠煙客亭詩　三十六湖水所瀦其間尤大爲五湖
蘇頴叔詩　中間可以置郵戍隱然高阜如覆盂同上　大開名
園治亭榭時燕朱履爲歡娛時燕堂詩　高臺雄跨一千尺
熙熙樂國遊華胥華胥臺詩　堂軒峻疊青壁滑老蚌放開
明月珠明珠亭　蒼龍脫角瑩且澤鮮瓜自與風雷俱郟

家女子已仙去尙有故井存通衢（玉女井詩）凌波羅襪塵
欲起冉冉玉水翻紅渠（玉水堂詩）搖輝蘸影弄姿媚粉黛
醉倒無人扶（搖輝閣詩）牡丹芍藥開四達（四秀亭詩）品第求必
楊州殊武陵迷春無處問（迷春亭詩）杳杳仙路來盤紆流
盃插花勸客飲（樂聖亭詩）霏霜濺雪來坐隅序賢祈爵發
鳴鏑（序賢亭）傳花疊語爭喧呼主人能詩有仙格錦囊
麗藻紛披敷擬驅輕駕逐煙客（煙客亭詩）曠浪塵外天爲
徒（塵外庵）夢得池塘生春草一句我知今古無西歸定
躡瀛嶠頂氣象早已居蓬壺甘棠留愛在他日好事
傳作淮南圖（並蔣穎叔詩）淮南千里鶯花老月照關山笛

裏愁（孔夷）秦郎家畔一甌茶何處清涼不是家客子三盃玉泉酒主人一曲浪淘沙（呂本中詩）他年但飽楊州米今日[甯]論甓社珠（張表臣詩）甓社湖邊路詩筒得報囘舊時雲液酒新歲雨肥梅（曾幾詩）一州斗大君休笑國士秦郎此故鄉（楊誠齋詩）

四六

盡百粤之土疆竭三吳之地利千艘旁午萬里飛馳必由是塗實曰重地（高凝祐乞建軍表是梁周翰軍城記）眷秦郵之要路控隋漕之通津（高凝祐建軍表）瞰滄海之西陲通清淮之北走（梁周翰軍城記）楚舊封淮海善地（舊題名記）

輿地紀勝卷第四十三

輿地紀勝卷第四十四

東陽王象之編　甘泉岑鎔淦長生校刊

淮南東路

盱眙軍　龜山　泗口　都梁

軍沿革　盱眙志不載郡望之上中下

盱眙軍　禹貢揚州之域禹貢淮海爲揚州本軍舊屬泗州故舊分野隸徐州然盱眙軍治實在淮水之南則分置當在揚州之域於天文爲鶉尾星紀之次舊經以爲在牛女之間晏公類要凡淮南路皆以爲鶉尾之分星紀之次今盱眙雖隸泗州所統而軍治實在淮水之南當依揚州分野曰鶉尾之分星紀之次春秋時爲吳善道之地左氏襄公五年孟獻子孫文子會吳于善道然以善道爲盱眙他書無所經見惟元和郡

縣志於楚州盱眙縣下書曰本春秋善道吳滅屬楚地襄公五年會吳處也通典曰春秋屬吳史記楚世家云越已滅吳不能正江淮北楚東侵廣地至泗上今盱眙與泗州相對則其地當屬楚六國時楚始爲縣顧野王輿地記云六國時楚邑寰宇記云本秦舊縣元和郡縣志及通典以爲漢置縣不同象之謹按楚懷王初立都盱眙既爲國都則是秦縣秦二世時項羽立楚懷王孫心爲楚懷王都於此此據漢高帝紀及項羽傳在西漢爲盱眙縣屬臨淮郡爲臨淮都尉治所西漢志臨淮郡盱眙縣下注云爲都尉治所王莽改縣曰武康西漢志東漢屬下邳國東漢志下邳國下有盱眙縣漢末劉備自將拒袁術於盱眙通鑑在獻帝建安元年西晉臨淮郡治盱眙晉志東晉安帝以盱眙立盱眙郡統考城直瀆陽城三縣晉志宋文帝北伐初盱

眙太守沈璞到官之初江淮無警璞以郡當要衝乃繕城浚隍積穀儲矢石以爲戰守之備及魏兵南向臧質與璞共守魏太武以三十萬衆圍三旬不克而退通鑑在元嘉二十七年及二十八年南齊北兗州自淮陰移鎭盱眙仍領盱眙郡南齊志在大建四年盱眙郡領考城盱眙陽城直瀆長樂五縣南齊志魏置盱眙郡隋志陳置北譙州尋省隋初郡廢以縣屬楊州又併考城直瀆陽城三縣入焉並隋志煬帝置驛宮于此煬帝方事游幸自長安至江都爲離宮四十都梁居其一焉唐改西楚州唐志泗州盱眙縣書曰武德四年以縣置西楚州尋廢以縣隸楚州唐志在武德八年元和郡縣志及通典並隸楚州惟唐志隸泗州德宗時

改隸泗州唐志泗州盱眙縣下注云建中二年來屬五代楊氏李氏繼有其地周世宗征淮南地歸版圖通鑑顯德四年拔泗州國朝初屬楚州復隸于泗九域志在乾德元年隸淮南東路熙甯五年中興以來陞爲盱眙軍始以南北往來之衝繫年錄云建炎三年六月升盱眙縣爲盱眙軍建炎四年九月廢盱眙軍爲縣隸泗州紹興十一年隸天長軍十二年五月詔陞盱眙縣爲軍廢天長爲縣隸盱眙以便於沿邊關報故也進築盱眙城紹興六年五月繫年錄云江南東路安撫使張俊進屯盱眙右僕射張浚命依山築城築城之際僞齊遣三百騎於泗州境上臨淮佇觀久之而去今領縣三治盱眙兼領榷場紹興十二年

縣沿革

盱眙縣

緊

倚郭阮勝之南兗州記云本春秋善道之地輿地志云六國時楚邑秦二世時項羽立楚懷王孫心爲楚王都此寰宇記云漢以爲縣晉義熙中於此置盱眙郡通鑑元嘉二十七年魏太武南侵攻盱眙不能克而去宋書云元嘉二十八年徙廣陵理盱眙三十年復還廣陵梁末侯景之亂陷于東魏通鑑陳宣帝大建五年吳明徹復江北八月盱眙城降寰宇記云後周立盱眙郡隋開皇初郡廢唐武德四年爲西楚州尋廢以縣屬楚州唐志云光宅初改曰建中後復故名建中二年來屬泗州後屬楚州圖經云乾德四年隸泗州建炎二年陞爲軍後四年廢爲縣紹興十一年隸天長軍十二年後爲軍以縣屬焉

天長縣 望

在郡東一百四十里圖經云本漢廣陵縣之石梁舊曰沛縣至梁爲涇州侯景改曰淮州至陳時州廢□涇城東陽二郡爲沛郡至後周改郡曰石梁郡縣曰石梁縣石梁在今縣北二十五里隋初郡廢大業間改曰永福唐志楊州六合下注云天寶元年析江都六合高郵縣地置千秋縣寰宇記云元宗誕辰名千

秋節遂改縣爲天長縣隸揚州又按會稽志云元宗初以誕節爲千秋節後又改爲天長地久節故千秋觀亦隨節名改天長觀則天長縣之改名亦此意歟圖經又云晉天福中江南主命爲建武軍周顯德四年平江淮改爲雄州國朝旣尅江南乃降雄州爲天長軍兼領縣事五代史云天長六合故屬揚州南唐以天長爲軍六合爲雄州不同國朝會要云天長軍唐縣周以揚州天長縣建天長軍至道二年復爲縣來隸揚州建炎元年升爲軍四年廢爲縣紹興十一年復升爲軍繫年錄云紹興十二年正月樞密行府奏陞天長縣爲軍割盱眙招信兩縣隸之仍於盱眙置榷場五月詔廢天長軍爲縣隸盱眙軍

招信縣

在郡西六十里元和郡縣志云本漢淮陵縣地屬臨淮郡後漢屬下邳國宋孝武時自淮北徙淮陵縣改爲南池縣寰宇記云宋書泰始三年以濟北流人寓於此土遂分鍾離東界置濟陰郡又改南池縣屬徐州北齊淸和二年移於今理隋志鍾離郡化明縣下注云故曰睢陵置濟陰郡後齊改縣曰池南陳復曰

睢陵後周改爲昭義開皇初郡廢屬濠州大業初改名化明武德四年更化明曰昭義又析置睢陵縣尋廢立爲化州國朝會要云招信本名昭義乾德元年自濠州來隸太平興國元年改曰招信建炎四年撥隸濠州紹興二年復十一年隸天長軍十二年隸盱眙軍

風俗形勝

爲國北門號今重鎮都梁志序地連洙泗有東魯之遺風郡守沈該勸學文襟帶吳楚屏翰京邑蓋神州赤縣之地非榆關沙漠之比也仰觀天宇下瞰郛郭淸淮耀明古汴涵景章綱東南起秀記東南之秀實起於此章綱記曰鬱鬱蔥蔥之氣萃於東南而｜｜｜｜｜｜｜故榜斯亭曰東南起秀北對淸泗臨淮守險有平陽石鼈田稻豐饒南齊志兗州下北盱眙本屬下邳隋志

謂其地在列國爲楚魯之交士得齊魯之所尚莫不尊儒慕學有洙泗之俗隋書地理志郡有摧場爲南北貿遷之地圖經盱眙實梁宋吳楚之衝陸游翠屏堂記方國家承平時邊郡游觀有雅歌之堂萬柳之亭雖區脫間猶能詠嘆以爲盛事而翠屏之盛又非萬柳雅歌之所可及陸游翠屏堂記晉楚之交隋志謂其地在||||江淮要衝宋沈璞以爲|||||淮南本原魏高閭以爲壽陽盱眙|||之|||也

景物上

西楚唐武德四年置|||州東溪在都梁山之東五里東山在郡治之東今爲延昌觀南兗宋元嘉中以江夏王義恭領|||州刺史鎮盱眙軍善道南兗州記曰盱眙本春秋時|

丨地

都梁 舊志云丨丨香出淮南亦名澤蘭詳見都梁山

浮山 在招信縣西七十里乃梁天監中築丨丨堰處下有石穴每淮波泛濫不能沒其穴

涇州 東魏以潘樂爲南道大都督討侯景時景據梁之丨丨改曰淮州樂破景兵復其地仍立丨丨陳太建五年吳明徹使程文季攻取丨丨

涇夾 在盱眙縣東南六十里地皆平廣昔鄧艾開築石鼈城開徐州青州竹子三涇以泄水今其地居涇之兩間因名丨丨

石城 在郡東一里昔袁術來攻劉備備拒之於盱眙時關羽駐兵於此城俗今呼爲關城也今羅漢院所占之城是也

皇城 在郡東北二十五里長圍山之側寰宇記云古老相傳謂之丨丨蓋義帝舊都也

軍山 元和郡縣志云在盱眙縣北六里魏太武築長圍圍臧質處鄧艾所營堰澗爲塘以溉稻田

魯城 在郡東三十里吳魯肅臨淮東城人也意者因肅得名亦有魯廟後魏地形志云魯縣屬淮陰隋初廢

宋城 在郡東南八十里平源鎮北

屈城 在郡東七十里雲南山

塌山 去盱眙縣十里有路以避陸山之險自此渡淮故有屈城渡

新河 在龜山鎮

元豐中發運使蔣之奇開河以避淮流之險坡詩所謂丨丨巧出龜山背是也**斗山**寰宇記云在盱眙縣西南與都梁相連枕淮水之險峻名曰丨丨**橫山**在招信縣南五十里建炎間劉綱保聚于此**直河**在盱眙縣北六十步詳見黃土崗下**曲溪**在盱眙縣西南十里舊有丨丨堰周顯德三年張永德常敗泗州兵于丨丨堰**前浦**在盱眙縣名赤欄浦亦**後浦**在舊盱眙縣北長圍山下**雲山**在盱眙縣東七十五里院昇之記云一名東陽山有煬天子洞又有池名天井**淮水**在望京門外與泗州分水為界**劍山**在天長縣北四十五里十道志云吳王濞於此鑄錢**冶山**在天長縣南五十里亦吳鑄錢之所**響洞**在崇福院後洞方圓丈許語響輒應**繡谷**在普濟院南白虎坡其石巖多花木春日如錦繡因以為名**龜山**在盱眙縣北三丨里其西南上有絕壁下有重淵廣記丨丨禹治水以鐵鎖鎖淮渦水神無支奇於丨丨之足唐永泰中李湯以牛五十引鎖出之鎖末有一青猿高五丈許復拽牛沒水**驢湖**在天長縣北一里舊傳有二驢鬭於此須臾雲霧四

合平地起波至今隂晦間水下有雞犬機織之聲

榷場 繫年錄云紹興二年正月癸卯樞密行府劄盱眙縣隸天長軍仍於盱眙置榷場五月辛丑陞盱眙為軍以沈該知軍事措置榷場每交易千錢各收五釐息錢入官其後又置於光州棗陽安豐軍花靨鎮皆以盱眙為準

景物下

淮山樓 在郡治其治即舊都梁臺也 **同樂樓** 在郡治 **清淮樓** 在市街之東

起秀亭 在玻瓈泉上 **浮空亭** 在浮山頂上東坡詩云人言此地是鼇宮升降隨波與海同共坐船中那得見乾坤浮水水浮空 **翠屏堂** 在起秀亭杏花巖之前 **繡谷亭** 凡五亭俱在崇福寺曰託根曰竹莊曰香雪曰杏村因其有梅竹茶蘼紅杏而榜之也 **北望亭** 在郡之東山 **濯纓亭** 在郡東門之外二里 **都梁山** 隋志楊州盱眙縣下有丨丨丨元和郡縣志云隋於此置都梁宮出都梁香因名古詩云博山爐中百和香鬱金蘇合與丨丨 **玻瓈泉** 在第

一都山之下張文潛詩云一一美酒舊知名又云待君一勺一一一崇寧中劉晦叔名之曰一一一**玻瓈山**見山**玉環山**在招信縣西二十五里寰宇記曰其狀如玉環**銅城鎮**在天長縣西北四十五里漢吳王濞有大銅山即山鑄錢後因名鎮**寶積山**在郡南與都梁山相接明**大珠賦**嘉祐中天長縣陂澤中有一珠甚大張殼大如半席殼中白光如銀珠大如拳爛然不可正視林木皆如日初照其行如飛崔伯易見之嘗為一一一沈存中筆談**第一峯**見下**第一山**在郡之東普濟院後山也米元章詩有云莫論衡霍撞星斗且是東南一一一**三臺山**在招信縣南九十里保聚之所其上可屯十萬衆**三石洞**在報恩寺後三洞相連**五臺山**郎龜山也上有五名曰迎葉曰寶積曰紫銅曰五峯曰七歸來號為南一一一詳見張商英龜山水陸院記**眼泉**在古離官之西南有流盃池**九頭山**寰宇記云在城南三十五里山有九邱因名**百牛潭**在龜山塔北數步唐永泰中太守李湯以百牛引出鐵鎖末有一青猿高五丈許復拽牛

沒水

萬歲湖寰宇記云在城西二里方圓三十里昔周世宗駐蹕于此民因山呼因以爲名焉

東陽山寰宇記云在盱眙縣東七十里阮昇之記云｜｜｜上有池一名天井冬夏水深五丈

東陽城在盱眙東七十五里通典曰秦東陽縣城寰宇記云周回約十餘里俗傳楊行密亦嘗據此

南極山在盱眙縣南一里今烈帝廟基也

白水塘在盱眙縣東七十里東陽城東鄧艾石鼈屯之故地按唐地理志云去宜安縣西南八十里今在盱眙縣界

黃土岡唐志云盱眙縣有直河太極元年勅使魏景倩引淮水至｜｜｜以通楊州

洪澤浦元和郡縣志在盱眙縣北三十里本名破釜澗煬帝幸江都經此浦宿時亢旱至是降雨流汎因改破釜爲洪澤

紫陽山在招信縣西四十里舊經云古傳於此鑄莫邪山有試劍石及磨劍池

赤欄浦寰宇記云在盱眙縣城南二里上作赤欄橋遂名

青平山在招信縣東南二十五里紹興三十一年劉澤保聚于此敵不敢近其後嘉定末年武統制敗敵于此

清眼泉在盱眙縣西二十里魚勒村

長

圍山 又有長圍城寰宇記云在盱眙縣北七里圖經云在古盱眙城東五里宋文帝時臧質守盱眙魏太武遂於都梁山築長圍城造浮橋絶水路卽此

長沙河 在盱眙縣長一里餘高丈餘淮水泛漲賴以捍禦蘇軾詩云十里清淮上長堤轉雪龍是也

盱眙山 寰宇記云在盱眙縣東南四十里按阮昇之記云其山形若馬鞍遂名馬鞍天寶中改爲丨丨丨

天長城 楊行密所築城也

石梁城 在天長縣北二十五里卽後固丨丨丨

石梁溪 寰宇記云源出滁州山澗中東流與木瓜河合宋元嘉中澗出九銅鍾

木瓜河 寰宇記云源出六合縣山澗中又有木瓜山亦在六合縣南二十五里

種瓜堆 在招信縣東二十里幽冥錄云孫堅葬其母于此鍾乃孫堅父也

龜山院 在盱眙縣北三十里有塔在寺之西南隅

馬鞍山 在郡南二十五里或名盱眙山

石牛山 在盱眙縣南十里五道巷上有石狀若牛因名

猪龍潭 在長沙江之東舊有豬龍在其中

鳴鶴塘 寰宇記云在盱眙縣東十五里其塘衆鶴所集鳴喚尤多因以爲名釣

魚臺寰宇記云煬帝立

臥牛泉在南鏽谷

黃龍港在盱眙之小圍城東

白虎坡在普濟院

杏花巖在崇福寺後

北望亭取東坡詩地隔中原勞北望之語

啄弋河寰宇記云在招信縣東二百步

浮山堰元和郡縣志云在招信縣西北六十里梁武帝天監十二年與｜｜｜同時修築

浮山洞同在淮上夏潦不能及而冬不加高故人疑其浮也坡詩云人言洞府是鼇宮升降隨波與海通共座船中那得見乾坤浮水水浮空

望州山在盱眙縣南五里五道港此自南而登見泗州城因名｜｜｜

磨旗山在盱眙縣東南四里一名神山

搖鈴崗及走馬嶺皆在招信縣之睢陵城南二十里舊傳周世宗平滁時嘗奏捷于此故名之

覆釜山在六合縣南六十里

烽子山在六合縣南九十里有烽火臺

臺子山寰宇記云在盱眙縣東一里按宋書云元和二十七年宋將臧質守盱眙以拒魏師魏造弩臺以射城中因以為名

廣巖院在招信縣西南舊傳有僧築菴於此植檜二株今皆合抱焉寺中又有古壁畫十大

高僧**普濟院**在第一山下玻瓈泉起秀亭淮山堂皆在寺中**得勝河**在天長縣北七里舊傳昔漢高祖自將兵擊淮南王英布獲勝於此因名**崇勝寺**在白虎坡西寺有十六小院今止有北慈氏寺一院**崇福院**在慈氏山妙高峯下有檀香慈氏菩薩蔣穎叔作記及蘇子瞻書殿榜

先福寺在郡東二十五里古　盱眙城有眞寂大師傳**樂樂堆**在天長縣西北一十五里舊傳隋煬帝幸江都駐蹕於此作樂**道人山**寰宇記天在天長縣東三十五里**羅漢井**在古盱眙先福寺先有僧伽道人過此曰茲　山下有石井後當開發及眞寂來住山以乞水請山下發井如僧伽宿記郎謂云｜｜｜盱眙寶積山下又有羅漢泉**聖母井**在龜山靈濟廟內俗傳泗州僧伽降水母于此**水母洞**在龜山寺俗傳泗州僧伽降水母于此**淮山偉觀**舊名會景吳說改曰淮山偉觀

古跡

廢臧質城 又名古盱眙城在郡北二十里寰宇記云西近淮水宋元嘉中臧質拒魏太武之師於此隋大業中孟遜賊據都梁公其年王世充修理此城屯軍破賊武德中輔公祏叛徐世勣在此屯軍破公祏其後空廢

東陽故城 寰宇記云北至東陽山周迴一十里在盱眙縣東七十五里按史記項羽本紀注云東陽縣今屬臨淮郡漢明帝廢分屬下邳後屬廣陵又陳嬰爲東陽令即此城也

魯城 寰宇記在盱眙縣南三十里按後魏地形志魯縣屬淮陰隋初廢

古奔精城 寰宇記云在招信縣南六十里古老相傳云是蠻精奔王所築未詳年代

古淮陵城 寰宇記云在招信縣西北二十五里漢志爲淮陵縣

古濟陰城 寰宇記云在招信縣東二里宋泰始二年築置淮陰郡北帶長淮河淸三年水溢淹倒緣淮諸郡多移徙此城遂廢唐志云武德二年縣人楊益自據爲化州刺史又置濟陰縣四年乃來降正觀元年廢化州省濟陰

古公路城 寰宇記云在招信縣北六十里後漢袁術所築

魏武城 在龜山寺後魏太武初與臧質相拒于此

睢陵城 在招

信縣南六十里寰宇記云唐武德二年刺
史楊益德置爲睢陵縣至武德四年廢
都梁宮
在
盱
眙縣東十五里太平御覽云隋煬帝立圖經云昔隋
之爲｜｜｜｜也煬帝方事游幸自長安至江都爲離
宮四十二都梁居其一其中宮殿三重長廊周迴西
有七眼泉合而爲一流上作流盃又造釣魚臺別造
四望殿又有曲
河以安龍舟
都梁驛宮
寰宇記云在盱眙縣東南
一十五里隋開皇六年煬
帝在都梁山避暑回向楊州因
此路置向東一百里入楊州界
相公府城
紹與張魏
公都督行
府臺址其城
周回二十里
泗口
東晉太甯初年兗州刺史劉
退自彭城退屯｜｜卽此也
角城鎮
晉安帝
時置
北譙州
陳
置
西楚州
武德四年
置尋廢
石鼈屯田
東
晉
升平中荀羨鎮下邳屯田
于東陽之石鼈公私利之
漢火鼎玉鞭
紹興戊辰鄉
民得銅鼎獻
于郡太守畢艮史辭其歎誌云此漢火鼎也得鼎處
必有玉鞭後因驟雨過忽見玉鞭民急取之鞭卽入
地隨廳隨下以钁
碎之止得二四寸
煬天子洞
在雲山東涂數丈石壁
上有箭眼并手跡者舊

相傳爲煬天子洞介子推廟□□□義帝祠在盱眙縣之臺子山靈智廟在郡治西後周顯德間太祖南征攻泗州有軍騎萬餘聲援使人探之旗幟間有馬給事字繼而城降乃知有馬給事墓因立廟梁山伯祝英臺墓在招信縣東武涉墓在古盱眙城史記張華注云在縣東十里張元伯墓去郡東二十里在張范村按後漢范式傳云式字巨卿山陽金鄉人少游太學與張邵爲友邵字元伯與巨卿以信士相期式爲郡工曹後元伯卒式夢元伯云吾以某日死以某日葬式恍然覺具告太守請往奔喪式未及到而喪已發引旣至將窆而柩不肯進其母曰豈有所待耶已而巨卿至爲之引柩會葬者千人咸爲之揮涕云王彭父墓寰宇記云在盱眙縣東北一十七里桑維翰墓在盱眙縣崇福院招隱洞之北圖經云耶律之亂爲張彥澤所殺耶律德光還其尸葬于此潘逍遙墓在白虎坡下潘閬字逍遙有清才善詩得罪亡命會赦方出以信州助教召之移泗州參軍而死馬給事墓見靈智廟下

官吏

孫堅吳郡富春人熹平元年以破賊許昌功補鹽瀆丞數歲徙盱眙丞又徙下邳丞江表傳曰堅歷佐三縣所在有稱

宋沈璞元嘉末爲盱眙太守魏太武入寇璞與臧質共守盱眙城太武以三十萬衆攻之三旬不克而去臧質以璞城主使之上露板璞固辭歸功於質上聞而益嘉之

沈慶之元嘉三十年以領軍將軍南兗州刺史鎮盱眙軍焉

魚洪襄陽人嘗爲盱眙太守

齊張沖少有至性隨從叔永爲將帥除盱眙太守又爲青冀二州刺史又爲舒州刺史一歲之中四授刺史

顧非熊況之子也唐大中時爲盱眙簿善詩藝文志有詩一卷後棄官隱茅山

陶令忘其名靖康間知盱眙縣爲人峭直有守徽廟南幸以南山有十景欲臨幸令所在濬道令辭以爲不可謂除道非旬浹不可上嘉其直而止

江夢孫南唐時爲天長令縣民爭馬訟久不決夢孫縱馬於郊馬奔數十里入主之家其訟遂決又天長廳事舊有妖夢孫乃端坐而謂之汝爲神必當聰明正直豈可與

邑長爭此居
哉其怪遂息
包拯盧州人知天長縣有訴盜割牛舌
耳者公使歸屠牛鬻之旣而有告
私屠牛者公曰何爲割牛舌沈該湖州人自紹興十
而又告之盜色變遂引伏二年創置軍額郎
爲太守十五年平江人爲盱眙縣尉紹興辛巳
又知後爲相云夏俊金敵入寇俊與士入胡昉部八
十四人夜攻泗州僞知州棄城走張俊紹興五年以
俊入城撫勞詔俊乃就知泗州其軍爲行營
中護軍六年軍盱眙紹興七年爲淮南吳說紹興六
西路宣撫使盱眙軍置司並繫年錄年執政
進呈知盱眙軍｜｜奏乞禁止採蝛上日昇矜天物
誠可禁第貧民以爲生一旦禁之恐致失業古之聖
人先仁民而後愛物今但官司
不得買蝛民間從便繫年錄

人物

漢陳嬰本秦東陽縣令史縣人殺其令立嬰武涉漢
後嬰相相懷王都盱眙盱眙東陽卽今盱眙書
韓信傳項羽使盱眙人武涉魏相陳矯東陽人明帝
說信以三分天下信不從時爲尚書令

帝嘗幸至尚書門嬙跪曰陛下欲何之帝曰欲案行文書耳嬙曰此臣職分非陛下之所宜臨也帝乃命回車其亮直如此

晉陳騫東陽人嬙之子也仕至侍中

宋王彭宋書云王彭者盱眙人也父母之喪貧無營以葬鄉里各出夫作塼塼須水而天旱乏水彭號天自訴一旦大霧塼前忽生泉水葬畢水泉自竭

唐劉行舉盱眙人徐敬業叛楊州行舉與楚州刺史李崇福連和嬰城不與從敬業遂拜為游擊將軍

皇朝楊玠老盱眙人舉孝廉不就

朱壽昌九朝通略熙寧三年駕部郎中朱壽昌天長人巽之子也初生二歲其母劉去既長訪求弗獲遂尋醫至是得於同州而在法尋醫須二年時知永興軍錢明逸表其孝節六月癸亥詔壽昌赴闕

劉位位招信人靖康初率衆勤王後金敵入寇位屢敗之又破李成兵復滁州金敵遣使誘之位斬其使未幾敵騎還自江浙奄至城下位出戰為流矢所中沒于陣詔贈建寧軍節度使建廟滁陽

仙釋

神仙洗腸池 在郡東五里東溪之北地與溪相接相傳嘗有神仙於此剖腹洗腸舊有誌刻云同游寶積到東溪將刀剖腹化愚迷時人不識眞道者只見傍人說是非他上有八百名八仙臺

梁母 旴眙人也寡居無子舍逆旅于平原亭元徽四年馬耳山道士徐盛至蒙陰遇一靑牛車車中遣人謂道士曰我平原客舍梁母也今被太上召還過蓬萊尋子喬汝爲我謝諸淸信士女語畢馳去道士還訪其處相見之日正梁母死之日也事出仙錄

眞寂大師 刱興福寺世傳眞寂有五十二化蔣之奇嘗記其事

金臂道者 五臺僧也祥符間京師久不雨被召八觀道者乃就開寶寺塔前斷其一臂是日雨降朝廷以金臂賜之因號丨丨丨丨後建龜山水陸院

鐵羅漢 龜山寺有五百丨丨丨丨建炎間兀朮犯淮將焚其寺一僧祈哀求免兀朮怒擊其首流血滿面僧走遂至羅漢洞而一羅漢血流未止寺得存

碑記

唐先福寺聖井碑在古盱眙先福寺舊有碑漫不可攷額篆唐正元寺碑上有唐翰林學士吳道微數字存焉　磬泉在古離宮西南杜家山側上有石刻曰||　繡巖堂碑米芾書　唐法華和尚焚身碑在招信縣彭村市南妙明院　都梁志　都梁詩並霍篪序　都梁續志　都梁續詩並耿與義序

詩

落帆逗淮鎮，停舫臨孤驛。韋應物次盱眙詩　養蒙分四瀆，習坎奠三荆。徙帝留餘地，封王表舊城。駱賓王望盱眙　淮增沛水長流急，城睍南峯不遜高。李昭玘過盱眙宿慈氏寺詩　東風吹雨過淮瀆，草木精神一番新。李昭玘　陶令之官去，窮愁慘別魂。白煙橫海戍，紅葉下淮村。崔峒送陸明府之官盱眙　泊舟淮水次霜降夕流清夜久潮侵岸天寒月近城常建泊舟盱眙詩黃壥欲礙龜山出白浪空分汴水來王安石淮上感事新河巧出龜山背東坡詩元豐間發運使蔣之奇始開河避河流之險故坡公詩云故人宴坐虹梁南｜｜｜｜｜｜繫舟清洛尾初見淮南山淮山相媚好曉鏡開煙鬟東坡送程表弟過淮上坐看雲山遶淮甸坡詩過淮山漸好松檜亦蒼然藹藹藏孤寺泠泠出細泉東坡眼明初見淮南樹十客相逢九吳語黃柑紫蠏見江湖紅稻白魚飽兒女東坡過泗上十里清淮上長堤轉雪龍東坡詩橋聲春市散塔影暮淮平不用殘燈火船窗夜自明東坡雪中過淮詩地隔中原勞北望潮連滄海欲

東游東坡元嘉舊事無人記故壘摧頹今在不東坡龜山詩照汴玉峯明佛刹隔淮雲海暗人家坡詩淸淮濁汴爭强雄龜山下閟支祁宮蘇子由梅生紅粟初迎臘魚躍銀刀正出淮張耒詩淮流赴海何時窮我生飄泊西復東張耒宿龜山詩東風淮聲鳴萬鼓山頭孤塔藏煙霧張耒泊龜山星低春野路月淡夜淮風張耒詩漠漠淮煙天際晚蕭蕭山雨坐中秋張耒詩孤城淮北晚鐘殘落日橋邊送客鞍張耒詩淮天水闊浮梁小城郭霜晴寶塔高張耒山川積雪堅冰地舟楫長淮古汴間張耒詩塵埃可洗憂可豁待我一勺玻瓈泉張耒贈張嘉甫疑是盱眙郭門外

月明帆席過淸淮張耒詩孤舟繫東風淮雨暗春色張耒淮山二十里秀色已在戶舟車走梁宋煙樹引吳楚張耒綠野有佳氣淸淮無點塵蔣之奇杏花巖泗水西來一帶長望中煙浪似吾鄉雲收鴈塔初晴影月照龜山午夜光沿汴曉穿楡筴影過淮時嗅稻苗香周邠過盱眙但看都梁山拱北莫尋浮磬水朝東此間半築瞿曇室底處曾營煬帝宮七眼泉邊百無念一襟披盡晚來風吳栻游南山京洛風塵千里還船頭出汴翠屛間莫論衡霍撞星斗且是東南第一山米芾第一山迢迢綠樹淮天曉靄靄紅霞海日晴遙望四山雲接水碧峯千點

數帆輕周明老題龜山回紋詩巖巖峻石疊成山下着珠蠙一水環塔影倒垂淮浪底鐘聲搖落碧雲間門前客棹洪濤急竹下碁僧白日閑一奉勝游堪借景故留詩句約重還高麗奉使朴寅亮過龜山腸斷龜山離別處夕陽孤塔自崔嵬秦觀詩扁舟出濁汴共喜泛清淮劉摯詩河分隋柳盡路入楚雲深周文詩淮山淥雪塵垢面魚稻騷除藜藿腸呂本中黃流過盡見清川呂本中盤飧已作江湖味衣袂猶餘京洛塵洗眼南山得佳處春風淮水一時新呂本中山是東南第一峯長淮古汴渺遼空登臨不是觀泉石心折神臯指顧中陳龜年極目平淮渺莽

間翠巒特地起煙鬟要渠天下無雙手題作東南第一山閻蒼舒亭聳東南第一山登臨身在白雲間市樓斜日紅高下客艇輕波絲往還輿地望中成異境將軍闕外亦胡顏郡守王渥禹迹茫茫萬里天望中皆我舊山川誰將淮水分南北直到幽燕始是邊王信聞說淮南第一山老來方此凭欄干孤城不隔長安望落日空悲汴水寒顏師魯淮海無波塞不塵題詩因得弔遺民山河信美今戎索耆老雖存亦外臣張孝忠萬里中原清未了半篙淮水碧無情楊萬里汴水一灣秋色冷中原千里暮雲低趙廱昔中原兮今邊頭抱艮圖兮氣

千牛窺泗城兮辨古汴，臨清浦兮思白溝。永嘉沈誠游都梁賦
燕山有石無人勒，却向都梁記姓名。鄭汝諧
暮煙迷海戍，遠水接淮天。拍塞凭欄恨，神京在北邊。趙□
纔入都梁郡，愁登第一山。不堪高處望，未得故疆還。趙□
第一山前萬里秋，野花衰草替人愁。中原好在平如掌，莫把長淮當白溝。蔣介
自古東南第一山，于今無異玉門關。亂雲衰草蒼茫外，赤縣神州指顧間。擊楫何人酬壯志，凭欄終日慘愁顏。中原老父應遺恨，祇見旜車歲往還。蔡戡
從來香草騷人詠，晚作離宮煬帝游。三殿重重鎖秋色，七泉脉脉貫中流。吳中旦
避暑自應歸故

國無端依舊入楊州(吳宗旦都梁宮詩)

四六

山連故堞據千里之長淮地鎮邊封俯雙城於古汴河海東縈而西帶川涂南往而北來(鮑文軍治上梁文)淮山之高上干雲霄淮水之清東浮滄溟(蔣之奇撰眞寂大師傳)矧都梁之畫境實北鄙之要藩(事迹)況貿遷有無欲阜通於商旅而還定安集在撫摩於人民(事迹)

輿地紀勝卷第四十四

輿地紀勝卷第四十五　文選樓影宋鈔本

東陽王象之編　甘泉岑鎔淦長生校刊

淮南西路

廬州

合肥　廬江郡　南豫州　淝水　德勝軍　保信軍

州沿革

廬州上　廬江郡保信軍節度九域志淮南西路安撫使淮西九郡皆屬焉建炎二年之制兼淮西制置使嘉定新制在禹貢爲揚州之域寰宇記吳地斗分野西漢地理志吳地斗分野九江廬江皆吳分又晉志自南斗十二度至須女七度爲星紀於辰在丑吳越分由九江入斗十一度廬江入斗六度廬江郡地跨九江得斗之度最多而分野則吳也春秋時屬舒春秋僖公三年徐人取舒

注云今廬江縣也故輿地廣記云春秋時屬舒戰國屬楚十道志秦爲合肥縣應劭注云夏水出城父東南至此與淮合故曰合肥屬九江郡西漢志九江郡下有合肥縣漢分立廬江國沈約宋志云漢文帝六年分淮南立廬江東漢爲合肥侯國仍隸九江郡東漢志九江郡下有合肥侯國獻帝時曹操表劉馥爲揚州刺史單馬造合肥空城建立州治通鑑在獻帝建安五年今合肥縣西二里故城是也元和郡縣志其後孫權率衆十萬圍合肥張遼敗之乃還通鑑在獻帝建安二十年三國屬魏爲重鎮寰宇記又通鑑魏明帝青龍二年帝曰先帝東置合肥南守襄陽西固祈山賊來輒破於三城之下地有所必爭也滿寵爲揚州都督上疏言合肥城西三十里有奇險可依更立新城以固守詔從之明年

孫權自出欲圍新城以其遠水積二十日不敢下船

遂無功而還通鑑魏明帝時滿寵上疏在太和六年孫權圍新城在靑龍元年乾道新城記云魏築二壘於白渡港亦號合肥城非今州城也合肥在晉屬淮南郡晉志元帝渡江以戴淵爲司州刺史鎭合肥而合肥隸淮南郡晉志宋齊之代合肥兼屬南汝陰郡爲汝陰令宋志齊志雖有廬江郡並治灊縣而無合肥縣沈約宋志於南汝陰太守下汝陰令所治云即二漢晉合肥縣後省而齊志南汝陰郡下亦有譙縣及汝陰縣而無合肥縣則是合肥亦曾改屬南汝陰郡又似改合肥爲汝陰縣小不同象之謹按通鑑宋明帝泰始二年書曰殷琰所置南汝陰太守裴季以合肥來降又書云劉胡襲合肥殺南汝陰太守裴季則宋齊當屬南汝陰郡隋志以爲梁置汝陰郡非是梁屬豫州通鑑普通二年以裴邃爲豫州刺史鎭合肥尋改壽陽爲豫州以合肥爲

南豫州通鑑梁武帝大通元年魏揚州刺史李憲以壽陽降復以壽陽爲豫州改合肥爲南豫州以夏侯亶爲豫南豫二州刺史亶治壽陽則是以豫州兼領南豫州也侯景戰敗南奔壽陽以景爲南豫州牧又以合肥更置合州以鄱陽王範爲合州刺史鎮合肥通鑑梁武帝太淸二年時鄱陽王範除南豫州刺史未至而侯景襲據壽陽乃即以景爲南豫州牧更以鄱陽王範爲合州刺史鎮合肥而元和郡縣志亦云梁太淸二年改合肥爲合州年月亦同東魏遣李穆伯來逼合肥範乃以合州輸東魏以乞師通鑑梁武帝太淸三年東魏遣大將軍李穆伯逼合肥鄱陽王範方謀討侯景藉東魏爲援乃率戰士二萬出東關以合州輸東魏以乞師高齊仍爲合州通鑑梁元帝承聖元年齊合州刺史斛斯昭攻歷陽拔之及置北陳郡見隋志合肥縣下又南齊志有北陳郡及南陳左縣恐或置於南齊而後人誤以爲高齊耳當攷陳武帝

時侯瑱引兵焚齊舟艦於合肥（通鑑在陳武帝永定元年）吳明徹破齊於呂梁盡復江北廬江合肥相繼來降遂克合州（通鑑在陳宣帝太建五年）以黃法𣰰爲合州刺史（太建五年）及吳明徹敗於彭城江北盡沒于周合州預焉（太建十一年）隋文帝改合州爲廬州（隋志云梁置南豫州又改爲合州開皇初改爲廬州不言其爲開皇幾年象之謹按通鑑陳宣帝太建十三年隋王堅即帝位改元開皇是年即以韓擒虎爲廬州總管鎮廬江）煬帝時改州爲郡以廬州爲廬江郡唐復爲廬州（武德三年）改爲廬江郡（天寶初年）復爲廬州（乾元初年）楊行密爲廬州刺史（通鑑在僖宗中和二年）而吳及南唐遂據有其地在後唐爲德勝軍節度（輿地廣記云後唐長興二年爲昭順軍節度五代史職方攷亦不載）

爲昭順軍節度一節通鑑正明六年書吳武寧節度使張崇攻安州不克還守廬州長興二年書德勝軍節度使張崇守廬州二十年不同象之謹按南唐重修巢湖大姥廟記乃德勝軍節度使都督廬州諸軍事廬州刺史以保大二年周鄴立其碑見在廟中可以爲據則在南唐非曰昭順軍矣今從通鑑及廟碑書曰爲德勝軍周世宗平淮南改爲保信軍節度通鑑在周顯德五年皇朝分淮南爲東西兩路國朝會要云太平興國元年分淮南爲東西兩路後併爲一路後併爲一路廣陵志云至道三年復併爲淮南路提舉廬壽蘄光舒濠無爲兵甲皇朝郡縣志在天禧中復分淮南爲兩路廣陵志云皇祐三年分淮南爲兩路而廬州爲西路國朝會要在熙寧五年不同兼本路兵馬鈐轄皇朝郡縣志在崇寧初中興以來兼本路安撫建炎二年以胡舜陟爲之改帥府於和州乾道三年未幾復舊乾道五年併淮南一路帥

治揚州未幾復分云此並據合肥新志今爲淮西九郡帥府

淮西制置使嘉定之制領縣三治合肥

縣沿革

合肥縣 上

倚郭元和郡縣志云本漢舊縣屬九江郡淮水與淝水合故曰合肥晉志隸淮南郡沈約宋志曰宋改合肥爲汝陰汝陰縣屬汝陰郡齊志廬江郡治謹縣而亦有汝陰縣然通鑑宋齊梁三朝多書合肥縣而不書汝陰縣不同當攷隋志又云梁曰汝陰置汝陰郡高齊分置北陳郡隋開皇初改曰合肥然通鑑開皇元年隋文帝即位即以韓擒虎爲廬州刺史鎮合肥似改於開皇之初年然陳宣帝太建五年北齊黄法𣰰以合肥來降仍命爲合州刺史又似非改於開皇初年者亦不同唐及五代不改並爲合肥縣皇朝因之

梁縣 中

在州東北六十里春秋哀公十六年吳人伐謹卽此二漢志謹縣屬汝南郡東晉謹縣隸汝陰郡元和郡縣志云本漢浚遒縣屬九江郡東晉改置謹縣因縣西北古謹城爲名輿地廣記云東魏置平梁郡陳曰梁郡隋開皇時郡廢屬廬州唐因之紹興三十二年避諱改曰梁縣

舒城縣 下

在州西南一百二十里春秋魯文公十二年羣舒叛楚注云羣舒偃姓舒庸舒鳩之屬今廬江南有舒城舒城西南有龍舒合肥志云後爲楚所併秦屬九江郡漢書云廬江六縣卽古舒城二漢志龍舒侯國並隸廬江郡沈約宋志及南齊志並於廬江郡下有舒縣元和郡縣志云本舒國後漢立郡徙理皖城開元二十三年刺史竹承構奏於故舒城置舒城縣唐志云開元二十三年析合肥廬江置舒城縣屬廬州輿地廣記云五代不改皇朝因之九域志云古龍舒也

風俗形勝

南臨江湖北達壽春魏滿寵曰合肥城——————龍眠蟠其前紫金跨其北曹明之新城記地有所必爭魏明帝云先帝東置合肥南守襄陽西固祁山敵來輒破於三城之下————魏以合肥為重鎮輿地廣記合肥在晉亦為重鎮元和郡縣志廬為淮西重鎮封疆三百里戶口亦數萬計大觀中鄭集撰大蜀山龍王廟文淮右襟喉之地江北恃為脣齒曹明之新城記風土茂明廬江記曰人物語音——————皆勝淮左諸郡亦一都會前漢志壽春合肥受南北湖皮革鮑木之輸————廬江劇部權集之云廬江劇部部號為難理合肥望於淮西地權兩崇宅牧有抗厥今為北州伯洪邁撰太守廳壁記廬為淮西根本古城又

爲州之襟要陸琳撰田侯廟記廬於淮西爲一道之都會人物之富甲兵之强四方商旅游士之多不比他郡地大以要故選守常重葉祖洽撰三至堂記見樵川集淮海之郡廬爲大封略闊而土田瘠人產寒薄井賦尤重唐廬州刺史羅珦德政碑

一星在南斗曰合肥曹明之新城記合肥上應列宿故號金斗曹明之新城記曰案天文一星在南斗曰合肥對九江星夾輔黃道而合肥入斗度最多故號金斗

古巢湖水北合于肥河古者｜｜｜｜｜｜｜｜故魏窺江南則循渦入淮自淮入肥由肥而趨巢湖吳人欲撓魏亦必由此厥後肥河堙塞不復通於巢湖事見無爲軍圖經又司馬遷曰合肥壽春受南北湖蓋謂此水也按趙氏輿地攷云古巢湖北流合于肥河今堙矣吳魏舟師之所由既不可見是川陸之不常未易以今論也今按肥水出雞鳴山北流二十里所分而爲二其一東流

經合肥縣南又東南入巢湖其一西北流二百里出壽春西投𧥄于淮二水皆曰肥余按爾雅歸異出同曰肥言所出同而所歸異也是山也高不過百尋所出唯一水分流而已其源實同而所流實異也故皆曰肥又酈道元云按水派別無合注之理盖夏水暴漲合於肥也

景物上

灊山今州治所據　響山在舒城縣南二十五里相傳過其下者常聞山中有聲如鼓是以得名　湯泉在舒城縣西南七里眞如寺山下冬夏常熱有湯井可烹茶　巢湖漢明帝永平十一年巢湖出黃金廬江太守以獻吳志曰鄭寶在丨丨即此湖也又九域志載昔有巫云巢縣門石龜口出血當陷爲湖未幾鄉社有人以猪血置龜口巫嫗見之南走其地遂陷爲湖港汊大小三百六十周圍四百里占合肥舒城巢廬江四邑之境　合肥應劭曰夏水自城父東南至此與肥合故曰丨丨

新城 魏志滿寵請於合肥城西北三十里置新城表曰合肥城南臨江湖北達壽春賊攻之得據水爲勢合肥圖志丨丨在合肥縣西北之新城鄉 **曹城** 在今梁縣元和郡縣志曰魏武伐吳頓重兵於此重更修築故曰丨丨又名浚遒城 **鐵城** 在舒城縣西十八里 **板城** 在舒城縣東二十里 **六城** 在舒城縣東南六十里春秋文公五年楚人滅六注云六皋陶之後今廬江六縣即淮南王黥布所都也 **孤山** 在合肥縣東一百里巢湖中 **肥川** 茹孝標巢湖廟記 **肥水** 在舒城縣南盧潘四辨云水出雞鳴山北流二十里所分爲二其一東流經合肥縣南又東南入巢湖其一西北流二百里出壽春西投于淮二水皆曰肥詩泉水注云所出同所歸異曰肥晉謝元破苻堅於此梁韋叡爲豫州刺史堰丨丨以灌合肥即此水也 **兗水** 出分水嶺滿寵嘗疏雞鳴埧者此也 **龍潭** 在梁縣治後乃滁水上源潭在河流之中去縣治不十步歷陽志載滁河水源出廬州梁縣廳事之側有屓母居焉每山水作溢有物自江而入或露頭角羣魚從之泝流而上漁者隨捕富於所獲 **龕潭** 在合肥縣

西北古城百步**鵲岸**在舒城縣西北左傳昭公五年楚伐吳吳人敗諸丨丨杜預注謂廬江舒縣鵲尾渚**葵廳**卽郡之小廳也舊名丨丨**草堂**在合肥縣治**梅山**晏公類要云在廬江縣

栢枕晏公類要云合肥縣焦湖廟有一丨丨或云王枕枕有小拆時賈客楊林至廟祈求巫謂曰君欲好婚否林曰幸甚巫卽遣林近枕邊因入拆中遂見朱門瓊室有趙太尉在其中卽嫁女與林生六子皆爲秘書郎歷數十年並無思歸之志忽如夢覺猶在枕邊林愴然久之**桐鄉**九域志舒州有桐城縣圖經云桐城春秋時相國也定公二年桐叛楚注桐小國也廬江舒縣有丨丨荆公詩丨丨振廩得周旋乃振廩同食

景物下

日益齋在雅歌堂後**春風亭**在金斗門外**飛霞亭**在舒城乃李公寅隱居之

所蘇公軾嘗爲賦詩相傳軾爲之揭名今在尉廳開禧俶擾亭觀皆廢獨此亭在焉**雲月亭**在澄慧寺下臨藏舟浦**雲霧山**在舒城縣西三十里遇陰雨則丨丨先出其上故以名之**俊逸亭**在梁縣西南隅**中和堂**在廳後**簡靜堂**在合肥縣治**凝香堂**在中和堂後**雅歌堂**在道院北**同食館**唐韓愈爲平陽路君作記**璇淵館**在舒城縣元符間李公麟作記**爛錦亭**在郡圃**晝錦坊**馬忠肅公亮守鄉郡得名**衣錦亭**在郡圃東有記天禧五年通判張君房文也**問柳亭**在春風亭之南**見山亭**在春風亭之東**曲水亭**在澄慧寺之西**安邊堂**在設廳之後**綠野亭**在梁縣**寒碧亭**在春風亭之西**雙瑞堂**在州治凝香堂之後**雙杏堂**在梁縣治**五鳳樓**在城上昔天祐中張崇築城創樓鳳集其上因以紀瑞後人作丨丨丨賦**萬柳亭**在西園**風鶴亭**在鎮西樓西**鎮西樓**在郡治後斗梁城上**明遠臺**在梁縣城內鮑明遠讀書於此因以

爲名懷謝亭在郡圃藏舟浦在金斗門外廣十丈袤八十丈昔張遼所鑿藏戰艦以拒吳唐正元中刺史杜公作斗門引肥水浦內島嶼縈迴花竹蔥蒨後廢劉貢父遊後浦新詠有從劉園至澄心寺即此浦也教弩臺在左廂明教院即魏武帝丨丨丨舊注云魏武所築教強弩五百人禦孫權棹船洗硯池在舒城縣之春秋山李公麟讀書堂在其右公麟嘗滌硯池中因以爲名今池水猶黑浮槎山在梁縣東南四十五里隋志有浮閣山又俗傳自海上浮來梁公主祝髮於此山詳見福嚴院下清水鎮在梁縣北六十里自鎮至州九十里開禧用兵濠州寄治于此統制周用實兼知州事金城河在合肥縣西九十里金沙灘在藏舟浦李會詩云丨丨丨上雙鸂鶒背爲分司御史來金斗城在合肥縣西隋開皇五年置或云漢永平十一年巢湖出黃金太守獻之或取此義金斗池在郡治日益齋鐵井欄在梁縣之建城鄉其欄似鐵鐵索澗在合肥丨丨丨嘗見丨側有古墳石板上鏤龍鳳相傳以爲楊行密墓二石牛在州

治土地廟父老云開淝河得之。**三角山**見多智山下今在舒城縣。**三公山**晏公類要云在廬江。**四頂山**在合肥東南寰宇記作四濎郡國志云魏伯陽煉丹之所羅隱詩曰勝境天然別精藍入畫圖一山分四頂三面瞰平湖張彥修詩曰翠巒齊聳壓平湖晚綠朝紅畫不如寄語商山四皓好來各占一峰居。**五星寺**在城之資壽舊名曰｜｜｜。**七門廟**在舒城七門堰上劉放作記云昔高帝之起宗室兄弟之有才能者賈以征伐顯交以出入傳命謹信為功此二人皆裂地為王連城數十代王喜以棄國見省而子濞亦用力戰王吳獨信數區區僅得封侯而能勤心於民以興萬世之利其愛惠豈與賈濞相侔哉夫攻城野戰滅國屠邑是二子之所謂能殺人者也與夫闢地墾土使數十萬之民世世無飢餓之患所謂善養人者若以相譬猶天地之絕也然而賈濞以功自名信不見錄豈殺人易以快意養人不見形象哉周公之書曰民功曰庸藉使信生當周公之世其受賞非賈濞之所敢望矣雖然彼賈濞之死泯滅無聞久矣而信至今民猶思而記之此所謂得乎邱民而世之寵祿當時則

榮殁則已焉者乎廬州圖經劉馥作也

七門堰魏劉馥廣屯田興治七七丨丨利民甚博

曲水舊經云水源從西北自雞鳴山合三澗獅子步河流入州下合小史河胡盧河七曲水故曰合淝

九井鎮在舒城縣北二十五里

九獅橋在右廂

千佛寺廣化院舊名千佛寺在左廂東千佛坊舊志云昔有銅像千身周世宗毀之合肥縣即其舊基

多智山寰宇記云在舒城西南三角山一名多智山以其水清潤飲之使人聰明博敏

西津橋元和郡縣志云在合肥縣西北五里建安二十年吳征合肥兵還孫權與凌統等在津北爲魏將張遼所襲持鞍緩鞚超度於此

北峽關在舒城縣南四十五里關南屬安慶府關門樓堞修砌悉備官兵守把爲入蘄黄之要地

南峽山晏公類要云在舒城縣

大蜀山在合肥縣西二十里合肥四郊坦夷蜀山傑出於其右上有寺曰開福又有永濟龍王廟

小蜀山在合肥縣西四十里

小峴山在梁縣東南四十里

小史港東漢建安中廬江府小史焦仲卿妻劉氏爲姑所出自誓不嫁其家逼之

乃投水死仲卿聞之亦自沉時人憐之後以爲名

狀元井在郡學或云忠肅馬公爲郡學生擢進士第一而得名

狀元坊在惠政橋北

聖姥廟在城左廂明教臺上加封誥詞云受命富姥爲吾川后平居則安流而濟舟楫遇難則揚波而杜寇戎

春秋山在舒城縣南三十里有李公麟讀書堂洗硯池及望湖尖鳳凰臺仙人峰仙人迹絶頂有洞可容數千人

濡須水郡國志云水自巢湖出謂之馬尾溝有偃月塢

濡須塢即巢縣東關昔吳諸葛恪破魏師於此

膭堰在舒城縣即漢羹頡侯所築有羹頡侯廟劉攽爲之記甚詳謂之漢舒王廟

箏笛浦在古城內后土廟側搜神記云浦中昔覆大船漁人夜聞箏笛聲及香氣氤氳又云曹操溺妓舟于此未詳孰是

鼓樂山在舒城縣南八十里與法華山相對舊傳梁武帝未有嗣寶誌云有人道行頗高隱此山中三生前乃伶官作樂可致後生昭明太子以是得名

斗梁城乾道五年郭振築新城號斗梁橫截舊城之半而阻絶舊城於｜｜｜之外

栲栳山在舒城縣南三十里

逍遙

津在合肥縣西北五里吳孫權攻合肥在逍遙津北張遼步騎奄至權躍駿馬上津橋得免卽此地也

桃花城在合肥縣南四十里 **櫻桃園**在藏舟浦側見春風亭記 **梅仙觀**在舒城縣西七十里詳見梅福山 **桃城鎮**在舒城縣北二十五里 **花家城**在舒城縣西七里舊謂之竹子市 **竹子市**見上 **花平澗**在合肥縣南七十里 **龍舒山**括地志云以山狀如龍形故名晏公類要云今號龍山在舒城縣 **龍舒水**左傳杜預注曰盧江西有龍舒卽此水是也今在舒城縣 **龍穴山**在合肥縣西一百三十里詳見龍潭山泉下歐陽修集古錄云唐趙耕張龍公碑載鄭祥遠投合肥西山以死爲龍穴山 **龍眠山**在舒城縣西南八十里春秋村如臥龍狀邑人李公麟因取此山號龍眠居士 **鹿起山**在舒城縣東南三十里嶽山圖跋云昔有名僧過其下一鹿自山出僧因此卽其地以化 **鵲尾渚**鵲岸在舒城縣治西北金剛寺按左氏昭公五年楚伐吳吳人敗諸鵲岸杜預注謂盧江舒縣有鵲尾渚 **鷄鳴山**在合肥縣 **金牛山**古圖

經云昔有牛從此山出奔入江人逐之有渚謂金牛渚在合肥縣見類要

金鷄石在舒城縣西南二十五里舊傳有金雞常在其上

金雞潭在舒城深十餘丈纖鱗不容或謂金雞啖之人見龍游泳其中有丨丨丨市

白馬廟即漢九江王英布也在梁縣

飛騎橋大觀中皇甫麟記云孫權爲張遼所襲躍駿馬得免故以是名則西津橋碑之言誤矣

伏虎庵在舒城南五里

鳳凰臺在舒城縣春秋山

蜀山寺蜀山有開福禪寺在合肥縣西二十里乃唐正觀間僧慧滿道場

福嚴院在梁縣東南三十五里浮槎山梁天監中公主祝髮爲尼於此建道林寺以居之

定光院在梁縣南三十五里有唐天祐年間鑄鐵佛三像羅漢十六尊佛殿甚古及有金剛經八段

明教院在城歲豐橋北即魏武教弩臺唐大歷中因得鐵佛一丈八尺奏爲立院

澄惠寺在城金斗門外藏舟浦一名澄心寺劉攽貢父遊後浦新詠有從劉園至澄心寺後閣彈琴即此寺也

浮槎山泉在梁縣南山頂嘉祐中李不疑飲之甚甘以遺歐陽脩脩作記脩與

李不疑書曰浮槎水味豈減惠山

龍池山泉 在合肥縣卽龍穴山也歐陽修集古錄載隋張路斯爲宣城令曰我龍也蓼人鄭祥遠亦龍也與之戰鄭爲所射投合肥西山以死爲龍穴山其龍池之山泉甘洌張又新水記以龍山水第十

龍眠山寨 **石索山寨** 並在舒城山險有水各可容數千人

三十六圩 言行錄云隆興中薛季宣淮西視師表廢田相原隰復合肥丨丨丨丨蓋合肥之圩邊有警因以斷柵江保巢湖

古迹

梁王城 在梁縣東六十里

曾王城 在梁縣東七十里

古愼城 在梁縣西北四十里春秋哀十六年吳人伐愼白公敗之卽此也

古六城 九域志曰左傳楚人滅六是也又淮南王布居之

周瑜城 在舒城縣西十八里

古梁縣城 在梁縣治東八里卽古平梁郡

古滁陽城 在梁縣東北四十里。太平寰宇記云：吳赤烏十三年，孫權遣兵斷滁作堰以淹北道，遂城此爲守備。酈道元水經云：滁水出於浚遒縣故也。

浚遒縣城 在梁縣南二十里。後漢志：九江郡有浚遒縣。

白公池 在梁縣。春秋時白公屯兵於此。又有白公城，在梁縣西四十里。

文翁莊 文翁，廬江舒人，守蜀郡，興文學。今舒城縣西南有文翁莊。

仙人洞 在舒城縣春秋山。

仙人跡 在舒城縣春秋山之巔，有巨人足跡印其上。

節婦臺 包孝肅公長子通判婦崔氏也。通判卒，生遺腹子。至尹京時，又卒。其母欲取以他適，崔誓弗復嫁，泣告其姑曰：婦既富，母必強再當，死於尺組之下，願以屍還包氏。其後果歸包氏，終老焉。後朝廷乃賜封號及表其行。

馬忠肅公祠堂 在包公祠堂之西。

包孝肅公祠堂 在興化寺。治平中太守張瓌作記。

女媧廟 在梁縣東三十里。邵拱有詩云：八卦初成代結繩，補天當日更功深。

古舒王廟 在舒城東北三十里。寰宇記云：漢文帝封淮南厲王子賜爲廬江王，古舒即此縣是也。王有遺愛，立廟祀之，然

劉攽記以龔頡侯信二者不同當攷

周瑜廟九域志又梁肅有周公瑾墓下詩序見合肥志

申將軍廟在梁縣治南二里舊志云楚白公作亂楚王以申明爲將軍以伐之白公懼執申明父諭明退師明以既受君命當移孝爲忠追敗之白公怒殺其父楚王欲賞明明日我雖有定國之功而有害父之恥遂自刎人爲立廟

喬張二侯廟在州治之東紹興丁巳酈瓊叛太守趙康直死之統制官張瑒喬仲福以不從亂被害於州治後立祠以祀之張祁詩云偉哉張張與喬忠烈激偏裨

清源眞君廟在舒城縣有二畫像相傳爲龍眠居士親筆

唐天祐年鐵佛在梁縣定光院有唐天祐鐵佛三像羅漢十六尊佛殿甚古有金剛經斷碑八段

吳順義二年鐘在梁縣之浮槎山

仙女塚在梁縣教場內舊傳風清月白之夜聞有樂音

漢龔頡侯墓在舒城縣西北三十五里俗呼爲舒王冢

漢廬江王演墓九域志

梁女墓在梁縣之浮槎山梁天監三年公主祝髮爲尼寺有海榴世傳乃女所植也今有梁女墓在殿東

楊

行密墓九域志　李公麟墓在舒城縣南五里

官吏

魏張遼屯合肥遼母至屯遼從出迎所督諸軍將吏皆羅拜迎道側觀者榮之見白氏六帖云　劉馥為揚州刺史單馬造合肥空城立州治數年中恩化大行與七門堰　吳顧雍丨丨為合肥長　晉郄鑒大寧中拜安西將軍都督揚州諸軍事鎮合肥　梁夏侯亶為南豫州刺史　鄱陽王範為合州刺史鎮合肥縣　陳黃法𣰰大建五年為合州刺史　隋韓擒虎為廬州總管　唐朱敬則為廬州刺史代還無淮南一物所乘止一馬子豐步從而歸　劉祐樂天集前廬州刺史丨丨可鄂州刺史制云夫吏寬信則人人不偷吏廉明則人人盡力吾觀祐之為政其近是乎前守廬江能率是道歲會課第甲於他州　盧潘大中年間為太守作廬江

四辨見碑記門

鄭蔡爲廬州刺史滿去贏錢阡緡藏州庫後他盜至終不敢犯鄭使君錢

路應元和中爲廬州刺史後韓愈爲作神求道碑及同食館記稱平陽路君是也

羅珦德政碑云珦爲廬江政事居最在廬江七年政化淳洽和氣所居有靈芝之瑞雀之異

南唐馬仁裕昇平中爲節度使爲政廉平甚得民心

國朝陳堯佐知廬州以方嚴肅下使人知畏而重犯法至其過失多保祐之

馬亮天禧中及乾興中再知廬州

劉均眞宗朝爲翰林學士嘗草丁謂李迪罷相制既而謂復留命均草制均不奉詔謂再相均補外知廬州仁宗朝復以龍圖閣學士出知廬州均臨事明達而所治尙簡嚴云見事略

包拯至和中知廬州

馮京嘉祐四年知廬州

孫覺熙甯八年以右司諫知廬州蘇軾以詩別之

周美成周邦彥字美成文章博洽表著一時宣政問爲廬州教授有朱服和周美成詩

劉攽歐陽脩薦之云辭學優贍操履清謹可置館閣

胡舜陟建炎元年知廬州二年兼淮西安撫上疏乞守邊郡陟兼淮西制置使

趙康直紹興五年

郟廬州七年酈瓊之難死於國事

吕祉字安老爲宣撫判官酈瓊之難死於國事

人物

漢范增居巢人好奇計

文翁廬江舒人也

左慈廬江人二人皆見于無爲軍然漢時恐兼屬于此故二郡皆附于人物門今兩存之

吳周瑜｜｜字公瑾廬江舒人荆公到舒州次韻平甫詩坐論公瑾少能談

晉陶侃｜｜廬江人爲郡主簿太守張夔妻有疾將迎醫請行日資於事父以事君小君猶母也

唐羅珦珦廬州人以窮困嘗投福泉寺隨僧飯後持節歸鄉至僧房書壁曰二十年前此布衣鹿鳴西上虎符歸行時賓從過前寺到處松杉長舊圍野老共遮官路拜沙鷗遙認隼旟飛春風一宿瑠璃殿惟有泉聲愜素機

萬敬儒合肥人三世同居親亡廬墓染血書經大中開表其家祥符二年再賜旌表

楊行密合肥人

王景仁合肥人後名茂章

國

朝霤有終太宗朝爲保信軍霤後荆公送霤國輔詩家廟比來聞厚澤子孫今果見才高莫厭皖山窮絶處不妨雲水助風騷

馬亮字叔明合肥人王均反爲西川轉運使賊平主將誅戮亮救免者千數及械送詿誤九十人至京師亮言脅從者衆不若貸之朝廷從之

包拯茗溪漁隱曰拯合肥人守本郡不肯少屈法以阿鄉曲之好故流俗稍稍謗議公乃爲詩見意有云直幹終爲棟衠剛不作鉤其守正不回如此圖經云爲御史危言鯁論烈如秋霜尹開封權貴斂迹後贈孝肅

李公麟字伯時舒城人博學好古多識奇字紹聖五年朝廷得玉璽下禮官議公麟以謂秦璽用藍田玉其書龍蛇鳥魚爲文著帝王受命之符議由是定公麟以丹青妙絶冠世好古博雅號龍眠居士

阮美成字閎休舒城人自戶部郎責知巢縣爲政豈弟移守郴州喜吟詩時號爲阮絶句

梅福舒城縣有梅福山相傳｜｜曾隱于此合肥縣有梅福洞梅仙觀

左慈事見東漢傳慈事又見無爲軍

魏伯陽四項山在合肥郡國志云｜｜｜煉丹之所

晉長安僧長安淨明院在合肥相傳晉有僧淨明自長安來築庵于此手植紫栢二株崇寧周權招善戒住之戒即東坡作疏以爲東彼而少留者

梁帝女梁縣浮槎山福嚴寺舊碑云梁武帝第五公主夜夢遊一山爲尼詰朝奏帝帝令國中進名山圖既至指此山爲夢中所見天監三年勅本山創道林寺就此祝髮號總持大師嬪從悉一聽爲尼其墳去殿東一百餘步今寺中有海榴一株尚存相傳以爲公主手植

春秋山二禪熙寧中石亘作春秋山二禪記云余嘗遊春秋山有二禪之像存焉世傳二人者繼隱於此而蛻形以去

香積喜師紹聖中｜｜｜｜行業記云師嘗編木黃池絕大江經巢湖有謂師於言者曰湖神之靈過者必祭師不聽既而木膠於淺師曰湖神之靈我所知也我佛之威德湖神亦當知之吾縱獲罪於湖神湖神安得覘壞吾佛之木哉言訖木起浮矣

僧惠滿合肥縣西二十里大

蜀山唐正觀間有僧惠滿誦蓮華經二十餘年忽有白衣造門曰我東海龍王之少子聞師誦經故此聽受屬時苦旱僧以經語告之令其降雨答曰水旱上帝司之若盜布天澤罪當殛死僧曰汝捨此身救我此民我誦此經救汝此身白衣唯然而去須臾膏澤隨霈而白衣死于山僧乃擣以葬而民爲之立祠

義了道人 合肥鍾離氏子嘗爲進士去從浮屠學名所居爲昨夢齋吳正仲有詩云不受塵網纏祝髮趣幽屏回觀眞夢事超然得深省寂照涵虛空夢覺等前境

碑記

廬州重建巢湖太姥廟記 唐龍紀元年那甚夷撰今在巢湖廟中

唐旌表萬敬儒孝行狀碑 大中十三年知州盧潘立今在孝義坊

南唐重修巢湖太姥廟記 保大二年立今在巢湖廟中

新開肥河記 開寶四年立今

在布政坊

廬州五縣均田記 開寶四年立今在布政坊

唐盧潘四辯 謂左傳中盧在襄陽之宜城不當以盧爲中盧振廩同食亦在楚莊王所都之處不當命廬江之館曰同食館又謂爾雅歸異出同曰肥不應指夏水與肥水合羣帥四于冶父乃在荆襄不應在廬江

浮槎寺八紀詩 集古錄云唐沙門僧皎撰不著書人名氏凡詩八首不著刻石年月在廬州浮槎山下

李翺奏田稅表 集古錄云不著書譔人名氏碑以寶歷元年立

霍公修齋記 集古錄云不著書人名氏其文但稱滑亳節度使霍公而不著姓題名附在廬州

梁公德政碑 集古錄云唐崔鏻撰韋玩書薛益篆額碑以大歷四年立

告谿碑 皮日休文有云太史公曰禹封咎繇之後于英六日休道出英六城下厥祀存焉乃再拜于廟庭退而碑之請樅陽少尹刋于壁

梁縣定光院金剛經碑 其碑凡八段甚古

衣錦亭記 天禧間張君房作以馬亮兩守鄉國故名又有衣錦坊

浮槎山水記 歐陽修文今在福嚴寺內

李伯

時山莊記東坡嘗書李伯時山莊圖後云伯時作龍眠山莊圖自西而東凡數里其可游者凡二十處子瞻爲之記子由有詩二十首韓駒子蒼又從而和之亦二十首云 新合肥志帥李大東郡文學劉澹然序

詩

孔雀東飛何處棲廬江小史仲卿妻爲客裁縫君自見城烏獨宿夜空啼李白廬江主人婦詩 九衢城裏一書生多幸逢時擁旆旌醉裏眼開金使字紫旂風動耀昆明唐鄭綮題合肥郡齋 也知別有風光主薝蔔枝枝似去年唐鄭綮牧廬州嘗賦郡齋詩其後薛郎中沈到郡齋題藏舟浦詩 謝山南畔州風物最宜

秋杜秋書懷寄廬州詩金鑾失職下蓬瀛也向淮邊領郡城堆案簿書爲俗吏滿樓山色負吟情廬江地近音塵斷何遜詩來格調清未得尊前一開口可憐心緒獨搖旌許遵郡城百里即羣舒留滯頻驚歲月除劉攽昔年吳魏交兵地今日承平會府開沃壤欲包淮甸盡堅城猶抱蜀山迴柳塘春水藏舟浦蘭若秋風教弩臺朱服詩昔張遼藏舟浦今爲柳花洲曹公教弩臺今爲明教寺獨有無情原上草青青還入燒痕來朱服登合肥郡城懷古歷盡風波老境侵一麾重寄蜀山陰時清不復崇詩禁更向淮西續舊吟朱服詩雞鳴分水遶肥城朱服詩琉璃十頃浸旻蒼此境淮南

自少雙朱服遊澄惠寺晴湖列遠岫萬疊來駿奔橫入小蜀崗金友依玉昆朱服詩將軍盪寇力能任陳迹依然得重尋血遶樓船龍戰息水搖城堞雉飛深朱服詩肥川勝賞冠他州浦口揚舲得俊遊梅雨正迷江國路蘋風未破洞庭秋朱服詩睠戀肥城詎忍還每貪公退枕書眠朱服詩合肥有老檜得名自何公郭祥正詩衣錦平時樂藏舟舊國愁蜀山斜照盡歸興尙遲留郭祥正衣錦亭詩志欲吞吳嗟隔水力能成魏密藏舟郭祥正澄惠寺詩冠帶淮南第一舟揚鞭得從史君遊木魚聲斷東臺曉水荇香傳後浦秋郭祥正澄惠寺詩蜀山迴出千螺秀肥水長

縈一帶迴猶有金城藏後浦不惟銅雀起高臺異時爭戰歸何處秋鴈年年去復來郭祥正合肥郡城眺古金城東百尺高臺臨遠空郭祥正教弩臺詩花鳥可憐春自媚柳洲遙覺月微明郭祥正藏舟浦詩金沙灘上雙鸂鶒肯爲分司御史來李會詩合肥一都會世號征戰地我來値明時不識兵革事吳資合肥懷古曹公教弩臺今爲比邱寺東門小河橋曾飛吳主騎吳資同上幼度提晉師胡卒驚鶴唳城外軍屯壘可數不可計至今風雨夜鬼哭雜異類吳資同上平湖阻城南長淮帶城西壯哉金斗勢曹瞞築合肥張祁百韻詩山爲浮來海莫沈蕭梁曾此布黃金梵

僧親指耆闍路帝女歸傳達磨心地控好峰排萬仞澗餘流水落千尋靈蹤斷處今何在日夕雲霞望轉深擇用孫題浮槎山八謂得山中大槩云

巢湖詩

世人貪利復貪榮來向湖邊始至誠男子登舟輿登陸把心何不一般行杜荀鶴過巢湖詩 巢湖春漲喻溪深纔過東關見故林莫道南來總無利水亭山寺二年吟杜荀鶴送人歸肥上 巢岸南分戰鳥山水雲程盡到東關絃歌自是君家事莫怪今來一邑閑李涉送人巢縣 臨塘古廟一

神仙繡幌花容色儼然爲逐朝雲來此地因隨暮雨不歸天眉分初月湖中鑑香散餘風竹上煙借問邑人沈水事已經秦漢幾千年 羅隱題巢湖聖姥廟 勝境天然別精藍入畫圖一山分四頂三面瞰平湖遇夏僧無熱凌冬草不枯遊人來到此願剃髮和鬚 羅隱四頂山詩 翠巒齊聳壓平湖晚綠朝紅畫不如寄語商山間四皓好來各占一峰居 張彥修題四頂山 天與水相通舟行去不窮何人能縮地有術可分風宿霧凝深墨朝曦浴嫩紅四山千里遠晴晦已難同 劉攽泛巢湖 秋高千里月暮景一帆風 劉攽合肥送劉四 重雲迷日月異縣入西東若畏連

天水何須竟夕風劉攽巢湖阻風平湖壓郡境血食等靈媪豈無升斗水活此車中薨朱服詩

四六

禹貢别九州之境楊鼎居先淮安控七郡之雄廬邦最大眞四塞山河之境乃一方禮樂之邦地勢壯而金斗高人心剛而土風勁後唐張崇修廬州羅城記合肥重鎮巢國古墟本朝宋偓授廬州王元之行詞云雖張遼守藩克清淮海而子牟戀闕終捨江湖廬江五城環地千里唐杜牧行廬州刺史制廬江五城環地千里戶衆賦重

輿地紀勝卷第四十五

輿地紀勝卷第四十六　文選樓影宋鈔本

東陽王象之編　　甘泉岑鎔淦長星校刊

淮南西路

安慶府

同安　龍舒　舒皖　皖城　德慶　盛唐　南豫　桐鄉

府沿革

安慶府上　舒州同安郡安慶軍節度皇朝郡縣志禹貢揚州之域元和郡縣志天官星紀爲斗分野同安志又唐志揚楚滁和廬壽舒爲星紀分春秋時皖國元和郡縣志偃姓咎繇之後史記亦爲舒國桐國之地皆爲楚所滅元和郡縣志又春秋僖公三年注云舒國今廬江舒縣文公十二年傳注云今廬江南有舒城宣公八年楚人滅舒蓼注云舒蓼二國名襄公二十四年

注舒鳩楚屬國又東漢志云舒有桐鄉注云古桐國也晉志云舒故國有桐鄉**戰國時屬楚**寰宇記**秦屬九江郡**寰宇記**西漢東漢並屬廬江郡**西漢東漢志廬江郡並有舒縣皖縣灊縣寰宇記云皖縣即今州是也**三國初屬魏後孫權征皖克之**元和郡縣志云曹公遣朱光爲廬江太守屯皖大開稻田呂蒙上言曰皖地肥美若一收熟彼衆必增如是數歲操態見矣宜早除之於是權親征皖破之**遂爲重鎮**續漢書郡國志廬江郡自舒縣徙居皖縣建安中編戶皆渡江江西遂虛合肥以南惟有皖城後爲吳所克｜｜｜｜**以諸葛恪屯之**元和郡縣志在赤烏四年**孫皓大佃皖城**通鑑晉武咸甯四年吳人大佃皖城欲謀入寇王渾遣應綽攻破之斬首五千級焚積穀一百八十萬斛踐稻萬千餘頃**晉武平吳復爲廬江郡**晉志廬江郡治陽泉有舒灊皖龍舒諸邑**安帝分廬江立晉熙郡**此事晉志不載而沈約宋志云晉安帝分廬江立晉熙郡治懷甯而

上湖縣亦屬焉而灊舒二縣仍隸廬江宋齊因之宋志有廬江晉熙郡而南齊志止有晉熙郡而無廬江郡梁置豫州後改曰晉州北齊改曰江州陳又曰晉州並隋書地理志隋改曰熙州隋志云開皇初曰熙州煬帝廢州爲同安郡寰宇記云大業三年廢州爲同安郡唐初爲東安州此據元和郡縣志在武德四年而唐志諸書俱不載改爲舒州元和郡縣志云在武德五年寰宇記在武德四年又割宿松縣置嚴州在武德四年見唐志宿松縣下割望江縣置高州又改高州爲智州在武德四年見唐志望江縣下以舒嚴智三州置總管府寰宇記在武德六年尋廢智州唐志廢智州在武德七年及嚴州唐志廢嚴州在武德八年以望江宿松二縣來屬武德八年又罷總管府屬淮南道寰宇記改同安郡天寶元年又改盛唐郡唐志

在至德二年復爲舒州乾元元年五代楊氏李氏更有其地五代史職方攷周世宗征淮南地歸版圖通鑑顯德五年時淮南惟廬舒蘄黃四州未下唐主請獻江北四州於是江北悉平皇朝因之屬淮南西路國朝會要在熙寧五年賜德慶軍國朝會要在政和五年中興以來改安慶軍國朝會要在紹興十七年升康州爲德慶府故改本軍爲安慶軍又以寧宗潛邸陞舒州爲安慶府陞安慶府府額省劄在慶元元年今領縣五治懷寧

縣沿革

懷寧縣　上

附郭元和郡縣志云本漢皖縣魏正始二年即赤烏四年孫權遣諸葛恪屯皖城以伺邊隙四年司馬懿

攻皖永嘉亂後遂廢沈約宋志云晉安帝立｜｜｜以爲晉熙郡治齊梁因之隋志云開皇初於此置熙州大業初改同安郡居於此置舒州唐志云武德五年析置皖城安樂梅城四縣尋省四縣來屬自隋唐至今並爲郡治

桐城縣 上

在府東北一百二十里元和郡縣志云桐本春秋時楚附庸小國也左氏傳定公二年桐叛楚注云桐小國廬江舒縣西有桐鄉漢志樅陽縣屬廬江郡漢武帝元封五年自尋陽浮江薄樅陽而出作盛唐樅陽之歌即此縣輿地廣記云東漢省之梁復置象之謹按東漢志晉宋齊志並無樅陽縣而晉陶侃却嘗領樅陽令元和郡縣志云梁改爲樅陽郡開皇初又改爲縣十八年改爲同安縣至德二載改爲桐城取桐鄉爲名也

宿松縣 上

在府東北一百三十里元和郡縣志云本漢皖縣元始中爲松滋縣屬廬江晉武平吳以荆州有松滋縣故改曰宿松縣然象之考之晉宋齊三志安豐郡下並有松滋縣而無宿松縣與此不同隋志云梁置高塘郡隋開皇初郡廢改縣曰高塘十八年又改名宿松唐志云武德四年以縣置嚴州八年州廢以縣來屬國朝會要云紹興五年廢入望江縣是年復置

望江縣 上

在府南一百三十里元和郡縣志云本漢皖縣地宋志云晉安帝立新治縣屬晉熙郡寰宇記云亦爲大雷戍宋書注云西岸有大雷江自尋陽柴桑沿流三百里入江即新治縣也歷宋齊梁陳不改隋志云陳置大雷郡開皇十一年改曰義鄉十八年改爲望江屬熙州唐志云武德四年以縣置高州尋更名智州七年州廢以縣隸舒州

太湖縣 上

在府西南一百里元和郡縣志云本漢皖縣地宋元嘉末置｜｜｜縣東北三十五里有太湖水因以爲名宋志云文帝元嘉二十五年以豫部蠻民立太湖呂亭二縣屬晉熙後省明帝太始二年復立寰宇記云齊立龍安郡南齊志亦有呂亭左縣云自建元二年割屬廬江郡隋志云開皇二年改爲晉熙十八年復改名太湖屬同安郡唐志武德四年析置靑城荆陽二縣尋並廢來屬國朝會要云紹興五年廢入懷甯縣是年復爲太湖縣

淮西提刑司

圖經云提點刑獄司在郡之東係舊通判廳熙甯五年分淮南西路置司於此有潛峯閣皇祐中王荆公爲通判閣乃讀書之地又有濤簡景山三莫傳經四堂東有月榭尤爲高爽

風俗形勝

楊州之俗婚嫁喪紀與諸夏同率性眞直賤商務農

寰宇記人性躁勁風氣果決平陳之後其俗頗變率漸於禮隋書地理志山巖之間有仙花嘉蓮見下潛皖二水莫究其源或山雨泛漲流出蓮葉可及尺餘張君房脞說云山巖之間有仙花嘉蓮云云又古詩云玉光白橋香爭秀金翠嘉蓮蘂鬬開北界淮瀕盧衡爲淮南漢書諸侯王表注云衡卽今霍山淮服之屏蔽江介之會衡熙寧八年朱綽壁記中國得之可以制江表江表得之亦以患中國故孫權克皖而曹魏不甯世宗平淮而李氏窮蹙朱綽壁記淮南有潛霍者古之南岳也徐鍇潛山詩序潛山司命眞君之府司眞洞天在焉仙聖靈異秘不可測李公擇鶴駕引龍舒自唐爲名郡其山深秀而頡厚其川迤邐

而蕩潏蕉蘚麥禾之饒仙宫佛寺之勝清晝而舒緩同安志後序舒附楚而迫於吳介於壽春合肥之間圖經序云風土清美有山川之勝粳稻之饒圖經序風土九江之北三楚之南潛山賦孫權征皖獲橋公二女於此元和郡縣志山水之國曲阜制皖城山水之國皖城肥美呂蒙疏

景物上

呂亭在桐城縣北二十五里或傳呂蒙師次于此故以爲名今縣北十里又有｜｜以北呂稱故城以南呂稱新堂長慶三年李翺爲舒州刺史作｜｜有新堂銘新亭在北門新城之下巢城在桐城縣南六十五里俗傳湯放桀于南巢即此城未知所據茗山在太湖縣南五十里蓮花

峯東北有梅福煉丹處 **桐溪**在桐城縣北發源龍眠山 **樅陽**武帝南遊處 **詩崖** **酒島**在山谷寺前溪之南有石曰詩崖溪之北有石曰酒島昔有達官者與文士賦詩飲酒其上故名之 **龍吟**巖名 **虎嘯**巖名皆在潛山左右 **龍井**在眞源宮 **虎井**在中煉丹山 **龍門**在皖山下 **龍山**在宿松縣 **鹹湖**寰宇記在宿松縣西南八十里湖水甚闊其中有鹹魚甚大 **南湖**舊名南園三面依城古木參天湖浸甚廣中有峯芳堂李師中有記今在郡治之南 **南嶽**洞天記云漢武帝以衡山遼遠移祭天潛山遂爲南嶽武帝紀云登潛天柱山九域志云潛山漢丨丨也又西漢郊祀志云五嶽四瀆皆有常禮丨丨灊山於灊洞天記又云灊霍自虞舜三代巡狩方嶽又以霍山爲丨丨 **潛嶽**圖經云以地言之則曰潛山以其皆潛也以國言之則曰皖山以皖伯所封之國而言之也以峯言之則曰天柱以其峯之最高而名之也以嶽言之則曰丨丨以其爲南嶽之副也 **潛水**出自潛山 **潛山**寰宇記云在懷寧縣西北二十里其山上有三峯一曰天柱山一曰丨丨

一曰皖山三峯巒相去隔越又名南嶽洞天

皖山在懷甯縣西十里皖伯始封之國潛屬於皖至楚滅而縣分於潛以地言之則曰潛山以國言之則曰皖山

皖城同安志云其城居皖水之北遂號｜｜

皖水元和郡縣志云西北自霍山縣流入經懷甯縣北二里又東南流二百四十里入大江謂之皖口

皖國元和郡縣志舒州本春秋時｜｜咎繇之後在漢時爲皖縣屬廬江郡三國初爲魏後孫權征皖克之獲喬公二女即其地也

景物下

潛峯閣乃王荆公通守日讀書之地

靜山堂在郡圃

如山堂在郡圃

合江亭寰宇記云前刺史裴靖置以永陂皖水二泒合流亭下遂以名之

三至堂在郡廳之東元豐四年郡守楊希元建希元之祖淳化中爲郡守希元之父天聖中爲通守因以爲名

三益

堂在縣治　三峯閣在郡治　英輔齋在太平寺東乃王禹玉讀書之地公自舒發解卒登台輔宋公緈易以今名　英秀亭在州北廣教寺前郎喬氏故宅魯直所謂風竹二喬是也又有喬公孫仲謀周公瑾大喬小喬之像以祠之　擢秀閣在彰法寺乃陳瑩中讀書之所自瑩中登第黃魯直名而書之　繁陰堂在郡圃　捲雨閣王孝安有詩　宣化堂在郡圃　安慶堂在郡圃　皖伯堂在州城之上　南湖亭在郡治之南　天柱閣在郡圃曾宏父詩云坐對潛山萬髻鬟一峯孤秀獨攙天　昭回閣在州學　婀娜山在桐城縣東與廬江接界突兀獨起如地湧出　嵯峨山寰宇記云在望江縣南七十里　摩崖嶺在天柱寺路中與佛子嶺相近俗謂之磨拕嶺　逍遥巖在上煉丹三里　長嘯巖在中煉丹五里　避靜巖在皖山南　小姑山在宿松縣東南一百二十里江北岸與江州彭澤接界山西有小姑廟又江州有彭浪磯語訛爲彭郎磯遂有小姑嫁彭郎之語　大江水寰宇記云

在懷甯縣一百八十里中流與江州池州分界**大中寺**在望江縣北十五里法智禪師道場有四面山及雙泉本唐宣宗隱居之地**大雷池**元和郡縣志云水西自宿松縣流入望江縣界東南積而爲池經縣而入于江又行百里爲丨丨口晉成帝咸和三年蘇峻反温嶠欲入衞京師庾亮素忌陶侃報嶠書曰吾憂西陲過於歷陽足下無過雷池一步也**長風沙**寰宇記云在懷甯縣東百九十里置在江界以防寇盜李白長干行云相迎不道遠直至丨丨丨**長葛山**輿地廣記在宿松縣北七十里**三祖山**有乾元寺在郡西北二十里在梁時爲誌公隱居之處有唐三祖禪師塔及保大中勅書又有詩在峭壁間乃杜牧之金陵懷古也日玉樹歌沉王氣終景陽鐘合暮樓空梧楸遠近千家塚禾黍高低六代宮石燕拂雲晴亦雨江豚飜浪夜還風英雄一去豪華盡惟有江山似洛中山有石牛洞唐李翺李德修及王介甫黃魯直題詩記行石刻遍于崖谷之間**三尖山**在太湖縣北七十里**四面山**在太湖縣北十五里下有大中寺**四老石**在皖山**五峴山**寰宇

記云在桐城縣西一百里其山五重巖巘交映

七公山在皖山之南世傳古有七人於此結廬修道故名

九曲嶺在眞源宮後盤曲九數

九股松在郡城北門外九幹聳直挺特甚異

九疊松在郡南二十里古松拳曲擁腫勢若九疊徐鉉有贊

百子山在懷甯縣東八十里山有寺聚僧百餘人

萬歲峯在玉照峯北卽瑞石之所

天祚萬壽宮天祚萬壽宮在城北三十里係潛山第十四洞天爲司命眞君洞宣和中賜名｜｜｜｜｜

眞源萬壽宮｜｜｜｜在郡北二十里按道錄九天司命洞府在天柱山洞天福地記大洞十小洞三十六潛山在十四號司眞開元十九年明皇夢九天使者總司九天司命眞君敕舒之潛山

多智山寰宇記云在懷甯縣北三百里高九百八十丈自壽州霍山縣界西西南入懷甯太湖界西接蘄州多松梓木

太湖水元和郡縣志在太湖縣寰宇記云源出縣西稻積山東南流入大江

太平寺李師中題｜｜｜｜詩云古寺連城邑盤基戴巨鼇地應迎曉日天不隱秋毫

西溪館寰宇記云在城西一

望前刺史呂渭所置以招嘉容睇山夾沼爲舒州之勝景**南硤戍**寰宇記云在桐城縣北四十七里吳志云呂蒙與甘甯伐皖張遼救之至硤石聞城已拔乃退硤石築｜｜｜**北峽關**在桐城縣北六十里**桃花源**去司眞洞五里有道士黃仲升結菴其上**菊花港**在懷甯縣東北二十里**桑落洲**元和郡縣志在宿松縣南一百九十里江水自鄂陵分派爲九於此合流九江江口晉劉毅與盧循戰于｜｜｜爲循所敗卽此按此洲與江州德化縣中流分界也**羊皮山**在潛山西北高八十丈南隅有菊花澗**麟角峯**在皖山頂潛峯最高者**羊頭湖**在懷甯東二十五里湖西有小山狀如羊頭因以爲名周回約三十里**虎頭巖**在懷甯縣北**羊腹山**在縣東北七十里**馬頭港**在宿松縣北四十里源出馬頭山**馬轉山**在宿松縣北八十里峯岫迂回嶺障屈曲前瞻後望有類馬形**龍眠山**在桐城縣西北二十里連舒城六安懷甯太湖黃梅之北有｜｜龍井龍舒之義正取此**龍門山**有乾明寺在宿松縣東北七十里寺

有龍潭龍巖端栢之異不置木魚置之則有變怪　**龍鳴城**在懷甯縣北七十里唐武德五年置齊天統二年盧潛屯兵于此　**鳳棲山**在太湖縣東南五十里　**靈龜泉**在皖山西有大石龜引氣出源上黃魯直有銘　**鳳凰山**在望江縣南十里　**麒麟山**在望江北三十里

鵰鴣山在望江縣北六十里　**駱駝石**在皖山南　**木鵝洲**在桐城縣一百二十里大江之北租役隸池州相傳南唐與周世宗劃江爲界先以｜｜浮江中隨所定之南北之境木鵝循洲入小峽而下故此州不隸於淮南也有唐人及本朝名賢詩甚多　**石牛洞**在山谷寺西北其石狀若牛魯直詩所謂山谷青石牛是　**玉龍洞**在州北七十里洞頂有石蟠結若伏龍　**鐵牛祠**在懷甯縣西西北寰宇記云漢書皖有鐵官後漢亦云皖有鐵鑄作牛埋於地以鎮此城　**金雞石**在貞源宮後四里有石曰｜｜世傳嘗見｜｜出現　**寶積山**在太湖縣　**銀幢山**在太湖縣北有三峯如畫　**金籠山**在懷安西五十里世傳有人於此得金　**金繩山**在桐城　**玉**

鏡山在懷甯縣北東西山石裂皎然望之如玉鑑一名玉照唐僧詩云主簿山高難見日玉鏡峯前有易曉人是也**石樓峯**在皖山東狀若樓觀**水晶洞**在天柱寺中路有望州石其巖下有丨丨丨丨**瓊瑤巖**在潛山西三里**瑪瑙山**在太湖縣北一百二十里山甚高峻地勢闊遠**朱砂峯**在盆峯南世傳有丹砂神物護之不能取中夜紅光或現遠近皆覩**白水源**在潛山西南十五里飛瀑千尺**白雲山**在太湖縣東三十里有海會寺**丹霞峯**至皖山二里**雪珠嶺**在中煉丹後上有碎石如珠狀**天柱峯**在皖山天柱寺西與地廣記云潛山一名天柱山漢武帝嘗登茲山疊嶂重巒拒雲槩日寰宇記云在懷甯縣西北二十里即司元洞府九天司命眞君所主也唐天寶中元宗夢九天司命眞君現於天柱山置祠宇皇朝就修眞君祠太平興國九年改爲靈仙觀政和九年改爲眞元萬壽宮山有左眞人孔眞人壇按地理志云山高三千七百丈周二百五十里山東有瀑布又云潛山其山有三峯一天柱一潛山一皖山荆公封舒國詩陳迹難尋天柱源疏封

投老謨明恩國人欲識公歸處楊柳蕭蕭白下門

天柱峯茶 中朝故事云李德裕有親知授舒州牧李謂之曰到彼郡日天柱茶可惠三數角其人獻之數角勉德裕不受明年精意求數角投之德裕曰此茶可以消酒肉毒乃命烹一甌沃於肉食而閉之詰旦開視其肉已化爲水矣

天書峯 在皖山三里

興雲峯 在皖山五里

致雨峯 在皖山五里

排霄峯 在皖山之北

度雲峯 在皖山之西

卧冰池 在望江縣南二里詳見古跡門

神霄宮 投子山丨丨丨在桐城縣西南去縣五里本爲投子寺太平興國中爲勝因禪院政和七年改爲神霄萬壽宮

靈隱山 在宿松縣馬祖曾於此卓菴

靈隱觀 東山丨丨丨在州東四十五里石上有字云閑於元封元年開於元豐元年

永慶寺 在郡北三十五里天柱山唐保大中崇惠禪師道場寺前石臺昔崇慧誦經於此有雉嘗立以聽

法華院 在桐城縣東三十里乃梁昭明太子肄業之所寺額乃唐宣宗御書今寺有昭明太子祠

舍利院 在望江縣西十里有幽大師眞身幽唐大順中

入山修行十二年出入皆跨虎後坐化而去。**浮渡山**在桐城東九十里上有五十三巖其可居可遊者三十六西南有獨山直上千仞大江環遶望之若浮又夷堅癸志云｜｜｜名剎也上有三十六巖巖名大通者居半山間視諸巖最勝泉瀑千仞眞奇觀也。**香泥洞**在聖祖殿後宮前有大楓泉出木間投錢取水洗目能去昏翳。**懷玉山**在太湖縣。**楞蒲山**寰宇記云在桐城縣東百十里山有二石各高數丈如人相對楞蒲之狀。**香爐峯**至本州三十里。**烽火山**寰宇記云在宿松縣東北六十里按郡國圖云齊陳二國割江爲界征伐不息齊因置烽火於此山。**皤竿嶺**在府城北亦險口也。**山谷寺**寰宇記云在懷甯縣西二十里梁大同二年以山谷名寺東北隅有三祖塔大歷七年改爲覺寂塔李師中題山谷寺詩云門無車馬地無塵只有青山是四鄰又云坐據白雲巖下地仰看青鏡匣中天。**吳塘陂**元和郡縣志在懷甯縣西二十里皖水所注昔曹公遣朱光屯皖大開稻田呂蒙上言皖地肥美若一收熟彼衆必增宜早除之乃征皖破之此塘卽朱光所開也荆公

封舒國詩開國桐鄉已白頭國人誰復記前遊故情但有吳塘水轉入東江向我流

呂亭山 寰宇記云在桐城縣北十七里按吳志呂蒙督西陵屯軍於此因名

圍亭湖 寰宇記云在桐城縣南六十里與白石湖相連其水發源於南峽山

盛唐山 今在桐城縣南五里元和郡縣志云在桐城縣東南一百二十里名盆唐山即古盛唐山也漢武帝作盛唐之歌寰宇記云又名盆唐山

樅陽水 元和郡縣志云出桐城縣東南硤石山東南入于江寰宇記又有樅陽湖即漢武帝作盛唐樅陽之歌處

樅陽驛 在懷甯縣東一百二十里唐武德七年趙郡王孝恭置

學士巖 在風井南三里李迪丞相守郡日其子侍郎東之嘗宿巖下故名

主簿山 在玉照山之東世傳唐相畢誠讀書於此

司空山 寰宇記云在太湖縣東北一百三十里李白避地司空原言懷詩南風昔不競豪聖思經綸我則異於是潛光皖水濱卜築司空原北將天柱鄰雪霽萬里月雲開九江春

道士崖 在石樓峯西南崖巔獨出石若羽人端簡而立

如來石 在皖山西

觀音泉 在都作院

廳前水甚深而甘每開淘必有風雨水爲之吼世傳有神物持之

觀音院容齋隨筆云黃魯直宿舒州太湖｜｜｜詩云汲烹寒泉窟伐燭古松根

皖公山輿地志謂周大夫皖伯之神也李白江上望｜｜｜奇峯出奇雲秀木含秀氣青冥｜｜｜巉絕稱人意又荊公詩云蒼茫空失｜｜｜

仙女崖在白水源側世傳有仙女登眞於此

孤兒泉在桐城縣投子山大同禪師住山有虎銜一女子至師震聲止之虎不敢噬因畱女子養於寺中及長一日帶花傳粉而來師乃令出適

投子山劉興言詩云三雄分漢鼎郊野戰羣龍將軍偶敗北投子空山中又周美成詩云緬懷魯將軍兵敗攜部曲來投衲子衣解甲飯戎菽誰令名此山異代有餘辱

古跡

廢皖城輿地志云在懷甯縣唐武德五年置在古逢龍城內以其城居皖水之北故號皖城武德

七年廢**廢安樂城**寰宇記云在懷甯縣南二十里唐武德五年置于古武功城尋省**廢梅縣城**寰宇記云在懷甯縣北七十里唐武德五年置七年省**廢皖陽城**寰宇記云在懷甯縣北六十里唐武德五年置七年省**廢石滻鎮**寰宇記云在懷甯縣東北八十里北齊立鎮以與梁人相防禦尋廢唐武德五年置七年又廢**桐城縣山舊城**寰宇記云按唐志開元二十二年移縣出山城前置其城內多猛獸蛇毒邑人久爲之弊元和八年縣令韓震焚燒栽植松杉今亦荒廢**同安故城**寰宇記云在桐城縣東郭門外大業九年築十三年廢**古巢城**寰宇記云在桐城南六十五里俗號爲古重城按史記成湯放桀于南巢即此城城三重故號重城南北川澤左右陂湖**樅陽故城**寰宇記云在桐城縣東南二百里按地理志云漢武帝元封五年置樅陽縣梁天監中改縣爲樅陽郡太建中亦爲樅陽縣割屬熙州隋開皇十八年停廢**陰安故城**寰宇記云在桐城縣東南一百八十里按宋書州郡志晉熙郡陰安縣也又云梁以陰安改屬

樅陽郡隋開皇三　廢青城縣寰宇記云在太湖縣東
年罷郡縣遂省　四十里按魏書魏武帝
遣曹仁築尋廢唐武德四　廢荆陽縣寰宇記云在太
年復置青城縣七年廢　湖縣東四十五
里唐武德四　廢東陳縣寰宇記云在太湖縣東南四
年立八年廢　十四里齊建元二年置陳太
建五　漢南嶽漢武帝元封五年冬行南巡狩至于盛
年廢　唐望祀虞舜于九疑登灊天柱山應劭
日灊音潛同南嶽霍山在灊灊縣名屬廬州徐靈期
南嶽記曰衡山五嶽之南嶽也至于軒轅乃潛霍之
山爲副焉故爾雅云霍山爲南嶽蓋因其副也至漢
武南巡又以衡山遼遠道隔漢江乃徙南嶽之祭于
廬江荆公詩惜哉秦漢君黃屋上衡　王祥池在望江
灊故九域志舒州灊山漢之南嶽　地志云
王祥得雙鯉處祥荆公呈柳子王同年詩三
臨沂人避地廬江　鄴王臺　年不上｜｜｜鴻鴈歸時
又北　孟宗臺在望江縣市吳志孟宗爲雷池司馬捕
來　魚作鮓寄母母還之世傳宗爲魚官於
此邑其宅有　涪翁亭在山谷寺石牛相對李伯時畫
生孝笋處　黃魯直坐石牛上魯直因自號

山谷道人題詩石上所謂青牛駕我山谷路是也向子諲名而書之**喬公亭**寰宇記云在懷甯北郎漢末喬公二女孫策周瑜各納其一今亭臺爲雙溪寺**拜仙壇**在眞源宮東有二石其壇直揖衆峯世傳爲漢武封祀之所**司命廟**九域志有司命眞君之廟皇朝賜觀額曰靈仙觀**皖山祠**寰宇記云在懷甯縣治西北二十里周大夫皖伯之神也漢書地理志云灊縣天柱山南面有祠其神聰亮百姓歸誠隋大業初移就皖水之陰謂之吳陂神唐刺史張萬福奏加金紫光祿大夫今亦有皖公壇在皖山下又有皖伯峯在州西四十里**朱邑祠**九域志有墓并碑元和郡縣志云在桐城縣邑中邑爲桐鄉嗇夫廉平有恩縣人思之爲立桐生祠祠在桐城縣西南又西漢注云大司農朱邑冢在桐城西郊外今墓在縣之西唐元和八年重修立碑李邕書字畫甚奇今不復存劉無言詩題朱邑墓古木森森覆墓亭大農祠在古桐城後來爲政應千輩能使斯民獨有情**文翁祠**在府學**周瑜祠**寰宇記云在懷甯縣東二里又有周將軍墓在宿松縣北二十五里按徐騎省周夫人墓誌云

瑜葬於舒之宿松元和郡縣志有大雷神祠亦周瑜廟也

梁昭明太子祠在法華山

李白讀書堂在太湖東原山

麯令祠九域志云唐望江縣有麯令信祠有墓并碑

獨山楊行密祠事見光州古跡門獨山下

葛仙壇在五州峯上

伊先生菴在山谷眞源之間先生姓伊名居哲廬陵人熙寧間結菴于此李淑作記王原叔書隸法甚古

梁誌公手鐵像在山谷寺見張商英遊山記

廬江皖湖出金太平廣記漢永平十一年廬江皖侯國有湖皖民兒釣于湖見黃物數千百枚即掇拾以歸其父驚曰此黃金也即俱馳往水中尚多鄰里共採得千餘斤言於太守奉獻具言得金狀

朱邑墓見朱邑廟下

周瑜墓見周瑜廟下

麯信墓見麯令祠下

周大夫皖伯始封　漢朱邑字仲卿少時爲桐鄉嗇夫廉平不苛所部吏民敬愛焉入爲大司農後病且死曰我故爲桐鄉吏其民愛我必葬桐鄉民爲起冢立祠歲時祠祭　王景建中初遷廬江太守先是百姓不知牛耕食嘗不足景乃教用牛耕由是墾闢境內豐給　盧植拜廬江太守務存清淨　劉騊駼謝承後漢書云丨丨丨爲樅陽長以病免吏民歌而思之曰悒然不樂思我劉君何時復來慰此下民　吳呂蒙初魏遣朱光一大田皖城蒙曰皖田肥美若一收熟彼衆必增權乃征皖拔之拜蒙廬江太守　晉陶侃領樅陽令有能名　唐刺史壁記云在唐世多用名德之士以爲刺史舊相則李班史才則吳兢文章則獨孤及李翺敏亮則張知謇武烈則張萬福　吳兢爲舒州刺史　張萬福萬福爲廬舒團練使江淮草木亦知威名　胡珦丨丨丨字閏博知舒州元和初大搜天下長吏循良者入補三省首拜駕部郎中牛僧孺撰墓記韓文云自坊州刺史遷舒州歲大熟麥一莖數穗閭里歌舞之考功以聞　鄭甫丨丨守舒州刺史訟不煩於聽令不費於

言穆員撰墓誌稱其爲唐循吏

獨孤及 權載之集云其理舒州屬歲饑旱鄰郡庸亡什四已上而舒人生悅在在不知凶年優詔褒異就賜金紫

李翺 字習之從韓愈學爲文章長慶三年爲舒州刺史見李翺文集

張知謇 調露中爲舒州刺史武后降璽書存問

麴信 寰宇記云信正元元年進士爲望江令亢旱禱雨即應百姓爲之立祠後沒於任因留葬焉白居易有詩今有墓在望江

張籍 字文昌和州烏江人韓愈賢重之爲舒州郡從事麴令祠堂記云國子司業張籍從事于郡

南唐徐騎省 桐城縣南百里地名連城四面石壁居湖中古木參天有徐常侍廟居人謂即騎省也騎省字鼎臣在南唐以直言貶在舒三年其作龍門寺記有叙云予頃歲謫居此地思過三載

本朝馮瓚 建隆三年七月知舒州左諫議大夫｜｜｜言州界有菰蒲魚鱉之利居民每以自給前防禦使司超增收爲市征漁奪苛細疲俗吉病宜蠲除之上從其請長編

樊若冰 長編云若冰江南人言事不報遂謀北歸先釣魚採石以小舫載絲繩以度江之廣狹開寶中遂詣闕自言有策可取江

南令學士院試賜及第授舒州團練推官若氷告上以母及親屬皆在江南上卽詔國主護送國主聽命七年遣使荆湖如若氷之策造大艦及黄龍船數千艘將浮江以濟師也

李迪 眞宗朝丁謂擅權迪於上前斥其不法事願俱罷相謂復畱貶迪衡州團練使謂竄起爲祕書監知舒州事畧

孫僅 東都事畧云字鄰幾汝陽人初爲舒州推官舉賢良方正科

王安石 嘗通判舒州文彥博爲相薦其恬退再召試

黄庭堅 嘗知舒州召爲吏部員外郎事畧

張叔夜 崇甯元年知

游酢 政和八年自提點成都長生觀起知舒州見言行錄

范宗尹 建炎初自右諫議以徽猷閣待制知舒州繫年錄

孫之微 忠義錄云紹興三年通判舒州時劇盜劉忠驅掠城邑孫公不屈爲其所啖食後朝廷錄其二子

漢文翁 文翁舒人爲蜀郡太守興學校以變巴蜀武帝時天下立學校自文翁爲之始

朱邑 字仲卿廬江舒人爲東海太守以治行第一召爲大司農

吳周瑜 字公瑾廬江舒人破曹公於赤壁瑜精音律有誤必顧諺曰曲有誤周郎顧

晉何充 廬江灊人庾亮稱其器局方槩有萬人之望後爲中書令臨朝正色以社稷爲已任

南史何尚之 廬江灊人立身簡約愛尚文義老而不休官至尚書令子孫多聞人仕皆顯達

唐李白 白傳云安祿山反轉側宿松康廬間

本朝

邵拙 宣城人咸平中寓于舒就應制科水曹郎趙慶有詩貽之云邁古文章金鸞鷟出羣行止王麒麟

潘閬 劉貢父詩話云丨丨字逍遙爲詩有唐人風因得罪逃匿舒州潛山寺爲行者題詩鐘樓云頑童趂暖貪春睡忘却登樓打曉鐘孫瑾見之曰此潘逍遙也令寺僧呼之潘已亡去

王珪 慶歷二年登第後爲相

徐俯 字師川山谷之甥也崇觀間僑居同安與洪駒父胡少汲相與賦詠甚適

張漢卿 舒之桐鄉人爲興國軍管庫與太守論事不合郎和淵明歸去來辭大書于印紙而去隱

居三十年後丞相趙汝愚露章特薦終於丐祠而去

仙釋

左慈東漢丨丨廬江人居潛山有煉丹房今丹竈基址尚存抱朴子云左元放在天柱山修道遇神人投丹訣唐寶應二年遣李樸築壇於潛獄岡今日左真人壇

許真君名遜南昌人初為旌陽令後隱居逍遙山得道乘雲而去

周真君名應自雲臺山謁許旌陽付以祕訣後奉玉皇詔參許真君車昇天今封元通真人

閭邱方遠字大方舒州宿松人學修真出世之術唐昭宗累詔不起賜號妙有大師元同先生天復二年尸解而去後人有見於仙都山及廬山者

崔仙翁名之道舒州人為真源宮道士嘗遊石幢嶺見二仙人對碁與崔一碁子令吞之自此言人禍福輒驗黃裳未第日見之云速去速去狀元狀元明年果舉進士第一後尸解而去

道士李斯立東山靈隱觀有

李道士常從東坡遊年逾八秩作詩不凡如嵓溜連雲凍溪梅帶雪香有意峯巒千嶂出無名花草百般香皆奇句也

金陵牛頭知巖禪師 初爲隋郎將累有戰功後出家入舒州皖公山從寶月禪師爲弟子嘗入谷中入定山水暴漲師怡然不動其水自退

張僧荻藤巖 在太湖縣北四十里昔有異人張僧居之騎虎出入或有於巖茹葷者百怪俱現

舒州童師 文殊化身也東晉咸和中隱於同安郡嘗有僧往五臺禮文殊遇僧問之答云文殊即今在同安與羣兒戲者是也

大同禪師 本懷甯人在舒州投子山居山三十載領衆千餘黃巢之黨入山拜伏而去

圓鑒禪師 天聖中往舒州諸山後作佛禪宗教義九帶集行於世

眞悟大師 相傳以爲晉咸和人今有眞身塔在城北太平興國寺紹興二十四年火焚其塔而眞身不動

碑記

唐李習之題刻在山谷寺見張商英游潛山記法華院額在桐城乃唐宣宗御書唐太平興國寺碑乃調露年間碑圖經載爲薛稷書及有唐隸碑亦有古法唐天柱山司命眞君廟碑大曆八年舒州丹霞府新泉記保大二年潛山眞君廟左眞人仙堂記開成三年張虛白撰皖山祠碑唐永淳元年太湖縣尉劉嘉哲撰劉師憲書山谷寺璨大師碑銘唐寶應元年房琯文徐浩書山谷寺智禪師銘唐大曆八年獨孤及撰張從書三祖大師碑陰記唐咸通二年張彥遠撰麯令祠堂記開成五年開元寺碑陰記南唐順義九年李宗撰喬公亭記篆法甚古保大十三年徐騎省記周將軍廟碑保大十三年徐騎省記山谷寺三祖大師偈唐御史中丞包吉撰建中二年立文宣王廟碑序徐龍門寺記徐九疊松讚徐保

大中勑書石刻在三祖乾元年 四面山大中寺唐碑在太湖縣北十五里寺有古碑題大中十三年建咸通五年重修又大觀中知太湖孫勰記云大中帝者宣宗也其微時嘗避禍祝髮爲比邱周遊天下築菴隱於是 同安志錢紳編 續志蔡時編 舒州

新堂銘李翺撰 西絕碑集古錄云唐李陽冰篆并李華文張從申書 雙溪院記集古錄云南唐徐鉉撰并篆記碑以南唐保大十三年立 靈仙觀碑長編云興國七年舒州懷寧縣有老僧詣萬壽山取寶掘得黟石刻誌公記云吾觀四五朝後次丙子年趙號太平二十一帝僧忽不見州以石刻來獻六月甲戌詔舒州修司命眞君祠號曰靈仙觀九朝通畧云太平興國四年嘉州亦有石文云趙二十一帝

詩

疎鐘天柱寺細雨皖溪船唐張喬詩朱邑何爲者桐鄉有古祠我心常所慕二郡老人知呂温寄劉連州離江漠漠樹重重東過百淮到宿松縣好也知臨皖水官閑應得看灊峯羅隱送宿松縣傅堅詩我聞望江縣麴令撫惸嫠在官有仁政名不聞京師無人立碑碣惟有邑人知白居易詩龍舒太守人中傑風韻堂堂心似月唐殷文圭詩却下烏臺建隼旟候封歸去襲龍舒嚴霜尚滿辭天闕甘雨看隨入境車唐湯悅送季大夫牧舒州灊嶽積蒼翠皖溪生素波唐國子博士馬藏詩古國羣舒地前當桐柏關唐司空水部詩皖伯臺前綠樹春吳塘初下碧溪分舊游風景長牽夢遥羨

高齋望白雲徐任詩寄舒州樂學士皖城終日靜如山府椽應從到日閑一水碧羅裁繚繞萬峯蒼玉刻孱顔王安石我有同舍郎官居在潛嶽遺我三寸柑照坐光卓犖東坡在黃州懷李公擇築屋皖公城木末置曲欄歲晚對煙雨人家橘柚間獨秀司命峯衆邱遜高寒松竹二喬宅雪雲三祖山黃庭堅詩桐鄉富山水此地最深秀郭祥正詩碧水蒼山照眼青始知朱邑愛桐城重來二十三年後猶有斯民眷眷情郭祥正詩人家橘柚間鐘梵雲煙側張徽詩昔時桐溪漢九卿家在淮南天一柱朱新仲翌詩勢參吳楚分作鎭向同安地勝壓寰隔天深洞府寬位將

衡嶽敵根與霍山蟠日轉香爐燄風清玉照寒石樓平郡堞天柱倚雲端禪鄰祖師塔仙接左慈壇元宗曾立廟漢武亦鳴鑾孫僅題灊山皆紀實也桐鄉山遠復川長紫翠連城碧滿隍今日桐鄉誰愛我當時我自愛桐鄉王荊公封舒國公此邦富山水自昔少園池徐師川詩主簿峯高昔所見司空山深初未遊但願承平無路梗不憚登陟尋巖幽徐師川詩久嚮舒子國慣作北門遊山遠三峯出溪長二水流徐師川詩竹暗喬公宅林藏伍相祠徐師川詩昔爲郡下客曾借水邊居秋水月爲晝春風花作廬徐師川詩白水十丈瀑吳塘千頃陂徐師川詩林依玉照遠

雲爲石盆留春色年年好溪山事事幽徐師川君過秋浦正逢秋亦到樅陽皖水頭九派先將明月去三峯少爲白雲留徐師川詩欲尋浙子水雲客共着皖川冰雪顏徐師川喬公宅下路已沒皖伯峯前雲未開徐師川虎頭玉照南北嶺麟角石盆三兩峯徐師川三百六旬了無事二十七峯常對門徐師川橫舟千古樅陽水一逕沿容達觀臺徐師川歲別桐鄉暮家違皖水春徐師川北峽遠連南峽險小龍峻逼大龍高徐師川官居隱几望灊山不似茅簷舊日閑顧我塵沙添白髮憐君道路失朱顏江涵秋潦鱸魚美岸入春風荻笋斑此味縱

佳吾不樂惟思一馬返鄉關曾子翊官居舒州日寄荆公詩子翊名宰子撫州人鄉壘新恩借舊朱欲辭灊皖更躊躇攢峯列岫應識我飽食頻年報禮虛荆公又別灊皖二山詩

山川詩

奇峯出奇雲秀木含秀氣青冥皖公山巉絕稱人意李白潛光皖水濱李白卜築司空原北將天柱鄰雪霽萬里月雲開九江春李白避地日司空原歲暮五嶽嘗為塵機礙孰知天柱峯今與郡齋對漢皇南遊日望秩此昭配法駕到谷口禮容振荒外焚柴百神趨執玉萬方

會如今封禪壇唯見雲雨晦獨孤及潛山詩龍舟輕颷錦帆風正值神遊望遠空回首皖公山色翠影斜不到壽柸中李中主已劃江北幸南都北望皖公山謂李家明曰好青峭數峯不知何名耶家明獻詩云云明日西南望潛山尚可親唐戴叔倫詩天柱一峯擎日月洞門千仞鎖雲雷唐李明詩三十六巖藏好景更於何處覓瀛洲唐詩僧詩潛嶺岧嶤副祝融晏殊詩淅瀝風生羅豆木蒼茫雲失皖公山王安石詩山下飛鳴黃栗留溪邊飲啄白浮鷗不知此地從君處亦有他人繼我不王安石懷舒州山水皖山西去百重山塵迹今埋杳靄間白首行藏空自感春風江上照衰顏王安石詩莫厭皖山窮絕處不

妨雲水助風騷王安石詩皖公山下開軒處坐聽龍吟十里長李常仙人持玉照留在灊峯西黃庭堅詩諸山何處是龍眠舊日龍眠今不眠問道已隨雲物去不應只兩一方田黃庭堅却望同安城唯有松鬱鬱遥知浦口晴諸峯見明雪黃庭堅懊惱茂陵客白日求攀天遺壇猶在半蕪沒隱約龍馭回縲鞭郭祥正詩白雲閑似我我似白雲閑二物俱無心逍遥天地間刻在大柱山石崖之巔後刻玉京叟張虛靖字皆徑一二尺試將灊皖問雲遊何似靈巖與虎邱應道淮南山水勝清奇都在兩三州懷甯驛中甓地得碑尺許題詩云云漢武射蛟浮九曲舳艫千里來樅陽築壇祈仙瞻杳

茫茂陵檜栢空青蒼徐師川　潛山潛水涯菖蒲有九節

白术多紫花郭祥正詩　桐鄉山水天下名龍眠氣勢如長

城郭祥正龍眠山詩　羣山奔來一峯起千丈芙蓉碧霄倚老

松自作孤鳳吟駭浪時翻三井水郭祥正天柱閣詩

四六

楚郊開壤淮服分疆記室新書　惟是同安政當淮右州郡事迹

皖伯古城主吿繇之祀灊峯勝地經漢武之游事迹　桐

鄉朱啇夫望江麪令尹事迹考於方志舊爲楚國之附
庸驗彼民風尙有漢臣之遺愛事迹别羣舒之劇郡控
九江之奥區事迹北連大霍乃司命之别宫南接康廬
實衆眞之靈洞唐保大二年丹霞府新泉記潛嶽名山丹霞仙府
同上新泉記一麾出守寵分刺史之符八柱承天實表元
臣之象天柱閣上梁文層巒擁皖伯之臺分土建舒子之國
安慶軍上梁文天柱高寒玉照光徹上梁文聖祚既表於眞源
軍額遂陞於安慶同上唯此邦土之名昔者宦遊之壤
久陶聖化非復魯僖之所懲積習仁風乃嘗朱邑之
見愛王荆公表

輿地紀勝卷第四十六

輿地紀勝卷第四十七　文選樓影宋鈔本

東陽王象之編　甘泉岑鎔洤長生校刊

淮南西路

蘄州　蘄春　蘄陽　新水　南晉

州沿革

蘄州　望　蘄春郡防禦九域志　禹貢揚州之域元和郡縣志寰宇記晏公類要並屬揚州而蘄春舊經以爲荆州之域不同象之謹按輿地廣記黃州則隸荆州而蘄州則隸揚州分別明甚不容差互也當從廣記屬揚州　楚地翼軫之分野西漢志楚地翼軫之分野今南郡江夏盡楚分野也新唐書志安黃申光蘄州爲鶉尾分　春秋戰國並屬楚此據輿地廣記又寰宇記云春秋爲英氏國秦始皇十六年王翦虜楚王負芻於蘄象之謹按春秋左氏

僖公十七年齊人徐人伐英氏注云楚與國而初無蘄春縣字似難强引又通鑑載王翦敗楚兵於蘄殺其將軍項燕乃在始皇二十三年非在十六年而敗楚兵于蘄縣非敗之于蘄春縣也象之又按漢志蘄縣隸于淮北之沛郡陳涉起蘄及高祖與英布戰于蘄蘄注皆屬沛國而蘄春縣則隸于淮南之江夏郡漢光武封陳俊子浮爲蘄春侯是也觀此則蘄一縣與蘄春縣自是兩縣所隸二郡不同不應强合爲一寰宇記非是今不取

西漢爲蘄春縣隸江夏郡西漢地理志江夏郡下有蘄春縣

東漢爲蘄春國仍隸江夏郡東漢郡國志下有蘄春國寰宇記云建武二十三年封陳俊子浮爲蘄春侯

三國時屬魏元和郡縣志**後屬吳吳立爲蘄春郡**沈約宋志云蘄春縣吳立爲郡又三國志賀齊傳云初晉宗爲吳將以衆叛如魏還爲蘄春太守權襲蘄春生虜晉宗吳復置蘄春郡

晉武平吳省蘄春郡以縣屬弋陽郡沈約宋志云晉武太康元年省蘄春郡而縣屬弋陽後屬新蔡宋孝武大明八年還西陽

寰宇記云晉惠帝時改蘄春郡爲西陽郡按郡已省於太康之時故晉志弋陽郡下止有蘄春縣至惠帝時不應尙改蘄春郡也今不取東晉孝武改蘄春爲蘄陽縣避宣太后諱也元和郡縣志宋齊並屬西陽郡宋志齊志西陽郡下並有蘄春縣梁侯景之亂北齊高氏盡有淮南之地寰宇記因於此置齊昌郡及羅州元和志及寰宇記廣記皆以爲齊置雍州隋志以爲置羅州今從隋志陳宣帝命吳明徹經營淮南遣合州刺史湛陀克齊昌城通鑑在陳宣帝太建五年又尅蘄城陳書云明徹攻下晉州進尅蘄城後周改爲蘄州此據隋志及元和郡縣志而寰宇記以爲隋日蘄州不同隋煬帝廢州爲蘄春郡唐改爲蘄州武德四年改蘄春郡天寶元年復爲蘄州乾元元年五代楊氏李氏繼有其地周世宗征淮南

李景盡江北地歸于周通鑑顯德五年南唐獻江北廬舒蘄黃四州之地皇朝隸淮南西路今領縣五治蘄春

縣沿革

蘄春縣　望

倚郭元和郡縣志云本漢舊縣屬江夏郡吳立蘄春郡晉省郡屬弋陽郡二漢志及江夏郡下並有蘄春縣晉志弋陽郡下亦有蘄春縣東晉孝武時以宣太后諱改曰蘄陽縣宋屬西陽郡南齊因之故宋齊二志並有蘄陽縣隋志云梁改曰蘄水北齊於縣立齊昌郡隋改曰蘄春隸蘄春郡唐武德四年省蘄水入焉按地名解云蘄春以水隈多蘄菜因以爲名

蘄水縣　望

在州西五十五里輿地廣記云本漢蘄春縣地宋元嘉時於此立浠水縣及永安郡元和郡縣志云北齊

改爲蘭溪鎮隋志云隋開皇初郡廢以縣屬蘄州唐志云本浠水縣武德四年更名蘭溪天寶元年更名

蘄水

黄梅縣 上

在州東一百二十里以縣有黄梅山因以爲名輿地廣記云本漢蘄春縣地晉元帝置新蔡郡及永興縣隋志云舊曰永興縣開皇初改曰新蔡十八年改名黄梅界内有黄梅山因以爲名唐志云武德四年以縣置南晉州析置義豐長吉塘陽新蔡四縣八年州及四縣俱廢以黄梅來屬陳書云吳明徹攻下晉州尅蘄城則梁亦有晉州矣

廣濟縣 望

在州東四十五里元和郡縣志云本漢蘄春縣地武德四年析置永甯縣天寶元年以名重改廣濟縣紹興五年六月辛亥廢蘄州羅田廣濟二縣並爲鎮繫年錄

羅田縣輿地廣記不載羅田縣之緊望在州北一百五十里本漢蘄春縣地隋志云梁置義州義成郡開皇中州郡並廢爲羅田縣圖經云唐武德中省入浠水縣國朝會要云元祐八年以石橋鎮陞爲羅田縣紹興五年廢爲鎮是年復置羅田縣

榷茶場乾德二年八月辛酉初令蘄口置場榷茶建隆三年正月丁亥以監察御史劉湛爲膳部郎中湛奉詔榷茶于蘄春歲入增特超遷之並出長編

風俗形勝

蘄水之陽曹公與喬蕤戰于｜｜｜｜蘄春之地濱帶江淮唐大詔令李勣英國公制云鎮捍之重允屬功烈蘄春古郡左舒右黄佳山秀水繚絡千里有鼓吹白雲之勝元祐元年張子師廣教院記蘄西善

封浠水故邑昕俗富庶谿山重複占淮壖之上腴屬帝轂之衝會天聖六年關詠神光觀記蘄在全楚之東其人敦龐而近古元祐五年李常廣濟南禪寺記秀民樂於爲儒而不輕釋其業李常南禪寺記彬彬喜學有鄒魯之遺風李常南禪寺記南距江北接光蔡西連黃崗東峙隔皖蘄州興復舊治記紹興五年王之義文宣洪蘄鄂疆弩號天下精兵唐憲宗討劉闢李吉甫言晉宋梁凡五攻蜀繇江道者四｜｜｜｜｜｜｜｜｜｜請起其兵以擣三峽之虛蘄之爲州居江湖窮絕處元祐四年余章三泉堂記居三楚之中爲周秦舊邑寰宇記云史記曰楚文王徙都于郢故江陵爲西楚漢封元王交於彭城是爲東楚又封厲王胥於廣陵是爲南楚今蘄｜｜｜｜｜｜蓋蘄｜｜｜｜｜｜地俗尚淳質好儉約隋志

景物上

三泉 余章三泉記米芾書鳳山之陰蘭溪之陽有泉出石罅爲蘭溪其在寺庭之除爲陸羽烹茶之泉其在鳳山之陰爲逸少澤筆之井蘭溪於茶經之品第三藏諸水底出則隨溪流無停積故常新潔不陳敗甘美而善泛淸徹而不亂也茶之所最宜王陸二水皆蘭溪一源耳今在蘄水縣西

黃堂 在郡治安民堂之後

蒙亭 郡守余章有記

溪堂 在州南至和中致政吳瑛隱居東坡有詩

月樓 在學廳

月峰 見玉鏡崖下

書舫 在學廳

練巖 在羅田縣西三十里有瀑泉瀉于兩峰之間有隱士居其下

蓮峰 在五祖山

蔡山 在黃梅縣禹貢九江納錫大龜孔氏曰龜出九江水中蔡龜也故以名其山唐曹王皐敗李希烈于丨丨即此也

蘄河 源出大浮山謂之蘄陽口

蘭溪 丨丨在州之蘄水縣竹所出之地也東坡寄蘄簟與蒲傳正丨丨丨美箭不成

茶山 寰宇記云在蘄水縣北深川每年造貢茶之所

龍峰 在州南四十里大明寺在焉寺前有大明倉及仙人

臺臺下石穴卽花蛇洞　**龍崖**在黃梅縣吾道山有布泉十餘丈　**大龜**有蔡山出丨丨事見蔡山下　**西峯**在黃梅五祖山　**東湖**在州治中　**嶮石**在蘄水縣東北十里羅田三溪之水會焉無慮高數十丈丨丨十里餘橫截溪流水注鏬中皆成嵒竇玲瓏相通衝淙而下湍迅異常入蘄水界是爲浠水　**巴河**源出板石山　**浠水**源出雲山　**湯泉**在州東北七十里常沸如湯有流黃氣　**冷泉**在黃梅縣東二十里冷水澗　**大江**上接黃州過伍州巴河蘭溪蘄口下流入舒州宿松界

景物下

安民堂在郡齋　**思政堂**在郡齋　**賦歸亭**在廣濟縣　**貴簡堂**在郡齋　**超然觀**在郡圃子城上　**觀德亭**在郡齋喻樗建　**繹志亭**在州學射圃　**環翠亭**在郡圃子城上　**生春堂**在廣濟縣廳東　**白雲亭**在州北山巔　**浸月亭**在郡

齋

涵輝閣　在郡齋子城之上有治平年中記郭祥正寄題蘄州涵輝閣呈太守章子平詩讀君涵輝記恍若登蓬萊天垂星斗數尋近地卷雲山千里來冰壺倒影露華洗玉竇溶雪蟾光頹

躡雲亭　在州北塔後山巔

風月堂　在蘄春縣圃

煙霏樓　在蘄春縣圃

見山亭　在子城上

見山樓　在蘄春縣圃

一覽亭　在羅田縣圃

雙桂堂　在郡治

雙蓮堂　在郡治

疊嶂亭　在蘄水縣東坡名之

四見亭　在州北塔後山巔范忠宣公名蓋倣范文正公守鄱陽日於郡見四望亭之遺意

五美亭　在蘄水縣

命教堂　在學廳

忠恕堂　在學廳

豈弟堂　在州西北一里

俊逸亭　在黃梅縣鮑照墓前

靜明山　在蘄春縣東三十里山極高大橫亘十餘里有神祠極靈

鈷鉧水　在蘄春縣出櫨梨山入蘄河

德章山　有安國院在黃梅縣東北一十五里有廣嚴二大師及清道者眞身

德章寺　林敏功詩我行蘄州城東望黃梅山謂言一驛地何時可躋攀今日復何日籃輿到山間林開｜｜｜岫

幌青雲關**正覺院**在黃梅西北三十里有四祖及栽松道者二眞身**眞慧院**在黃梅東北三十里寺有五祖眞身**成相院**在黃梅東三十里有銓大師及周梁二祖師眞身**普惠院**在黃梅西南六十里義臺山先是有二女子修道見洪簡禪師至捨之而去一女子飛昇一女子入仙洞**天書崖**在州東二十五里茶場**天柱峰**在黃梅縣北四十里**月頂山**在蘄水縣西一里舊名神光院今名延福禪院有尼淡姑眞身**月子山**在蘄水縣南二十五里**芙蓉山**在州北二十里有廣福資聖院**蓮花寺**在黃梅郎東禪寺五祖六祖傳衣鉢之所**楊梅嶺**在黃梅縣**蘭溪泉**在蘄水縣北七里鳳棲山下陸羽茶經以爲天下第三泉**蘭溪水**在蘄水縣源出苦竹山其側多蘭唐以此名縣**東禪院**在黃梅縣西一里號蓮花寺即五祖傳衣鉢與六祖之所有六祖歎糠池墜腰石樊禪師眞身及吳道子畫傳衣圖**東金院**在黃梅東十五里**散花洲**在黃梅縣南六十里大江之北按王得臣江夏辨疑云周瑜戰勝犒士丨丨于

此獨木渡在獨木鎮二聖院在州東北九十里係金張二禪師道場三峰院在州東北一百二十里三角山在州北七十里其山有二龍潭因禱雨有應賜寺額三峰山龍門禪院四流山寰宇記云在州北山嶺迤邐水南入蘄春西入蘄水北入霍山東入大湖四祖山在黃梅縣西北二十五里即大醫禪師道場五祖山在黃梅縣東北二十五里即大滿禪師道場也五皐洲晏公類要云昳江丨丨丨九江納錫大龜出蔡地即此也九井寺在黃梅縣西十六里按寺記開成中有宗義師鑿井九所陰竇相通汲一井而餘井演漾謂之丨丨丨今爲靜林寺九潭山在州北一百二十里上有龍井者九三十六水亦名高溪在州東北出白巖山南入蘄河衆造寺在黃梅縣東一里今五祖廨院寺有戴叔倫撰曹王臯出師記碑萬家泉在黃梅縣邑人萬氏所鑿因以得名多雲山在廣濟縣十五里天欲雨則山先出雲明水山在廣濟縣東二十五里上有龍潭飛瀑奇甚白雲山在城北四里自旦及

暮嘗有白雲繚繞其上隋時建塔寺其上隋開汴河得入定僧二員遣使送至蘄州再召二僧遂入古井中隱沒唐名北禪二聖院國朝名廣教禪院有曉禪師眞身

青林湖 寰宇記云在廣濟湖西有青林山

青着院 在黃梅縣北一十里有普惠大師眞身

烏牙山 南烏牙山有靈峰院在黃梅縣東北五十里有白居易所撰碑張商英輪藏記又王得臣麈史云蘄之黃梅有烏牙山僧舍小詩曰李太白也夜宿烏牙寺舉手捫星辰不敢高聲語恐驚天上人李集中無之

黃牙院 在黃梅東南四十里慶歷中孫直方記黃牙先生曾結廬于此

黃石山 輿地廣記云在黃梅縣水經云江之右岸有｜｜｜

黃梅山 在黃梅縣北二十五里山有黃梅水入威湖

金沙湖 在州治中

金山寺 在州西三里和樂坊

銀孔泉 在黃梅縣東二十里

玉虹泉 在羅田縣東二里

玉鏡山 在蘄水縣西三十里山巔有大石其圓似月故曰月峰又名玉鏡山

玉蟾池 在太元觀因鑿池得白石狀類玉蟾因名

花蛇洞 在州南四十里龍峰之下又云在蘄口鎮

大明寺前又云生羅田縣山中首方背有花紋尾端如雞距香襲人**金鵝院**在州北六十里此山嘗南金鵝出于石間因以爲寺有二禪師眞身舊傳以爲父子二人**石龜山**在廣濟縣北十五里有石形如龜**石龍坡**在廣濟縣**石鷟源**在廣濟西南六十里水自洞中流出亦名靈泉**鵝籠石**在州東北金鵝山**鳳棲山**在蘄水縣東三里有寺**鳳臺觀**在黃梅縣北一里乃羅眞人煉丹之地有井見存**龍窟院**在州西二十五里**龍華寺**在黃梅縣北一里舊傳大士嘗經從講經于此法堂舊榜曰講經堂**龍潭寺**在黃梅縣南九十里有古鍾釜見存上有赤烏二年鑄字**龜頭山**在州西二十里有石如龜**龍平山**在黃梅縣北二十里亦名鳳平形勢峭險可以保禦戚方嘗於此爲寨柵**盤龍山**在州南十五里有石鼓院院有麻衣道者無樂禪師二眞身**鳳凰臺**在蘄春縣北鳳凰山即羅眞人飛昇之所舊有一臺百鳥無棲止其上者今羅田縣西三十里亦有｜｜｜**石筍峰**在黃梅縣北五十里**香爐峰**在黃

梅四祖山**石鼓山**在蘄水縣北十里有巨石如鼓扣之有聲隋志有石鼓山**斗方山**在羅田縣東北五十里有崇果院佛印禪師會住持有詩題詠有無着法燈二眞身**鼓吹廟**在城北三里此地中嘗有音樂之聲**鼓角山**在州東一百里天欲雨先聞鼓角之聲又廣濟縣北六十里亦有丨丨丨又名鼓吹山上有寨基建炎兵火郡守甄采守禦于此全活甚衆**打鼓石**在蘄水縣南龍潭直上巨石高數十丈邑中遇有鼓聲輙應**飜車城**在蘄春縣東南八十里元和郡縣志云九江王英布背項羽歸漢於飜車水築丨丨丨因以爲名**積布山**元和郡縣志云在廣濟縣南一百里南臨大江疊石壁立形如積布謂積布磯**練石洞**在羅田縣東南三十里山腰有石潭飛瀑五六丈神龍居焉**里下山**在州北三十里有資聖院院有李禪師自四祖法席到院生化**巴河源**在蘄水縣出板石山南流至縣西復南入江**金仙山**在廣濟縣西七里昔有女子於此得道飛昇有朝斗壇**羅漢菜**生三角山上舊傳有異僧種之而去若雜以葷物即無味

不可食

石人院 在黃梅縣東南五十里寺門西有峰宛若人形故名

仙人臺 在州北大浮山之巔舊傳有四人於此登仙

君子巖 在蘄水縣北十里穀山之陰有丨丨丨巖內有石壁石椀石臼山項有穀泉

佛子嶺 在蘄水縣西二十里又州北二十里亦有丨丨丨

太公石 在蘄水縣西二十五里

史君石 在黃梅縣史君源亦名靈書筴世傳嘗註史君黃庭經

古迹

南晉州 趙令衿游五祖山夢老僧告日至晉州當有哭子之戚翌日至黃梅縣與令言邑之因革曰唐時嘗爲丨丨丨越四日子竟死

漢之六縣 晏公類要云州東廣濟縣秦丨丨丨丨而英布即縣人項羽封布爲淮南王都六今古城猶存

九江故城 元和郡縣志云舊黃梅縣西南七十里丨丨王黥布所築

江夏王城 類要云晉丨丨丨丨所築在蘄春縣

曹公與橋蕤戰處 晏公類要云蘄水之陽有曹公與橋蕤戰處

王逸少洗筆泉 東坡云余游清

泉寺去蘄水郭門外二里許有王逸少洗筆泉水極甘下臨蘭溪溪水西流見漁隱叢話云

太子驛 在黃梅縣南七十五里舊傳梁武帝於此得子號太子驛唐改臨江驛元和郡縣志曰梁武帝初下建康畱丁貴嬪於此生太子因以爲名亦名太子洑

佛母堂 在黃梅縣西南二十里卽五祖托生於周氏女竈之處

吳赤烏二年鐘 在黃梅之龍潭寺

慈雲塔 寰宇記云在黃梅縣西北四十里雙峰山下第四祖信大師寂滅之所大歷九年勑諡大醫和尙塔號慈雲

法雨塔 寰宇記云在黃梅縣東北二十六里馮茂山第五祖洪忍大師寂滅之所大歷元年勑諡大滿和向塔號法雨

黥布父母墳 元和郡縣志云在黃梅縣漢九江王布所築圖經云在廣濟縣南晉書云甯康元年因新蔡縣人於丨丨舊城置新蔡郡城中有黥布父母墳

官吏

員半千 自宏文學士出豫蘄二州刺史半千不顧任東常以文雅粉澤故所至禮化大行

李

泌少以才敏著聞唐元宗使與太子游太子嘗謂先生楊國忠惡奏徙蘄春事見通鑑

呂元膺爲蘄州刺史嘗錄囚囚或曰父母在明日歲旦不得省爲恨因泣元膺悉釋械歸之而戒還期囚如期而至自是羣盗感愧悉避境去

徐聃咸亨元年出爲蘄州司馬二年坐事徙欽州張說集

張齊賢容齋四筆云江左初平太宗選張齊賢爲江南西路轉運使諭以民間不便許令條奏先是諸州罪人錮送闕下緣路死者常十五六齊賢至蘄州見南劒州罪人皆爲販私鹽人荷鹽籠及見販而不告者並黥傳送而五人死于路江州司理院自正月至二月經過寄禁罪人計三百二十四人建州民二人本田家客戶嘗於主家塘中盜魚一斤半並杖脊黥面送闕下齊賢上言乞俟至京擇官慮問如顯有負屈者本州官吏量加懲罰自今只令發遣正身及虔州送三囚常市得牛肉幷家屬十二人悉詣闕而殺牛賊不獲齊賢憫之即遣其妻子還自是江南送罪人者減大半是皆相循習所致也一賢改爲其利民如此

王元之自黃州徙蘄州謝表云宣室鬼神之問敢望生還茂陵封禪之書已期身後上曰禹

偷其亡乎閱歲而卒

范純仁治平中爲殿中侍御史時議濮王典禮純仁請出不已遂出通判安州徙知蘄州事略

呂誨英宗朝爲御史知雜時議推尊濮安懿王誨陳其不可彈歐陽修首建邪議幷劾韓琦曾公亮附會之罪乃出知蘄州事略

張商英言行錄云朱諤彈公紹聖初雖有章疏論列元祐官寮本是姦黨出知蘄州遂列名黨籍蔡京親書公姓名在司馬溫公之列而天下反以爲榮

孫傅字伯野海州人嘗爲中書舍人高麗入貢傳言使人所過郡調夫治舟騷擾勞費以妨農時於中國無絲毫益宰相以其論略與蘇軾同奏貶蘄州安置事略

梅執禮字和勝婺之浦江人舉進士累遷給事中執禮與宰相王黼雅相善宴其弟以詩規之黼怒罷爲顯謨閣待制知蘄州尋落職徙知蘄州

韓世清建炎三年世清在蘄州州人請以爲兵馬鈐轄賊劉忠犯蘄州世清與戰破之忠遂轉入湖南繫年錄

吳公瑛 三賢堂記按吳公瑛字德仁以比部郎知郴州滿郎丐垂車縉紳挽留志不可相牽賦詩餞于都門温公集有和吳仲庶寄吳瑛比部安道之子壯年致政歸隱蘄春詩負米承親願已賒恥隨雞鶩啄泥沙一朝投紱眞高士萬卷藏書舊世家齒髮未衰非藥物山林不返非雲霞龐眉尚有幽潛者狗祿憂生眞可嗟葢瑛母憂服除遂致仕

二林 並蘄春人也敏功字子仁下第歸杜門不出者二十年長於詩元符末蔡元度力薦於上詔蘄州以禮厚遣子仁不奉詔張天覺徐擇之來守是邦皆尊禮之政和間林震謂同寮曰吾宗有隱君子旬一出郊見之震還朝舉其隱德賜號高隱處士弟敏修字子來所居比鄰終老爲文字友子來終身不舉進士世號二林

龐安時 字安常蘄水人爲兒讀書警悟絕人一經目終身不忘時時治病有奇效十愈八九性喜讀書藏至萬卷蘇公軾及張公耒皆與之游耒誌其墓

吳伸 紹興二年蘄州布衣吳伸上書言陛下有孝悌之大德而二帝之問不通敵國之陵不已土地之封日削國用之富不饒盜賊之鋒未戢此五者雖急務然猶未足爲陛下之輕重伐齊者策

之上也不得已而衆建諸侯者策之次也伸書凡六千餘書其大指如此疏入詔赴都堂審察遂以伸爲將仕郎

烈士王玠王烈士諱玠字介玉自長沙徙居鄂攜文謁黃魯直深加賞歎贈詩云滿袖春風愜人意見君詩與字俱清孔彥舟爲蘄黃鎮撫使招致之俾請于朝有旨拜公迪功郎鎮撫使司幹辦公事會彥舟謀叛公開陳百端彥舟不聽公入罵曰逆賊萬段彥舟并公家屬沉之龍眼磯公嘗題楚詞云忠臣遭放逐委質湘江沈空餘離騷辭萬世蒙賞音我今未忍死終有報國心叩閽且無路寫作哀怨吟君喜讀楚詞又以沈死無乃詩之讖歟

仙釋

晉羅眞人諱翼字昇直譙國人也至蘄城東建宅凡十二年上昇居人爲之建觀**宋史君**宋史君諱翼字儒上晉安帝時人嘗爲番禺刺史一旦解印節於羅浮山遇道士於青壁之下遂歸渡江百餘里至樂神場今其正廟之西是也洞前有名繫馬柱山上有一石足一石硯及史君留題云

隋定僧州北四里白雲山隋時開汴河得入定僧二員遣使送至蘄州及再召二僧遂入古井中隱沒

唐四祖道信禪師廣濟人大歷四年賜號大醫和尚又傳燈錄道信大師姓司馬氏世居河內後徙于蘄州之廣濟縣隋大業十三年領徒衆抵吉州唐武德中返蘄州住破頭山學侶雲集

五祖洪忍禪師大歷元年賜號大滿和尚

栽松道者四祖居破頭山山中有無名老僧惟植松人號爲栽松道者

佛母周氏即五祖之母也

碑記

杜公生祠碑集古錄云唐張粲撰史惟則八分碑以乾元二年立在蘄州

唐太守杜敏生祠碑見九域志

唐震覺大師碑白居易文見九域志

唐戴叔倫撰曹王皐出師碑在黃梅縣東一里五祖院衆造寺

蘄春志丁光遠編

詩

夜宿烏牙寺舉手捫星辰不敢高聲語恐驚天上人李白題烏牙寺詩西清詩話云黃梅縣峰頂寺在水中央環伏萬山人迹所罕到會阜爲令時因事登其上見梁間一榜塵暗粉落拂滌視乃謫仙詩云世或傳楊大年幼時詩非也

笛竹出蘄春霜刀劈翠筠織成雙人簟寄與獨眠人白居易寄蘄簟與元九時元九鰥居

書奏龔黃課詩傳鮑謝風白居易寄李蘄州詩云下車書奏龔黃課動筆詩傳鮑謝風江郡謳吟誇杜母洛城歡會憶車公笛愁春盡梅花裏簟冷秋生薤葉中不道蘄州歌酒少使君難稱與誰同

笛愁春盡梅花裏簟冷秋生薤葉中同上

薤葉照人呈夏簟松花滿椀試新茶文苑英華白居易詩劉禹錫送蘄州李郎中赴任詩云楚關蘄水路非賒東望雲收日夕佳云樓中飲興因明月江上詩情爲晚霞

蘄水蒼生莫翳賴眼看歸去掌絲綸羅昭諫送裴員外

蘭溪春

盡碧泱泱映水蘭花雨發香楚國大夫憔悴日應尋此路去瀟湘杜牧蘄州蘭溪詩　蘄水城西向北看桃花落盡柳花殘朱旗半卷山川小白馬連嘶草樹寒戴叔倫蘄水行營作　往年鎮戍到蘄州楚山蕭蕭笛竹秋古苔蒼蒼封老節石山孤生飽風雪劉禹錫武昌武人說笛歌　蘄州笛竹天下知鄭君所寶尤瓌奇攜來當晝不得臥一府爭看黃琉璃韓愈鄭羣贈簟詩　勝地清無一點埃水晶城裏小瑤臺環堤柳弄碧雲合浮島蓮分翠蓋來劉極涵暉閣詩　甃石封苔百尺深試嘗茶味少知音唯餘半夜泉中月留得先生一片心王禹偁題陸羽泉　陸羽烹茶泉逸少澤筆井余章

三泉堂記云王陸二水盡皆蘭溪之一源一朝投紱眞高士萬卷藏書舊世家司馬溫公寄吳比部之子壯年致仕歸休蘄春恨君不識顏平原恨我不識元魯山東坡寄吳德仁兼簡陳季常齋容天在水春態柳藏橋東坡在黃客有道其勝而誦所賦齋容天在水春色柳藏橋之句先生欣想爲以態易色字此蓋蘄涵暉閣也自是涵暉之名益著欲到嶮頭尋怪石夜來春雨漲前溪張商英題斗方寺詩

四六

矧蘄春之便郡實淮右之名區風氣和平獄訟稀少秦少游謝蘄州表宣室鬼神之問敢望生還茂陵封禪之書尙期身後王禹偁蘄州謝表

輿地紀勝卷第四十七